国家社会科学基金项目成果

档案社会化媒体信息资源整合研究

王兰成　黄永勤　刘晓亮　著

科 学 出 版 社
北 京

内 容 简 介

随着互联网的迅速发展和变革，档案社会化媒体已成为记录人类社会生活变迁的重要载体，并成为大数据时代的焦点。基于国内外档案社会化媒体信息现状分析，研讨大数据背景下档案社会化媒体信息资源的整合，既是档案信息化建设中的战略性步骤，也是有效开发与利用的必然选择。本书主要研究了信息化条件下档案社会化媒体信息资源的整合机制，包括对新型档案信息资源整合的新理论、新方法、新技术和新应用的一体化研究；本书还研究了信息化条件下档案社会化媒体信息资源的整合路径，包括以档案社会化媒体信息集成为目标，开展对档案社会化媒体信息资源的信息组织、信息开发和信息利用的研究。

本书可供从事网络信息管理、图书情报与档案学、计算机科学技术和政务信息化的教学科研人员及广大档案科技工作者阅读，也可作为高等院校相关专业的高年级学生和研究生的教材。

图书在版编目（CIP）数据

档案社会化媒体信息资源整合研究 / 王兰成，黄永勤，刘晓亮著. —北京：科学出版社，2022.9

ISBN 978-7-03-069783-7

Ⅰ. ①档…　Ⅱ. ①王…　②黄…　③刘…　Ⅲ. ①档案工作–研究　Ⅳ. ①G27

中国版本图书馆 CIP 数据核字（2021）第 192006 号

责任编辑：刘英红 / 责任校对：贾娜娜

责任印制：张　伟 / 封面设计：华路天然工作室

科 学 出 版 社 出版

北京东黄城根北街 16 号

邮政编码：100717

http://www.sciencep.com

北京厚诚则铭印刷科技有限公司 印刷

科学出版社发行　各地新华书店经销

*

2022 年 9 月第 一 版　开本：720×1000　B5

2023 年 2 月第二次印刷　印张：19 1/4

字数：375 000

定价：168.00 元

（如有印装质量问题，我社负责调换）

第一作者简介

王兰成（1962—），上海人，博士。国防大学政治学院军事信息与网络舆论系教授、博士生导师，待遇级别五级。军队某研究中心负责人，军队科技委某专委会专家，中国索引学会常务理事。曾任空军政治学院计算机中心副主任、南京政治学院信息资源管理教研室主任，空军某基地政治部副主任，中国科技情报学会信息技术、中国档案学会信息化技术专委会委员。主持完成国家、军队和省部级重要课题十余项，在《中国图书馆学报》《情报学报》《档案学研究》《计算机科学》等刊物发表论文200余篇。出版国家级规划教材和基金著译作等十余部，主要有高等教育出版社《信息检索原理与技术》、国防工业出版社《网络舆情分析技术》《知识组织与知识检索》《数字图书馆技术》、军事科学出版社《文献知识应用集成系统》、机械工业出版社《Oracle 数据库管理员》。获军队科技优秀成果、军队级教学成果和军队科技进步、省部级科研成果一至三等奖，军队优秀专业技术人才一类岗位津贴等。

前　　言

本书系国家社会科学基金项目“信息化条件下档案社会化媒体信息资源的整合路径与机制研究”的最终成果之一。信息化条件下档案社会化媒体信息资源整合，既是对新型档案信息资源及其整合的新理论、新方法、新技术和新应用展开研究，又是以档案社会化媒体信息集成为目标对档案信息组织、信息开发和信息利用展开研究。前者是关于档案社会化媒体信息资源整合机制的创新研究，后者是关于档案社会化媒体信息资源整合路径的创新研究。加快推进档案信息资源数字化、信息管理标准化、信息服务网络化进程，以促进档案信息化建设和档案事业持续、快速、健康发展；积累和储备国家信息资源，真实保存社会记忆，以实现更大范围和更多种类的档案信息资源互补与共享。随着国家档案管理部门一系列重要法规、规划纲要和战略目标的相继推出，档案信息化建设迎来了跨越式发展，云计算、大数据、人工智能、区块链等新兴信息技术的应用不断向纵深发展。进入大数据网络时代，信息技术进一步推动档案信息化向着深度和融合的方向发展，构建档案信息集成服务的新环境是理论创新的需要，构建档案信息集成服务的新模式是现实发展的需要，构建档案信息集成服务的新系统是实践保障的需要。进一步整合档案社会化媒体信息资源，有利于挖掘档案信息资源和提高档案利用效率，有利于实现档案增值服务和提高档案信息服务的竞争力。

信息化条件下档案社会化媒体信息资源的整合路径与机制研究，主体部分由绪论、新资源、新方法、新技术、新应用和发展等方面内容组成。档案社会化媒体信息资源的整合机制研究，是对新型档案信息资源及其整合的新理论、新方法、新技术和新应用展开全面的、深入的研究。档案社会化媒体信息资源的整合路径研究，是以档案社会化媒体信息集成为目标对档案信息组织、档案信息开发和档案信息利用展开系统的、创新的研究。为此，本书从以下五个方面开展研究。

第一，档案社会化媒体信息研究的总体框架。档案社会化媒体主要选取网络论坛、博客和微博作为研究对象，研究的主要目标：一是探索社会化媒体信息的整合路径，以充实国内档案界在 Web 2.0、UGC 和社会化媒体领域的研究；二是总结国际 Web Archive 在数据选择、采集、存储、著录、访问、元数据管理等环节的先进经验，以弥补国内档案学科在这一研究领域的缺陷；三是从系统的角度设计信息集成分析与服务的框架，以构建科学系统的数据源评价指标和计算方法；四是探索社会化媒体信息整合的模式及关键技术，并展示档案关系网络的知识地图和挖掘意见领袖。因此，制定了上述研究的总体框架：①从信息系统的角度设计档案社会化媒体信息组织、信息开发和信息利用的框架，即明确档案社会化媒体信息资源的整合的体系结构，给出档案社会化媒体信息资源的整合路径。②围绕要整合的档案信息资源开展研究，主要是调研异构数据源的分布状况，引入影响力评价概念进而研究数据评估方法，最后得到数据甄选的计算公式。③从档案元数据标准入手对信息整合的模式进行研究，明确整合中涉及的理论问题，针对档案社会化媒体新型资源，以信息采集、信息分析和信息利用等流程进行实验。④从技术上分析涉及和拟采用的技术方案，借鉴 Web Archive 的信息流设计，梳理每个环节中的关键技术和最新方法，针对档案社会化媒体新型资源，以可视化分析、知识服务等流程进行实验。⑤分析档案社会化媒体信息关系网络，挖掘档案深层信息。综合以上研究，构建档案新型资源的整合系统，建立其整合机制。

第二，档案社会化媒体信息的元数据方法。元数据设计遵循现有的元数据标准，有自顶向下的继承方法和自底向上的提炼方法等。继承方法首先选择高层结构的元数据方案，如果资源是可用的则创建低一层结构的元数据，低一层结构的元数据继承高层结构的元数据，具体应用中一些术语级别的元数据则一般很少创建，如文件格式、修改日期等都可被自动提取，国外网络档案馆整合网络信息资源时，一般对“网站—网页—文件（文本、图像、音视频）”逐层分解，而这些层次结构与档案集合的层次结构相匹配，因而这种方法在 Web Archive 实践中常常被使用。提炼方法常适用于对一个新网络环境和信息资源的探索，首先参照现有的一些元数据标准，深入解析底层中某一网络信息源的结构特征提炼有价值的元数据，然后依据此思路提炼底层中其他同类型网络信息资源的元数据，最后对这些元数据进行二次提炼形成高层结构元数据，一个高层次的描述单元意味着只能创建很少的元数据，而一个低层次的描述单元能创建更多详细的描述和元数据，底层与高层元数据的合理配置才能更实用，如哈佛大学网络档案馆（Harvard University Web Archive）就为每一个包含多个网站的网络档案馆集合创建一条顶层的 MARC 记录，方便档案馆检索。针对档案社会化媒体信息特点，本书采用自顶向下和自底向上相结合的方法，首先以都柏林核心元数据（Dublin Core，DC）15 个核心元素为顶层元素集解析和设计各类网络资源中的底层元数据，进而提炼出网站、学术论坛、学术博客和微博的元数据，最后形成档案信息集成的元数据方案。

第三，档案社会化媒体各元数据的分类设计。①学术论坛信息资源的载体形式一般分为主题页面（版块主题列表）和内容页面（帖子）。主题页面包含的数据项有标题、作者、发布时间、回帖数量等，内容页面囊括的数据项包括标题、正文、作者、评论者、评论内容、评论时间、评论者信息、相关帖子、内容链接等。同一论坛即使不同的主题版块，它们的数据结构基本一致。在不同的网络平台中，学术论坛的网页布局会有所差异，如不少学术论坛中“Relation”“Subject”等元数据会缺失，许多帖子甚至没有用户评论；同一学术论坛中，不同版块的资源也会有细微的差异，如“档案知网”中“档案社区”和“文章精华”的网页结构就不一样，在“文章精华”中增加了“摘要”栏目等。另外，在<head>标签内虽然也会有 Description、Keyword 等元数据，但其都是粗略地以网页标题进行描述，并未二次加工。因而在具体实施过程中，有针对性地解析网页结构是信息抽取的关键，更是信息集成的基础。②学术博客信息资源的组织类似于学术论坛，包含博客主页与博文页面。博客主页有博文列表、作者信息、访问量、开通时间等；博文页面包含标题、作者、发布时间、内容、评论者信息、评论内容等，同一博客平台中不同博主发表的博文数据结构是基本一致的。同学术论坛一样，不同的博客平台和不同的博主，其博文的网页布局多是不一致的，如有些博文是转载的，“Creator”元素中涉及博文原作者和博主两位，而“Source”中自然也涉及转载的网址和本博文的网址。同学术论坛中的元数据一样，学术博客中也删除了“Coverage”元素，留下其他 14 个元素。因而在具体实验中有针对性地分析数据的结构是必要的。③微博数据中包含的基本元数据有作者基本信息、微博内容、发布时间、参与主题、被转发数、评论数、用户关系等，微博采集的获取一般通过调用 API（Application Interface）直接获取。微博作为一种新兴的网络数据组织模式，以短短 140 字呈现用户生成内容，而且还出现了“@（提及）”“##（参与话题）”等新的模式。微博元数据集成模型中只取了 DC 的 12 个核心元素。由于微博内容并没有标题，故 title 元素并未赋值，当然也可以取其全部内容作为标题，这样 title 与 Description 描述的内容一样。因而在实际应用中，微博的数据获取会不依赖爬虫等数据采集和信息抽取等工具，而直接利用 API 获取数据的模式。

第四，档案社会化媒体信息整合中的关联度分析。关联度分析主要计算档案文本间的内容相关性，在浏览阅览单篇文本时显示与之相关的文档列表。传统相关性计算主要以向量空间模型分析两篇文本间的相似度，如果存在语义稀疏，则很难正确估计两篇文档的相关性。简单地说，如果两篇文档中没有共用词，即使它们关系紧密主题相关，也无法认为两篇文档相关性较高。如“计算机”和“电脑”是同义或近义词但相关度为零，所以很多研究引入语义知识库、本体方法，从内容上分析词语间的关联性并延伸至文档级的相关度计算。但本体方法、知识库构建成本较高，需要大量人力操作，所以很多方法通过语料库或百科知识来自动构建词语间的语义关系，如以一种深度学习方法的 word2vector 模型构建语义支持资源，能够计算近义词、相关词，以及广泛的语义关联。方法是：①首先分词处理语料库文本，规格化为以空格分隔单词的文本；分词处理选择中文维基百科、微信公众号、百度贴吧及档案论坛部分数据。其中，维基百科知识包括相对较固定的语义知识与语义关系，当然也包括新闻事件信息；微信公众号信息具有较高时效性，包含新的知识与语义关系；档案论坛数据包含一些非正式的词语搭配，可以强化语义关系的广度。②以 word2vector 构筑“输入层—隐层—输出层”三个神经网络，通过训练获得词语在向量空间上的表示，最后生成 word2vector 模型文件。在计算文本相关度时，利用了 word2vector 生成语义知识，扩展文本 VSM 表示模型，提高相关文本计算的准确性，减少语义稀疏带来的影响。

第五，档案新媒体信息搜索整合的知识图谱应用。拓展档案信息整合辐射面，能够丰富档案资源的内涵。档案新型资源整合的重要目的，是要通过对多载体、多门类档案信息的聚集，形成内涵丰富的档案大资源库，实现档案社会化媒体信息的统筹管理和共享服务。档案新型资源的整合同样是以对档案社会化媒体信息搜索为基础的。档案新型资源搜索的结果排序有以下两个因素：通过属性计算得出搜索词相关度的影响力，通过与其他对象之间关系计算得出搜索对象的影响力。在档案社会化媒体资源搜索中，知识图谱技术可以提供文件关系与知识导引：一是通过文件内容相关性的比较，展示相关文件在不同全宗、案卷、发文机构、所属分类之间的联系；二是通过主题词之间的相关性，展现文件间的关系；三是通过引用与被引用文件间的关系，帮助、引导用户快速获取知识；四是通过直接显示在用户界面与用户输入时智能提示的方法，将用户输入的查询关键词相关、相似的词汇提供给用户。运用知识图谱技术对档案社会化媒体文献进行搜索分析，结果表明：①档案社会化媒体领域正处于发展上升阶段，相关理论还需成熟；②档案社会化媒体已具备较好的科研资源并受到学界较高的关注，目前已形成多项热点，其中社会化媒体环境下的档案价值研究、社会化媒体环境下的档案信息服务有较强的发展潜力；③如何对新型档案信息进行有效整合、集成，形成便于开发、易于共享的服务资源，是档案学界关注和努力解决的重大课题。

基于上述研究成果并结合最新发展，笔者拟定本书的架构：第 1 章绪论，第 2 章档案社会化媒体信息资源，第 3 章档案社会化媒体信息资源的整合框架，第 4 章新技术支撑的档案社会化媒体信息资源整合，第 5 章大数据条件下的档案社会化媒体信息资源整合，第 6 章面向档案社会化媒体信息资源整合的信息组织，第 7 章面向档案社会化媒体信息资源整合的信息开发，第 8 章面向档案社会化媒体信息资源整合的信息利用，第 9 章档案社会化媒体信息资源整合研究的发展。需要说明的是，“信息化条件下档案社会化媒体信息资源的整合路径与机制研究”项目研究期间恰好是军队改革期，虽然单位变化、人员变化和条件变化，但课题组还是圆满、超额完成了研究任务。本书作者黄永勤、刘晓亮年轻有为、攻坚克难，与我一起长期研究信息资源组织、开源情报分析和知识挖掘系统，获得过省部级优秀学位论文和优秀科技成果奖，还主持着国家社科基金青年项目、装备军内科学研究项目等。有关软件已完成在国家一级科技查新咨询，一批论文已被人大复印报刊资料全文转摘，相关基础课题成果已通过验收或发表。至此，该项目已顺利通过国家社科基金成果评审并取得了良好成绩，也是笔者从事图书情报档案信息化研究 35 年、指导优秀学子继完成图书情报管理领域之后的档案管理领域又一个国家社会科学基金项目。

2021 年 1 月 1 日起正式施行新修订的《中华人民共和国档案法》，在总结档案信息化建设实践需要和一些好的经验做法基础上新增了“档案信息化建设”一章，规定的主要内容包括明确了政府的责任、电子档案的法律效力和档案信息化建设的内容。我们目前还比较侧重于理论与方法方面的研究，对于应用实践局限于原型系统，因此在今后的研究中，如何深化理论研究的同时关注实际应用显得尤为迫切。在本书的研究写作过程中，笔者得到多方的帮助和支持。首先要特别感谢全国哲学社会科学工作办公室对我们的信任和支持；感谢国防大学政治学院为课题研究所提供的优越环境；感谢参与课题部分研究中问卷调查的专家和学者；感谢本书参阅和引用的参考文献的作者们，是他们的成果给了我们许多启迪；感谢课题组所有的成员为申报和完成本课题所作出的贡献。在本书的出版过程中，特别要感谢科学出版社的大力支持。我们的研究暂时告一个段落，虽然感到有很多的结论要下，更感到有许多的研究工作还要深入下去。尽管经过努力，本书仍然可能存在不妥之处，恳请各位专家及广大读者不吝批评、指正。

王兰成　谨识

2021 年清明于上海

目　　录

第1章　绪　　论

当前，信息化浪潮正席卷全球，大数据、人工智能技术与现代通信技术相结合，促使世界各国的档案工作朝着数字化、网络化、智能化方向深度发展。构建档案信息集成服务的新模式是现实发展的需要，构建档案信息集成服务的新系统是实践保障的需要。进一步整合档案社会化媒体信息资源，有利于挖掘档案信息资源和提高档案利用效率，有利于实现档案增值服务和提高档案信息服务的竞争力。

1.1　研 究 背 景

1.1.1　互联网信息技术飞速更迭

当今世界日新月异，信息技术的更迭见证了信息社会向知识社会迈进的历史进程。

1. 从 Web 2.0 到社会化媒体再到 UGC

2005 年是互联网的分水岭,2005 年以前是以门户网站为代表的 Web 1.0 时代，信息是集中且单向流通的；2005 年 9 月 Tim O'Reilly 正式阐述了 Web 2.0 的概念和架构①，随后 Web 2.0 便席卷了整个互联网。遵循“平等、去中心化、交互”理念的社会化媒体应用平台，如网络论坛（Online Forum）、博客（Blog）、微博（Microblog）、SNS 网站（Social Network Sites）等如雨后春笋般出现并渗透到大众生活中。随着视频分享网站 YouTube 的推出，UGC（User-Generated Content，用户生成内容）这一概念也应时而生，它强调普通用户不限任何形式（文字、图片、视频等）的原创②，并迅速成为 Web 2.0 环境下社会化媒体的一种新兴网络资源创作和组织模式，这直接造就了海量非结构化数据的指数增长，成为大数据的

---

① O'Reilly T. What Is Web 2.0: Design Patterns and Business Models for the Next Generation of Software[J/OL]. [2014-08-21]. http: //oreilly. com/web2/archive/what-is-web-20. html.

② OECD. Participative Web and User-Created Content: Web2.0, Wikis and Social Networking [R/OL]. (2007-10-01) [2019-08-21]. http://www.oecd.org/document/40/0, 3746, en_2649_34223_39428648_1_1_1_1, 00. html.

引爆点①。中国互联网络信息中心（China Internet Network Information Center，CNNIC）②发布的第 47 次《中国互联网络发展状况统计报告》数据显示，截至 2020 年 12 月，中国网民数量达到 9.89 亿，手机网民规模为 9.86 亿，报告指出 2019 年社交产品不断创新，社交即时通信融入疫情防控，社交元素推动流量变现，社交平台助力社会公益，社交网络生态持续向好。此外，在社交网络的基础上，短视频、网络直播、在线购物、互联网政务等领域也快速发展，典型代表如政务新媒体，据报告统计结果显示，截至 2020 年 12 月经新浪微博平台认证的政务机构微博达到 140 837 个，而政务微博发布的信息中不少具有归档价值，是本书关注的重点。显然，社会化媒体已成为普通民众、政商学界精英、企事业等群体生产和交流信息的重要平台。在此信息浪潮下，累积数年的海量信息价值不菲，值得深入挖掘，以档案领域社会化媒体为研究对象，探索信息资源的集成和分析等问题。

2. 大数据研究的前沿

近年大数据研究热点主题演变的时序分布图如图 1-1 所示。分析该图谱可知 2000—2005 年一些早期的成果为大数据的出现奠定了基础，如遗传算法、神经网络算法、数据库、数据仓库、数据挖掘、信息分类等；2005 年 UGC 模式兴起，社会化媒体的"泛滥"成为数据量激增的有力推手；2006 年云计算的应用，使存储和处理海量数据成为可能；2008 年《自然》（*Nature*）杂志推出了 Big Data 专刊，大数据开始受到业界和学术界的广泛关注；随后，研究和应用范围开始逐步拓展，涉及自然科学（天文学、医学等）、社会服务、商业应用、政治选举等；2010—2012 年，针对 MapReduce 和 Hadoop 技术领域的算法改进、优化和模型构建等成为热点；2013 年后，出现了一些新的研究主题，如语义网、可视化、学科教育、人才培养、信息集成、用户隐私保护、信息分析、顶层设计等。正如图 1-1 中所示，信息集成、信息分析、社会化媒体等是大数据研究的前沿领域，本书以立项课题为背景开展研究，探索大数据时代档案领域的社会化媒体信息的集成和分析，进而完善档案服务。

① Mayer-Schönberger V, Cukier K. Big Data: A Revolution that Will Transform how We Live, Work, and Think[M]. Boston: Eamon Dolan/Houghton Mifflin Harcourt, 2013.

② CNNIC. 第 47 次中国互联网络发展状况统计报告[R/OL]. (2021-02-03)[2021-03-16]. http://www.cac.gov.cn/2021-02/03/c_1613923423079314. htm.

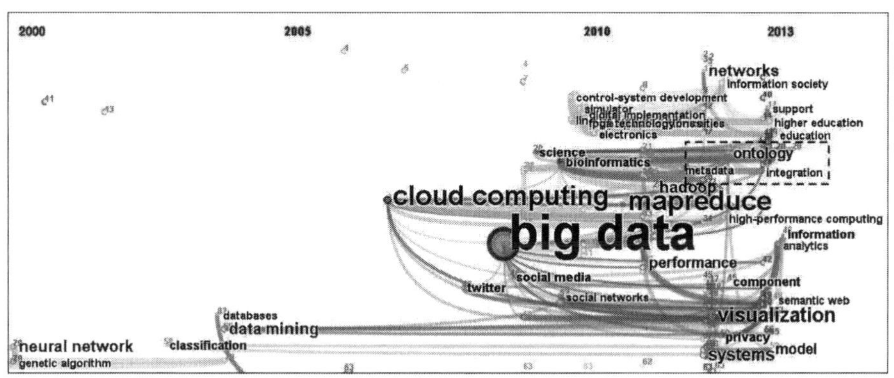

图 1-1 大数据研究热点时序分布知识图谱

1.1.2 档案信息化建设蓬勃发展

20 世纪 70 年代，国外信息管理界已提出图书、情报和档案的信息资源共享理念，在新媒体环境下图书馆和情报中心领域的发展比较快，档案界近年来受各种条件和环境的影响也有了大的进展。知识管理大师布鲁金指出，档案资源在知识管理中处于核心地位，知识管理为档案管理实现跨越式发展提供前所未有的空间。英国国家档案馆在 2006 年提出“领导和变革信息管理、为未来保存今天的信息、将历史引入每个人生活”的发展目标，后来又提出档案网站要充分利用新技术推动在线服务变革，核心理念是“基于信息技术的服务方法必须围绕公众设计”。美国前副总统戈尔提出的“在‘数字地球’上利用高新技术手段最大限度地利用资源”，正推进着这种资源共享的实现。美国“电子隐私信息中心”在保护个人隐私方面起着积极的作用；多国的档案馆和图书馆、情报中心正利用和制定标准规范的管理法规[①]，使个人信息安全得到保证并促进隐私保护技术迅速发展。在国内，知名档案学专家冯惠玲教授指出档案信息资源的综合贡献力在社会发展进程中是其他资源不能替代的，认为只有通过整合档案资源，融入多样化商业和社会生活中，才能缩短档案工作者所追求发挥的作用和实际发挥作用之间的距离[②]。台湾大学典藏数位化计划包括保护大自然和文化遗产，其所有者用各自的数字档案系统为特定社群服务。金更达等提出基于元数据的电子文件集成管理与服务模式，梁萍对数字档案馆集成信息服务模式做了描述[③]，袁红军和倪佳认为个性化信息服务模式是档案信息服务机构向网络扩展的必然产物，张卫东等构建了一个

① L. Sweeney. K-anonymity: A model for protecting privacy[J]. International Journal of Uncertainty, Fuzziness and Knowledge-Based Systems, 2002, 10(5): 557-570.

② 冯惠玲. 档案信息资源在国家经济社会发展中的综合贡献力[J]. 档案学研究, 2006(3): 13-16.

③ 孟世恩, 任民锋, 徐树林. 对我国档案中信息资源网站建设问题的思考[J]. 档案学研究, 2008(3): 13-16.

档案个性化信息服务解决方案[①]。周毅在阐明信息权利内在意蕴基础上探索了档案资源开放与开发的运作机制，张伟和张江珊提出要注重对个人隐私权保护和协调好技术与人关系的研究[②]，吕欣和高枫分析了电子政务信息共享中面临的隐私保护问题[③]。可见，网络环境下要求集成服务将数字化档案与其他信息资源组合成整体，并延伸更大范围，美、英等国家对网络环境下信息的集成服务研究比较成熟。

信息管理学界一直在研究如何运用高科技手段提高数字化档案与图书情报信息集成服务质量和效果，而近年来新媒体技术推动了档案信息集成服务的创新思维，由此快速推进了档案和图书情报整体信息集成服务的工程。澳大利亚国家档案馆在线网站常设“Faces of Australia”“Pic of Week”栏目[④]。开放档案信息系统（open archival information system，OAIS）为馆际联合及联合编研工作提供技术支持，已得到国外档案界广泛的认可和应用。日本亚洲历史资料中心（Japan Center for Asian Historical Records，JACAR）是一个共享档案馆，其通过协议合作在一个检索工具上实现资源的最大限度利用；美国国家档案与文件管理署（National Archives and Records Administration，NARA）组建的档案信息导航系统能检索 200 多个档案馆的数字信息。数字信息机构进一步发展将用户的网络交流和情感需求作为出发点，完善用户的互动性体验，如建立图书馆、情报和档案博客、网络社区等平台，以吸引用户参与信息交互与资源共享。在国内，冯惠玲和周毅提出构建一个包括集成服务平台的“五位一体”公共信息服务体系[⑤]，为档案界指明了实践方向。国内数字档案馆已开始重视以用户为导向的档案信息服务，金凡提出通过网络会议、问卷和日志等收集反馈信息来完善档案信息服务系统[⑥]，福建“网上公共档案馆”、青岛档案馆“网络社区”、上海档案信息网“档案博客”栏目和天津档案馆“3D 网上展厅”等，均向大众提供了广泛的档案信息服务。检索国内外相关信息资源发现，目前国际上已具备较成熟的数字化档案与图书、情报信息集成服务实现的条件，国内有许多上述分散的研究成果，也有一批有影响力的研究者及其机构[⑦]。围绕我国整体上研究数字化档案与图书情报信息集成服务实现机制的环境、模式和系统及其关键问题尚不完善，在核心期刊上刊载的成果不多，实证研究存在许多空白，相关理

---

① 张卫东，张帅，刘梦莹. 科技档案资源集成化服务研究[J]. 档案学通讯, 2012(6): 14-17.

② 张伟，张江珊. 档案开放利用与公民隐私权的法律保护[J]. 档案管理, 2003 (6): 18-20.

③ 吕欣，高枫. 电子政务信息共享中的隐私保护问题研究[J]. 信息网络安全, 2012(8): 62-65.

④ 朱兰兰，马倩倩. 英国国家档案馆网站信息服务的特点[J]. 档案学通讯, 2010(5): 19-22.

⑤ 冯惠玲，周毅. 论公共信息服务体系的构建[J]. 情报理论与实践, 2010(7): 7-11.

⑥ 金凡. 论网络环境下档案信息的集成服务[J]. 兰台世界, 2007(10): 10-13.

⑦ 肖玮. 数字档案馆信息服务模式述评[J]. 湖北档案, 2010(11): 15-17; 詹晓琳. 网络环境下的档案信息服务研究述评[J]. 云南档案, 2011(9): 20-23; 王璐璐. 以用户为导向的数字档案馆信息服务研究[J]. 陕西档案, 2011(4): 17-19; 于飞燕，宋赞. 网络环境下档案信息资源开发的新途径[J]. 黑龙江档案, 2009(2): 58-61.

论方法和技术的研究及对实践的指导作用有待提升。

网络信息技术的不断发展，使各级、各类档案信息机构的研究内容和工作空间持续发生变化。加快推进档案资源数字化、信息资源标准化、信息管理智能化和信息服务网络化进程，有力地促进了档案信息化建设，有力地促进了世界各国档案事业持续、快速、健康发展，进而积累和储备国家信息资源，真实保存社会记忆，实现更大范围和更多种类的档案信息资源互补与共享。随着国家档案管理部门一系列重要法规、规划纲要和战略目标的相继推出，档案信息化建设迎来了跨越式发展，物联网、云计算、大数据、移动互联网等新兴信息技术的应用不断向纵深发展。“十二五”期间，档案信息化围绕“电子文件管理”和“数字档案馆建设”在全国范围内纷纷展开。

国家档案局印发的《全国档案事业发展“十三五”规划纲要》把研究制定社交媒体文件归档管理办法明确为核心任务之一，明确要求“加快提升电子档案管理水平……研究制定重要网页资源的采集和社交媒体文件的归档管理办法”。此外，该纲要还进一步提出“加快档案管理信息化进程”，特别是在技术和应用方面，强调了以下几个方面。

一是持续推进数字档案馆建设。积极响应数字中国建设，加快推进信息技术与档案工作深度融合，到2020年全国地市级以上国家综合档案馆全部建设成具有接收立档单位电子档案、覆盖馆藏重要档案数字复制件等功能完善的数字档案馆；编制数字档案馆业务系统功能需求标准；采用大数据、智慧管理、智能楼宇管理等技术，提高档案馆业务信息化和档案信息资源深度开发与服务水平。

二是加快提升电子档案管理水平。积极参与国家政务信息化工程建设，明确电子文件归档范围和电子档案的构成要求；加强对业务系统电子文件归档管理，推进电子政务和电子商务文件归档管理工作；制订和完善信用、交通、医疗等相关领域的电子数据归档和电子档案管理的标准和规范；探索电子档案与大数据行动的融合；研究制定重要网页资源的采集和社交媒体文件的归档管理办法；加强电子档案长期保存技术研究与应用。

三是加快档案信息资源共享服务平台建设。实施国家数字档案资源融合共享服务工程；建立开放档案信息资源社会化共享服务平台，制定档案数据开放计划，落实数据开放与维护的责任；优先推动与民生保障服务相关的档案数据开放；积极探索助力数字经济和社会治理创新的档案信息服务；拓宽通过档案网站和移动终端开展档案服务的渠道。

新修订的《中华人民共和国档案法》，在总结档案信息化建设实践需要和一些好的经验基础上增加“档案信息化建设”一章，规定的主要内容包括明确了政府的责任、电子档案的法律效力和档案信息化建设的内容。2021年6月9日，中共中央办公厅、国务院办公厅印发的《“十四五”全国档案事业发展规划》指出了未来将面临“新一代信息技术广泛应用，档案工作环境、对象、内容发生巨大变化，迫切要求创新档案工作理念、方法、模式，加快全面数字转型和智能升级”的挑战，提出“适应新时代发展步伐，突出创新引领，以改革精神推动档案实践、理论、制度全面创新，推动档案工作与新技术深度融合，为档案事业发展提供持久动力”的改革创新原则，并规划了具体的发展目标，如提出“档案信息化建设再上新台阶。档案信息化发展保障机制进一步完善，档案信息化建设进一步融入数字中国建设，新一代信息技术在档案工作中的应用更为广泛，信息化与档案事业各项工作深度融合，档案管理数字化、智能化水平得到提升，档案工作基本实现数字转型”。同时还筹划了具体的任务，如在提升档案利用服务能力方面，要“积极探索知识管理、人工智能、数字人文等技术在档案信息深层加工和利用中的应用”；在推进档案信息资源共享平台建设方面，要“依托全国档案查询利用服务平台建立更加便捷的档案信息资源共享联动新机制，推动国家、地区档案信息资源共享平台一体化发展，促进档案信息资源共享规模、质量和服务水平同步提升，实现全国档案信息共享利用‘一网通办’”等。显然，进入大数据网络时代，信息技术正进一步推动档案信息化向着深度和融合的方向发展。

1.1.3　档案社会化媒体研究兴起

联合国教育、科学及文化组织（以下简称联合国教科文组织）第 36 届大会通过的《档案共同宣言》写道：“档案全面地记录了人类活动的各个领域；档案的生成形式多种多样，包括纸质、电子、声像及其他类型。”[①]在“社会记忆”和“大档案”理念的推动下，档案概念的外延不断拓展，能全面反映人类活动的网络信息自然是不容忽视的。目前图书情报与档案界对该领域的关注越来越密切，早在 2006 年就有学者探讨了 Web 2.0 环境孕育下图书馆 2.0 的应用[②]，但在档案领域相关研究进展较慢，近年开始引起重视。美国国家档案与文件管理署（NARA）局长 David S. Ferriero 在 2012 年第十七届国际档案大会发表了题为《社会化媒体应用背景下的档案》（*Archives in a world of Social Media*）[③]的主报告，平行会议的发言中还有超过 5 篇论文研究该主题[④]。正如 2012 年国际档案大会的主题“变化的环境”（*A Climate of Change*）[⑤]，毫无疑问，社会化媒体是这个变化环境中的新兴事物，而档案学科与社会化媒体相结合更是新的研究

① ICA. Universal Declaration on Archives[EB/OL]. [2014-09-10]. http://www.ica. org/?lid=13343%26bid=1101.

② 刘炜，葛秋妍. 从 Web2.0 到图书馆 2.0：服务因用户而变[J]. 现代图书情报技术, 2006(9): 8-12, 67.

③ ICA. International Congress 2012 News [N/OL]. (2012-08-22)[2014-10-06]. http://www. ica.org/13592/international-congress-2012-news/an-opening-ceremony-rich-in-colour. html.

④ ICA2012. Speaker Full Papers & Abstracts [EB/OL]. [2014-09-04]. http://ica2012.ica.org/program/full-papers.html.

⑤ 付华，范悦. 2012 年国际档案大会的过程、主题与特点[J]. 档案学研究, 2012(5): 63-67.

领域①。冯惠玲教授在2012年全国档案工作者年会中就以《社交媒体与档案社会化》为题发表了主旨演讲，她认为社会化媒体的广泛应用将变革档案管理的平台、理念、对象、管理方式和主体，引发档案来源、结构和构建方式的调整，推动档案社会化的进程②。

围绕影响档案事业发展的现实问题，包括档案信息资源共享平台建设、大数据时代档案信息分析与挖掘、网络信息资源归档等研究方向。国家层面已开始关注这些紧贴当前实际问题的研究方向并进行顶层布局，在国家社会科学基金项目提供的研究中，包括了文件档案信息集成管理与集成服务模式研究、网络资源的用户评价、社交网络知识服务、信息资源聚合、大数据融合与分析等。本书涉及的档案研究资源包括以下四种。

1. 网络信息归档

互联网信息已经成为人类文明和社会记忆的新载体，客观反映着一定时期政治、经济、文化和社会等方面的变迁，但具有易逝性和不可再生性，互联网信息采集和保存尤为迫切。随着移动互联网和物联网的普及，互联网信息的规模爆炸式增长，公众发布和获取信息的平台也更多样化。调动社会力量参与，成为互联网信息采集和保存的趋势。UGC模式的兴起，使得互联网已经迈向"全民织网"的时代，人类活动轨迹的方方面面都被记录在"网"。网络信息资源已经成为人类重要的社会记忆和文化遗产，但网络信息具有动态、海量、生命周期短等特点，并不利于永久保存。网络信息归档，即Web Archive（简称WA），正是在这样的背景下被提出。经过近20年的探索，国外WA的研究和实践取得了丰硕的成果，相比之下国内的相关研究和实践还处在起步和发展的阶段③，主要集中在国家图书馆开展的网络信息资源采集和保存项目中。"互联网信息成为人类文明和社会记忆新载体"成为越来越多人的共识，2019年4月19日，国家图书馆互联网信息战略保存项目在北京启动，首家互联网信息战略保存基地落户新浪，新浪微博发布内容进入归档范围。国家档案局于2019年12月16日发布了行业标准《政府网站网页归档指南》（DA/T 80—2019），率先探索了政府网网站归档的问题，该标准于2020年5月1日实施。目前，越来越多的学者开始关注此问题，研究成果也越来越多，比如结合5G的发展趋势，周文泓博士和陈怡基于4G背景下存档信息对象、存档主体、存档行动等方面的难点探索5G的信息情境下社交媒体信息存档面临的挑战，并提出立足非线性时间观的档案化延展、基于社会化保存的全景

① 黄霄羽，张斌. 以创新应对变化 以发展追求认同——第17届国际档案大会评析[J]. 档案学通讯, 2013(1): 4-7.

② 张全海，郭鑫. 2012 年全国档案工作者年会学术述评[J]. 档案学通讯, 2013 (1): 8-11.

③ 刘兰. Web Archive 的内涵、意义与责任、发展进程及未来趋势[J]. 图书馆建设, 2014 (3): 28-34, 38.

协同、强化前端控制与顶层设计的治理布局、融合人文关怀的技术应用等对策[①]。

2. 名人档案

名人档案是指各个时期各行业领域的著名人物在其一生的家庭活动、社会活动中直接或间接形成的对国家、社会和个人具有保存价值的各种文字、图表、声像等不同形式和载体的记录。作为档案资源的重要组成部分，多个省市都出台了相关规定，开展名人档案资源的建设。由国务院批准，中国科协牵头的“老科学家学术成长资料采集工程”于2010年正式启动，在研究数据收集阶段，除了要重视实体档案、口述档案和数字档案之外，还格外关注新型网络信息资源，如科学家在网络学术论坛和博客中发表的言论、与其他学者互动的观点等，这些信息能更立体鲜活地展示科学家的学术成长经历，具有较高的归档价值。新加坡国家图书馆也将各领域名人和专家的博客进行归档，他们认为这些博客的观点常常是主流媒体无法触及的，能为人们提供社会评论的珍贵资源。《档案学通讯》原主编胡鸿杰教授也热衷于以博客方式记录教学、科研和生活中的感悟，其博文汇编成《胡言》[②]出版，广受档案学专业师生的喜爱。可见，社会化媒体信息对活跃学科交流、拓展档案来源、提升档案服务是具有重要意义的。

3. 重大事件档案

早在2012年时任美国总统奥巴马（Obama）就利用Google+与人民互动，解答国家的一些政策和举措，2016年10月31 日，美国白宫发布了“数字移交：如何在社交媒体时代实现总统过渡”的讯息，说明了保存和传承奥巴马管理时期数字记忆的相关计划（总统奥巴马社交媒体归档项目）；美国国家航空航天局（National Aeronautics and Space Administration，NASA）利用Twitter发布了“探测器发现火星曾经有水资源存在”的消息。上述两个例子告诉我们，社会化媒体平台如今记录了人类活动中许多重要发现和重大事件，具备归档的价值。国外归档重大事件中的社会化媒体信息已经比较常见，如日本2011年开始收集社交网络中大量照片和影像作为地震等重大灾害的文件内容之一[③]。国内之前对此的重视程度却远远不够，如“7.23”温州动车重大事故，其第一条消息来源于事发现场乘客发布的一条微博，但事后温州档案局并未说明对这起事件归档过程中网络舆情的收集情况；又如雅安地震救援中，原成都军区救灾部队建立了官方微博“雅安芦山抗震救灾新浪微博”，并发布了大量救灾过程中的水源、余震、决策、辟谣等信息，是人民子弟兵非战争军事行动的缩影，但原成都军区档案馆并未对这些

① 周文泓，陈怡. 5G背景下社交网络信息存档的挑战与策略研究[J]. 图书情报知识, 2021(3): 1-9.

② 胡鸿杰. 胡言[M]. 桂林:广西师范大学出版社, 2010.

③ Masaya T. From Devastation to Discovery of Hope for Tomorrow: Efforts towards Recovery from the Great East Japan Earthquake[EB/OL]. [2020-10-16]. http://www.ica2012. com/files/data/Full%20papers%20upload/ica12 Final00337.pdf.

网络信息进行归档。这一问题近年已经引起政府和研究界的重视，如《“十四五”全国档案事业发展规划》提出要：“健全重大活动、突发事件应对活动档案工作机制，着力健全重特大事件应急处置档案管理机制”“统筹重大历史事件、重大活动、突发事件应对活动等档案专题数据库建设”“建立重大活动、突发事件应对活动相关档案利用调度机制”等。南京大学吴建华教授等认为围绕突发事件形成的重要网络信息是突发事件档案的必要组成部分，也是构建完整、真实的社会记忆不可或缺的原材料，其通过剖析与新冠肺炎疫情相关的六类主题的信息采集类开源项目，提出突发事件网络信息采集策略①。

4. 民生档案

在庆祝中国共产党成立100周年的重大历史时刻，2021年7月6日，习近平总书记作出重要批示：“值此中国第一历史档案馆新馆开馆之际，向你们表示热烈的祝贺！档案工作存史资政育人，是一项利国利民、惠及千秋万代的崇高事业。希望你们以此为新起点，加强党对档案工作的领导，贯彻实施好新修订的档案法，推动档案事业创新发展，特别是要把蕴含党的初心使命的红色档案保管好、利用好，把新时代党领导人民推进实现中华民族伟大复兴的奋斗历史记录好、留存好，更好地服务党和国家工作大局、服务人民群众！”②总书记“7·6”的重要批示强调的“两个服务”，体现了以人民为中心的发展思想在档案领域的落实，也体现了档案工作为人民服务的根本价值导向③。

《“十四五”全国档案事业发展规划》提出深入推进档案资源体系建设，全面记录经济社会发展进程的目标任务，并规划了新时代新成就国家记忆工程专栏，其中涉及民生档案的项目包括脱贫攻坚、新冠肺炎疫情防控等档案记忆项目，同时计划举办脱贫攻坚伟大成就档案展、抗击新冠肺炎疫情斗争档案展等活动。

如今，各级档案馆越来越重视发挥社会服务职能，特别重视贴近百姓生活的民生档案工作。互联网的普及和便捷使其成为人们表达诉求的重要平台，论坛、微博、博客、微信等社会化媒体聚集了大量反映百姓心声的民生信息，如政务网中“百姓心声”的留言及官方回复，这些信息具有被整合、挖掘、利用和服务的价值，部分信息甚至具备归档的价值。档案界应尽早介入，开展研究，承担起网络民生信息收集、整理和归档的责任。

① 吴建华，吕文婷. 档案学视角下的突发事件网络信息采集策略初探——以新冠肺炎疫情相关开源项目为例[J]. 档案学通讯, 2020(5): 13-20.

② 习总书记对档案工作作重要批示[J]. 山西档案, 2021(5): 14.

③ 郑金月. 习近平7.6重要批示的核心要义和实践要求[J]. 档案与建设, 2021(8): 11-15.

1.1.4 新媒体助力档案学术交流

在“大数据”和“知识技术”理念驱动下，档案信息化的条件不断完善，档案社会化媒体信息资源整合开发的研究鲜有涉及，有关技术手段的研究明显缺乏。档案社会化媒体信息整合涉及本体与组织工具改造、媒体资源分类及智能化、数据转换与映射等技术，关联开放数据为文化记忆机构的数据处理提供了重要机会。加拿大卡尔顿大学图书馆 Patti Harper 指出社会化媒体推动了档案角色定位的转变，美国弗吉尼亚大学 Daniel V. Pitti 给出其项目 SNAC 研究中利用用户社交网络实现档案访问的权限控制，而 H.Larry Eiring 研究以用户为中心的数字信息管理的社会化媒体技术，Schefbeck Günther 则分析了社交网站信息归档中面临的挑战，国际档案界正借助网络优势建立大资源共享服务平台为用户提供便捷的服务。国内档案界已开始注重以用户为导向的档案信息服务，青岛档案馆将网络社区应用于自身的信息服务，上海档案信息网的“档案博客”栏目是交互服务中的一个亮点，南昌市档案局在微博中发布档案历史事件及档案界最近新闻。一些学术（期刊）网站会提前发布或转载相关作品，如图 1-2 示例。可见，信息化条件下要求将档案社会化媒体信息组合成整体并延伸利用范围，显然对活跃学科交流、拓展档案来源、提升档案服务具有重要意义，但国内数字资源整合的讨论集中于图书情报界，主要针对学术信息资源，围绕档案社会化媒体信息整合价值的认识则仍存有争议，造成相关理论和方法的研究存在脱节现象。

图 1-2　中国社会科学网发布相关作品示例

可见，国外对数字资源的保存、网页信息的归档等技术的研究已相当深入，运用高科技手段是提高档案新型资源整合效果的关键，但国内目前建立的档案博客和网络社区等平台或利用系统很少，信息化条件下的整合路径仍不畅，造成相关技术的研发和应用浮于表面。但档案社会化媒体信息资源的整合是当前国内外研究档案资源深度建设与挖掘利用的重要领域，新的对象、方法和利用形式影响着档案信息的整合机制，因此，需要研究新的组织、开发、分析、服务等技术来探索档案信息资源的整合路径，在此基础上进一步构建档案新型资源整合系统，实现资源集成利用。

1.1.5 档案新型资源开发新趋势

促进档案网络信息和其他网络信息资源的交流、共享，已成为当前开发新型资源和开展深度信息服务的发展趋势。针对档案新型信息资源的开发与服务，首先要认清网上数字档案的大数据特征和档案大数据知识挖掘的需求与挑战。

关于网上数字档案的大数据特征。档案网站、论坛和博客等提供着大数据信息，如英国国家档案馆网站设计的虚拟展览、澳大利亚国家档案馆在线网站的常设栏目、日本国家档案馆通过一个检索工具实现的资源共享利用、美国国家档案文件管理署组建的档案信息导航系统等。国内数字档案馆重视以用户为导向的档案信息服务，如福建省的网上公共档案馆、青岛档案馆的网络社区、上海档案信息网的“档案博客”栏目、南昌市档案局的微博等。这些海量档案新型信息资源同样符合当前大数据的规模性、多样性、高速性等基本特征。

关于档案大数据知识挖掘的需求与挑战。从数据量而言，大数据常以 GB、TB、PB 为基本处理单位，数据量大并不一定意味着数据价值的增加，在档案数据分析之前需进行数据清洗，对数据挖掘算法作并行分布式改造。从特征维度而言，未来 Web 档案微博数据等对象属性矩阵中的属性、对象数量很大，超过目前算法所能轻松处理的特征维度级别，可能会造成巨大的维度灾难。从数据关系而言，关注用提取、选择、合并等方法提取档案关联数据，以有效揭示分散于不同数据源中的档案信息与知识。从算法性能而言，如 Google 翻译方法优于计算机语言规则归功于建立在数十亿 Web 训练数据之上，档案大数据挖掘需充分考虑算法的实时性、扩展性、伸缩性等性能。从语义理解而言，当前信息检索、文本聚分类中的知识挖掘方法，在识别词语间语义关联、处理档案微博等短文本时，存在质量不高和语义特征稀疏问题，仍需要人工干预。从数据解释而言，目前用可视化视图揭示信息多是一种分析结果的呈现，而档案数据分析与处理过程仍是个黑匣子，会影响知识挖掘用户对一些结果的理解，大数据分析能力的增加对安全造成严重威胁，数据挖掘可近似估计原始数据值分布及呈现数据隐私。

近年来，虽然对档案新媒体大数据进行知识挖掘的需求非常迫切，但学术界有关数字档案新型资源的开发服务存在一些争论。有人认为“新媒体信息非档案信息，因而不能属于档案领域”。事实上，Web 2.0 已经深入大众，社会记忆是重要的信息来源，如新浪微博已超数亿用户，大量的社会信息，以及政府、企业、名人利用微博微信等发布的信息，是社会记忆的重要组成部分，显然具备了归档价值。国际上一些重要的 WA 项目，都提出了关注新媒体数据，并对其进行归档的观点。有人认为“新媒体信息数据量大，对档案界而言不具有研究价值”。事实上，新媒体信息在档案界已有或在建大量的档案论坛、档案学者博客和微博、档案微信公众号等新媒体信息源，从档案工作利用的视角，整合后的数据价值体现在能够开展档案利用知识服务，通过整合各类新媒体资源数据进行知识关联，为档案利用提供更好的服务；能够提供档案学术研究及跟踪，利用采集数据来挖掘档案学者的合作关系网络、学术领袖或讨论主题的演化等。另外，学界还有人认为“相关档案的新媒体数据量小，因此缺少应用意义”。依我们发表在 2017 年《中国档案》学刊上的论文看，已调研了一批面向档案领域的新媒体数据，其中包括档案知网和百花论坛等 22 个，中国档案学研究等档案学者博客 32 个，档案学者微博 56 个，其中学者博客平台涉及新浪、搜狐、和讯、网易等。显然，数据量大而且应用价值高。从近年来评审发布的国家社会科学基金项目、国家档案局科研课题等，可以发现一些争论的话题已经立项并正在开展研究。

构建大数据时代档案信息集成服务的环境、模式和系统，是研究数字档案信息资源整合路径与机制的重要内容，档案信息的网络共享和隐私保护是其研究的关键问题。构建集成服务环境的核心是对档案学和图书馆学、情报学大学科知识集成问题的研究，构建集成服务模式的核心是对大数据时代档案信息共享与隐私保护协同问题的研究，构建集成服务系统的核心是对智能化引领下档案新型信息资源大数据公共获取分析引擎问题的研究。总之，档案信息资源的新媒体数据需要知识挖掘，合理的挖掘会产生关联数据，而过度的档案信息挖掘应给予敏感数据以防护。在研究基于大数据分析平台的档案信息资源整合时，集成相关的课题成果是大数据时代档案信息发掘的便捷途径。

1.2　研究目标

当前，数字信息资源集成服务实现机制研究中存在信息资源的组织和挖掘不足、信息服务的针对性不强、信息共享与隐私保护有冲突、集成服务的理念未受到足够重视、先进信息技术缺少支持应用等问题。开展档案信息资源整合的研究应该包括如下的基本观点。

第一，开展档案学科关联信息的集成服务的研究，在更高层次上实现档案和图书情报信息资源共享是当务之急。迎合学科发展未来趋势、推动现代档案工作向前发展、获取最大信息量输出使档案大学科一体化建设成为必要；而档案学和图书馆学、情报学的学科信息源自一体、研究内容相似、业务内容与外延相近，使网络环境下大学科信息资源共享成为可能。

第二，档案和其他信息机构集成服务，依据一定的需要对相对独立的信息系统中的资源、功能及关系进行融合、类聚和重组，重整为一个效能更好、效率更高的新的资源服务系统。在数字信息机构的知识组织中，时序关联、因果关联能够从时间和事件先后顺序、因果及人物关系上挖掘各类信息关联问题，借助先进信息技术取得较好的效果。

第三，基于网络的档案和图书情报信息共享与利用迅速发展并日益成为一种趋势，信息共享与敏感信息隐私保护之间的矛盾变得尖锐；同时，知识技术的迅速发展正推动着信息的搜集、共享、服务和监管机制的智能化。网络信息隐私保护或以信息拥有者的隐私策略为研究对象，或从语义上改进传统匿名保护方法，隐私保护也是云环境下数字信息机构健康发展的前提。

第四，信息机构可以利用博客、微博平台扩大资源开发利用和成果宣传效果，在通常的搜索引擎基础上构建档案和图书情报大数据公共获取分析引擎非常迫切，目前信息管理界多以管理者需求而采用针对性的技术解决，整体上不具连续性和系统性。充分利用网络舆情分析平台，对于信息资源的开发利用有巨大的应用价值和重要的意义。

本书研究的主要目标是：探索社会化媒体信息的整合，以充实国内档案界在Web 2.0、UGC和社会化媒体领域的研究；总结国际WA在数据选择、采集、存储、著录、访问及元数据管理等环节的先进经验，以弥补国内档案学科在这一研究领域的缺陷；从系统的角度设计信息集成、分析与服务的框架，以构建科学系统的数据源评价指标和计算方法；探索社会化媒体信息整合的模式及关键技术，并展示档案关系网络的知识地图和挖掘意见领袖。其中的方法和成果可应用于综合档案馆的档案资源建设中，期望有一定的实践意义和推广价值。

针对上述目标，本书拟围绕“发现问题、分析问题和解决问题”的基本思路，通过“先理论方法研究，后技术应用实践”的基本流程，层层深入研究以下主题（3W1H）。①（Why）梳理研究背景和意义，综合分析国内外的研究现状，界定研究对象和概念，明确为什么要开展信息整合；②（What）从系统的角度设计社会化媒体信息组织、信息开发和信息利用的框架，明确信息整合的路径是什么；③（Which）调研数据源的分布状况，探索数据的评估方法，得出数据甄选的计算公式，围绕要集成哪些数据和信息开展研究；④（How）从理论方法和技术实践两维视角，对信息整合的模式进行探讨以明确涉及的理论问题，分析借鉴WA信息流研究信息采集、信息集成、可视化分析、知识服务等各环节的技术，挖掘档案社会化媒体信息的关系网络，基于档案新型资源整合系统建立起整合机制。

本书研究重点之一是对信息化条件下档案社会化媒体信息资源的整合机制研究，包括了对新型档案信息资源整合的新理论、新方法、新技术和新应用的一体化研究。涉及以下方面：论述国内外档案社会化媒体研究现状，研究档案社会化媒体信息资源的研究框架，提出信息化条件下档案网络信息资源的整合问题；探讨新媒体环境档案信息资源的建设，阐述档案社会化媒体的概念，提出档案社会化媒体的信息要素，系统研究档案社会化媒体的信息整合框架，包括顶层模块设计、需求模块设计、控制模块设计和服务模块设计；基于现代信息技术的发展前沿，探讨和研究基于大数据的档案信息资源整合、基于云计算的档案信息资源整合、基于人工智能的档案信息资源整合和基于区块链的档案信息资源整合问题；深入研究档案大数据资源开发的信息技术，研究档案社会化媒体数据源的分析和评测，包括论坛、博客和微媒数据源的计算甄选和分析评测，研究大数据分析下档案新媒体数据研究平台建设，包括系统的整体架构和功能设计。

本书研究的另一个重点是对档案社会化媒体信息资源的整合路径研究，它以档案社会化媒体信息集成为目标，开展档案社会化媒体信息资源的信息组织、信息开发和信息利用的研究。涉及以下方面：研究档案信息资源的元数据标准和档案社会化媒体信息的元数据构建，探讨基于元数据的档案信息抽取和档案数据映射技术，研究档案信息整合系统的数据采集实现；研究档案社会化媒体信息的数据集成处理技术，探讨档案社会化媒体信息的数据仓储，研究档案社会化媒体信息的数据挖掘技术，探讨档案信息整合系统的数据加工实现；开展档案微博资源的信息整合与分析实证研究，包括档案学人微博数据获取、档案学人微博数据分析，研究档案社会化媒体学术资源的可视化搜索，研究档案社会化媒体信息整合的知识图谱，探讨档案信息整合系统的数据服务实现。

1.3 研究内容

1.3.1 整合研究的总体设计

信息化条件下档案社会化媒体信息资源的整合机制与路径研究，主体部分由绪论、新资源、新方法、新技术、新应用和发展等方面内容组成，共 9 章。基本内容结构如图 1-3 所示。

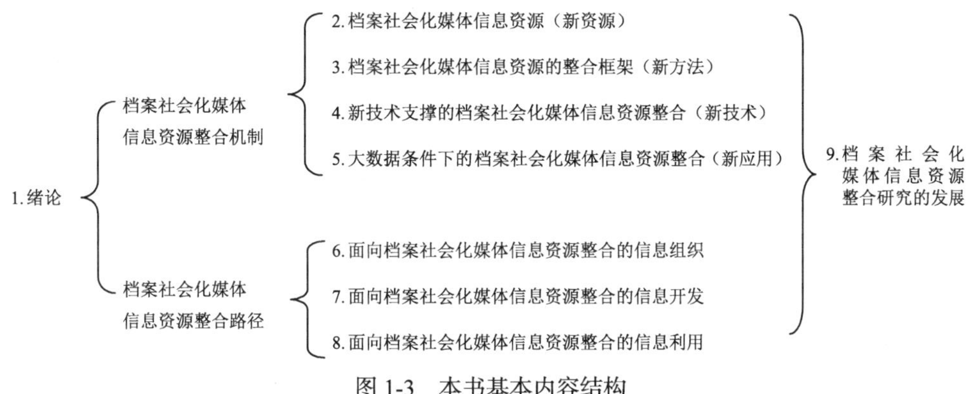

图 1-3 本书基本内容结构

“机制”，本指机器的构造与运作原理，后泛指社会或自然现象的内在组织和运行的变化规律；在社会学中其内涵可以表述为“在正视事物各个部分存在的前提下，协调各个部分之间关系以更好地发挥作用的具体运行方式”。在本书中，“档案社会化媒体信息资源整合机制”部分，将对新型档案信息资源及其整合的新理论、新方法、新技术和新应用展开研究。

信息资源整合是通过一定的方法和手段，将分散存储和管理的各类信息资源联结成一个结构有序、管理一体化、能合理有效使用的有机整体的过程。而社会化媒体是人们彼此之间用来分享意见、见解、经验和观点的工具和平台，其基本形式主要有微博客、维基、播客、论坛、社交网络、内容社区等，与传统媒体相比具有参与性、共享性、交流性、社区性、连通性等基本特征。在本书中，“档案社会化媒体信息资源整合路径”部分，将以档案社会化媒体信息集成为目标对信息的组织、开发和利用展开研究。

第 1 章，绪论。该部分论述档案信息化建设发展、档案信息资源整合研究背景和档案新型信息资源的开发与服务，提出本书的基本内容结构。

第 2 章，档案社会化媒体信息资源。该部分论述国内外档案社会化媒体研究现状，研究档案社会化媒体信息资源的研究框架，提出信息化条件下档案网络信息资源的整合问题。

第 3 章，档案社会化媒体信息资源的整合框架。该部分探讨新媒体环境档案信息资源的建设，阐述档案社会化媒体的概念，提出档案社会化媒体的信息要素，系统研究档案社会化媒体的信息整合框架，包括顶层模块设计、需求模块设计、控制模块设计和服务模块设计。

第 4 章，新技术支撑的档案社会化媒体信息资源整合。该部分基于现代信息技术的发展前沿，探讨和研究基于大数据的档案信息资源整合、基于云计算的档案信息资源整合、基于人工智能的档案信息资源整合和基于区块链的档案信息资源整合问题。

第 5 章，大数据条件下的档案社会化媒体信息资源整合。该部分深入研究档案大数据资源开发的信息技术，研究档案社会化媒体数据源的分析和评测，包括论坛、博客和微媒数据源的计算甄选和分析评测，研究大数据分析下档案新媒体数据研究平台建设，包括系统的整体架构和功能设计。

第 6 章，面向档案社会化媒体信息资源整合的信息组织。该部分重点研究档案信息资源的元数据标准和档案社会化媒体信息的元数据构建，探讨基于元数据的档案信息抽取和档案数据映射技术，研究档案信息整合系统的数据采集实现。

第 7 章，面向档案社会化媒体信息资源整合的信息开发。该部分研究档案社会化媒体信息的数据集成处理技术，探讨档案社会化媒体信息的数据仓储，研究档案社会化媒体信息的数据挖掘技术，探讨档案信息整合系统的数据加工实现。

第 8 章，面向档案社会化媒体信息资源整合的信息利用。该部分开展档案微博资源的信息整合与分析实证研究，包括档案学人微博数据获取、档案学人微博数据分析，研究档案社会化媒体学术资源的可视化搜索，研究档案社会化媒体信息整合的知识图谱，探讨档案信息整合系统的数据服务实现。

第 9 章，档案社会化媒体信息资源整合研究的发展。该部分对档案信息资源整合的理论与方法、技术与应用进行了总结，提出对下一步研究工作的展望。

总之，信息化条件下档案社会化媒体信息资源的整合机制与路径研究，有助于把握档案信息化建设的指导方向，推进档案信息化理论与应用创新，为档案信息化建设中如何构建开发信息资源的关键问题提供实例方法与实践经验，丰富档案信息化理论方法和实践体系。其中，对新媒体档案信息资源开发系统及研究交流平台的研究，将解决广大档案用户与工作者构建与获取网络新媒体档案信息资源困难的问题，也推动了档案信息化的研究和应用创新。期盼本书进一步推动大数据智能化时代档案信息化的深度和融合发展：一是继续推进数字档案馆建设，采用大数据等技术提高档案馆业务信息化和档案信息资源深度开发与服务水平；二是加快提升数字档案管理水平，探索数字档案与大数据技术的融合，研究制定重要网页资源的采集、整理和管理方法；三是加快档案信息资源共享服务，建立开放档案信息资源社会化共享服务平台，积极探索助力数字经济和社会治理创新的档案信息服务。

1.3.2　整合研究的内容框架

档案社会化媒体主要选取网络论坛、博客和微博作为研究对象。研究的主要目标：一是探索社会化媒体信息的整合，以充实国内档案界在 Web 2.0、UGC 和社会化媒体领域的研究；二是总结国际 WA 在数据选择、采集、存储、著录、访问、元数据管理等环节的先进经验，以弥补国内档案学科在这一研究领域的缺陷；

三是从系统的角度设计信息集成、分析与服务的框架，以构建科学系统的数据源评价指标和计算方法；四是探索社会化媒体信息整合的模式及关键技术，并展示档案关系网络的知识地图和挖掘意见领袖。研究的框架如图 1-4 所示。

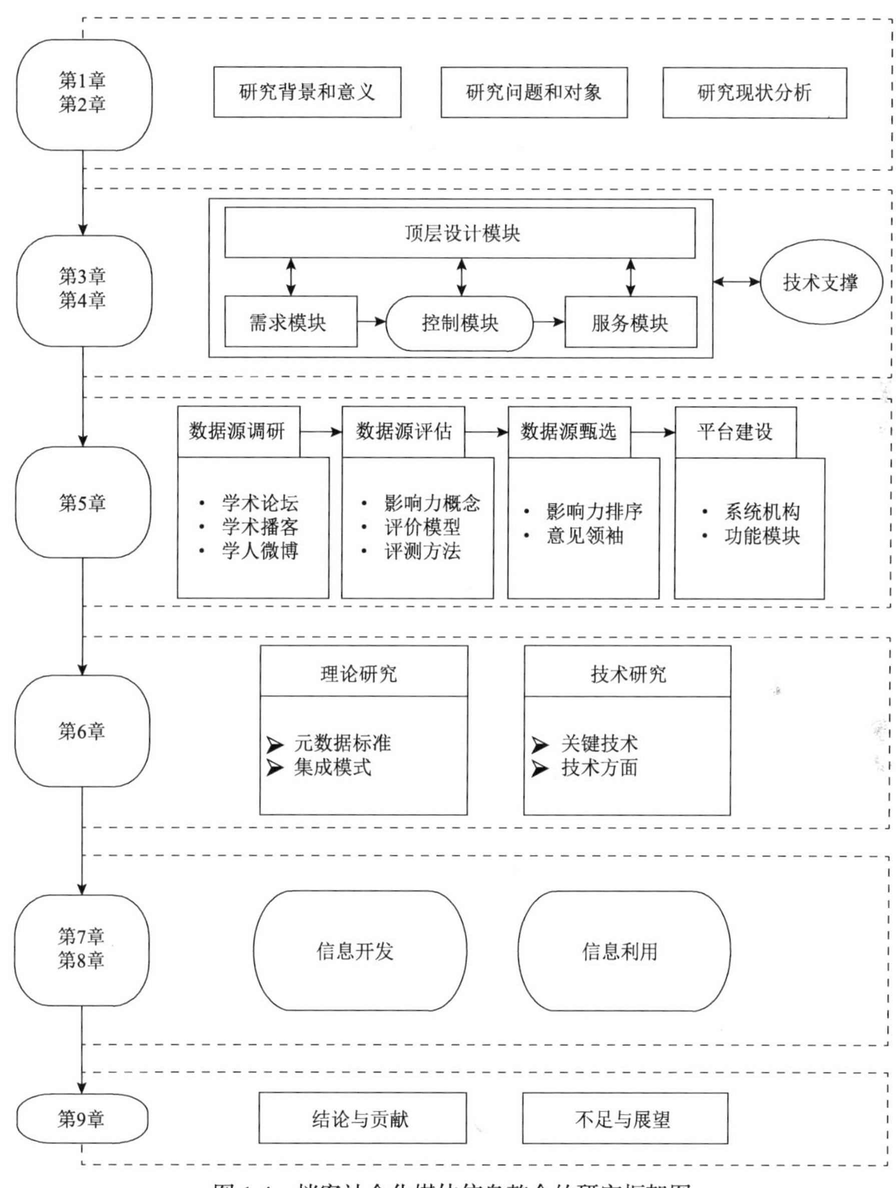

图 1-4　档案社会化媒体信息整合的研究框架图

1. 本书研究的对象

档案社会化媒体系本书的基本研究对象，它是围绕档案领域的学科建设、人才培养、学术研究和工作实践，学界和业界在互联网上开展内容创作和交流所利用的社会化媒体平台。概念的主体是档案学界和业界的用户群体，使用目的是进行档案学知识和工作经验的交流，交流内容包括档案学学科建设、人才培养、学术研究、工作实践等。交流方法是利用社会化媒体的平台和技术，其信息传播的载体是社会化媒体平台，包括档案界自身研发的如档案知网、档案界论坛等专业平台和在其他大型社会化媒体中开辟的与档案学科相关的平台两类。本书主要选取网络论坛、博客和微博作为研究对象，对这些新型资源的整合开展研究。

2. 本书研究的内容框架

（1）从信息系统的角度设计档案社会化媒体信息组织、信息开发和信息利用的框架，即明确档案社会化媒体信息资源整合的体系结构，给出档案社会化媒体信息资源整合的路径。

（2）围绕要整合的档案信息资源开展研究，主要是调研异构数据源的分布状况，引入“影响力评价”概念进而研究数据评估方法，最后得到数据甄选的计算公式。

（3）从档案元数据标准入手对信息整合的模式进行研究，明确整合中涉及的理论问题，针对档案社会化媒体新型资源，以信息采集、信息分析和信息利用的流程进行实验。

（4）从技术上分析涉及和拟采用的技术方案，借鉴 WA 的信息流设计，梳理每个环节中的关键技术和最新方法，针对档案社会化媒体新型资源，以可视化分析、知识服务等流程进行实验。

（5）分析档案社会化媒体信息关系网络，挖掘档案深层信息。综合以上研究，构建档案新型资源的整合系统，建立其整合机制。

3. 本书研究的重难点分析

研究重点在于以信息流为主线，对整合流程模块化设计，从而规范整合过程；全面调研档案社会化媒体网络信息资源的分布，科学提出数据源的评价模型、评价指标和计算公式，从而构建数据源选择和评估方法；研究 HTML、DC、EAD 和 XML 的映射关系，从理论层面形成档案社会化媒体信息资源的整合模式；利用信息采集、数据挖掘、文本分析、分类聚类等技术建构档案新型媒体的整合平台。研究难点在于目前国内的相关研究甚少，部分成果仅是阐述档案馆微博的开设、学者博客的利用、社会化媒体给档案工作带来的机遇和挑战、国外 WA 的介绍等，研究多停留在表层的叙述，缺乏科学的数据实证，更缺乏档案与社会化媒体相结合的应用实践。

1.3.3 整合研究的方法路径

1. 研究方法

本书的具体研究方法涉及以下 6 种。

（1）文献调研法。通过了解前人的研究成果，明确研究的问题、思路和方法，同时也为本书研究中模型构建和技术应用提供理论支撑。

（2）知识图谱法。利用文献计量方法和可视化技术开展文献综述，通过绘制领域知识图谱，从而探索研究热点和前沿，梳理现有研究的问题和不足。

（3）德尔菲法（Delphi）和层次分析法（AHP）。采用定性分析和定量测算相结合的混合研究思路，以专家问卷访谈的形式，调研面向档案学科的社会化媒体数据源分布和影响力评价指标及其评分，进而形成甄选数据的科学体系。

（4）社会网络分析法。通过网络爬虫等计算机辅助工具采集数据，借鉴社会网络分析理论探索用户的关系网络、知识地图等，同时利用工具对分析结果进行可视化。

（5）模型分析法。以归纳与演绎的研究逻辑为指导，在研究过程中采用抽象和建模的思路，以形成网络信息共享中的档案资源的整合方案与模式。

（6）结构功能分析法。以系统论、控制论、协同论等思想为指导，将本书作为一个完整的系统来研究，对信息集成整个环节中信息采集、元数据、文本分析、分类聚类、可视化分析等模块加以整合，同时分析各子模块涉及的重要理论、技术、方法和应用。该方法贯穿整个研究。

2. 研究路径

本书的研究分为调研、分析、设计、测试和应用等几个阶段。

（1）研究初期阶段。系统调研国内外的前沿成果，发现在网络信息资源整合的整个信息流中现存的问题和研究空白，阐明研究的价值、意义、前瞻性和创新性。

（2）数据源评估研究阶段。通过社会化媒体影响力的计算来实现数据的遴选和评估，针对不同类型的社会化媒体平台，利用理论归纳、德尔菲法专家调查、层次分析法计算等方法，构建影响力评价模型、指标体系和计算公式。

（3）信息组织理论研究阶段。通过深入分析国外 WA 的研究和实践提出元数据构建方法，进而设计学术论坛、学术博客和微博的元数据集成模型。

（4）信息开发技术研究阶段。系统地梳理档案信息资源开发建设中信息采集、信息处理和信息服务的方法技术和研究重点。

（5）信息整合系统体系结构设计阶段。从系统的角度出发，将理论、方法和技术综合集成，从整体的视角去分析各子模块的功能与关联。

（6）技术测试阶段。通过解析网页结构，自主设计网络爬虫采集数据，并利用社会网络分析方法和可视化技术，实现数据的分析与整合。

（7）应用实践阶段。针对档案社会化媒体信息资源的整合模式，利用信息采集、数据挖掘、文本分析、分类聚类等技术实现档案新型资源整合的应用系统。

（8）研究结束阶段。总结各阶段的研究成果，充分吸纳评审专家的意见和建议，结合颁布执行的新修订档案法等最新发展，高质量地完成本专著。

经过近年来的资料和研究成果的积累，本书的理论研究已有较充分的基础，并采集到大量研究数据，已有大型系统的开发背景，特别是已经具备解决理论研究和技术创新中若干关键问题的能力。

本书研究领域虽取得了不少成果，但由于还处于起步阶段，不少问题都亟待解决。在档案与社会化媒体领域，以网络学术论坛、学术博客和微博作为社会化媒体的研究对象，借鉴国外一些先进的方法和理念，探索数据源的分布、评测和甄选方法、关系网络揭示等内容，可以弥补国内现有研究的一些不足。在网络信息归档领域，可借鉴的包含以下两个方面：一是通过综述研究现状，阐释网络信息存档的重要意义，进而突出开展网络社会化媒体信息分析、集成、归档和长期保存的价值，希望引起同行对该领域的关注；二是参考国际 WA 项目中信息管理流程、元数据、数据选择、数据采集工具等内容。

1.4 本章小结

随着互联网的迅速发展和变革，社会化媒体成为记录人类社会生活变迁的重要载体，并成为大数据时代的焦点，档案社会化媒体也迅速渗透到学界和业界，成为交流信息和传播知识的重要平台，但这些网络信息资源目前没有引起档案界的广泛重视，需要整合和能够整合的档案资源太少，也导致整合意义不大。因此，开展信息化条件下档案社会化媒体信息资源的整合机制与路径研究，将档案的网络学术论坛、学术博客和档案学人微博等作为切入点，在此基础上探索数据源的分布、评测甄选和整合方法，并最终在构建的档案社会化媒体信息获取和分析系统上，有效整合开发利用档案新型资源，推动和促进现有的档案信息化资源建设与利用的研究内容和方向，其学术价值重大。

本书研究的应用价值：一是借鉴国际标准中的文件管理体系和开放档案信息系统参考模型，吸收信息系统方法顶层设计档案社会化媒体整合系统框架，规范整合过程中的档案信息组织、档案信息开发和档案信息利用的路径；二是以多种档案社会化媒体信息的异源数据作为实证分析，对内容进行深度挖掘，并利用改进的网络分析方法和可视化工具加以揭示，实现档案社会化媒体信息的语义集成并符合归档需求，从整合对象、方法和利用形式等构建档案新型资源的整合机制。大数据背景下开发利用档案社会化媒体信息资源，既是档案信息化建设中的战略性步骤，也是有效建设与利用该信息资源的必然选择。

本书研究的创新之处：一是在理论与方法上，借鉴国际标准中的文件管理体系和开放档案信息系统参考模型，紧密接轨国际“网络信息归档”前沿研究，创新性地提出档案社会化媒体信息资源的整合框架及其顶层设计，通过系统调研档案新型资源的分布得出数据源的评价模型、评价指标和计算公式，以科学组合的研究方法构建拟整合之数据源选择和评估的方法，通过研究 DC、EAD 和 XML 的映射关系及其本体构建，从理论层面形成档案社会化媒体信息资源的语义集成模式，从而规范档案信息组织、档案信息开发和档案信息利用的整合路径；二是在技术与应用上，借鉴 WA 的信息流思想和信息系统开发的方法，创新性地提出将社会网络分析方法、网络信息挖掘技术、可视化分析技术和知识服务技术运用于档案社会化媒体信息资源开发，研发档案社会化媒体信息整合平台及其利用系统，得出社会化媒体用户关系网络的知识地图及核心用户群体，揭示档案社会化媒体内容的关联、知识的演变等，基于整合对象、方法和利用形式等构建档案新型资源的整合机制，从而增强网上档案信息交流与增值服务，提升社会化媒体信息服务的质量。

第 2 章　档案社会化媒体信息资源

随着互联网的迅速发展和变革，社会化媒体成为记录人类社会生活变迁的重要载体，并成为大数据时代的焦点。档案社会化媒体迅速渗透到学界和业界，成为档案信息交流和档案知识传播的重要平台，新型档案信息资源的整合机制与路径研究已经引起档案界的广泛重视。

2.1　国内外档案社会化媒体研究现状

2.1.1　国内外档案社会化媒体研究热点

对国内外相关研究成果的梳理是研究的前提和基础。本章利用文献计量和知识图谱等方法分析现有文献，并重点综述“档案与社会化媒体”和“网络信息归档”两大研究热点。在总结现有研究不足之处和发展趋势的基础上，指出本书对网络信息归档领域成果的借鉴，以及对社会化媒体信息分析与服务、用户关系网络挖掘等问题的进一步探索。

关于文献的获取，国内文献选择中国学术文献网络出版总库（CNKI）、万方数据知识服务平台和维普数据库作为数据来源，国外文献选择 Web of Science、LISA、EBSCO、Scopus 和 Emerald 等数据库。时间跨度为 2000—2020 年，纳入分析的文献指具有摘要、关键词等论文标准规范的论文（含期刊论文、学位论文和会议论文）。利用 HistCite 软件对部分遗漏外文文献进行补全、剔重和清洗，最后获得中文数据 533 条，外文数据 782 条，检索结果如表 2-1 所示。

从文献数量分布分析，国内外档案社会化媒体研究呈现以下六个特点：①国外研究实力较强，成果总数多于国内；②国外研究起步较早，近年成果数量趋于平稳；③国内研究起步较晚，但成果数量增长较快，近年仍在持续快速增长；④国内文献多以期刊论文为主，而国外成果中除了期刊论文，还有约四分之一的成果为会议论文；⑤涉及的学科领域，除了图书情报与档案管理，还有计算机工程、信息系统、社会科学、历史学、新闻传播等；⑥从检索结果初步判断，“网络信息归档”“微博与档案”两大领域较热门。

表 2-1　文献检索结果列表

数据库	检索式（时间跨度：2000—2020 年）	数量/条
1. 中国学术文献网络出版总库（CNKI）	（社会化媒体+社交媒体）*档案	76
★　中国学术期刊网络出版总库	（新媒体+自媒体）*档案	68
★　中国硕（博）士学位论文全文数据库	（博客+微博+网络论坛）*档案	136
★　中国重要会议论文全文数据库	web archive + web archiving +网页归档+网络档案馆	96
★　国际会议论文全文数据库	（web 2.0+sns）*档案	64
2. 万方数据知识服务平台 3. 维普数据库（VIP）	（信息集成+信息整合）*档案	93
1. Web of Science	social media & archiv*	106
★　SCI	web archiv*	161
★　SSCI	(blog or microblog) & archiv*	67
★　A&HCI	online forum & archiv*	86
★　CPCI	sns & archiv*	39
2. LISA	web 2.0 & archiv*	56
3. EBSCO	new media & archiv*	56
4. Scopus	user generated content & archiv*	74
5. Emerald	Integration & archive	137

注：文献检索时间为 2020 年 5 月 16 日至 27 日

为准确分析研究主题的分布，笔者对文献关键词进行了大小写转换、格式统一、同义词合并等处理。利用 CiteSpace①软件对数据进行分析，生成的知识图谱如图 2-1 所示，每个节点代表一个主题词，节点越大该词的影响力越大；节点间的连线代表词与词之间的关系，连线越粗表示同时出现的次数越多，主题领域的关系也越紧密。

经初步分析，研究热点有三大主题领域。

1. 网络信息归档领域

国内成果（A1）中涉及的关键词包括网络信息归档、Web Archive、美国、国家档案馆、社会记忆等；国外文献（A2）中包含的主题如 Web Archive、Digital Preservation（数字资源保存）、Digital libraries（数字图书馆）、Data Quality（数据质量）等。

① Chen C. CiteSpace II: Detecting and Visualizing Emerging Trends and Transient Patterns in Scientific Literature [J]. Journal of the American Society for Information Science and Technology, 2006, 57(3): 359-377.

2. 档案与社会化媒体领域

国内成果（B1）中包含博客、社会化媒体、微博、Web 2.0、新媒体环境、政务微博、档案宣传、信息传播等主题；国外文献（B2）涉及 Social Media（社会化媒体）、Internet（互联网）、Web 2.0、Facebook、Communication（交流）等关键词。

3. 档案信息集成、管理与服务领域

国内成果（C1）中包含档案网站、档案信息服务、档案管理、档案信息资源、集成服务等关键词；国外成果（C2）中包含 Archives Management（档案管理）、Information Retrieval（信息检索）、Content Analysis（内容分析）等。

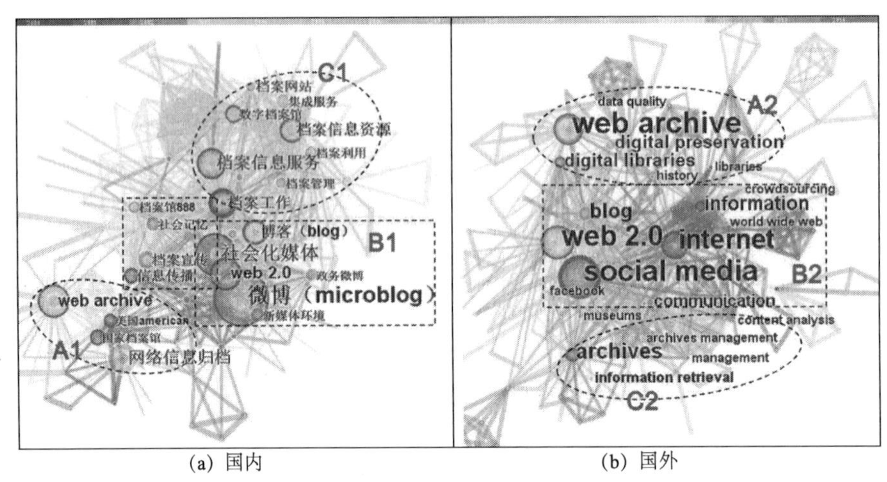

(a) 国内　　(b) 国外

图 2-1　国内外研究主题的知识图谱

上面梳理了领域的三个研究热点，档案信息集成与服务的研究起步较早，相关的理论、技术、工具和方法已经较为成熟，本书不再赘述。下文将重点综述“档案与社会化媒体”和“网络信息归档”这两个新兴领域的研究现状。

2.1.2　档案与社会化媒体研究现状

自 2005 年 Web 2.0 和社会化媒体应用兴起，档案学界就敏锐地捕捉到社会化媒体对档案的影响与渗透，并持续关注和研究。

1. 国内研究现状

在国内，2006 年西北大学公共信息资源管理系主任黄新荣教授率先开启了研究之旅，他探索了 Web 2.0 对档案网站建设的影响，指出可利用博客、Wiki 等应用拓展档案信息服务①。随后，相关的成果越来越丰硕，研究主题集中在以下三个方面。

① 黄新荣. Web 2.0 对档案网站建设的影响[J]. 档案学研究, 2006 (6): 42-45.

（1）介绍国外档案界的社会化媒体应用。NARA 关于社会化媒体的研究和应用一直走在世界前沿，国内学者对其的介绍包括社交媒体战略[①]、Web 2.0 档案信息服务模式[②]和技术应用[③]、档案信息公开[④]、档案工作者的角色拓展[⑤]等。当然还有其他学者介绍英国、加拿大、巴西等国家档案馆的社会化媒体应用情况，中国人民大学“黄霄羽国外档案新闻工作室”在《中国档案》杂志开设的“国外档案新闻集萃”专栏也不乏大量社会化媒体应用的最新国际资讯，杨宽概述了美、英、加、澳四国国家档案馆社交媒体应用现状[⑥]，赵玉和王健研究了英国国家档案馆在线社交媒体档案库及其特色[⑦]，蔡明娜介绍了美国国家档案馆社交媒体应用现状及对我国的启示[⑧]。

（2）探讨社会化媒体给档案工作带来的改变。首先在认识层面，社会化媒体对档案行业的影响是不可忽视的，一些学者探讨了其给档案工作带来的机遇[⑨]、挑战[⑩]和应对策略[⑪]；其次在理论研究层面，社会化媒体具有互动性好、粉丝量大、贴近大众等特征，因此迅速成为档案信息传播的载体，其相关研究从理论层面论证了利用微博、博客等开展档案宣传[⑫]、网络公关[⑬]、档案文化传播[⑭]等工作的可行性；最后在应用实践层面，相关文献调研分析了综合档案馆、政务机构、高校档案馆等的微博应用情况[⑮]，重点研究了利用社会化媒体开展教学科研[⑯]、档案征集[⑰]、档案服务[⑱]、知识服务[⑲]等具体应用，张卫东和陆璐对档案社交媒体的影响力进行了系

① 原良娇. 美国国家档案馆的社交媒体战略[J]. 北京档案, 2014(5): 39-41.

② 赵屹, 陈晓晖, 方世敏. Web 2.0 应用: 网络档案信息服务的新模式——以美国国家档案与文件署 (NARA) 为例[J]. 档案学研究, 2013 (5): 74-81.

③ 连志英. Web 2.0 技术在美国国家档案馆中的应用及启示[J]. 档案管理, 2014 (1): 76-78.

④ 张江珊. 基于“开放政府”视角的美国档案信息公开探析[J]. 档案学研究, 2013(6): 79-83.

⑤ 闫静. 档案事业公众参与特点及新趋势探析——基于英国“档案志愿者”和美国“公民档案工作者”的思考[J]. 档案学研究, 2014(3): 81-84.

⑥ 杨宽. 美英加澳四国国家档案馆社交媒体应用探析[J]. 北京档案, 2016(5): 37-40.

⑦ 赵玉, 王健. 英国国家档案馆在线社交媒体档案库及其特色[J]. 档案与建设, 2015(12): 35-37.

⑧ 蔡明娜. 美国国家档案馆社交媒体应用现状分析与启示[J]. 浙江档案, 2018(8): 26-27.

⑨ 王芹. 网络问政语境下档案工作创新研究[J]. 档案学研究, 2012 (6): 33-35.

⑩ 王亚肖. 浅谈社交媒体对档案工作的影响[J]. 档案学研究, 2014(2): 47-50.

⑪ 赵淑梅, 邱扬凡. 美国档案工作应对社交媒体的策略[J]. 档案学通讯, 2013 (5): 89-92.

⑫ 夏素华. 新媒体时代我国档案宣传工作探析[D]. 济南: 山东大学, 2013.

⑬ 锅艳玲, 曹健慧, 杜士欣. 微博在档案公关中的应用探析[J]. 浙江档案, 2014 (4): 58-59.

⑭ 任越, 曹玉. 以“微博”为平台的档案文化产品共享现状分析与发展策略研究[J]. 档案管理, 2014(3): 27-29.

⑮ 松姗. 综合档案馆政务微博现状研究[J]. 档案学研究, 2013 (6): 34-38.

⑯ 赵淑梅, 于振宽. 博客是档案学网络教学资源建设与共享的重要工具[J]. 档案学通讯, 2010 (6): 68-71.

⑰ 陆慧. 从新闻“加拿大档案馆 Twitter 收集历史” 谈微博在档案征集中的应用[J]. 四川档案, 2013 (3): 45-46.

⑱ 梁孟华. Web 2.0 形态下面向用户的交互式数字档案服务研究[J]. 档案学通讯, 2013 (6): 65-69.

⑲ 郝琦. 社交媒体环境下档案知识聚合服务研究[J]. 档案学通讯, 2018(6): 91-94.

统分析[①]，北京市档案局与中国人民大学合作开展了“社交媒体平台上档案利用创新模式研究”的课题研究。

（3）探索网络社会化媒体信息的档案价值。中国人民大学马林青博士讨论了新媒体技术在重塑集体记忆中的风险和应对措施[②]，冯惠玲教授也提出构建基于互联网的“中国记忆”数字资源库的设想[③]。网络社会化媒体信息是“社会记忆”中的重要组成部分，但落实到归档还有很长的一段路要走，对其档案价值[④]及研判[⑤]、信息的收集[⑥]、归档要素的确立[⑦]、信息的保存[⑧]等方面都还需更深入的研究，近年相关也取得了不少研究成果，如蒋喜明对社交媒体电子文件证据性研究的司法开展的研究[⑨]，支凤稳和李彤研究了中美社交媒体档案的法律效力[⑩]。

2. 国外研究现状

在国外，一些发达的西方国家跟进 Web 2.0 和社会化媒体十分迅速，比如美国现已初步形成完备的社会化媒体应用体系，英国、澳大利亚、加拿大等国家也在相关领域迈出了实质性的步伐。通过文献分析，研究主题集中在以下几个领域。

（1）国家战略层面。美国前总统奥巴马 2009 年提出了“开放政府”计划，促使美国各联邦机构积极应用社交媒体建设开放政府，目前大多数美国联邦机构已制定社交媒体政策，如美国疾控中心的《疾控中心社交媒体工具、指南及最佳实践》《Twitter 指南及最佳实践》《Facebook 指南及最佳实践》，美国农业部制定的《新媒体的角色、责任及权力》，美国国务院制定的《利用社交媒体》等。美国政府档案工作的最高领导机构 NARA 在 2010 年发布了《社会化媒体战略》[⑪]，文件定位于档案馆内工作人员、政府人员、公民档案员三类人群，从社会化媒体的应用和文件管理两个方面描绘了未来的蓝图，具体内容涉及战略背景、核心价值观、社会化媒体的文件价值、平台使用行为规范、内容管理

① 张卫东，陆璐．档案社交媒体影响力分析[J]．档案学研究，2018(1): 59-64.

② 马林青．新媒体时代的档案与集体记忆[J]．信息资源管理学报，2014, 4(2): 101-105.

③ 冯惠玲．档案记忆观、资源观与“中国记忆”数字资源建设 [J]．档案学通讯，2012(3): 4-8.

④ 庞博，彭丽娟．网络博客的档案价值初探[J]．档案学研究，2009 (4): 53-57.

⑤ 杨元香．归档网络信息价值判断研究[D]．湘潭：湘潭大学，2011.

⑥ 蔡娜，吴开平．一种特殊的网络档案信息资源——博客的收集保存初探[J]．档案学通讯，2008 (5): 58-60.

⑦ 周文泓．试论政务微博信息的档案化——基于 InterPARES 的电子档案要素分析模板[J]．档案学通讯，2014 (2): 71-75.

⑧ 黄新荣，吴建华．政务微博档案化保存初探[J]．档案与建设，2012 (4): 4-6.

⑨ 蒋喜明．社交媒体电子文件证据性研究的司法考量[J]．档案管理，2019(2): 4-5.

⑩ 支凤稳，李彤．中美社交媒体档案的法律效力研究[J]．秘书，2018(4): 68-73.

⑪ NARA. Social Media Strategy[R/OL]. (2012-12-08)[2019-09-18]. www.archives.gov/social-media/strategies/.

职责、文件管理指南、文件捕获指南等[①]，目前 NARA 的社会化媒体应用已达 21 个[②]。澳大利亚政府也制定了 Government 2.0 战略[③]，并指出实现该目标的三大作为：一是领导力，实现政府公共部门在 Web 2.0 文化和实践的必要转变；二是互动性，实现政府、商界、公民间的 Web 2.0 数据对接；三是开放性，打造数据开放政府。

（2）理论探讨层面。主要研究社会化媒体信息的档案属性、档案馆应对 Web 2.0 的管理理念、档案工作者职能和角色的定位等。如加拿大国家图书档案馆的 Greg Bak 论述了 Web 2.0 对文件连续体模型的影响[④]；Patricia Franks 分析了美国联邦政府如何高效管理社会化媒体信息的案例，并从管理（governance）、政策（policy）、技术（technology）和能力（capacity）四个方面总结了文件管理的挑战[⑤]；Wigand 从理论层面总结了 Twitter 在美国政府中的角色定位，即扩散新理念、提升社会影响力、构建关系网、强化政客与支持者的交流[⑥]。

（3）实践探索层面。已有学者证实了社会化媒体在档案收集和拓展档案服务等方面的独特优势[⑦]。2012 年英国开启了数字档案接收和保存的新里程碑，伦敦奥运会的档案全部以数字形式接收和保存，这些容量超过 5TB 的数字档案中除了奥运官方档案，还包括社交媒体记录、网页信息和声像档案，值得指出的是这些社会化媒体信息将被作为官方正式档案永久保存[⑧]。加拿大 Duff 通过调研分析加拿大 648 个档案馆社会化媒体的应用情况[⑨]，认为社交网络能增加用户与档案馆之间的互动性，进而促进档案的民主化。Steve Bailey 分析文件管理领域引进 Web 2.0

① NARA. Best Practices for the Capture of Social Media Records[R/OL]. (2013-05-01)[2019-09-18]. https://www.archives.gov/files/records-mgmt/resources/socialmediacapture.pdf.

② NARA. Social Media Statistics Dashboard: August FY 2014 Summary[R/OL]. (2014-09-01)[2019-09-18]. https://www.archives.gov/files/social-media/reports/social-media-stats-fy-2014-08.pdf.

③ Australia Government Information Office. Engage: Getting on with Government 2.0[R]. Report of the Government 2.0 Taskforce, 2010.

④ Bak G. Impacts of Web 2.0 on Information Models: Life Cycle and Continuums[J/OL]. [2019-09-17]. http: //www. collectionscanada. gc. ca/obj/012018/f2/012018-3403-e.pdf.

⑤ Franks P. How Federal Agencies Can Effectively Manage Records Created Using New Social Media Tools[M]. IBM Centre for the Business of Government, 2009.

⑥ Wigand F. Twitter Takes Wing in Government: Diffusion, Roles, and Management[C]//Proceedings of the 11th Annual International Digital Government Research Conference on Public Administration Online: Challenges and Opportunities. Digital Government Society of North America, 2010: 66-71.

⑦ Heyliger S, McLoone J, Thomas N L. Making Connections: A Survey of Special Collections' Social Media Outreach[J]. American Archivist, 2013, 76(2): 374-414.

⑧ UK National Archives. The Olympic and Paralympic Record [EB/OL].(2012-09-19)[2019-09-18]. https://www.nationalarchives.gov.uk/olympics/.

⑨ Duff W M, Johnson C A, Cherry J M. Reaching Out, Reaching In: A Preliminary Investigation into Archives' Use of Social Media in Canada[J]. Archivaria, 2013(75): 77-96.

技术的案例，指出目前制定社交网络信息保存评价和分类方案的重要性[①]。

档案与社会化媒体的研究也频频出现在重要的学术交流活动中，如第十七届国际档案大会中，除了前文提及 David S. Ferriero 局长的主旨报告，还有加拿大卡尔顿大学图书馆（Carleton University Library）的 Patti Harper 研究了社会化媒体对档案角色定位的转变[②]，美国弗吉尼亚大学（University of Virginia）的 Daniel V. Pitti 介绍了其项目 SNAC（*Social Networks and Archival Context*）开展中利用用户社交网络实现档案访问权限控制[③]，H.Larry Eiring 研究了社会化媒体技术如何支撑以用户为中心的数字信息管理[④]，Schefbeck Günther 研究了社交网站信息归档中面临的挑战[⑤]，路德神学研究所图书馆（Lutheran Theological Institute Library）Francis Garaba 博士探索了利用 Web 2.0 技术实现东非和南非民主解放斗争档案的公开[⑥]。

2.1.3 网络信息归档研究现状

Web Archive（WA）从归档保存行为视角，常被译为网络信息归档[⑦]、网络信息资源保存[⑧]等；从长期保存的虚拟网络的视角，常被译为网页档案馆[⑨]、网络信息档案馆[⑩]，本书将其译为网络信息归档。WA 始于 1996 年 IA（Internet Archive）[⑪]的成立，意在探索网络信息的存档和长久保存[⑫]，表 2-2 罗列了国际上一些主要的 WA 项目。

① Bailey S. Managing the Crowd: Rethinking Records Management for the Web 2.0 World[M]. London: Facet Pub, 2008.

② Harper P. The Changing Role of Archives through Social Media[C]// International Council on Archives Congress, Brisbane, Australia. 2012.

③ Pitti DV. Social Networks and Archival Context Project Archival Authority Control[C]// International Council on Archives Congress, Brisbane, Australia. 2012.

④ Eiring HL. The Impact of Digital Natives and Social Media on the Management of information and the Future of Global Society[C]// International Council on Archives Congress, Brisbane, Australia. 2012.

⑤ Günther S, Spiliotopoulos D, Risse T. The Recent Challenge in Web Archiving: Archiving the Social Web[C]//International Council on Archives Congress, Brisbane, Australia. 2012: 20-24.

⑥ Garaba F. Availing the Liberation Struggle Heritage to the Public Some Reflections on the Use of Web 2.0 Technologies in Archives within the East and Southern Africa Regional Branch of the International Council on Archives (ESARBICA)[J]. Information Development, 2012, 28(1): 22-31.

⑦ 耿磊. 起步阶段的网页信息资源长期保存[J]. 上海档案, 2012(2): 13-15.

⑧ 向菁, 吴振新, 司铁英, 等. 国际主要 Web Archive 项目介绍与评析[J]. 国家图书馆学刊, 2010(1): 64-68.

⑨ 闫晓创. 国外 Web Archive 项目对我国的借鉴和启示: 以澳大利亚的 PANDORA 项目为例[J]. 档案学研究, 2012(5): 79-83.

⑩ 杨道玲. 中文网络信息资源保存问题探讨[J]. 档案学研究, 2006(3): 39-42.

⑪ Wikipedia. Internet Archive[EB/OL]. [2019-09-15]. http: //en. wikipedia. org/wiki/Internet_Archive.

⑫ 刘兰. Web Archive 的内涵、意义与责任、发展进程及未来趋势[J]. 图书馆建设, 2014(3): 28-34.

表 2-2　国内外 WA 主要研究项目

<table>
<tr><th>资源对象</th><th>项目名称</th><th colspan="2">项目基本信息</th><th>主要成果及项目介绍</th></tr>
<tr><td rowspan="13">数字出版
★ 网络期刊
★ 电子图书
★ 文献 DB
★ 电子文件
数字媒体
★ 数字音乐
★ 数字电视</td><td>PANDORA</td><td>澳大利亚
1996 年</td><td>国家图书馆</td><td>重要文化价值网站长期保存
数字化存档系统 PANSAS</td></tr>
<tr><td>NWA</td><td>北欧五国
1997 年</td><td>丹麦、挪威、芬兰、冰岛、瑞典五国国家图书馆</td><td>建立技术规格、合作机制
开发开源的功能组件
大型跨资源访问系统</td></tr>
<tr><td>CEDARS</td><td>英国
1998 年</td><td>牛津大学
剑桥大学
利兹大学</td><td>数字信息保存体系战略框架及方法
CEDARS 元数据</td></tr>
<tr><td>NEDLIB</td><td>荷兰
1998 年</td><td>Network European Deposit Library</td><td>OAIS 模型数字信息存储应用</td></tr>
<tr><td>LOCKSS</td><td>美国
1999 年</td><td>斯坦福大学图书馆</td><td>LOCKSS 系统研发
全球>400 家出版商>200 家图书馆加盟</td></tr>
<tr><td>NDIIPP</td><td>美国
2000 年</td><td>美国国会
国会图书馆</td><td>分布式数字资源保存网络</td></tr>
<tr><td>OASIS</td><td>韩国
2001 年</td><td>国家图书馆</td><td>知名作者涉及政治、宗教、文化和社会的网络信息资源</td></tr>
<tr><td>Portico</td><td>美国
2002 年</td><td>JSTOR 过刊 DB
国会图书馆</td><td>第三方委托存储模式
Portico 系统</td></tr>
<tr><td>e-Depot</td><td>荷兰
2002 年</td><td>皇家图书馆</td><td>元数据管理 preservation manager
e-Depot 系统</td></tr>
<tr><td>CAMILEON</td><td>英国
2002 年</td><td>利兹大学（英）
密歇根大学（美）</td><td>研究仿真和迁移技术在数字信息资源长久保存和存取的可行性</td></tr>
<tr><td>NESTOR</td><td>德国
2003 年</td><td>国家图书馆
巴伐利亚档案馆
柏林博物馆
……</td><td>网络平台
存盘机构
组织结构模型
技术标准</td></tr>
<tr><td>LAC-TDR</td><td>加拿大
2004 年</td><td>国家图书档案馆</td><td>政府电子文件长久保存
可信数字仓储（TDR）
顶层设计</td></tr>
</table>

续表

资源对象	项目名称	项目基本信息		主要成果及项目介绍
Web 1.0 ★ 政务网站 ★ 高校网站 ★ 一般网站 ★ 网域外观	Kulturarw[3]	瑞典 1996 年	国家图书馆 斯德哥尔摩皇家图书馆	国内网域 web 信息采集 为 NWA 提供经验
	Minerva Prototype	美国 1997 年	国会图书馆	基于专题时间网页采集 ★ “9 · 11”重大事件档案 ★ 2000 年总统选举
	WebArchiv	捷克 2000 年	国家图书馆 Moravian 图书馆 马萨里克大学计算机科学研究所	国内网域 web 信息采集和保存 专题选择性采集和保存
	UARP	美国 2000 年	密歇根大学档案馆	学术与管理政策 网络外观
	Paradigma	挪威 2001 年	国家图书馆	研究收集和保存网络信息资源的技术、方法、组织和存取服务
	Domain.UK	英国 2001 年	国家图书馆	英国网站
	Web Infomall	中国 2002 年	北京大学	历史静态网页 解决网络引文的 Webcite 系统
	BnF	法国 2002 年	国家图书馆	完整采集和保存本国网页 制定专题事件档案类目
	WICP	中国 2003 年	国家图书馆	静态、动态网页采集与保存 网络数据库导航（ODBN） 对象编目（MARC）
	WARP	日本 2004 年	国会图书馆	国家机关、大学、行政法人、银行、公共团体等个人和公共网站
	GCWA	加拿大 2005 年	政府	网络政务信息存档
	WA Taiwan	中国 2007 年	台湾图书馆	政府、教育学术机构、图书馆、重大社会议题网站
	NTUWAS	中国 2007 年	台湾大学图书馆	政府、教育机构、族群、非营利社会网站

续表

资源对象	项目名称	项目基本信息		主要成果及项目介绍
Web 2.0	BlogForever	希腊 2011 年	塞萨洛尼基亚里士多德大学	博客内容收割、保存、管理和复用软件平台
	The Twitter Archive	美国 2010 年	国会图书馆	《捐赠协议》(*Gift Agreement*) 采集保存 2006—2010tweets 数据
	UKGWA	英国 2014 年	英国国家档案馆	WebMirror 捕获工具
	北卡罗来纳州政府社交媒体档案	美国 2012 年	北卡罗来纳州档案馆和图书馆	Archive Social 捕获工具
	北卡罗来纳州白酒产业推广社交媒体项目	美国 2012 年	北卡罗来纳州档案馆	Archive-it 捕获工具
	奥巴马白宫社交媒体档案	美国 2016 年	美国国家档案馆	Archive Social 捕获工具
	互联网信息战略保存项目	中国 2019 年	国家图书馆	新浪微博数据保存

1. 国内 WA 研究

国内的 WA 研究主要集中在以下几个方面。

(1) WA 项目成果介绍。主要包括：梳理 WA 的意义和发展历程，如周毅强调了档案部门在网络信息存档方面的责任①，郭红梅和张智雄分析了欧盟数字资源长期保存态势②；介绍国外 WA 重要项目及启示，如文振兴对比研究了东亚重要 WA 项目建设情况③；分析和评价实施流程中涉及的关键问题、软件工具④、开发利用⑤、索引研究⑥等。另外，张江珊探索了美国社交媒体记录捕获归档⑦，

① 周毅. 网络信息存档: 档案部门的责任及其策略[J]. 档案学研究, 2010(1): 70-73.

② 郭红梅, 张智雄. 欧盟数字化长期保存研究态势分析[J]. 中国图书馆学报, 2014, 40(2): 120-127.

③ 文振兴. 东亚重要 Web Archive 项目建设比较研究[J]. 浙江档案, 2013 (12): 22-25.

④ 刘兰, 吴振新, 向菁, 等. 网络信息资源保存开源软件综述[J]. 现代图书情报技术, 2009(5): 11-17.

⑤ 吴振新, 张智雄, 孙志茹. 基于数据挖掘的 Web Archive 资源应用分析[J]. 现代图书情报技术, 2009(1): 28-33.

⑥ 吴振新, 向菁. Web Archive 检索系统架构分析[J]. 现代图书情报技术, 2009(1): 22-27.

⑦ 张江珊. 美国社交媒体记录捕获归档的思考[J]. 档案学研究, 2016(4): 119-123.

周文泓概述了全球社交媒体归档行动概览与展望[①]，分析了英国国家档案馆网络归档的案例[②]、美国政府社交媒体保管政策[③]、美国前总统奥巴马社交媒体归档项目的策略[④]等。黄士多和焦钰巧对国外政务社交媒体文件捕获归档工具进行了对比分析研究[⑤]。

（2）社交媒体信息归档理论研究。学界关注密切的研究方向包括政务信息归档、社交媒体信息保存、社交网站网页档案保存等。周文泓教授比较系统地进行了相关探索，包括基于社交媒体信息保管行动的我国网络空间中档案领域的缺位审视[⑥]、Web 2.0 环境下档案信息资源整合的原则与模式[⑦]、政务微博归档保存与开发利用现状及展望[⑧]、政务社交媒体文件管理问题与对策[⑨]、社交媒体信息保管模式与策略[⑩]等。袁倩和王向女探索了基于区块链技术的社交媒体信息归档研究[⑪]，李德敏探索了机关社交媒体文件归档动因及策略[⑫]，宋香蕾对政务微博档案化的模式进行了研究[⑬]，宋魏巍探究了我国政府社交媒体文件管理的策略[⑭]，赵跃对我国政务新媒体文件归档的调整及应对策略进行了深入探索[⑮]，万凯莉探索了社交媒体信息的档案化鉴定等问题[⑯]，高晨翔和黄新荣在对国外社交媒体文件归档的政策研究基础上[⑰]，探索了我国社交媒体文件的归档政策[⑱]，研究了社交媒体文件归档中的鉴定问题[⑲]。

（3）网络信息归档实践探索。在国家“973”“985”等项目资助下，目前大陆地区开展的大型 WA 项目有两个，一个是由国家图书馆主持的 WICP 项目

① 周文泓. 全球社交媒体归档行动概览与展望[J]. 浙江档案, 2016(12): 16-19.

② 周文泓, 陈怡, 张玉洁, 等. 英国国家档案馆网络归档的案例分析及其启示[J]. 档案管理, 2018(4): 4-7, 74.

③ 周文泓. 美国政府社交媒体保管政策分析及其启示[J]. 情报理论与实践, 2015, 38(9): 134-139.

④ 周文泓. 政务社交媒体文件的归档管理策略研究——基于“总统奥巴马社交媒体归档”项目的调查及启示[J]. 档案与建设, 2017(9): 18-21.

⑤ 黄士多, 焦钰巧. 国外政务社交媒体文件捕获归档工具的分析与比较[J]. 档案管理, 2019(5): 61-65, 67.

⑥ 周文泓. 我国网络空间中档案领域的缺位审视和参与展望——基于社交媒体信息保管行动的解析[J]. 档案与建设, 2019(9): 13-17.

⑦ 周文泓. Web 2.0 式的档案信息资源整合原则与模式探析[J]. 档案学研究, 2015(1): 84-88.

⑧ 周文泓, 李新功, 加小双. 政务微博归档保存与开发利用现状及展望[J]. 档案与建设, 2016(11): 4-7, 29.

⑨ 周文泓. 政务社交媒体文件管理问题与对策研究[J]. 电子政务, 2017(11): 91-98.

⑩ 周文泓. 社交媒体信息保管模式与策略探析[J]. 档案与建设, 2018(9): 17-21.

⑪ 袁倩, 王向女. 基于区块链技术的社交媒体信息归档的可行性分析[J]. 山西档案, 2020(1): 21-28.

⑫ 李德敏. 机关社交媒体文件归档动因及策略探析[J]. 档案与建设, 2019(8): 29-32, 47.

⑬ 宋香蕾. 政务微博档案化模式研究[J]. 档案学研究, 2017(1): 51-56.

⑭ 宋魏巍. 我国政府社交媒体文件管理策略研究[J]. 档案学通讯, 2018(1): 107-112.

⑮ 赵跃. 挑战与应对: 我国政务新媒体文件归档若干问题思考[J]. 档案学通讯, 2016(3): 80-86.

⑯ 万凯莉. 论社交媒体信息的档案化鉴定[J]. 档案学研究, 2016(1): 62-66.

⑰ 高晨翔, 黄新荣. 国外社交媒体文件归档的政策研究[J]. 图书馆, 2017(7): 6-11.

⑱ 高晨翔, 黄新荣. 我国社交媒体文件的归档政策研究[J]. 图书馆学研究, 2017(7): 47-55.

⑲ 高晨翔, 黄新荣. 我国社交媒体文件归档中的鉴定问题研究[J]. 北京档案, 2017(7): 24-26.

（Web Information Collection and Preservation），一个是由北京大学主持的 Web 博物馆项目（Web Infomall）；在台湾地区，由台湾图书馆主持的典藏项目（Web Archive Taiwan, WA Taiwan）和台湾大学主持的典藏数位计划（National Taiwan University Web Archiving System，NTUWAS）在 2007 年同时启动，在国际上影响力突出。在我国，国家图书馆承担着国家文献信息战略保存职责，长期致力于文化遗产的保护与利用。2003 年，国家图书馆就已经开展网络信息资源采集与保存试验项目（Web Information Collection and Preservation，WICP），实验性地对中国境内的互联网资源进行采集与保存；2007 年正式成为国际互联网保存联盟（International Internet Preservation Consortium，IIPC）成员单位，并在联盟框架下广泛开展交流与合作；2009 年成立“国家图书馆互联网信息保存保护中心”，对国内外政治、经济、文化、科技等领域重要网站和重大专题资源进行采集保存，开创互联网信息保护工作统筹规划、合作共建的新局面；2012 年开通网站服务，对采集到的互联网资源进行组织与展示；2014 年依托“网事典藏”项目，联合全国公共图书馆共同开展互联网资源的保存和服务；2018 年研发并推广部署“网络资源保存与服务系统”，实现互联网资源高效和规范化的采集、编目、回放、发布和服务。截至 2018 年底，全国各级公共图书馆累计采集网站 23 000 余个，实现了涵盖政府公开信息，国内外重要网站等互联网资源的保存与保护。根据“十三五”规划，2019 年 4 月 19 日，国家图书馆互联网信息战略保存项目在北京启动，该项目旨在建设覆盖全国的分级分布式中文互联网信息资源采集与保存体系，通过与国内重点数字文化生产和保存机构的合作，推动互联网信息的社会化保存与服务，构建国家互联网信息资源战略保障体系。项目首家互联网信息战略保存基地落户新浪，截至 2018 年 12 月，新浪微博全站发布博文超过 2 000 亿条、图片 500 亿张、视频 4 亿个、评论和赞总量近 5 000 亿，新浪网和微博上后续新发布的内容也将持续保存①。国家图书馆互联网信息战略保存项目号召在中国境内开展互联网信息业务，并在相关领域处于领先地位的企业机构申请成为国家图书馆互联网信息战略保存基地共建主体。而国家图书馆将根据基地保存规范、数据遴选机制和服务需要提供使用，适时将部分基地数据纳入国家文献信息战略保存体系，并与共建主体联合开展数据分析，服务于政策决策、学术研究等非商业用途。

2. 国际 WA 研究与管理

随着社交媒体信息的愈发重要，各国近年也发布了系列政策文件规范社交媒体信息的存档工作。表 2-3 列举了部分国内外社交媒体文件归档的管理政策。

---

① 一鸣. 国家图书馆互联网信息战略保存项目启动　首家基地落户新浪[EB/OL]. (2019-04-19)[2020-06-28]. http: //tech. gmw. cn/2019-04/19/content_32759406. htm.

表 2-3　国内外部分社交媒体文件归档管理政策

国别	年份	政策名称	政策内容
美国		美国国家档案与文件管理署（NARA）： 《社交媒体政策：临时指南 831-2》（2010） 《美国国家档案与文件管理署 2014-02 布告》（2013） 《社交媒体捕获最佳实践白皮书》（2013） 《联邦 Web 2.0 使用和文档价值报告》（2010）	使用社交媒体网站的行为规范和内容管理； 评估记录的保存时限，长期保存的记录必须从社交媒体平台上导出到机构的文件系统中
美国	2010	《社交媒体战略》	社交媒体战略的 6 个核心价值：协作、领导、主动性、多样性、社群、开放
美国	2013	《社交媒体文件管理指南》（2014-02 公告）	界定“社交媒体文件”概念，将社交媒体文件管理明确纳入到联邦政府文件管理体系
美国	2013	《社交媒体文件捕获最佳实践白皮书》	明确政府机构使用的社交媒体的主要类型，主张建立专业的社交媒体工作团队
美国	2014	《管理政府档案指令：自动化电子档案管理报告和计划》	推荐档案管理自动化以适当减少对机关职员捕获、管理档案的依赖
美国	2017	《社交媒体战略 2017-2020》	提出社交媒体战略四个目标：讲述伟大故事、深度参与、发展用户、培养实践社群
美国		美国疾控中心制定： 《Twitter 指南及最佳实践》（2011） 《Facebook 指南及最佳实践》（2012） 《疾控中心社交媒体工具、指南及最佳实践》（2015）	建立跟踪社交媒体实时信息的档案管理系统； 记录社交媒体平台中帖子、评论、粉丝等信息要符合联邦记录管理及归档指南；删除违反疾控中心评论方针的任何评论必须在删除前记录归档
美国	2011	美国农业部制定： 《新媒体的角色、责任及权力》	记录特指由新媒体平台形成或发表的原始的独特的内容；每个机构或项目办公室定期负责维护新媒体记录；保证型媒体记录全生命周期管理和归档
美国	2015	美国国务院制定： 《利用社交媒体》	保证型媒体记录全生命周期管理和归档；跨部门冗余信息可删除
美国	2015	美国退伍军人事务部： 《退伍军人事务部关于使用基于网络的合作技术指导意见》	与美国档案工作者及退伍军人事务信息内容合作，确定最适宜捕获和保管的信息
美国	2010	纽约州政府： 《文档公告：社交媒体的初步指南》	在美国联邦政府提出社交媒体文件管理的基础上，细化并规范纽约州政府文档的开放、社交媒体管理等
澳大利亚	2013	《社交媒体策略（2013-2014）》	规定社交媒体文件管理主体、范围、人员工作规范等

续表

国别	年份	政策名称	政策内容
澳大利亚	2015	《2020 数字连续性政策》	明确政府社交媒体文件是联邦财产，在应用第三方社交媒体平台发布信息时要保障信息版权归属政府
英国	2011	《网络存档指南》	明确网络存档的定义和类型，正式将网站视为档案进行归档管理
英国	2016	《数字和档案管理团队指南》	规范网络存档步骤：识别目标网站、爬虫爬取数据、质量控制、发布和获取。开发定制访问接口用于归档社交媒体文件
中国	2016	《全国档案事业发展“十三五”规划纲要》	将“研究制定重要网页资源的采集和社交媒体文件的归档管理办法”作为主要任务之一

在国外，早在 1996 年，美国成立的非营利机构 Internet Archive 便致力于推动国际互联网信息存档。2010 年，Twitter 向美国国会图书馆（Library of Congress，LC）捐赠推文数据的消息就引起了业界的极大关注。美国国会图书馆与 Twitter 当时发布的协议约定，Twitter 将捐赠从 Twitter 成立到协议日期的所有公开推文。按照协议，美国国会图书馆可把在 Twitter 上发布六个月后的任何内容提供给“真正的”研究人员。研究人员必须签署禁止商业用途及内容重新分配的“通知”。图书馆不得以易于下载的形式在其网站上提供大部分内容。2003 年，IIPC 成立，目前已有 49 个来自世界各国的成员机构，中国仅有国家图书馆在其列[①]。IIPC 的主要活动包括参与 WA 的顶层设计、规范制定、工具开发、标准研制等；组织各类学术交流活动，如网络存档国际研讨会（International Web Archiving Workshops，IWAW）。IIPC 参照 OAIS 模型规范 WA 的工作流程包括：摄取、存储、访问和检索，国外 WA 的研究也多围绕这些流程开展。

（1）信息采集。

信息采集的目标是尝试归档整个网络，但现实中常常只能获取表面数据[②]。具体应用实践中，批量采集的项目不多，由于 Web 信息资源类型比较丰富，包括音视频、软件、网页、文本、数据库等。大部分项目采用选择性采集策略，包括：基于域名，如 NASA 戈达德宇航中心（Goddard Space Flight Center，GSFC）图书馆只捕获戈达德域名中.gov 或.edu 的网页[③]，Littman 等开发和改进了一款应用程

① IIPC. Members[EB/OL]. [2019-09-15]. http: //www. netpreserve. org/about-us/members.

② Lecher H E. Small Scale Academic Web Archiving: DACHS[M]//Web Archiving. Springer Berlin Heidelberg, 2006: 213-225.

③ Senserini A, Allen R B, Hodge G, et al. Archiving and Accessing Web Pages[J]. D-Lib Magazine, 2004, 10(11): 1082-1087.

序 SFM（Social Feed Manager），探索基于 API 的社交媒体数据收集方法[①]；基于主题，如美国国会图书馆创建的“9 · 11”网络档案馆、总统选举网络档案馆和 2003 年伊拉克战争网络档案馆[②]；基于资源类型，如专注 Youtube 影像资料[③]、视频游戏开发时的产品和文件[④]。而采集工具则更丰富多样，2013 年 NARA 公布的美国社交媒体采集和捕获工具共 57 种，表 2-4 介绍了一些社交媒体采集和捕获工具的基本信息。

表 2-4　部分社交媒体信息采集和捕获工具

	名称			
信息	Archive-it	ArchiveSocial	MirrorWeb	WebPreserver.com
创建年份	2006	2011	2012	2015
开发公司	Internet Archive	ArchiveSocial	MirrorWeb	PageTFreezer
国别	美国	美国	英国	加拿大
工具性质	非营利性	营利性	营利性	营利性
核心功能	网络档案订阅服务，组织分类检索功能	社交媒体文件归档、公共档案管理、社交媒体监察、开放政务	网络存档、社交媒体存档	网络犯罪相关案件的电子证据捕获
服务对象	大学、文博机构、公共组织和联邦机构	个人、企业和州政府部门	金融机构、政府机关和公共组织	监管和诉讼行业
典型应用	美国北卡罗来纳州白酒产业推广社交媒体文件归档项目	美国北卡罗来纳州政府的 Facebook 和 Twitter 归档项目	英国国家档案馆、英格兰银行的社交媒体归档项目	2014 年 Federico 起诉林肯军事住宅；2017 年 Lorraine 起诉美国保险公司

（2）信息保存。元数据描述问题，IIPC 设计了 WA 元数据集[⑤]，元数据标准如 PREMIS、METS 也常被参考和使用；存储格式问题，IIPC 推荐使用 ISO 28500：2009 规定的 WARC 文件格式，便于元数据管理和信息共享；内容组织方式，常

① Littman J, Chudnov D, Kerchner D, et al. API-based Social Media Collecting as a form of Web Archiving[J]. International Journal on Digital Libraries, 2018, 19(1): 1-18.

② Library of Congress. Library of Congress Web Archives Minerva [EB/R]. [2014-09-15]. http: //lcweb2. loc. gov/diglib/lcwa/html/lcwa-home. html.

③ Shah C, Marchionini G. Preserving 2008 US Presidential Election Videos[C]//07th International Web Archiving Workshop (IWAW07). 2007: 1-6.

④ Winget M A, Murray C. Collecting and Preserving Videogames and Their Related Materials: A Review of Current Practice, Game - related Archives and Research Projects[J]. Proceedings of the American Society for Information Science and Technology, 2008, 45(1): 1-9.

⑤ IIPC. Web archiving metadata set[EB/OL]. [2019-09-15]. http: //www. docin. com/p-381236182. html.

包括基于 Web 档案组织、基于本地文件系统和基于非 Web 档案组织[①]；常用的索引工具有 XTF、BAT、NutchWAX，检索工具如 Xinq、Wayback、WERA 等。

（3）信息访问。

由于元数据丰富程度和索引工具的差异，不同网络档案馆的访问能力不一样，如基于 Wayback Machine 的网络档案馆只支持 URL 搜索，而基于 NutchWax 搜索引擎的网络档案馆支持全文搜索。此外，一些先进的访问接口初见成效，如英国网络档案馆基于内容挖掘创建了 N-gram、云标签和 3D 墙等可视化分析接口[②]；Jatowt 等尝试了创建幻灯片放映和一个二维的图形来显示一个 URL 的内容是如何演变的[③]。

2.2　档案社会化媒体研究评析

2.2.1　国内研究的不足

国内档案界在社会化媒体领域的探索步伐比较缓慢，与国外一些发达的西方国家还有较大的差距。通过上文分析，国内研究主要有以下两方面的不足。

1. 数据挖掘和信息整合方面的欠缺

不少文献调研分析国内政务微博、综合档案馆微博、高校微博等的开通和利用情况，但研究还停留于表层，缺乏对内容的深度挖掘和整合，如目前尚未发现社会化媒体信息鉴定和归档、集成社会化媒体信息开展档案知识服务、博文内容的分析、学者关系网络的挖掘、链接关系网挖掘等主题的研究。本书第 5 章将在关系网络揭示等方面开展研究。

2. 应用服务有待深化

不少档案馆紧跟时代步伐，开设微博等应用，虽是在档案服务、文化宣传等方面进行的开创性探索，但也不能忽视其中的“随大流”现象，相关部门应深刻反思社会化媒体在国内档案工作中发挥了多少作用，是否还能继续深化和创新。总结国外一些成功的案例，如 NARA 将其在 Flickr 的档案照片数据库、Online Public Access 数据库和基于用户地理位置的社交应用“Foursquare”相连便于用户

---

① Masanès J. Web Archiving[M]. Berlin: Springer, 2006.

② UK Web Archive. UK Web Archive Visualization [EB/OL]. [2019-09-15]. http: //www. webarchive. org. uk/ukwa/visualization.

③ Jatowt A, Kawai Y, Tanaka K. Using Page Histories for Improving Browsing the Web[C]//8th International Workshop for Web Archiving. 2008: 1-9.

随时随地获取所在位置的历史、地理、人文等信息[①]，进而树立“用起来”的务实理念，形成“本土化、接地气”的创新服务举措。

2.2.2 未来研究的突破口

一些发达国家档案界对社会化媒体的应用进程比较迅速，但如何利用社会化媒体提升档案工作效率，社会媒体信息又该如何鉴定价值、长期保存等问题仍需要深入的研究。档案学科与社会化媒体领域未来的研究会重点突破以下几个现存问题。

1. 社会化媒体信息归档的前端困惑

社会化媒体信息归档的前端困惑是文件权属问题。按照传统的档案管理方式，所有权归形成者，管理权归文件档案机构。但社会化媒体信息远比想象中复杂，首先，用户作为形成者，具有不确定性，因为在以事件为中心的讨论中（如微博话题），形成者是一群人，而信息的价值在于整个话题讨论的连锁反应，这导致了“形成者”的难以界定；其次，社会化媒体提供商实际占有用户的数据，它也可被界定为“形成者”，但它并不贡献内容；最后，第三方机构虽然可脱离用户和提供商的权属纠纷，但实际中难以承担社会化媒体信息管理职责。

2. 社会化媒体信息保存中的内容困惑

社会化媒体的魅力在于它的交互性，但这也给信息的管理和保存带来前所未有的困扰。首先是格式的复杂性，文字、图片、视频等格式繁杂，兼容和保存多类型数据是一大难题；其次是数据的交互性，评论、转发、提及（@）、创建话题（##）等成就了信息的核心价值，但如何归档是一大难题；再次是数据质量的差异性，用户贡献的内容质量参差不齐，甚至不乏“网络推手”制造谣言，因此信息鉴定是一大难点；最后是用户关系网的规模性，关系网对信息传递和话题梳理具有无可替代的作用，如何确定归档信息中用户关系网的规模是一个相当棘手的问题。

3. “众包”服务模式的兴起

众包（Crowdsourcing）通常指将任务自愿、自由地外包给非特定的志愿者，他们有能力和时间解决问题，但酬劳很少甚至是无偿的。正如Duford所言，“社会化媒体促使普通大众从档案利用者向创建者转变”[②]，众包模式正以群体智慧（wisdom of crowds）的优势引起广泛重视。加拿大国家档案馆利用Twitter发起分享与哈利法克斯爆炸相关故事的活动，并将其作为档案进行保存。英国提供

① NARA. The National Archives on Foursquare[EB/OL]. [2019-09-18]. http: //www. archives. gov/social-media/foursquare. html.

② Duford C. Web 2.0, Organisations et Archivistique[J]. Archives, 2009, 40(2): 3-26.

Archive Volunteer[①]服务，引导志愿者为 Flickr 中的档案图片添加描述性元数据等标签。NARA 在这方面的活动更是精彩纷呈，如利用 Ideascale 开设 Open Government Idea Forum 从公众那里获取关于 21 世纪开放政府文件管理框架的创意[②]；开辟 Citizen Archivist Dashboard 版块[③]，下设标签（Tag）、转录（Transcribe）、编辑（Edit Articles）等栏目；NARAtions blog 开设了 "Tag it Tuesdays" 栏目[④]，引导大家对相关档案著录和添加标签。

4. 顶层设计的完善

一是政策法规的完善，NARA 早在 2010 年发布了《联邦政府 Web 2.0 使用情况及文件价值调查报告》[⑤]，报告分析了 Web 2.0 对文件价值的影响，并对 Web 2.0 环境下的文件管理工作提出了具体建议；2011 年 NARA 又发布了《Web 2.0/社会化媒体平台中文件管理指南》[⑥]，该指南重点指出了各机构应结合自身实际和指南要求编制适用的文件保管期限表。但是，这些文件在明确文件要素、制定管理要求、问责机制、第三方监督等方面还有待完善。二是标准的研制问题，2011 年美国国家标准协会（American National Standards Institute，ANSI）和文件管理工作者协会（ARMA International）联合制定了美国国家标准《网络协作技术应用环境下的文件管理》（ANSI/ARMA 18—2011）[⑦]，该标准共包含六部分内容：目的、适用范围、参考标准、术语定义、GARP 应用和程序构成，它为组织和机构在网络协作环境下实施文件管理提供了指导。从广义上讲，网络信息仍属于电子文件的范畴，乃至现在发展到"数字文件"的概念，因此在研制适用于社会化媒体文件管理及归档的标准时，应以 ISO 15489、ISO 23081 等系列国际标准为指导，重视元数据建设和整个管理流程的规范。

在网络信息归档的研究分析方面，无论是在研究层面还是在应用层面，WA 在国外的发展都遥遥领先国内。分析国内和国外 WA 项目的开展情况，有一个共同的特点，即项目基本都由图书馆界主导，如表 2-2 中列举的 32 个项目中，档案

① UK National Archives. Volunteering at The National Archives [EB/OL]. [2019-09-18]. http://www. nationalarchives. gov. uk/documents/volunteering-at-the-national-archives. pdf.

② NARA. Open Government Idea Forum[EB/OL]. [2019-09-18]. http: //naraopengov. ideascale. com/.

③ NARA. Citizen Archivist Dashboard[EB/OL]. [2019-09-18]. http: //www. archives. gov/citizen-archivist/.

④ NARA. NARAtions-Tag It Tuesday[EB/OL]. [2019-09-18]. http://blogs.archives. gov/online-public-access/?cat=260.

⑤ NARA. A Report on Federal Web 2.0 Use and Record Value[R/OL]. [2014-09-18]. http: //www. archives. gov/records-mgmt/resources/Web2.0-use. pdf.

⑥ NARA. Guidance on Managing Records in Web 2.0/Social Media Platforms[S/OL]. [2019-09-18]. http: //www. archives. gov/records-mgmt/bulletins/2011/2011-02. html.

⑦ ANSI/ARMA. Implications of Web-based Collaborative Technologies in Records Management(ANSI/ARMA 18-2011)[S]. 2011.

馆参与主持的只有 7 个。产生这一现象有两方面原因：一是职能分工不同，档案馆更注重官方、正式的信息记录形式；二是图书馆界作为公共信息中心，更加注重“无纸化”的数据建设和信息技术的应用。分析研究现状，一些棘手问题将被继续关注和深入研究。

分析国内文献成果，第一个主要特点是“国外成果介绍多，自主创新实践少”，大部分文献停留在介绍国外 WA 项目及分析其对国内的启示，对国际前沿的了解和把握固然重要，但产出自主产权的创新成果才是未来的出路；其次是“学术探讨多，应用挂钩少”，目前国内开展 WA 的实践经验还极端匮乏，将理论研究应用于项目实践是一个亟待解决的问题；最后是档案部门的重视程度还待加强，政府已逐渐通过立项课题规划来引导网络信息归档课题的研究，虽无需像加拿大合并图书馆和档案馆，但二者携手开展 WA 项目是未来的一种趋势。

国外 WA 项目的开展虽已硕果累累，但在顶层设计、标准研制、版权法规、资源无缝集成、利用服务等方面仍有较大的研究空间。总体而言，未来 WA 会向着“广合作、深研究、重实践”的趋势发展，并重点关注以下四个方面的前沿课题：①探索如何保存社会化媒体等高动态强交互式的网络信息资源，表 2-2 中 BlogForever[①]和 The Twitter Archive 两个项目已率先进行了探索，澳大利亚也早在 2007 年进入了 Web 2.0 信息归档的探索[②]；②移动互联网信息的长久保存，海量的移动数据等待采集和存档，但目前这一领域还基本处于空白状态；③顶层设计的继续完善，相关标准如管理流程、价值评估、元数据标准等须规范化和具体化，相关法律法规如版权问题、跨地域信息采集和利用等问题待解决；④注重数据挖掘和知识服务，海量数据需要分析挖掘才能彰显价值，最终为用户提供服务，利用大数据技术开展实践会是未来的研究热点。

2.3　档案社会化媒体的概念界定

1979 年，Tom Truscott 和 Jim Ellis 创建超级电子论坛 Usenet 时，早期的社会化媒体就已经出现，并开始在科研机构受到欢迎；随后，播客（Podcast）和电子公告板（Bulletin Board System）成为主要的社会化媒体形式。1994 年，我国曙光 BBS 站点建立，开启了我国社会化媒体的历史大门。1995 年，维基、博客和社交网站的出现使社会化媒体逐渐得到普及，社会化媒体的功能和形式也开始多样化。1996 年，随着以 ICQ 为代表的即时通信系统的出现，社会化媒体

① Kasioumis N, Banos V, Kalb H. Towards Building a Blog Preservation Platform[J]. World Wide Web, 2014, 17(4): 799-825.

② Crook E. Web Archiving in a Web 2.0 World[J]. The Electronic Library, 2009, 27(5): 831-836.

的社交性特征逐步得到显现。1998 年，Bruce 和 Susan Abelson 创办在线日记社区 Open Diary 已经具备当前社会化媒体的雏形。1999 年，腾讯 QQ 的出现使我国社会化媒体的社交性特征得以加速提升。随后大众点评网（2002 年）、博客中国（2004 年）、土豆网（2005 年）等一大批社会化媒体平台的出现促使我国社会化媒体发展进入新阶段。

社会化媒体即 Social Media，常被称为社交媒体、社会性媒体、社群媒体等。社会化媒体是信息技术的产物，其概念最早是由安东尼·梅菲尔德于 2007 年在其著作《什么是社会化媒体？》中提出来的，随后很快得到了学界和业界的广泛关注和应用。其相关研究大致可划分为前互联网时代、互联网 Web 1.0 时代和互动媒体 Web 2.0 时代三个阶段①。万维网（www）之父蒂姆·伯纳斯·李（Tim Berners-Lee）等认为社会化媒体是在线社区中一系列能促进个体信息创建、协作、共享并发展的软件工具集合②；Haenlein 等认为社会化媒体是基于 Internet 建立在 Web 2.0 技术和理念上推动信息原创、互动和共享的一系列应用的总称③；而 Bruns 则将其定义为 Web 2.0 技术下用以提供社区交互和群体协作的系列网站集合④。

总体而言，本书认为社会化媒体具备以下特点。

首先，社会化媒体是以用户为中心，基于 Web 2.0 技术、用户社会关系和用户生成内容的一系列交互技术、平台工具或应用系统的总称；其核心本质在于允许大众用户创造、互动交流和分享信息内容。

其次，社会化媒体研究的基本对象是人、关系和内容，这些是构成社会化媒体平台的不可或缺的要素。社会化媒体的分析对象包括微博、微信、博客、社交网络等各类社会化媒体平台。

最后，相比于传统媒体而言，社会化媒体的特点主要体现在内容生产与社交相结合和以用户为主角两个方面。

综合以上观点，可以认为社会化媒体是指通过一系列拓展性强、交互性好、开放性高的汇聚技术（convergent technologies）在 Web 2.0 网络环境下，以 UGC 理念为支撑开发的各种以用户为中心的网站平台、应用软件和系统等的总称。在技术产物层面，社会化媒体可被界定为系统、网站、平台、应用软件等；而在内容空间层面，它是各种类型社区空间的集合，社区空间为用户的原创、互动和协作提供支撑。

---

① 张伦. 基于社会化媒体的信息传播行为：理论与实践的变革[J]. 科学与社会, 2014(1): 80-96.

② Berners-Lee T, Hall W, Hendler J, et al. A Framework for Web Science [J]. Foundations and Trends in Web Science, 2006, 1 (1): 1-130.

③ Kaplan A M, Haenlein M. Users of the World, Unite! The Challenges and Opportunities of Social Media[J]. Business horizons, 2010, 53(1): 59-68.

④ Bruns A, Bahnisch M. Social Media: Tools for User-Generated Content: Social Drivers Behind Growing Consumer Participation in User-led Content Generation [Volume 1: state of the art] [R/OL]. (2009-06-16)[2019-09-07]. http: //eprints. qut. edu. au/21206/.

与传统主流媒体相比，参与性、双向交流、公开性、连通性、社区化[①]、弱连接、移动互联网融合、去中心化等是社会化媒体的基本特征。图 2-2 是中国社会化媒体研究的领头羊 CIC 绘制的 2019 年中国社会化媒体生态概览图[②]。由图可知，社会化媒体的应用类型丰富，但总体而言，博客（含个人空间）、微博、网络论坛（含 BBS）和社交网络四大类型的产品及其在移动互联网的应用，仍是社会化媒体的支柱产品。

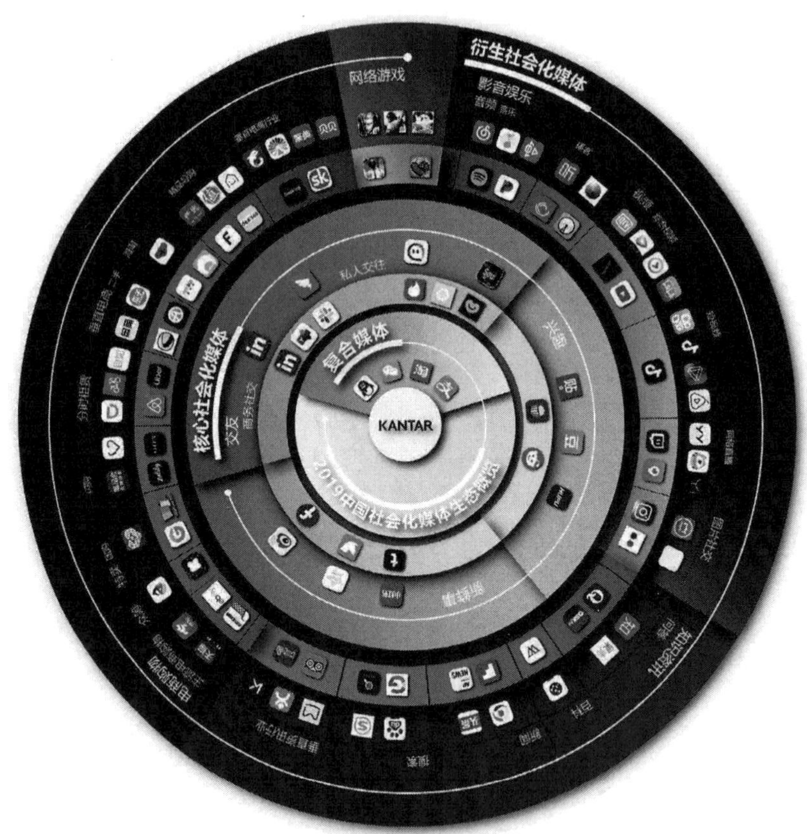

图 2-2　2019 年中国社会化媒体生态概览图

2.3.1　社会化媒体概念分析框架

为进一步厘清社会化媒体概念中包含的深层次规律和特点，笔者提炼了其六

① 赵宇翔. 社会化媒体中用户生成内容的动因与激励设计研究[D]. 南京：南京大学, 2011: 2-3.

② CIC. 2019 中国社会化媒体生态概览[EB/OL]. (2019-07-30)[2020-04-05]. http: //www. kantarmedia. com. cn/public/files/2019_SML_Infographic_CN_PNG-01. png.

大属性进一步解析概念，如图 2-3 所示。

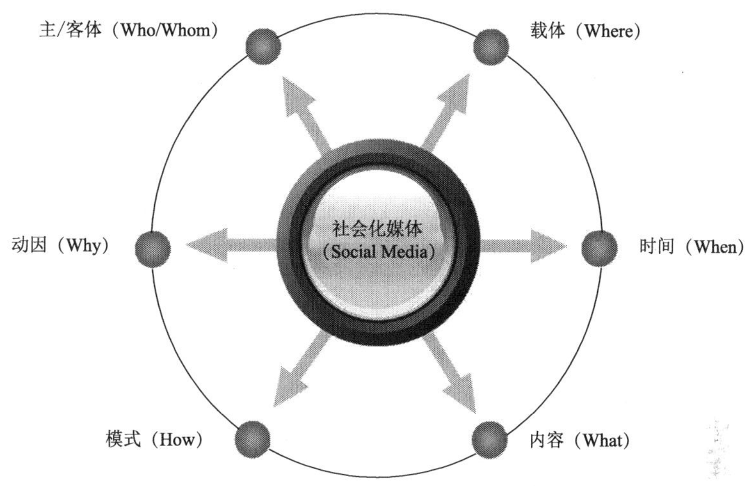

图 2-3　社会化媒体概念分析框架

1. 主/客体（Who/Whom）属性

传统媒体多以“上到下”和“点对面”的方式传播信息，主体影响力强且数量少，客体影响力弱且面积大。而社会化媒体中主体和客体的概念愈发模糊，每个用户都是关系独立的主体和受众，网络中“长尾”尾部的草根群体在崛起，关系呈现去中心化的趋势。

2. 载体（Where）属性

传统媒体的载体是整合、向心的，如门户网站；而社会化媒体的载体是分散、离心的，如图 2-2 所示的应用类型包含博客、即时通信、视频、旅游、婚恋、电子商务、交易支付、游戏等。由于社会化媒体与移动互联网的融合，载体又被赋予了静止和移动的空间属性。

3. 时间（When）属性

时间属性表现在两个方面：一是社会化媒体信息的传播速度快，短时间便达到一定的深度和广度，近年在微博、朋友圈等平台中频发的网络舆情便可说明这一问题；二是用户行为呈现出一种“三分钟热度”效应，即对话题持续关注时间短，体验结束情感便结束。

4. 内容（What）属性

具体而言包括以下三个方面：一是内容观点的多样性，且由于用户投入成本不同，内容粒度也不一致；二是“内容为王”的核心主导力，内容质量能改变其他五个属性的状态；三是目前社会化媒体具有“意见太多、知识太少，信息分散多、知识汇聚少”的特点，这也是本书开展信息集成与分析研究的一个重要原因。

5. 模式（How）属性

模式属性主要包含创作模式和关系模式，创作模式包含独立式（如博客创作）、协作式（如维基百科）、竞争式（如 NARA 在 Flickr 上发起众包竞赛，邀请公众记录历史）和累积式（如资源标签）；关系模式即用户间的关联和信息传递模式，社会化媒体关系网络具有“弱连接”特点，如微博中关注、提及（@）任何用户，以及创建话题（#）都无须被批准，用户关系网中的人群背景各异，弱连接特征显著。

6. 动因（Why）属性

动因研究近年十分热门，如南京大学赵宇翔博士和朱庆华从宏观视角归纳了 UGC 的创作动因：社会、技术、个体三大驱动力，以及人口统计学特征[①]，并以土豆网进行了实证[②]；微观视角用户的创作和传播动因包括五个方面：外部表象动因（如物质奖励）、投射动因（如认知和信任感）、鉴定动因（如荣耀感）、融合动因（如归属感）、内部动因（如兴趣感）。

2.3.2　社会化媒体相关概念辨析

与社会化媒体相关的概念比较多，如网络媒体、手机媒体、新媒体、自媒体等。从涉及的技术和囊括的具体应用类型层面解读概念之间的关系，可如图 2-4 所示。

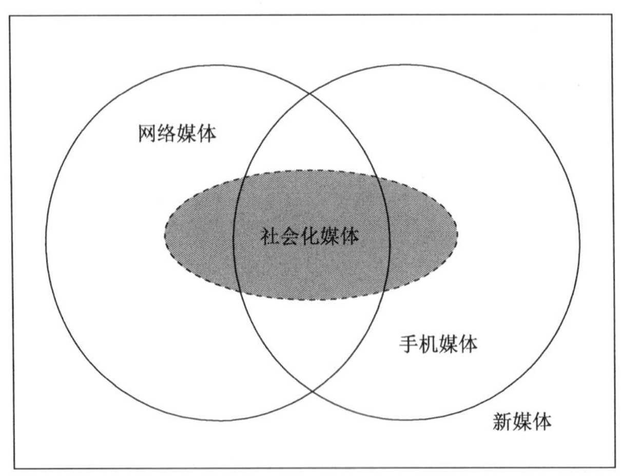

图 2-4　基于技术和应用类型的新媒体概念关联图

① 赵宇翔，朱庆华. Web 2.0 环境下影响用户生成内容的主要动因研究[J]. 中国图书馆学报，2009，35（5）：107-116.

② 赵宇翔，朱庆华. Web 2.0 环境下影响用户生成内容动因的实证研究——以土豆网为例[J]. 情报学报，2010，29（3）：449-459.

1. 新媒体作为上位概念

学界对新媒体（new media）的概念并未达成共识，较有影响力的如：世界著名杂志《连线》（*Wired*）将其定义为“所有人对所有人的传播”①；美国学者 Vin Crosbie 则认为其是能为大众提供个性化内容的媒体②；中国人民大学新闻学院匡文波教授则将“互动”和“数字化”作为其主要标准③。可以认为，从构词角度解析“新+媒体”的概念着重突出“新”：①在时间维度，它是相对于广播、电视、报刊等传统媒体的新媒体形态；②在技术维度，是对移动通信技术、互联网汇聚技术等新技术的写照；③在传播维度，它树立了“一对一、一对多、多对多”的交互式、多传播主体的新模式。正如图 2-4 所示，新媒体的广义理解包含：①新兴媒体：网络媒体、社会化媒体、手机媒体、互动电视媒体（数字电视、IPTV 等），②新型媒体：即户外媒体，如户外彩屏、车载移动媒体、楼宇电视等④；而狭义的概念特指新兴媒体⑤。

2. 网络媒体作为上位概念

不言而喻，网络媒体是在互联网平台和技术支撑下的媒体形态。网络媒体包含许多应用类型，在 Web 1.0 时代，除了即时通信、搜索引擎和门户网站三大主导产品外，还产生了网络游戏、网络广播、网络出版/报刊、网络文学等；进入 Web 2.0 时代，网络社区、SNS 网站、播客、博客、微博、网络论坛、RSS、网络视频、网络百科等社会化媒体层出不穷，而 Web 1.0 时代产生的应用也随着技术更迭而升级变革，如即时通信、网络游戏等应用已经染上了浓厚的 Web 2.0 色彩。社会化媒体在网络媒体的母体里萌芽和发展，如今已经拓展到移动互联网支撑的手机媒体群。

3. 手机媒体作为上位概念

4G 已“飞入寻常百姓家”，手机业务在语音通信、信息、彩铃的基础上迅速向社交、视频聊天、搜索、导航、金融理财、支付、游戏、电子商务、可穿戴设备等领域拓展。据 CNNIC 发布的第 47 次《中国互联网络发展状况统计报告》数据显示，2020 年 12 月我国手机网民数量为 9.86 亿⑥。目前网络媒体、社

① Wikipedia. New Media [EB/OL]. (2014-07-20)[2019-09-07]. http://en.wikipedia.org/wiki/New_media#cite_note-Crosbie. 2C_2002-26.

② Crosbie V. What is ‘New Media’? [J/OL]. (2006-04-27)[2019-09-06]. http://hejiang1981.blog.sohu.com/ 170320566. html.

③ 匡文波. 新媒体概论[M]. 北京：中国人民大学出版社, 2012.

④ 黄传武. 新媒体概论[M]. 北京：中国传媒大学出版社, 2013.

⑤ 宫承波. 新媒体概论(第四版)[M]. 北京：中国广播电视出版社, 2012.

⑥ CNNIC. 第 47 次中国互联网络发展状况统计报告[R/OL]. (2021-02-03)[2021-03-16]. http: //www. cac. gov. cn/ 2021-02/03/c_1613923423079314. htm.

会化媒体和手机媒体三者交集之处的应用，如 QQ、微信、新浪微博、QQ 空间、人人网、优酷视频、知乎、支付宝等已经聚集大量人气。可以说，社会化媒体在移动互联网的应用成就了手机媒体，而手机媒体也为社会化媒体的崛起发挥了重要的推动作用。

4. 自媒体作为相关理念

自媒体即 We Media，也常被译为草根媒体（Grassroots Media）、个人媒体等。自 2002 年 6 月美国专栏作家丹・吉尔莫提出"自媒体"一词之后，这一概念风靡全球，在中国也被频频炒作。美国新闻学会媒体中心（The Media Center at the American Press Institute）的 Shayne Bowman 和 Chris Willis 在研究报告 *We Media*[①]中将自媒体定义为："普通用户经数字技术与全球知识体系相连后，产生的一种分享自身新闻与事实的途径。"自媒体和社会化媒体的概念相似，常常被混淆，但本书认为二者阐述的概念并不在一个维度。正如 *We Media* 中的定义，自媒体着眼于使用媒介的人，突出的是一种"人人即媒体"的传播理念和个人意识；而社会化媒体着眼于信息的载体，即各种类型的平台和应用所代表的媒介介质。因此，本书并未将"自媒体"画入图 2-4，同时也不将其作为一个平行概念阐释。

5. 社会化媒体作为研究主体

社会化媒体（Social Media）信息是伴随着信息化的发展而产生的，社会化媒体信息和传统的媒体信息有很大的差别性，社会化媒体信息的数据量更大，从而能够有效地满足不同客户群体的不同需求，更符合现代人对于信息资源的需求，而且和传统媒体相比，社会化的媒体可以让每一个人都参与进来，人人都是信息的有效传递者，社会化的媒体信息也可以有效地加强人与人之间的联系，比较流行的如微信、微博等社交软件便是社会化媒体比较有代表性的产物。而且社会化媒体还在不断创新和丰富，将逐步为人们带来更大的便利。社会化媒体信息和传统的媒体信息比较起来有着自身的特点，为人们带来了全新的体验和便捷[②]。社会化媒体信息可以让人们在短暂的时间内完成对信息的创作和阅读等，而且可以是随时随地的，这极大地方便了人们对信息的利用。社会化媒体信息最显著的特点就是它的参与主体可以是任何人，每一个人都可以参与到社会化媒体信息中来，具有非常强的包容性，这是和传统媒体最大的差别，也是其日益受到人们喜爱和关注的主要原因之一。社会化媒体信息通过每个人的参与加强了人与人之间的交

---

① Bowman S, Willis C. We Media: How Audiences are Shaping the Future of News and Information[R/OL]. (2003-07)[2019-09-07]. http: //www. hypergene. net/wemedia/download/we_media. pdf.

② 刘兰. Web Archive 的内涵、意义与责任、发展进程及未来趋势[J]. 图书馆建设, 2014(3): 28-34.

流和互动，推动了信息的有效流通及信息的开放性①。

2.3.3　档案社会化媒体的定义及表现

经过上文对社会化媒体的定义、特征、规律和相关概念等的梳理，本书的研究对象“档案社会化媒体”可被定义为：围绕档案领域的学科建设、人才培养、学术研究和工作实践，学界和业界在互联网上开展内容创作和交流所利用的社会化媒体。

具体来说，概念的主体是档案学界和业界的用户群体，如档案学等相关专业的师生、档案工作者、对档案学感兴趣的普通用户等；使用目的是进行档案学知识和工作经验的交流；交流内容包括档案学学科建设、人才培养、学术研究、工作实践等；交流方法是利用社会化媒体的平台和技术，其信息传播的载体是社会化媒体平台，具体包括两类：一类是档案界自身研发的专业平台，如档案知网、档案界论坛等；另一类是在其他大型社会化媒体（如新浪博客、百度贴吧等）中开辟的与档案学科相关的平台。档案领域社会化媒体类型繁多，本书主要选取网络论坛、博客和微博作为研究对象。

档案社会化媒体具备社会化媒体的特征，同时也有其独特性。同一性方面，档案领域相关网络论坛、BBS、博客、微博等社交平台，遵循 Web 2.0 的一般规律，如 UGC 的创作模式和规律、网络多级传播规律、去中心化、开放性、互动性、用户协同与交互、社区“小世界”现象、三度影响力（Three Degrees of Influence）②等。而差异性主要表现在以下三个方面。

1. 内容的学科性（What）

（1）内容的专业性与学术性。档案领域相关社会化媒体中用户发布的信息，从发布形式看虽与一般平台大同小异，但发布的内容却表现出该学科的专业性和学术性，如“档案知网”论坛设有理论实践、档案信息化、知识管理、兰台咨询、学术探讨、档案智库、实务交流等多个一级栏目，并有超过 40 个二级社区，各类目中发布的内容具有很强的学科专业性，包括《档案学通讯》发表的部分研究论文和专业的学术评论等。

（2）内容的学科交叉性。由于档案学科与图书馆学、情报学、历史学等有天然的联系，故社会化媒体中的内容又表现出学科的交融性。科学网是由中国科学院、中国工程院和国家自然科学基金委员会联合主管的著名学术论坛，在科学网的框架中，档案学归属管理综合栏目下的情报学群组；又如辽宁大学历史学院赵彦昌副教授的博客“中国档案学研究”，其博文的分类中不仅涉及档案学基础理

① 张楠，孙伟. 基于大数据背景下档案社会化媒体信息的挖掘与利用探析[J]. 信息系统工程, 2018(9): 27.

② Christakis N A, Fowler J H. Connected: The Surprising Power of Our Social Networks and How they Shape Our Lives [M]. Paris: Hachette Digital, Inc. , 2009.

论，还囊括大量的档案史、档案故事、明清档案等历史档案资料。

（3）部分内容具备档案属性。正如前文所述，社交平台大部分信息目前并不在归档的范围，但现有的部分内容具备档案的属性，如“档案知网”中“法规标准”栏目发布的众多相关国际国内标准、行业规范、法律法规、规章制度等文件本身就是档案。另外，在微博平台中，许多学者转发档案馆发布的档案信息目录，这些内容亦属于档案范畴。

2. 用户的专业性（Who/Whom）

（1）主体（Who）的专业性。主体的专业性主要表现在用户发布、传播和反馈的信息表现出档案学人应有的专业素养。在具体的应用中，社会化媒体为档案学人之间的学术交流提供了优良的平台，如四川大学档案学硕士研究生胡康林的博客“图档情结”发布了大量专业信息，如档案学精品课程课件、考研真题、档案院校信息、课程读书笔记等。

（2）客体（Whom）的专业性。Web 2.0 最大的魅力莫过于改变了 Web 1.0 信息的单向流动，也正因如此，用户间的信息交互成就了社会化媒体的繁荣。客体（Whom）的专业性反馈带动了知识的传播，如郑州航空工业管理学院高大伟老师发布其博士论文中有关“档案实践系统的微观结构框架图”的微博，以期得到同行的建议，得到了 17 条转发和 6 条评论，南昌大学档案学硕士研究生唐霜和中国人民大学胡鸿杰教授都参与了互动，很好地交流了学术思想。

3. 关系网络的紧密性（How/Why）

全国档案专业高等教育发展情况调研课题组 2012 年公布的数据中指出：大陆地区，开设档案学本科专业的高校 34 所，专业教师 327 人，硕士点 24 个，博士点 8 个，其中真正招收档案学专业博士的只有 5 个①。可见目前档案学科规模并不大，学术圈中学者数量也并不多；此外，档案学科的专业性，使档案界与其他专业学术圈的交流比较少。这些原因都使得关系网络呈现出一定的紧密性，网络内部的信息流动强于对外的信息输出，因而信息传播的规律（How）和动因（Why）与其他大型网络也有一定的差异。

2.4 档案社会化媒体信息资源的概念界定

根据前文对档案社会化媒体的定义及其特点的阐述，档案社会化媒体信息资源在狭义范围内可界定为：学界和业界用户在互联网社会化媒体中围绕档案领域的学科建设、人才培养、学术研究和工作实践等主题创作、交流产生的信息内容。

① 杜雯, 颜祥林, 沈双洁, 等. 我国档案专业高等教育发展现状的初步调研[J]. 档案学通讯, 2012(2): 66-72.

档案社会化媒体信息狭义地理解为用户生产的信息内容本身，其符合用户生成内容（UGC）的理论和模式，也是信息资源的重要组成部分。但按广义的理解，档案社会化媒体信息资源还包括在社会化媒体平台的信息活动中的信息生产者、信息技术等，比如在社会化媒体平台中从事档案相关主题创作的档案学者，其包含用户个人基本信息、用户之间的交流互动信息、用户间关系网络等。相比于传统的档案信息资源，档案社会化媒体信息资源因为插上了“社会化媒体”的翅膀，其信息资源也得以进一步拓展，社会化媒体中丰富的互动信息、关系网络等极大拓展了档案信息资源的维度，为后续档案社会化媒体信息资源的整合提供了有力的基础，因此本书从广义的角度去理解档案社会化媒体信息资源。

2.4.1　档案社会化媒体信息资源的构成

Web 2.0 作为一种方便社会联系、增强社会协作能力的工具和信息交互平台，使得其用户逐渐聚集在一起并因此形成具有一定特征的用户群体，群体用户通过频繁互动的信息行为进而形成具有一定网络结构的社群。档案社会化媒体由相关的社会化媒体技术、社会化媒体应用与产品、社会化媒体平台构成一个整体环境。本书中的档案社会化媒体信息主要关注那些具有一定社会价值、学术价值或者网络归档价值的部分，能够促进学术交流、促进社会化服务、反映社会记忆的信息内容。

从档案社会化媒体信息来源平台视角看，其主要包括档案论坛、档案博客、档案微博、档案微信，以及其他社会化媒体（如社会化问答社区、贴吧等）中与档案学界或业界相关信息等等。这些媒体形式绝大多数都是以网页形式呈现，因此可以认为是网页信息资源的内容。对档案社会化媒体信息资源的整合，实际上也主要是对档案社会化媒体网页形式的信息资源的整合。

档案社会化媒体信息按其加工程度可以分为三类：首先是零次信息，主要指来源于网络用户通过社会化媒体平台进行实时交流而产生的即时信息；其次是一次信息，主要指源于网络用户通过文字的、音频的或者视频的形式在社会化媒体平台中发布的原始记录信息；最后是二次信息，主要指源于档案信息服务机构加工整理形成的信息，也指利用社会化媒体平台转载的信息。从信息表现形式看，社会化媒体信息构成复杂，有文本形式、音频形式、图片形式及视频形式等，结构化信息、半结构化信息和非结构化信息的共存给信息资源的整合带来极大的挑战。

从上述来源中，重点关注的核心要素构成则包括用户、用户关系、UGC、互动四个方面。

1. 用户

用户是指档案学界和业界的用户群体，如档案学教育工作者、实际业务工作者，以及感兴趣的一般用户等，其出发点在于满足自身的内在需求，而行为本身有助于档案领域的学科建设与发展、相关人才的培养、学术研究，并能够指导相关工作实践。

2. 用户关系

用户关系是指用户群体在交流与分享过程中形成的虚拟的纽带关系，这种关系构成了一种档案领域相关的社会网络，对关系网络的探索有助于挖掘和集成档案社会化媒体信息研究中的专家资源和社群资源。

3. UGC

UGC 即用户生成内容，是指用户群体交流与分享过程中生成的信息内容，这是档案社会化媒体的核心内容和价值体现，这些信息资源是开展档案社会化媒体信息集成研究中重要的研究对象和资源。

4. 互动

互动是指用户群体成员之间进行的交互活动，包括点赞、分享、转发等一系列信息行为，这些活动不仅是促进档案社会化媒体发展的内在驱动力，同时也有助于利用档案社会化媒体信息资源开展相应的信息服务。

2.4.2　档案社会化媒体信息资源的特征

前文从平台的视角分析了档案社会化媒体与一般社会化媒体的差异性，主要包括内容学科性、用户专业性和关系网络紧密性三个特点，但档案社会化媒体信息本身还具有丰富的特征，主要表现在以下几个方面[①]。

1. 来源的多样性

信息技术在推动社会化媒体的功能性分化的同时，也间接促使了社会化媒体信息的多样性发展。正如前文所述，从来源平台看可以包括档案论坛、档案博客、档案微博、档案微信等；从加工程度看可以分为零次信息、一次信息、二次信息等；从文本类型看主要包括文本信息、音频信息、视频信息、图片信息等，信息的多样性给整合带来了很大的挑战。

2. 分布的异构性

档案社会化媒体的异构性体现在平台异构、信息源异构和语义异构等多个方面。档案社会化媒体平台的应用环境包含着不同的硬件平台、操作系统、通信协议，以及数据库管理系统等异构平台；档案社会化媒体平台拥有各种网络数据库、

① 余遵成. 基于元数据仓储的档案社会化媒体信息资源整合[D]. 北京：国防大学政治学院, 2017.

图像库、文件系统、音频库等多种不同的信息源；语义方面，平台中可能以相同的术语表达不同的概念，或者可能以不同的术语表达相同的概念的问题比较突出。档案社会化媒体是一个分布分散的信息资源来源体系，其信息资源分布在 Web 上的各个角落。跨越 Web 上众多档案社会化媒体平台的信息资源发现有用的信息，是档案社会化媒体信息资源高效利用面临的巨大挑战。

3. 形式的碎片性

用户通过档案社会化媒体发布的文本、图片、音频及视频等形式的信息，往往由于用户的理解和思考程度不够深刻全面而呈现出碎片化状态。这些信息数据量大，杂乱无序，且相互之间的关联性比较弱。这些碎片化信息往往具有一定的思想性，但是由于呈现出海量的杂乱无序的状态，因此，如何有效地从中获取有价值的信息就成为学界和业界需要解决的难题。

4. 内容的冗余性

档案社会化媒体的利用门槛低，且基本上没有条件的限制，因此常有一个用户对应多种社会化媒体的多个账号的情况。档案学人可能注册多个博客或者微博等（比如胡鸿杰的新浪博客、凤凰网博客、网易博客等），并且在这些社会化媒体中重复性地发布信息资源。不同档案学人之间也存在相互转载或者转载其他媒体中的信息的现象（比如，"一笔谈的博客"中转载"胡鸿杰的博客"中名为《一千零一议（四）》的博文）。如此这般的档案社会化媒体信息冗余度高，造成信息过载，对网络空间资源的占用比较多。

5. 观点的学术性

档案学人博客中一些博文与学术论文关系紧密（比如，胡鸿杰的博客中《社会与组织：档案职业辨析》系列博文），有的博文本身就是学术论文（比如赵彦昌的和讯博客中有《档案学研究》的一系列论文）。这些大多是可以通过开放方式获取的信息，信息价值较高，获取成本低，有助于促进学术交流。

6. 传播的学科性

档案社会化媒体信息资源主要是档案学科相关的内容。有些信息来源于档案机构的社会化媒体平台，这些信息一方面具有一定的权威性，另一方面具有较强的档案宣传价值，对于档案社会化服务具有良好的促进作用。档案信息为社会化媒体提供了良好的资料来源和信息素材，社会化媒体为档案信息的宣传提供了可靠的平台，某种程度上达到了"1+1>2"的效果。

7. 信息的档案性

社会化媒体具有广泛的社会影响力，具有良好的信息传播作用，信息传播速度快且波及范围广 。因此，网络用户往往热衷于通过社会化媒体发布各类资讯信息，包括一些重大社会事件，而这些资讯信息，尤其是源头信息本身具有很强的类似档案的凭证作用和社会记忆性。比如日本在 2011 年启动专门项目对来自社交网络的照片及影像资料进行收集，以作为重大灾害（如地震灾害等）的社会记忆内容。记录我国“7·23”动车事故的第一条消息是由事故亲历者在微博上发布出来的，记录我国“5·12”汶川地震的大量信息也是灾区见证者通过社会化媒体发布的。

8. 平台的自治性

档案社会化媒体平台属于自治的信息系统，信息资源与服务由各平台独立维护与管理，其访问原则、获取方式与用户认证等都由各平台自行决定。自治性是档案社会化媒体信息资源整合的一大挑战。档案社会化媒体平台是一个非常复杂的信息系统群，它们相互之间存在不同的搜索界面与体系结构，其信息资源包含不同类型的数据，使用的元数据标准与协议存在差异，此外受到知识产权与经济等方面因素的制约。实现档案社会化媒体信息资源整合要比实现一般信息资源整合的数据集成复杂得多。

2.5 本章小结

档案社会化媒体研究领域尚处于上升发展阶段，相关理论研究还不成熟。从研究机构看，档案社会化媒体具有较好的科研资源，主要研究团体已逐渐形成，跨地域性交流比较频繁；从研究人员看，研究人员总体上比较分散，核心研究人员少，高质量研究成果比较缺乏；从期刊分布看，该领域在学界关注度较高，发展前景较好。档案学科与社会化媒体领域尚待解决的问题包括：一是社会化媒体信息归档的前端困惑；二是社会化媒体信息保存的内容困惑；三是“众包”服务模式兴起带来的新转变；四是顶层设计待完善。整体而言，档案社会化媒体研究虽然作为一个较为新兴的领域在近年来成为热点，但是就其本质而言，档案社会化媒体属于社会化媒体的范畴。通过对现有成果的内容分析发现，档案社会化媒体的信息组织和档案社会化媒体的信息服务具有较强发展潜力，可能会成为今后几年的重要发展方向。

本书中提及的“档案社会化媒体”定义为：围绕档案领域的学科建设、人才培养、学术研究和工作实践，学界和业界在互联网上开展内容创作和交流所利用的社会化媒体。档案社会化媒体具有内容的学科性、用户的专业性、关系网络的紧密性等特点。档案社会化媒体信息资源狭义的定义指档案社会化媒体中创作、交流等各种形式产生的信息内容，即用户生产的信息内容本身。而具体涉及归档层面时，可进一步理解为社会化媒体中具有归档价值或与具体档案工作相关的信息资源，这种理解和界定与目前学界提出的“社交媒体档案”“社会化媒体档案”等概念吻合度较高，本书认为其可纳入广义的电子文件概念中，即在社会化媒体信息的归档实践和研究中，应严格确保信息的真实性、完整性、可靠性和可用性。档案社会化媒体信息资源广义的界定还包括在社会化媒体平台的信息活动中的信息生产者、信息技术等。而涉及归档层面的档案社会化媒体信息资源，则可理解为其还包括与具体档案工作相关的信息资源，如某些信息并不具备归档的条件，但它有利于后期的档案利用和服务工作，本书也建议将其纳入收集范畴。总之，本书研究从广义的角度去理解档案社会化媒体信息资源，能进一步打开思路，创新性地进行多维探索。

第3章 档案社会化媒体信息资源的整合框架

信息给人们带来了很大方便，在信息不断的发展和推动下，社会化媒体这种形式便得以产生。社会化媒体的产生是时代发展的必然产物，给人们带来了更多的便利，社会化媒体逐渐参与到了档案工作中，对于档案工作的建设和发展起到了重要的作用。然而，目前社会化媒体信息在档案工作中的应用才刚刚开始，如何在档案工作中加大对社会化媒体信息的有效利用是档案工作发展的一个重要研究方向[①]，对社会化媒体信息在档案工作中的挖掘和利用的探讨有非常重要的价值。

3.1 档案社会化媒体信息资源的建设

当前全球迈入大数据时代，数据的重要性已引起整个社会的极大关注，成为应用服务创新的重要源泉[②]。其主要原因是可以广泛挖掘利用的数据量巨大，并迫切需要将这些数据转换为可用的信息与知识。与以往相比，大数据背景下要求从数量更为巨大、结构繁多的数据中挖掘出隐藏在其背后的规律，揭示数据的真实价值，发挥数据的最大化价值。社会化媒体中的网站、论坛、博客、微博等提供的海量数据，同样受到广泛关注，成为档案开发与利用的新型资源。

档案信息化初期，档案馆主要通过档案网站发布数字化加工的档案信息实现信息服务，这种方式存在信息资源匮乏、服务方式单一、资源利用效率不高、编研工作缺乏成效的缺点[③]。仅利用档案网站发布原生信息的工作服务模式已难以有效满足用户的信息需求。同时，Web 信息激增，搜索引擎应运而生并快速发展，虽然在一定程度上缓解了查阅档案信息不便的矛盾，然而，从档案利用的角度看，大多搜索引擎的信息组织与标引缺乏控制，冗余重复信息过多，各类信息容易混杂无序；信息涉及面过广，缺乏信息深度挖掘；分类标准缺乏系统性与规律性，以上种种都会造成用户使用不便，并不能有效满足档案用户与工作者的需求，特别是档案研究者的需求，所以大数据背景下开发利用互联网信息资源既是档案信息化建设中的战略性步骤，也是新媒体环境下有效建设与利用档案信息资源的必

① 张楠, 孙伟. 基于大数据背景下档案社会化媒体信息的挖掘与利用探析[J]. 信息系统工程, 2018(9): 20.

② 迈尔-舍恩伯格, 库克耶. 大数据时代: 生活、工作与思维的大变革[M]. 杭州: 浙江人民出版社, 2012; 孟小峰, 慈祥. 大数据管理: 概念、技术与挑战[J]. 计算机研究与发展, 2013, 50(1): 146-169.

③ 王运彬, 王小云, 陈燕. 档案信息资源配置的目标定位研究[J]. 档案学研究, 2012(6): 36-38.

然选择，急需对互联网档案信息资源的开发利用进行理论研究与应用探索。探索面向社会化媒体档案资源建设，对互联网档案信息资源整合与利用过程中的方法技术等相关问题进行研究与分析，有效开发利用互联网档案资源，可进一步改进与完善现有档案信息化工作的方法模式。

3.1.1　新媒体环境数字档案馆建设的架构需求

传统档案服务工作通过对档案进行收集、整理、编研等过程，将档案及档案相关产品提供给用户， 实现档案信息共享。档案馆作为档案事业的主体，在档案文献（纸质或是电子）的组织与服务方面积累了丰富的经验，为社会服务、科研活动和学术交流提供了有力支持。随着信息交流方式的不断演进，以互联网为代表的新兴媒体涌现出海量的网站、论坛、微博等数据资源。这就要求档案馆构建新型的、分布式的和整合式的具有新媒体信息资源开发与应用功能的数字档案馆。新媒体下的数字档案馆既包括传统数字档案馆的各类处理、管理、检索等服务功能，又包括数据采集、数据可视化、数据抽取、数据集成、信息标引、文本分类聚类等数据分析挖掘服务功能。一定程度上，新媒体数字档案馆表现为互联网档案信息资源开发系统及服务平台，并不断向着数据密集型服务范式转换发展，数据的服务支撑作用始终作用于整个档案信息服务。

互联网档案信息资源开发系统及服务平台，一般由档案信息采集工具、档案信息分析工具、档案信息发布平台、档案信息服务引擎（archive information server，AIS）、档案信息集成接口等五部分组成。其系统架构如图 3-1 所示。

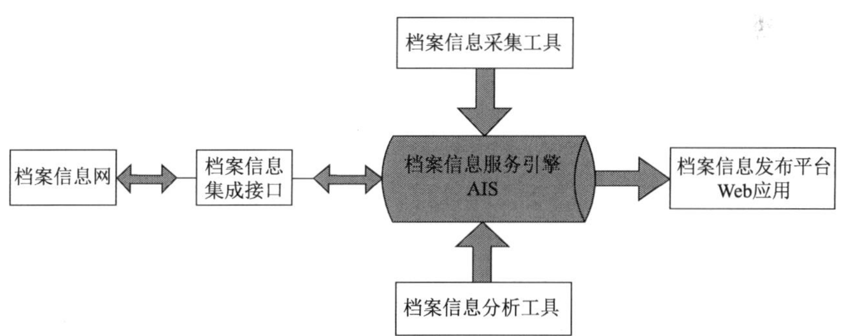

图 3-1　新媒体档案信息服务平台系统结构

整个系统的工作流程如下。

（1）档案信息采集工具从互联网大型（档案）网站、论坛、博客等信息源采集信息，并存储到 AIS。

（2）档案信息分析工具对 AIS 中的档案信息进行智能分析和加工。

（3）档案信息发布平台将经过加工处理的档案信息发布至 Web 界面。

（4）信息集成接口提供 AIS 与已有档案信息网信息资源间的访问、整合与交互。

3.1.2 档案社会化媒体信息整合的数据需求

数据是档案服务的核心资源，数字档案馆必然是以数据为基础的数据服务系统。档案馆的核心竞争力不仅仅是对档案文件信息的竞争，多种类型数据的拥有、融合、挖掘与利用水平也是档案行业内部及与其他行业之间竞争的关键因素。新媒体创造了前所未有的数据资源，加强新媒体数据资源的采集与拥有必然是档案馆资源建设的重要工作内容。新媒体的信息数量是海量的，信息类型、来源渠道和获取方式是多元的。与传统档案资源整合不同，面向档案馆的社会化媒体信息资源整合及开发利用主要解决以下三种类型的数据需求。

1. 业务数据

档案形成的根本目的是对已经发生的事物进行记录，其根本属性体现为历史记录性，是历史的凭证。不仅档案本身包含着一定特征信息，而且与形成档案文件所描述的活动、事件等历史活动一样，它是与其他档案文件密切联系在一起的。单靠一个档案馆的人力、物力、财力，难以形成具有完备性、系统化的资源体系。比如，上海档案信息网的档案政务中，上海地方政府的档案文件相对较多，但不包含制定这些政策法规依据的各类国家级文件，并且这些文件也只是包含上海地区的部分公开政务文件。档案馆需要借助互联网不断丰富与自身业务服务目标相关的各类信息资源，扩展各类档案业务数据。这些信息资源可以来自国家、军队、地方政府的官方网站，也可以来自大型的知名商业网站、新闻网站、论坛与博客等。

2. 用户数据

通过对用户使用数据的分析不仅可以了解用户行为、意愿、业务需求、知识应用能力，还可以对用户的信息需求与行为过程进行分析和预测，从而获得档案馆所需的决策参考，帮助档案馆应对当前所面临的用户流失、服务方式匮乏等实际问题。用户数据主要是指用户的身份标识、查询关键词，以及各种输入流与点击流。这些数据是档案利用者的个人信息与使用记录，体现着用户的信息需求与使用习惯。通过分析这些数据能够发现档案利用者的访问模式，有针对性地进行用户推荐，构建与优化档案资源及各种服务功能。新媒体的不断应用与普及，使得用户数据的来源不单是调查问卷、档案网站，而且包含各类可访问的搜索引擎、微博等社会化媒体中提供的直接与间接用户数据。比如，谷歌全球热门搜索关键字排行榜、百度风云榜等发布的用户搜索关键词与用户行为记录，微博用户关注的信息类别、社群关系等等，都可用于档案信息资源建设中的主题信息决策，查询优化、用户推荐服务的优化与改进等等。

3. 语义数据

任何一个计算机系统，如果希望能够理解人类的自然语言，就必须与人一样具备语义知识。利用语义知识提高计算机的语义理解能力，就显得非常必要①。现有的档案信息化研究与实践工具中，语义支持的缺失是一个普遍问题，应用语义资源存在广泛需求。当前著名的本体知识库有 WordNet、FrameNet 等，以及面向中文的知网 HowNet。虽然这些语义知识准确程度较高，但存在构建成本高、数量有限、更新慢的问题。互联网时代，信息的来源、数量和形式发生了根本性变化，完全人工方式获取语义知识已经不能满足实际应用的要求。维基百科、百度百科、互动百科等免费的新媒体资源由于覆盖面广、准确度高、结构化信息丰富、获取成本低、动态更新等特点，已经成为知识挖掘、自然语言处理研究及各种信息处理任务中可替代传统语义知识库的语义知识来源。从百科知识中，能够自动抽取同义词、近义词、相关词、上下位及属分关系，可广泛运用于信息检索、词义消歧、文本聚类与文本分类等诸多信息处理任务，有效增强信息分析处理的智能化程度，提高用户获取知识的效率。

3.2　档案社会化媒体信息资源的整合模型

中国人民大学信息资源管理学院安小米教授等主持的国家自然科学基金“城市建设文件档案信息集成管理与集成服务研究”项目开创了国内档案信息集成管理与集成服务研究的先河，对后续研究产生了重要的影响②。该研究成果中指出：集成模式是 21 世纪机构管理和企业管理的通用最优化管理模式和最佳服务实践，可见集成理念在当今社会发展中的重要作用③。按照唯物辩证法中整体与局部的关系和系统论的思想，集成管理最根本的目标是实现“1+1≥2”，即整体效益大于各局部效益之和，从而达到资源配置和利用的最优化。

在借鉴国内外前沿成果的基础上，本书设计了档案社会化媒体信息集成、分析与服务框架，简称 IIASF（framework for information integration，analysis and service），如图 3-2 所示。

---

① 戴中秋，赵宁燕. 档案信息化建设中的数据管理[J]. 档案与管理, 2012(3): 23-25.

② An X. Evaluation of Research Project on Integrated Management and Services of Urban Development Records, Archives , and Information[J]. Tsinghua Service and Technology, 2005, 10(S1): 852-858.

③ 安小米，孙舒扬，白文琳，等. 21 世纪的数字档案资源整合与服务：国外研究及借鉴[J]. 档案学通讯, 2014(2): 47-51.

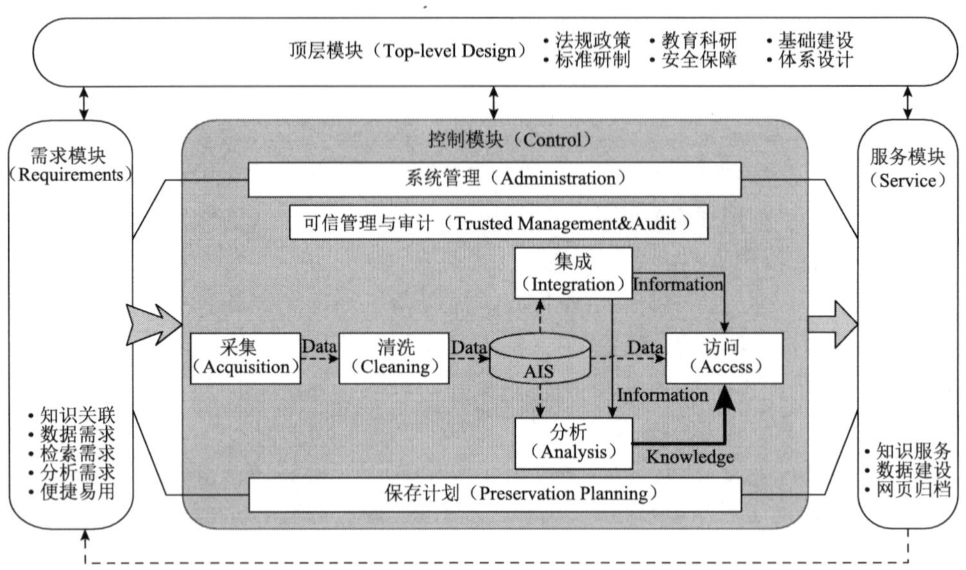

图 3-2　档案社会化媒体信息集成、分析与服务框架（IIASF）模型

IIASF 模型的设计借鉴了以下成果。

（1）借鉴系统科学理论中的系统论（System Theory）、控制论（Cybernetics）和协同论（Synergetics）的思想，为更好适应社会化媒体信息的海量性、异源性和变化性。

具体表现在：①借鉴“系统论”相互关联、动态平衡的理念，从系统的视角规划信息集成、分析与服务的各个模块，按照信息流的时空顺序，形成一体化的管理；②借鉴“控制论”的核心思想“反馈机制”，IIASF 在信息流的基础上，四个功能模块相互关联、反馈和调节，形成一个闭合的回路，动态地调节各模块的平衡；③借鉴“协同论”子系统如何协作产生宏观的时间结构、空间结构和功能结构的思路，IIASF 探索模块间的协作如何完成数据到信息再到知识的协同和转换，进而为用户提供最优服务。

（2）整体设计参考了国际标准中文件管理体系（management system for records，MSR）①的结构。

MSR 涵盖需求、控制和服务三个核心模块，其中控制模块包含领导（leadership）、计划（planning）、支撑（support）、运作（operation）、评估（performance evaluation）和改进（improvement）②。IIASF 在需求模块、控制模块和服务模块的基础上增加了顶层模块，而控制模块则吸收了开放档案信息系统参考模型（open

① ISO. Information and Documentation-Management System for Records-Fundamentals and Vocabulary (ISO 30300)[S]. 2011.

② ISO. Information and Documentation-Management Systems for Records-Requirements (ISO 30301)[S]. 2011.

archival information system-reference model）的设计理念。

（3）控制模块吸收了开放档案信息系统（OAIS）参考模型①的设计理念。

OAIS 模型源于美国空间数据系统咨询委员会（Consultative Committee for Space Data System，CCSDS），随后在文件与档案领域得到广泛的应用，如 2011 年 NARA 耗资约 30 亿人民币正式运行的世界上第一个电子文件档案馆（electronic records archives，ERA）就是以该模型为基础而建立的。该模型致力于数字信息长期保存系统的规划与建设，并且注重对网络信息中新媒体、新数据格式、新用户群体变化的支持，目前国际 WA 不少项目都参照 OAIS 提出的管理流程来开展网络信息归档的研究和实践。本书吸收了 OAIS 有关信息流、开放、抽象和集成的部分理念，保留了获取、系统管理、保存计划和访问等子模块，并聚焦信息流的集成过程，突出了可信管理与审计、数据清洗、集成、分析等子模块的设计。

3.3　整合框架中的顶层与需求设计

3.3.1　顶层模块设计

顶层设计以系统论的方法为指导，立足宏观全局战略层面，统筹要素配置。IIASF 中顶层模块的设计遵循实践性、前瞻性、科学性、数据化、标准规范化等原则，发挥引领、指导和支撑底层建设的功能，从而实现信息整合和优化知识服务的目标。同时，顶层模块与其他三个模块相互关联和协同，需求模块、功能模块和服务模块以最佳的实践为顶层模块提供源源不断的方法和思想，不断完善顶层设计；而顶层模块也反作用于其他三个模块，对信息资源的整合提供人力、财力和科技的支撑，发挥其指导和控制的效力，确保信息集成、分析与服务的有序开展。如图 3-2 所示，该模块关注的主要内容有以下几个方面。

1. 法规政策

相关法规政策的制定是开展信息资源建设的重要保证和重要依据。如 2006 年我国出台的《2006—2020 年国家信息化发展战略》，它明确了我国近年信息化建设中的战略重点是信息资源开发利用。又如《档案信息系统安全等级保护定级工作指南》《全国档案信息化建设实施纲要》《数字档案馆建设指南》等。《“十四五”全国档案事业发展规划》进一步提出，要健全以档案法为基础，以档案法

① ISO. Information and Documentation-Space Data and Information Transfer Systems-Open Archival Information System-Reference Model (OAIS) (ISO/TR 14721)[S]. 2003.

规、规章为主干，内容科学、程序严密、配套完备、运行有效的档案法规制度体系，做好《中华人民共和国档案法实施办法》《科学技术档案工作条例》《机关档案工作条例》等行政法规、党内法规修订工作，重点制定修订有关档案馆设置布局、档案开放审核、电子档案管理、企业档案管理、重点领域专业档案管理、档案监督检查、档案行政处罚等一批部门规章及行政规范性文件。这些都为IIASF提供了指导和规划。加强重点领域档案立法，将档案法规标准的制定和国家各项事业发展结合起来，推动档案事业在法治的轨道上发展。

2. 标准研制

规范标准是消除数字鸿沟的重要举措，制定档案社会化媒体信息的管理标准体系是必不可少的，现阶段可充分利用现有标准，如前文定义所述，要将社会化媒体信息纳入广义电子文件的管理要求，可参考信息与文献系列国际标准如 ISO 15489、ISO 23081、ISO 13008 等；社会化媒体信息多以网络信息的方式进行组织，可借鉴网页标准如 Dublin Core、W3C 等开展信息的集成；社会化媒体信息具有变化性和互动性，因为可引入数据溯源标准 PROV 追踪变化过程，确保信息的完整性；当然还可引入信息安全标准、质量认证标准、档案著录标准等。《“十四五”全国档案事业发展规划》针对标准规范进一步指明了“十四五”期间的建设方向：完善档案标准体系，加大电子档案、科研档案、建设项目档案、医疗健康档案、档案资源共享服务、档案馆服务、档案安全保护及风险防控、数字档案馆（室）建设等方面的标准供给，加快推进《公务电子邮件归档管理规则》《电子档案单套制管理一般要求》《电子档案证据保全规范》《档案服务外包工作规范（第 4 部分：档案整理服务）》等行业标准发布实施。加强《党政机关电子公文归档规范》《电子文件归档与电子档案管理规范》《建设项目档案管理规范》等标准的解读和宣传贯彻工作。

3. 教育科研

社会进步归根到底是人的主观能动性的发挥，因此人才的建设是百年大计，中共中央办公厅、国务院办公厅在印发的《“十四五”全国档案事业发展规划》提出“人才强档工程”，具体包括：①平台建设。依托高等学校，建立一批档案人才培养基地。在国家级干部学院和高等学校举办档案干部培训班。建设全国档案继续教育网络平台。②梯队建设：建立梯队合理的档案人才队伍，建成一支 150 名左右的国家级档案专家队伍、300 名左右的国家级档案专家储备队伍、500 名左右的中青年档案业务骨干队伍。弘扬工匠精神，大力开展岗位练兵和技能比武，培育 1 000 名左右的档案工匠队伍。此外，国家对教育和科研的规划、投入与支撑促进科技的进步和社会的发展，如 2013 年开始，国家档案局科技项目和国家社会科学基金项目就开始重视信息资源聚合、信息集成管理与服务等相关主题的规划和引领；2016 年开始国家社会科学基金项目课题指南中就“社交媒体档案的归档与管理标准体系研究”“档案信息资源集中与分布式共享整合模式研究”等研究进行了规划，2019 年公示的国家档案局课题和社会科学基金课题涵盖了档案资源知识聚合、电子政务归档等主题。

4. 安全保障

安全体系与资源体系、利用体系共同组成档案的三大体系，宏观层面需完善档案安全管理制度和工作机制，使档案库房和设施设备齐全、安全可靠，人防、物防、技防三位一体的安全防范体系更加完备，档案安全风险评估管控、隐患排查治理成效和应急管理能力明显提升。《“十四五”全国档案事业发展规划》提出“国家电子档案战略备份中心建设项目”，将建设能够支撑各级国家档案馆开展重要电子档案异地异质备份的专业化备份环境，对离线备份载体根据技术特性进行系统化监测及管理，保证电子档案安全备份。微观层面而言，必须立足现状，综合平衡风险与成本，开展网络安全监控、元数据智能捕获、加密技术、信息审计、风险评估、数据灾难备份等顶层设计。

5. 基础建设

《“十四五”全国档案事业发展规划》提出“档案信息化强基工程”，主要包括：①中西部档案信息化提升项目。通过政策保障、定点帮扶、专业指导等方式，助力中西部档案馆开展档案信息化基础设施建设和传统载体档案数字化工作。②全国档案查询利用服务平台建设项目。从国家、地区多层面一体推进档案信息共享利用工作，建设以全国档案查询利用服务平台为支撑、档案查询“一网通办”的全国档案信息共享利用体系。③国家电子档案战略备份中心建设项目。扎实做好重要电子档案备份工作，建设能够支撑各级国家档案馆开展重要电子档案异地异质备份的专业化备份环境，对离线备份载体根据技术特性进行系统化监测及管理，保证电子档案安全备份。档案社会化媒体信息资源的开发利用需要离不开信息技术，要完善软硬件的基础建设，科学规划基础配置、优化数据服务和网络结构、保障数据安全等。

6. 体系设计

社会化媒体信息一个突出的特点是“开放”，因此必须突破“闭门造车”的思维定式，从顶层加强体系设计，整合开放的数据，实现学界与业界、科研与实践、理论与应用的无缝链接；要突破学科专业局限，将图书、情报、档案、新旧媒体等信息进行集成，实现大数据、大学科、大服务战略。

3.3.2 需求模块设计

需求是牵引，是信息集成、分析与服务的前提和重点。需求模块处在 IIASF 的前端，是控制模块实现的依据，也是服务模块用户反馈的归宿。该模块的功能是分析现状，以用户实际需求和预期为导向，设计更全面更便捷的服务内容，实现档案社会化媒体信息资源整合和利用的目标。用户的需求具有多样性、层次性、动态性、无终点性、可开发引导性等特征，经梳理，IIASF 的需求模块应着重关注来自专业用户、普通用户和档案馆三大用户群的五方面核心需求，如图 3-3 所示。

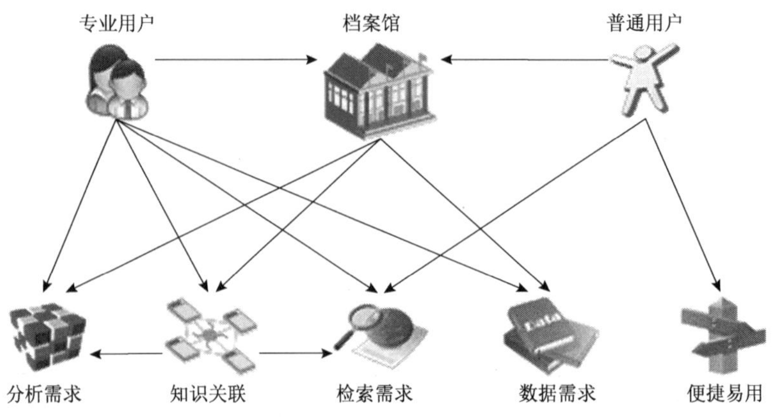

图 3-3　用户群与需求关联图

1. 分析需求

目前，数字档案馆和档案信息相关的数据库基本只提供查阅服务，少有涉及信息分析服务的功能。然而，网络信息的便捷提升了用户的信息需求层次，即由“获取信息”向“发现知识”迈进。特别是目前专业用户已经成为档案利用者的核心群体，许多专业从事科研工作的用户都希望拥有一个开放的知识平台，该平台既能集成权威的档案信息，也有相关的科研成果、网络信息（如百科知识、社会化媒体中专业人士的讨论等）。此外，档案编研业务也有同样的需求。

2. 知识关联

现有数据的零散性主要表现在：①从大学科层面看，图书、情报与档案都自成一体，信息孤岛现象严重，用户有便捷而全面地获取某一主题图书、情报和档案所有相关信息的需求；②从信息交互层面看，目前许多专业的学科网站都已经开设了学者博客等服务，不少政务信息、权威人士、权威内容也遍布在各类社会化媒体应用中，整合这些交互信息有重要的价值；③从档案学科层面看，档案信息与网络资源关联甚少，档案信息权威性高、内容精炼、使用门槛高，而社会化媒体信息使用门槛低、内容丰富、权威性低，用户有依托网络资源辅助档案利用的需求。

3. 检索需求

检全率和检准率一直是检索领域关注的重点，而关联信息的推荐则是信息检索和知识服务的新发展。目前档案信息的检索功能单一，融合关联数据技术和语义网技术，增加检索的知识性和体验性是未来的发展趋势，如在检索结果中推送关联的档案信息、档案历史变迁信息、网络百科知识、社会化媒体信息等。

4. 数据需求

随着网络信息归档的推广和深入，数字档案馆、档案馆、图书馆、电子文件中心等部门将有归档社会化媒体数据的需求；对研究人员而言，全面获取研究领域的数据对开展教学科研亦有重要意义。

5. 便捷易用

高效的信息检索平台、完善的知识服务功能、友好的人机交互界面是提升用户满意度的关键，也是向社会推广档案意识、拓宽用户需求的重要举措。改善晦涩难懂的组配检索，打造高效、整合的资源检索与知识服务平台，设计友好的人机交互界面是提升用户满意度的关键。

3.4　整合框架中的控制模块设计

控制模块的主要功能是实现档案社会化媒体信息集成和分析的具体过程，是核心操作模块。它以需求模块为牵引，基于信息流的整个环节，力求在数据采集、清洗、集成、分析和访问的整个流程实现理论、方法和技术的综合集成，从而为服务模块输送用户所需的知识。控制模块具有数据异构性、数据多源性、数据海量性、价值稀疏性、知识多主题性、技术主导性、人工干预性等特点。如图 3-2 所示，控制模块包含以下 9 个部分。

1. 采集子模块（Acquisition）

该模块在 OAIS 模型原译为“Ingest”，表示通过接受信息生产者提交的具有规范格式的信息包（submission information package，SIP）完成数据获取，有被动接收之意，且数据格式较规范。社会化媒体信息来源广泛且变化迅速，本书建议主动采集档案信息网、政务网、学术论坛、学术博客、微博、百科、众包数据等海量社会化媒体资源，因此借鉴信息技术领域的概念，将此模块译为“Acquisition”，表示该子模块的功能主要是获取数据。

2. 清洗子模块（Cleaning）

社会化媒体信息结构复杂，该模块对采集的数据进行预处理，便于后续的信息集成和分析。主要任务包括：①过滤数据中的广告等杂质信息；②整合结构化、半结构化、非结构化数据，如可将格式统一转换成便于长期保存的 XML 格式；③解析网页结构，抽取核心元数据和内容；④完成数据的更新和加载。

3. 集成子模块（Integration）

该模块负责完成数据物理上或逻辑上的集中，并从中提取出关系和实体，从而整合互联网采集的社会化媒体信息资源与现有档案信息网中的数据，实现数据平台和档案服务平台的在线对接，进而提高档案工作者研究交流的水平和实现档案网站信息的增值服务。

4. 分析子模块（Analysis）

该模块旨在利用分析方法和技术手段挖掘档案社会化媒体信息资源的价值，主要任务包括：①社会化媒体中档案学者关系网络与用户生成内容的分析；②信息的聚类与分类；③整合多数据源的档案专报处理；④数据交互、关联分析和语义网构建；⑤档案信息的可视化分析与知识地图构建；⑥利用大数据分析技术如 MapReduce、云计算等开展档案社会化媒体信息的挖掘和利用。

5. 访问子模块（Access）

该模块用以支持用户对数据、档案信息和知识的有效访问。主要功能包括：①处理用户查询、分析、数据下载、数据对接等请求并响应；②构建基于本体的检索模型，提高检全率与检准率；③分析结果的可视化展示；④优化 Web 访问界面及服务性能；⑤定期更新和加载变更数据。

6. 档案信息服务引擎（AIS）

AIS 主要功能是提供数据存储和数据接口，具体包括：①从清洗子模块接收数据并持久存储；②更新存储介质；③提供容灾备份机制，履行错误检查；④架构存储层级确保元数据等数据的安全；⑤规划存储方案，可考虑引入大数据存储方案如 HDFS（Hadoop Distributed File System）、NoSQL（Not Only SQL）、内存数据库等；⑥优化分布式索引和相关算法，提高查询速度。

7. 系统管理子模块（Administration）

该模块负责提供相关的统筹、协调、控制和服务，具体功能包括：①维护硬件和软件的基础配置管理；②控制和分配用户的系统权限；③管理用户的个人信息，如用户名、密钥等；④监控系统运行情况，处理各类错误响应；⑤建立维护相关政策标准。

8. 可信管理与审计子模块（Trusted Management & Audit）

社会化媒体信息质量参差不齐，可信的管理与审计可为档案价值鉴定提供基础。该模块对系统中流动的信息以可信电子文件的标准来建设，从真实性、可靠性、完整性、可用性和凭证性来审计，确保其可信赖。主要任务有：①参照可信管理与审计的相关标准如国际标准 ISO/TR 17068、ISO 30303 等规范管理、审计与保存业务；②审计采集、集成和发布的数据；③活动主体维度人工介入、人机协作使系统处于受控管理；④活动载体维度注重顶层设计、章程建设、流程规范、技术革新等；⑤活动客体维度重视数据的前端控制和信息集成与分析的全程管理。

9. 保存计划子模块（Preservation Planning）

不同于 AIS，该模块的功能覆盖整个控制模块，用以协助系统管理子模块监控系统环境，具体包括：①定期更新移植系统档案信息；②监控需求和技术环境的变化，记录处理流程的日志；③存储、维护数据字典，确保元数据安全；④存储和维护索引文件、后控词表等；⑤设计格式转换模板，如 XML 映射模型、DC 与数据溯源标准的映射、DC 与 EAD 元数据映射模型等。

控制模块由数据采集、清洗、集成、分析、档案信息服务引擎（AIS）、访问、系统管理、可信管理与审计、保存九个部分组成。整个体系的工作流程规划为：①数据采集器从互联网大型（档案）网站、论坛、博客等信息源采集数据；②经清洗模块的预处理，数据存储到 AIS，这时数据可被直接访问获取，也可进入集成分析模块；③信息集成工具对 AIS 中的数据重新组织、映射、关联和整合，并发布至访问模块，当然也可输送至分析模块进行二次分析；④档案信息分析工具对 AIS 中的数据、集成模块的信息进行智能分析并发布；⑤访问模块将经过加工处理的档案数据、信息和知识发布至 Web 界面。此外，AIS 提供信息集成接口，便于与已有档案信息网信息资源间的访问、整合与交互。

综上，可信管理与审计、保存计划和系统管理三个子模块属于全局管理模块，采集和清洗两个子模块在管理前端控制数据的流入，集成、AIS 和分析三个子模块类似于一个“中间件”，封装屏蔽各类异构数据源，为访问子模块提供统一的数据模式和接口。所有功能子模块相互协同，集成最优的方法和技术，共同实现档案社会化媒体信息的整合与服务。

值得进一步指出的是，从技术开发维度看，结合控制模块的流程，本书提出了信息化条件下档案社会化媒体信息资源的整合路径与机制研究，重要环节之一就是要研究开发实现一个档案社会化媒体信息资源整合系统，进而为档案社会化媒体信息资源整合机制与路径的深入研究奠定良好的技术环境。如从利用服务的功能阐释，档案信息处理结果的可视展现是档案提供利用中必不可少的环节，是一种新的档案提供利用的手段和方式，档案信息资源的提供利用不再是简单对于数据库的检索和结果输出显示的技术实现。这样的提供利用过程可以看成在原有档案开发提供利用服务中，增加了档案数据分析的智能服务能力，有助于档案开发工作循序渐进地发展。分类展现界面，主要是根据档案数据的类型、采集时间、热点信息、词群关联进行统一展现。档案信息的服务利用要获得更为全面的信息，就要打破档案之间原有的主题界限，取而代之的是对具有关联性档案资源的挖掘。大数据和人工智能时代档案资源整合，可以通过对多门类档案信息的聚集，拓展档案信息整合辐射面，丰富档案资源的内涵，最终实现档案信息的高效高质服务。为此，图 3-4 的（a）显示档案社会化媒体信息资源的主要分块类型，图 3-4（b）系按照排序、排重、时间等维度和特性检索的查询结果选项。

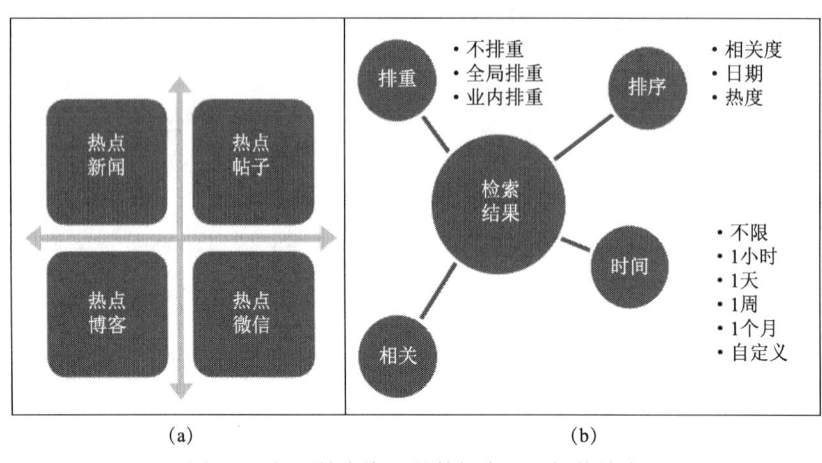

(a)　　(b)

图 3-4　新型档案资源的数据类型和智能检索

围绕服务利用的根本目标，控制模块在落地研发和技术实现环节的技术路线有三个方面：一是突出档案信息资源开发利用的个性化服务方式，大数据环境下档案信息资源的知识价值需求增多，个性化的提供利用要求则更为突出，实现个性化服务是档案信息资源开发利用服务最为理想的状态，个性化服务既可以充分发挥档案信息资源不同层面的价值，又可以满足不同利用者多样性的需要；二是拓展档案信息资源开发利用的智能化服务手段，档案信息资源开发利用的智能化服务源于档案数据的智能化处理，在档案开发过程中围绕某一主题，融合更多的相关信息和数据对该主题或事件的发展进行描述和预测，这样档案开发成果的知识性、相关性更加显著，预测的精确性更加突出，能够为利用者提供更为客观的有利于决策和判断的档案信息服务；三是延伸档案信息资源开发利用的公共性服务范围，大数据环境下的档案信息资源提供利用不应再局限于只是对原始信息的查找，被动地提供档案信息线索，更多的则应是从大量的档案数据中找到相关问题的解决办法，为利用者提供建设性的意见。

3.5　整合框架中的服务模块设计

"档案守护并服务于个人和团体的记忆"[①]，言下之意，一方面档案"取之于民"，即它来源于人类活动的记忆；另一方面档案也"用之于民"，即服务用户，保障公民权利，提高办事效率，促进社会进步。但归根结底，档案只有用之于民，服务人类社会活动才能发挥其价值。服务模块是档案社会化媒体信息集成与开发的落脚点，该模块与控制模块中的访问子模块关联紧密为用户提供数据访问等信息服务；而用户对服务的反馈则成为新的需求，回流至需求模块，形成新的驱动力；一些最佳的服务实践也将反馈至顶层模块，促进顶层设计的前瞻性变革和新环境适应。本节主要从以下三个方面阐释服务模块的主要内容。

3.5.1　知识服务

IIASF 的核心目标之一就是整合异源异构信息开展知识服务。UGC 是社会化媒体在 Web 2.0 环境下的典型模式，以 UGC 的概念框架解析整合档案社会化媒体信息资源开展知识服务的应用情境，如图 3-5 所示。

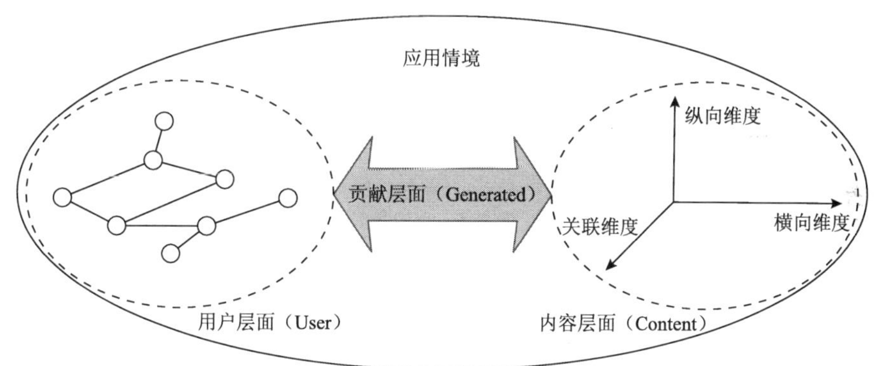

图 3-5　知识服务应用情境

1. *用户层面*（User）

除人物档案管理外，用户数据在传统档案服务中涉及甚少。但社会化媒体信息中包含大量的用户信息，如微博等社会化媒体都是以"用户"作为信息的主导载体。未来在开展人物档案工作时，如名人学者的档案，可考虑将该学者的博客、互动信息等内容纳入收集范围，而 IIASF 则希望在用户层面，进一步挖掘学者的关系网络，发现学术共同体，挖掘意见领袖，为专业用户的科研工作提供参考。

① ICA. Universal Declaration on Archives [EB/OL]. [2020-03-10]. http: //www. ica. org/?lid=13343%26bid=1101.

2. 内容层面（Content）

具体表现在：①横向维度：关联信息推荐。传统的档案查询以结果反馈为主，并不注重信息之间的关联。IIASF 力求在信息集成的基础上，借助本体、语义网、关联分析等方法，挖掘信息之间的关联，最终将关联信息与检索结果同时反馈给用户。如用户检索“tittle=关于****的公告”，传统方式只反馈与该题名有关的档案，而 IIASF 希望能在此基础上展示关联信息，如网络百科信息中对该文件的词条解释、博客中学者对该文件的评论、论坛中用户对该文件的讨论等。②纵向维度：档案回溯管理。档案管理一般是先按照全宗原则分类和立卷，全宗内档案再依据年度、机构、主题或复式方法进行分类和排列。但在查档时，主题检索为主，分类检索为辅，该方法虽能较全面地揭示横向信息，但对档案的纵向回溯能力较弱。IIASF 希望在保证检全率的基础上，还能为用户提供档案的回溯管理，如用户检索“tittle=干部任命***规定”，检索结果可提供时间维度的浏览和分析，方便用户了解该主题文件的历史演变过程，也便于档案工作者更好地开展档案编研、大事记制作等研究工作。③关联维度：知识地图导航。知识地图导航是利用社会科学计算、文献计量、可视化技术等方法实现的知识服务。IIASF 希望通过整合社会化媒体信息，并以可视化的知识地图展示检索结果，如通过分析检索结果中所有档案的主题（关键词），绘制共词网络知识图谱，挖掘关联主题、热点等，进而辅助档案的利用。

3. 贡献层面（Generated）

它是用户层面和内容层面的桥梁，IIASF 希望将用户关系和知识地图两张网络进行整合，进而发现：①学者（用户）与学术观点（内容）的联系；②学者群（学术共同体）与学术观点的联系；③学者群与学术观点的相互影响和演变等。

3.5.2 数据建设服务

正如前文提及的数据是开展服务的基础，IIASF 主要关注业务、用户和语义三类数据的建设。

1. 业务数据

历史事件和活动的信息常来源广泛，单靠一个档案馆的人力、物力、财力，难以形成具有完备性、系统化的资源体系。如上海档案信息网的档案政务中，上海地方政府的档案文件相对较多，但不包含制定这些政策法规依据的各类国家级文件，并且这些文件也只是包含上海地区的部分公开政务文件。档案馆需要借助互联网不断丰富与自身业务服务目标相关的各类信息资源，扩展各类档案业务数据。这些信息资源可以来自国家、军队、地方政府的官方网站，也可以来自大型知名商业网站、新闻网站、网络论坛、学术博客、微博、维基百科等。此外，传统的档案管理模式在应对快速变化的网络信息方面显然会力不从心，如在重大事件档案管理中，很多消息首先来源于社会化媒体，甚至伴随网络舆情的酝酿和传播，如“7.23”动车事故的消息最先在新浪微博上发布传播，事后温州档案局并未说明此次重大事件中网络信息的收集情况。

2. 用户数据

用户数据主要指用户的身份标识和查询、输入流与点击流等行为数据。“用户”作为社会化媒体信息的主导载体，既是信源也是信宿，可通过分析用户数据发现档案利用者的访问模式、知识应用能力、业务需求等，进而构建与优化档案资源及服务功能。

3. 语义数据

应用语义资源优化查询、推送等服务有广泛需求，但现有的档案信息化研究与实践中语义支持的缺失是一个普遍问题。大数据时代，信息的来源、数量、结构和形式发生了根本性变化，完全靠人工方式获取语义知识已无法适应现实需求，融合网络百科知识是一种可行的方法，如从维基百科、档案百科等社会化媒体资源中抽取同义词、相关词、种属关系等知识，用于优化信息检索、词义消歧、文本聚类与分类等信息处理任务，提高用户获取知识的效率。

3.5.3 网络信息归档服务

IIASF 针对档案馆、图书馆等部门设计的网络信息归档服务，具体包括数据服务和技术服务。

1. 数据服务

目前国际 WA 项目实践中数据获取模式有两种方案：①图书馆、档案馆接受出版商和社会化媒体服务商的数据捐赠，如美国国会图书馆在 2010 年启动的 Twitter 存档项目（The Twitter Archive）[①]；②图书馆、档案馆主动采集数据，Adrian Brown 指出数据库驱动的动态网站并不适合直接移交[②]，数据库通常是专有且难以长期保存的，因此萌生了主动采集数据的方法，图书馆、档案馆一般需征得版权所有者的许可，然后对有价值的网络信息进行归档，如美国亚利桑那州立图书馆

① Library of Congress. Update on the Twitter Archive at the Library of Congress[R]. 2013.

② Brown A. Archiving Websites: A Practical Guide for Information Management Professionals[M]. London: Facet Publishing, 2006.

就从等待政府部门提交转变为由爬虫软件抓取数据[①]。第二种方案中，IIASF 可发挥数据采集和整合的功能，将数据提供给档案馆鉴定，进而归档；档案馆也可以主动提出采集归档需求。

2. 技术服务

为档案社会化媒体信息归档提供技术方案，比如选取合适的爬虫软件、配置爬取规则和参数、清洗数据副本、消除数据冗余、处理数据访问归档权限等。

综上，档案新型信息资源开发与服务的基本思路是，通过“先理论方法研究，后技术应用实践”的基本流程，层层深入研究以下主题：综合分析国内外的研究现状，界定研究对象和概念，明确为什么要开展信息整合；从系统的角度设计社会化媒体信息组织、信息开发和信息利用的框架，明确信息整合的路径是什么；调研数据源的分布状况，探索数据的评估方法，得出数据甄选的计算公式，围绕要集成哪些数据和信息开展研究；从理论方法和技术实践两维视角，对信息整合的模式进行探讨以明确涉及的理论问题，分析借鉴 WA 信息流研究信息采集、信息集成、可视化分析、知识服务等各环节的技术，挖掘档案社会化媒体信息的关系网络，基于档案新型资源整合系统建立起整合机制。

而档案新型信息资源开发与服务的研究方法包括许多种，典型的有文献调研与模型分析法、知识图谱法、德尔菲法（Delphi）与层次分析法（AHP）、社会网络分析法、结构功能分析法等。大数据背景下开发利用档案社会化媒体信息资源，既是档案信息化建设中的战略性步骤，也是其有效建设与利用的必然选择。本书研究的成果可应用于国家、军队和地方的大中型数字档案馆、综合档案馆的档案资源进一步建设中，也适用于关注档案社会化媒体信息资源整合研究、开展档案社会化媒体信息资源服务的档案信息机构和学术部门。比如，研究“档案社会化媒体信息资源整合框架的顶层设计”“档案社会化媒体信息整合平台及其利用系统”，均能在综合档案馆的新型资源建设与发展中提高档案利用质量、实现档案信息增值服务；又如，研究“新型资源的系统调研及数据源的分布、评测甄选和整合方法”“HTML、DC、EAD 和 XML 映射的档案社会化媒体信息资源的语义集成模式”和档案社会化媒体信息资源的整合理论和方法，均能在档案信息机构和学术机构的建设与交流中发挥出较高价值。在研究过程中，国内外相关领域专家学者的观点和前沿成果，毫无疑问对于本书具有重要价值。各种研究方法都有其优劣之处，可以说学术研究是一项系统工程，是多种研究方法取长补短、相互辅助的结果。

---

① Pearce-Moses R, Kaczmarek J. An Arizona Model for Preservation and Access of Web Documents[J]. Retrieved January, 2005(31): 2006.

3.6 本章小结

社会化媒体信息是杂乱无章的，除了用户生成内容，还有大量的用户信息、状态信息等都极具价值。要实现“混杂”数据的集成和分析，首先要考虑需求和目的，其次要遵循现有的系列法规、政策和标准，然后才能实施数据调研、采集、清洗、分析等具体的流程。规范信息资源整合过程是一项重要的基础性工作，因而设计档案社会化媒体信息的整合框架，从系统论的视角对各个环节进行管理十分必要。本章节探索借鉴文件管理体系国际标准、开放档案信息系统参考模型等成果的思想，从顶层视角设计 IIASF。IIASF 以信息流为主线，从顶层、需求、控制和服务四个模块进行抽象整合和框架设计，进而为更有效地整合社会化媒体信息资源，更出色地开展档案利用和服务提供理论支撑。

第 4 章　新技术支撑的档案社会化媒体信息资源整合

随着信息技术的飞速发展，档案资源整合方式迎来了新的变革。从传统的档案资源管理到现代化的档案资源整合，信息技术背景下的档案资源管理越来越高效。促进档案信息交流、共享已成为当前开展深度信息服务的大势，网上各类档案大数据信息正成为被逐步深入开发和利用的新型资源。大数据、云计算、人工智能和区块链时代的到来，给传统的数据分析技术带来了极大的挑战，研究深层次知识挖掘的方法和技术，为开展档案社会化媒体信息资源整合提供启示与参考。

4.1　基于大数据的档案信息资源整合

大数据作为国家重要基础性战略资源，已成为社会发展的重要生产要素。习近平总书记在中共中央政治局集体学习时指出，要“实施国家大数据战略，加快完善数字基础设施，推进数据资源整合和开放共享，保障数据安全，加快建设数字中国，更好服务我国经济社会发展和人民生活改善”①。这为新时代推动档案大数据发展提供了根本遵循。

近年来，国家和地方大数据系列政策密集落地，完备的大数据生态基本形成。一是顶层设计不断加强，政策机制日益健全。《促进大数据发展行动纲要》《大数据产业发展规划（2016—2020 年）》等国家层面的政策已经全面推进实施。各地陆续颁布百余份大数据相关政策文件，档案工作融入其中，推动大数据与档案工作不断融合。二是大数据应用已经从互联网、营销、广告等领域，向工业、政务、交通、金融、医疗等领域广泛渗透，应用大数据的能力不断提升，为档案大数据应用提供借鉴参考。三是围绕数据的产生、汇聚、处理、应用等环节的应用从无到有、不断壮大，大数据产业、行业格局初步形成。纵观全国各省市、各级档案单位在档案信息化建设中不断取得的各项成果，都已在明确地或不自觉地在向大数据方向前进。

4.1.1　网上数字档案的大数据特征

社会进步和信息技术发展不断改变着档案工作的空间和内容，网络环境下要求集成服务将这些信息资源组合成整体并延伸至更大的范围。随着档案信息化的

①习近平：实施国家大数据战略加快建设数字中国[EB/OL].[2017-12-09].http://www.cac.gov.cn/2017-12/09/c_1122084745.htm.

快速发展，互联网上各类档案信息源，如档案网站、论坛和博客等提供的大数据信息，正成为档案开发和利用的新型资源。技术先进的国家对网络环境下档案资源模式的研究比较成熟，运用高科技手段是其提高信息整合效果的关键。如英国国家档案馆网站设计的虚拟展览，澳大利亚国家档案馆在线网站的常设栏目，日本共享档案馆通过协议合作在一个检索工具上实现资源的最大限度利用，美国国家档案馆组建的档案信息导航系统等。国内数字档案馆已开始重视以用户为导向的档案信息服务，如福建省的“网上公共档案馆”、青岛档案馆的网络社区、上海档案信息网的“档案博客”、南昌市档案局的微博等都是档案信息知识服务的亮点。基于大数据分析平台对档案信息资源进行深度、动态、广泛的知识挖掘，便于揭示档案信息交流中的各个要素及相互之间的联系，促进档案信息的横向交流以实现信息资源共享，满足用户网络交流需求以提高档案利用效率，从而实现档案信息增值服务和提高档案信息服务的竞争力。

档案网站、论坛和博客等提供的大数据信息，符合当前大多数研究者所指出的大数据基本特征。

（1）规模性（volume）。可供分析挖掘的档案数据量巨大，传统的集中存储与计算已经无法适应呈指数级别的数据增长速度，庞大的数据量蕴含着巨大财富。

（2）多样性（variety）。数据来自多种数据源，可以是征集的档案文件，也可以是访问日志、网络检索历史记录、Email、社交媒体、音视频、博客和微信等，并且数据类型包含结构化（如关系型数据库、面向对象数据库中的数据）和非结构化数据（如文件、文本、图片、XML、HTML、各类报表、图像和音频/视频信息等）格式或属性，甚至包括随时间演变、不一致的和冲突的数据格式。

（3）高速性（velocity）。档案大数据的生成、传播是通过网络方式实现，档案数据实时生成，远比传统媒介的信息生成、交互和传播快捷，同时要求实时或准实时的数据分析。

另外，一些研究认为大数据包含更多特征，比如真实性（veracity）和价值性（value）①。大数据是由数量巨大、结构复杂、类型众多数据构成的数据集合。如果数据集超出了用户所拥有的信息处理和分析能力，就给用户带来了大数据问题。大数据处理需要特殊的技术、工具来支撑和实现。所以，大数据通常也指解决问题的一种方法，或是一个新的视角和工具，即通过收集、整理方方面面的数据，对其进行分析挖掘，从中获得有价值的知识的技术。某种程度上讲，从海量的结构化与非结构化的数据中获取知识的能力，即大数据技术。大数据技术是基于云计算的数据处理与应用模式，通过数据的整合共享，交叉复用形成的智力资源和知识服务能力。

尽管档案信息机构已获取海量数据，但数据的价值远未充分发挥出来。对档

① 孟小峰, 慈祥. 大数据管理: 概念、技术与挑战[J]. 计算机研究与发展, 2013, 50(1): 146-169.

案数据潜在价值的认识不足是其中的一个重要因素，但更深层次的原因是缺少分析挖掘数据价值的技术手段。从大量结构繁多的档案数据中挖掘隐藏规律，对人工操作而言，几乎无能为力，必须与知识挖掘相结合，由计算机代替人去挖掘档案信息、获取知识。大数据的诸多特征蕴含着新的技术理念与要求，而基于传统方法进行分析挖掘的模式有着极大的瓶颈，它对于现有知识挖掘的概念与技术等方面提出了新的需求和挑战。

4.1.2　档案大数据知识挖掘的需求与挑战

信息技术对世界的数据化，使万物达到前所未有的可量化程度，全球从而迈入大数据时代。大数据的重要性之所以引起信息产业与整个社会的极大关注，成为应用与服务创新的重要源泉，其主要原因是存在可以广泛使用的大量数据，迫切需要将这些数据转换为可用的信息与知识。与传统数据挖掘相比，大数据背景下要求从数量更为巨大、结构繁多的数据中挖掘出隐藏在其背后的规律，揭示数据的真实价值，发挥数据的最大化价值。知识挖掘是将数据与信息的应用从低层次的简单查询，提升到从数据源中发现知识的过程，是对传统数据挖掘方法的深化[①]。知识挖掘的目的是为从蕴藏于海量数据中获取知识，为提供个性化、专业化、语义化和智能化的知识服务提供数据分析支撑[②]。大数据的价值产生于分析过程，数据挖掘分析正是整个大数据处理的核心。所以，如何充分有效地利用知识挖掘方法对大数据进行开发分析，是大数据时代知识服务深入发展的重要研究方向，也是各类档案信息机构服务创新的关键途径与支撑服务技术。大数据背景下，档案数据分析处理环境条件的变化导致了其知识挖掘面临着新的需求与挑战，体现在以下几个方面。

1. 数据量问题

小数据时代的处理对象通常以 MB 为单位，而大数据时代常常以 GB、TB、PB 为基本处理单位，甚至更大，并仍在持续爆炸式增长。WinterCorp 的调查显示，最大的数据仓库中的数据量每两年增加 3 倍，其增长速度远超摩尔定律增长速度[③]。小数据时代对于大规模数据往往采用随机采样，以最少的数据获得最多的信息。这种方式是在不可收集和分析全部数据的情况下的选择，其准确性随着随机性增加而大幅提高，与样本数量关系不大。许多数据价值总是隐匿于海量数据之中，采样分析是无法捕捉到这些细节的。大数据分析是不采用随机分析而分析所有数据的方法，当然这里的“大”是相对意义而不是绝对意义。另一方面，数据量大并不一定表明数据价值的增加，而往往同时意味着数据噪音的增多。因此，在数

① 郑庆华. Web 知识挖掘：理论、方法与应用[M].北京：科学出版社, 2010.

② 曾铮. 互联网环境下的知识挖掘研究[J]. 情报理论与实践, 2005(2): 135-138.

③ Wikipedia. 大数据[EB/OL]. [2013-07-07]. http: //zh. wikipedia. org/wiki/大数据.

据分析之前必须进行数据清洗等预处理工作，但是预处理与分析如此大量的数据对于机器硬件及算法来说都是严峻的考验。大数据挖掘建模问题的一个可行方法是将特征空间矩阵切分成大量的子矩阵，然后将子矩阵文件分布到多个服务器节点上，同时对数据挖掘算法作并行分布式改造，使每次迭代运算分成两步进行，第一步是在每个计算节点上对子矩阵进行运算，取得子矩阵的局部结果；第二步是将所有子矩阵的局部结果集中运算，计算出整个对象—属性矩阵的全局结果，然后进入下一次迭代直到得出最后的模型。比如，Google 的 MapReduce 模型就是能够用来实现上述要求的分布式算法。

2. 特征维度问题

数据中的样本是由不同的特征属性表示的，大数据的多样性能够提供比以往更多的特征维度描述数据。虽然表达对象的信息越来越丰富，能够建立更丰富的多维数据模型与计算方法，但大数据在特征空间中，对象—属性矩阵的属性数量和对象数量都很大，会超过常用算法能够轻松处理的特征维度级别①，成百上千的属性会造成巨大的维度灾难。比如 Web 中的微博数据，就属于这类大数据，其内容的关键词属性可以高达几万个，微博的处理数量也是百万或千万级，甚至上亿。这些问题同样在以往数据分析挖掘中普遍存在，但超高维数据问题在大数据应用中更难处理。超高维数据带有很大的稀疏性，对象簇和类别的表达体现在部分属性子集中，并不适合用传统的全特征空间方法建模分析。

3. 数据关系问题

许多知识挖掘方法都是平面的，比如一些社区网络分析方法假定在网络中只有一种关系，而且挖掘结果也独立于用户信息需求。事实上，现实世界中的对象之间存在多种关系，共同构成了一个多关系社会网络或异构社会网络。许多实际应用中，比如用户推荐、信用卡欺诈检测都需要以多种数据关系作为计算依据。大数据的多源性、多样性能够为构建这样的复杂关系提供基础。一种利用全关系的简单方法是链接所有关系表示一个对象，但多关系的简单链接容易形成“泛关系”（包括所有属性），反而会导致信息丢失、语义缺失。这就要求在多关系挖掘中，运用多关系数据构造聚分类模型，更为重视运用关系提取、选择、组合及关系判断函数，提取不同关系中的相互关联模式，才能有效揭示分散于不同的数据源之中的信息与知识，这也是知识迁移的一个重点。

4. 算法性能问题

大数据的简单算法在许多应用场景下比基于小数据的复杂算法更有效，一定场

① 黄哲学，曹付元，李俊杰，等. 面向大数据的海云数据系统关键技术研究[J]. 网络新媒体技术，2012(6): 20-26.

合下更多的数据比算法系统的智能性更为重要。Google 翻译比基于复杂的计算机语言规则的翻译方法更简洁、更高效，不是因为其拥有更好的算法机制，而是归功于建立在海量的数十亿 Web 训练数据之上，充分体现了大数据的优势。深度学习方法可以降低特征选择的难度，但需要标识大量样本，需要的数据样本的体量更大。然而，大数据时代的数据量大、类型庞杂，进行分析挖掘的时候往往对整个数据的分布特点难以全面掌握，这会导致最后在设计衡量的方法及指标时遇到诸多困难。在选择设计算法处理大数据时，必须充分考虑大数据挖掘算法的诸多性能：①实时性。大数据的应用常常具有实时性，如智能推荐、审批事务中的在线数据流挖掘等，算法的准确率不再是大数据应用的最主要指标，需要在实时性和准确率之间取得一个平衡。②扩展性。云计算是进行大数据处理的有力工具，这就要求很多算法必须做出调整适应云计算的框架，算法需要变得具有可扩展性[①]。③伸缩性。这是当数据量增长到一定规模以后，少量数据情况下运行的算法，并不一定适用于大数据。统计学中的邦弗朗尼原理就是一个典型的例子[②]。同时，由于数据的复杂性，当单一的数据挖掘模型，如决策树模型，难以满足应用的精度要求时，可以采用多个模型的集成分析的方法，比如利用装袋（bagging）[③]方法建立分类组合模型，复合多个分类器的计算结果来提高整个分析结果的准确程度。

5. 语义理解问题

当前，在信息检索、文本聚类、文本分类、自动摘要等常见知识挖掘任务中，无法有效识别同义词、近义词及词语间的语义关联，特别是处理微博等短文本时，存在严重的语义特征稀疏问题，得到较优的结果往往需要人工干预。面对大数据的冲击，这种半自动化的处理方法无疑是耗时又费力的。这类问题的根源在于计算机不具备自然语言理解能力，不像人一样具备语义知识。如果希望机器能够理解自然语言，就必须使其与人类一样具备语义知识[④]。为了提高数据分析的性能，利用语义知识提高计算机的自然语言理解能力，就显得非常必要。目前，以深度学习算法为代表的语义计算，例如 Bert 预训练模型，为提高语义计算的准确性提供了有力基础工具。

6. 数据解释问题

用户往往更关心大数据分析结果，如果没有适当的解释方法或形式，挖掘处

① Lynch C A. Institutional Repositories: Essential Infrastructure for Scholarship in the Digital Age [EB/OL]. [2012-09-12]. http: //scholarship. utm. edu/21/1/ Lynch_IRs. pdf.

② Rajaraman A, Ullman J. Mining of Massive Datasets[M/OL]. http: //i. stanford. edu/ ullman/mmds. html.

③ 陈康，向勇，喻超. 大数据时代机器学习的新趋势[J]. 电信科学，2012(12): 88-95; 刘兵. Web 数据挖掘[M]. 北京: 清华大学出版社, 2010.

④ 冯志伟. 自然语言处理的形式模型 [M]. 合肥: 中国科技大学出版社, 2010.

理的结果可能让用户难以理解。虽然一些知识挖掘系统，提供了多种可视化视图揭示信息，但更多地只是一种分析结果的呈现。数据分析与处理机制对用户来讲是个黑匣子，用户无法充分了解分析方法、分析结果的局限性和有效性。这种情况会影响知识挖掘的应用效能，甚至误导用户对各种结果的理解。

7. 数据隐私问题

大量的数据与数据分析能力的增强，给数据隐私安全造成了严重威胁。保护数据隐私的数据挖掘，通常有安全多方计算（Secure Multiparty Computation）与数据模糊（Data Obscuration）。在安全多方计算中，任何一方无法知道另一方的数据真实值，但当挖掘大规模数据时这是不切实际的①。数据模糊方法通过在原始数据上进行数值聚集或者加入随机噪声失真。数据分析方并不接触数据的真实值，而在失真数据集上利用重构算法近似估计原始数据值的分布，以达到保护数据隐私的同时进行数据挖掘。

4.1.3 档案大数据技术体系

大数据技术逐步发展成为庞大的技术体系，针对异构多样化的数据，围绕数据存储、分析计算、数据治理、数据安全等构成了一整套技术生态和开源工具，为档案大数据资源整合提供技术支撑，如图 4-1 所示。

图 4-1 档案大数据技术体系及主要开源工具

传统的关系型数据库存储计算性能有限，档案大数据存储和计算支撑技术应对大数据的数量大、类型异构多样、实时性高等特征。比如，文件存储、图数据库能够满足异构多源档案数据的存储；大规模并行处理（Massively Parallel Processing,

① Tang X, Yang C C. Generalizing Terrorist Social Networks with K-nearest Neighbor and Edge Betweeness for Social Network Integration and Privacy Preservation[C]. Intelligence and Security Informatics. IEEE, 2010.

MPP），Apache Hadoop 技术体系、Spark 的分布式批处理计算框架能够有效处理海量数据；Storm、Flink、Spark Streaming 等分布式流处理计算框架能够有效进行大规模数据实时计算。

大数据管理类技术用于提升数据质量与可用性。大量档案数据因为缺乏有效管理，实际中进行统一管理时往往存在诸多问题，如数据质量低、标准不统一、“数据孤岛”等。元数据管理、数据集成、数据建模技术能够用于整合档案数据，实现档案数据资产的统一管理。

数据分析应用技术用于发掘档案数据资源的知识价值和用于决策支持，包括以 BI 工具为代表的简单统计分析与可视化展现技术，以及传统机器学习、深度学习等为基础的挖掘分析建模技术，帮助发掘档案数据价值并进一步将分析结果和模型应用于实际档案业务场景。

数据泄露、数据丢失等安全事件层出不穷，应对大数据时代下的数据安全威胁，除传统的防病毒、防火墙等网络安全外，访问控制、身份识别、数据加密、数据脱敏等数据保护技术也是大数据应用的热点方向。

4.1.4 档案大数据知识挖掘中的关键技术

虽然档案大数据来源广泛，应用需求和数据类型也都不尽相同，但是最基本的数据处理流程是一致的。大数据的知识挖掘处理主要包括如图 4-2 所示的各部分。

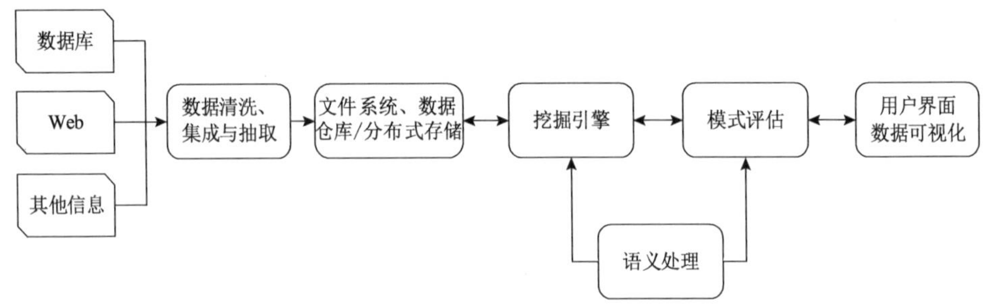

图 4-2 大数据挖掘处理流程图

首先，对广泛异构的数据源进行清洗、抽取和集成，按照一定标准统一存储数据，构成可用于数据分析的原始数据。其次，组织和提取大数据及其属性特征，转换数据为易于分析的形式并载入文件系统、数据仓库或分布式处理模型。再次，对异质性数据进行挖掘分析，从中提取有益的模式或知识。同时，结合知识库实现对数据的语义理解提高分析质量。最后，在系统与用户之间进行交互评估，并以不同的形式对挖掘结果进行可视化，为终端用户服务。

档案大数据知识挖掘处理流程需要集合多种信息技术，其中的关键技术主要有以下几种。

1. 数据集成

数据集成把不同来源、格式、特点性质的数据在逻辑上或物理上有机地集中，从中提取出关系和实体，并经过关联和聚合之后采用统一定义的标准来存储数据，从而应对大数据来源广泛、类型繁杂给档案数据处理带来的挑战①。目前较成熟的数据集成方案有联邦数据库、基于中间件模型和数据仓库等方法，来保证数据质量，同时需要对数据进行清洗。但如果信息清洗的粒度过细，很容易将有用的信息过滤掉。相反，又无法达到真正的清洗效果。因此，在质与量之间需要进行仔细考量、做出权衡，如在构建图书情报和档案信息一体化数据集成方面，可以采用都柏林核心元数据的知识组织方法；而在构建网上档案信息置标著录数据集成方面，可以采用具体的 EAD 元数据的档案知识组织方法。

2. 数据存储

传统的数据库比较适合结构化数据的存储，大数据时代的数据远超单机容纳的数据量。此外，在实际的处理中几乎不可能有一种统一的数据存储方式能够适应所有的应用②。因此，必须采用分布式存储方式，典型的 Hadoop 和 NoSQL 都属于分布式存储技术的范畴。Hadoop 主要是由 HDFS、MapReduce 和 Hbase 组成的一个云计算开源平台。某种程度上，可以说 Hadoop 已经成为大数据处理工具事实上的标准。NoSQL 泛指非关系型数据库。这类数据库以键值对存储数据，其结构不固定，每一个元组可以有不一样的字段，每个元组可以根据需要增加键值对。在文件存储方式中，HDFS 是存储海量非结构化数据的分布式文件系统，是 GFS（Google File System）的开源实现。MapReduce 是一种编程模型，用于大规模数据集的并行运算。Hbase 是一个分布式的、面向列的开源数据库，适合结构复杂多样的半结构化数据存储，这些数据库均属于 NoSQL。NoSQL 与传统数据库可以相互补充③，更好地适用于不同应用场景。

3. 数据分析

数据分析挖掘是大数据处理中的最核心的业务，分类与聚类是其中的两大主要任务。然而，大数据的超高维问题对现有的聚分类技术造成很大的挑战。很多经典算法，如决策树、K-means 等，难以满足应用大数据分析的需求。MapReduce 是 Google 最早采用的应用于批处理大数据处理的计算模型，但 MapReduce 本身存在的缺点使

① 王兰成. 文献知识集成应用系统[M]. 北京: 军事科学出版社, 2011.

② 王珊, 王会举, 覃雄派, 等. 架构大数据: 挑战、现状与展望[J]. 计算机学报, 2011, 34(10): 1741-1752.

③ 覃雄派, 王会举, 杜小勇, 等. 大数据分析-RDBMS 与 MapReduce 的竞争与共生[J]. 软件学报, 2012, 23(1): 32-45.

得处理超高维数据的分聚类计算时，需要根据 MapReduce 计算模型改进这些算法[①]。原始的 MapReduce 支持迭代计算的性能较差，而迭代计算是知识挖掘中常见的计算方式。比如，经典的决策树建模方法采用深度优先的递归算法，决策树递归算法只能在 Map 内部操作实现，致使运行 Map 的单个节点内存消耗随着决策树深度不断递增而增加，内存溢出风险高。一些研究利用广度优先搜索机制建立决策树，在节点分裂后生成更多的并行子任务，提高计算的并行数量来解决上述问题。同样，作为分析社会网络中广泛联系的图挖掘通常需要计算过程在全图节点不断更新信息，应用 MapReduce 会产生大量不必要的序列化和反序列化开销[②]。许多系统通过改进 MapReduce 的迭代模型，比如 Hadoop 利用缓存（Cache）和创建索引（Index）的方式来减少磁盘读写；Twister 将全部数据读入内存，利用独立模块完成信息更新，提高迭代计算的效率。知识挖掘的组合方法由训练数据构建一组基分类器，通过聚集多个分类器的结果获得比单个分类器更好的性能。大数据的数据体量大、类型复杂且混杂噪音，容易增加分析结果的不稳定性。组合方法对于不稳定的分类器是一个较好的解决方法。同时，这种组合方法易于并行处理，为处理大数据分类时提高训练和测试速度奠定了很好的基础。装袋和提升是用于组合多个分类模型的方法。装袋又称自助聚集，通过有放回抽样形成多个训练集，每个训练集上得到一个基分类器，各分类器为测试样本的类别投票，得票最高即为最终类别。装袋能够较小受到训练数据过分拟合的影响；提升则赋予每个训练数据权重值，自适应地改变样本的分布，比如典型的提升方法 Adaboost，初始每个训练数据的选取概率权重相同，在得到第一个分类器后，增加误分类数据的选取概率权重。然后按这个概率重新抽取训练数据，通过迭代这一过程得到多个分类器，最终的输出结果为各个分类器的加权投票。由于提升关注误分类数据，所以存在分类模型对数据过分拟合的危险。与单个模型相比，两者均能够显著提高准确率，但提升更趋于得到更高的准确率。

4. 语义处理

语义处理技术提供给机器可理解数据的能力，通过复合 Web 技术、人工智能、自然语言处理等技术方法，为深层的数据分析提供支持，在语义理解的基础上提高各种知识挖掘算法的语义化程度与性能。语义知识是语义处理的基础资源，当前著名的词汇语义知识库有词网 WordNet、FrameNet、知网 HowNet 等等。虽然这些语义知识准确程度较高，但存在构建成本高、数量有限、更新慢的问题。许

① Silva Y N, Jason M. Reed: Exploiting MapReduce-based Similarity Joins[C]. Proc of SIGMOD 2012. New York: ACM, 2012: 693-696.

② He Y, Lee R, Huai Y, et al. RCFile: A Fast and Space-efficient Data Placement Structure in MapReduce-based Warehouse Systems[C]. Proceeding of the 24th International Conference on Data Engineering. In Hannover, Germany. 2011: 1199-1208; Goodhope K, Koshy J, Kreps J, et al. Building LinkedIn's Real-time Activity Data Pipeline [J]. Data Engineering, 2012, 35(2): 33-45.

多研究工作则借鉴大数据理念自动构建语义知识，通过抽取与重组不同来源的词语对象及词语关系，快速、高效、低成本地形成具有语义关联的有机整体以支持语义处理。比如，从维基百科、百度百科或社会化网络中的海量数据中获取语义知识，并且这些数据通常含有人工标注、结构化程度较高的语义信息，也可以充分利用 Word2Vector、Bert 等深度学习预训练模型获取语义知识，都为提高获取语义知识的准确程度与效率提供了便利。在语义知识的基础上，可以较为有效地解决短文本处理任务中语义稀疏等问题造成的分析性能损失。档案界传统的档案主题词表、档案分类表、档案主题分类表，以及军用档案主题词表等，均可用来构建档案语义处理的初级本体。

5. 可视化

可视化技术通过提供对数据和知识展现，建立人与机器交互的良好沟通渠道，以直观的图像化、图形化或表格方式展现数据，从而快速发现潜在规律，并借助分析人员的领域知识与经验，对模式进行精准判断推理从而达到辅助决策的目的。

大数据数量过大，挖掘结果之间的关系也会极其复杂，可视化的功效会受到一些制约。比如，社会网络太大，并且有复杂和稠密的链接，用户仅仅利用可视化的网络结构图从中发现感兴趣特征并不是一件容易的事情。可视数据挖掘是指以用户可视、交互的方式进行知识挖掘的一种方法，包括数据可视化、挖掘结果与过程可视化和人机交互功能。在一定程度上，让用户了解和参与具体的数据分析过程，利用交互式的数据分析过程来引导用户逐步进行挖掘任务。通过数据立方体、趋势图、标签云等图形图标的可视化方式使分析过程和结果与用户交互，便于用户定制处理任务，理解挖掘结果。比如，限制图中节点的数量，显示用户指定的高权重节点，简化可视化图形，趋于用户要求并帮助用户理解。

目前各大档案机构真正运用这些技术为用户提供服务的功能还比较薄弱，根据用户需求提取档案知识单元，将其与相对应的文献信息背景封装在一个数据描述框架下，通过知识技术实现相关知识链接，形成一个知识元层次上的知识网络，能够从不同角度满足对知识信息的不同需求。

比如，采用在用户词典中加入档案常用词汇来提高档案知识词条抽取的性能，通过词性、语法结构分析将分词结果进行重组，如“建筑 /n、节能/vn”“上海市/ns 第十/m 届/q 人民/n 代表大会/n 常务/b 委员会/n”，将分词结果归并为“建筑节能”“上海市第十届人民代表大会常务委员会”，从而减少了因分词造成的语义损失，能够提取出一些新的词汇与知识要素。通过以下技术来实现档案网站的知识检索：①基于传统“全宗—案卷—文件”的信息组织方式，利用文件题名、发文机构、形成时间等文件的外部特征进行知识组织；②基于档案主题词、文件内容的知识组织；③基于知识的组织，如发文机构的上下位关系、引文关系等；

④基于知识重组的组织，通过聚类、关联技术发掘档案文件之间的知识联系；⑤基于概念检索对检索词进行基本的词义扩展、转换，提高检索的查准率与查全率。

在档案的可视知识挖掘中，根据用户访问网站的习惯与档案资源的内在组织特性，可以提供以下文件关系与知识导引：①通过文件内容上相关性的比较，展示相关文件在不同全宗、案卷、发文机构、所属分类之间的联系；②通过主题词之间的相关性，展现文件间的关系；③通过引用与被引用文件间的关系，帮助、引导用户快速获取知识；④通过直接显示在用户界面与用户输入时智能提示的方法，将用户输入的查询关键词相关、相似的词汇提供给用户。

大数据的价值已经引起了各界的高度关注，其中所包含的理念和技术将在产学研用各行业中带来巨大挑战与机遇。在大数据环境下，对当前网上数字档案的信息资源整合与知识挖掘方法发展趋势、特点，以及大数据知识挖掘中的相关技术及其进展进行研究，以便为深层次地整合利用档案数据，改进和完善档案知识挖掘的方法模式，开展满足时代需求的档案知识服务提供重要参考与启示。

4.1.5　档案大数据信息资源整合服务平台

一个集合大数据技术的档案信息资源整合服务平台，如图 4-3 所示，包括档案大数据采集层、存储计算层、服务层、应用层四个层面。

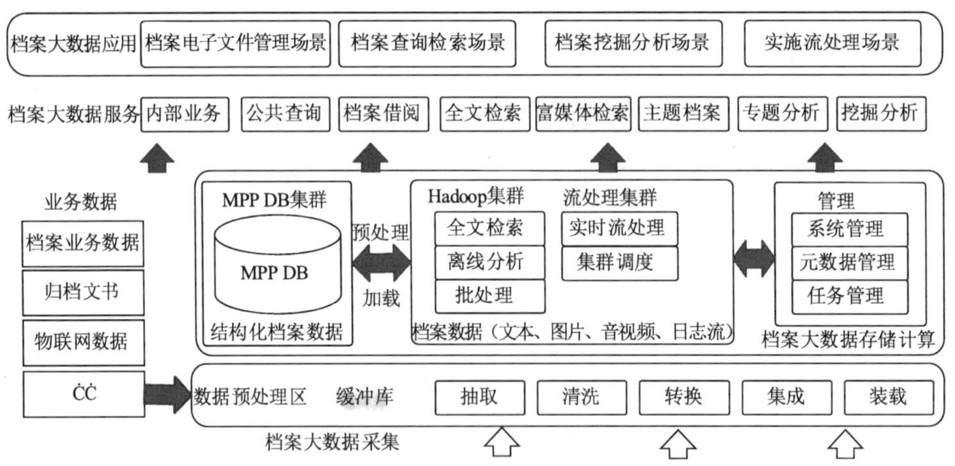

图 4-3　档案大数据信息资源整合服务平台架构图

档案大数据采集层，支持档案的实时和非实时数据采集与接入，支持引接数据、爬取数据，支持与档案业务系统、档案服务网站、档案业务设备等对接。通过与各系统对接和直接生产数据，对数据进行抽取、清洗、转换、集成和装载，完成档案信息资源的数据集成装载。档案大数据存储计算层，支持文件存储、对象存储及分布式关系数据库，计算方式支持离线数据批处理、流式实时计算，为大数据存储、数据挖掘、语义分析、知识图谱、在线分析等提供服务。档案大数据服务将存储、分析、挖掘能力开放给应用层，档案大数据应用支持档案业务管理、信息浏览、检索查询、档案编研等多种应用场景。

4.2　基于云计算的档案信息资源整合

4.2.1　档案信息化建设中的云计算运用

随着档案信息化、电子政务的深化发展，海量的电子档案持续进入档案机构，档案数据量不断增长，数据类型繁多，特别是非结构化的电子文件和电子档案大量增加，数字形态的档案信息逐步成为档案机构信息资源的主要组成部分，而传统结构下的档案信息系统运行成本、扩展性、资源整合、服务应用及信息安全显得不相适应。在大数据环境下，新的档案服务模式和系统架构呼之欲出。

云计算从其概念诞生以来，就一直被看作新一代信息技术变革和商业模式变革的核心。目前，围绕云计算的科学研究和工程应用在档案界广泛开展，各级档案机构结合自身的传统技术和发展规划实践云计算技术。2010 年 6 月，国家档案局《数字档案馆建设指南》[①]指出，鼓励具备条件的档案馆探索采用云计算等先进技术为各立档单位提供软件服务和存储服务[②]。2012 年 5 月，中国档案学会、北京市档案学会等单位联合主办了档案云服务高峰论坛，针对当前云计算技术对档案信息化越来越重要的影响，对云计算技术在档案行业实际应用中的问题和应用前景进行了专题研讨。党中央、国务院高度重视云计算信息产业发展，2015 年发布了《国务院关于促进云计算创新发展培育信息产业新业态的意见》（国发〔2015〕5 号）等相关国家政策措施，促进我国云计算创新发展，积极培育信息产业新业态。在国家积极引导、整体规划布局和技术推动下[③]，云计算已在档案领域得到广泛认可和落地实践，在档案信息化进程中发挥着重要作用。

基于云计算的档案信息资源集成应用发展势头迅猛，但也存在技术水平低、重复建设、应用效果不明显等问题。为加深加快档案云计算的发展和应用，当前

---

① 中华人民共和国国家档案局. 数字档案馆建设指南[EB/OL]. [2019-10-09]. https://www.saac.gov.cn/daj/gfxwj/201910/664c740247e54ca19b06abf2700243ec.shtml.

② 刘永, 刘坤锋. 论数字档案云存储[J]. 档案管理, 2013(5): 14-18.

③ 工业和信息化部.工业和信息化部出台《云计算发展三年行动计划（2017-2019 年）》[EB/OL].[2017-04-10]. https://www.miit.gov.cn/jgsj/xxjsfzs/gzdt/art/2020/art_3d1676c5f94c48408a3232c864ee512a.html.

的一个重要研究方向是运用云计算开展档案信息资源的集成。

4.2.2　云计算模式及安全性

1. 云计算概念

2006 年 8 月，“云计算”（Cloud Computing）的概念首次在搜索引擎大会（SES San Jose 2006）上被提出。经过不断发展，目前业界对云计算的概念的认识已趋统一。云计算的概念以国际标准 ISO/IEC 17788《云计算概述与词汇》DIS 版为主，其概念为：云计算是一种通过网络将可伸缩、弹性的共享物理和虚拟资源池以按需自服务的方式供应和管理的模式①。其中，资源包括了服务器、操作系统、网络、软件、应用和可存储设备等。

云计算通过软件实现自动化管理，集合诸多计算资源提供服务应用。所以，可以认为云计算是提供应用、软件、存储、网络资源等的一种资源共享模式。这些资源统一在资源共享池中，这一资源共享池被称为“云”，“云”可以提供各类计算资源。这种供应和管理模式，创新了软件开发部署模式和管理运维模式，能够作为承载各类服务应用的关键基础设施。当前，云计算仍处在快速发展阶段，技术创新不断涌现，云概念不断普及，云边、云网、云网协同、云边协同，甚至边边协同技术体系正在逐渐完善。围绕云计算的开源项目发展迅猛，IT 企业借助开源技术打造全栈能力，促进云产业生态技术基础逐步成熟，云管理服务、智能云、边缘云等市场开始兴起，云安全产品生态形成。

2. 云计算特征

云计算模式在不断演变之中，这里给出一些具体云计算关键特征的描述。云计算的关键特征一方面可以帮助理解云计算的内涵和外延，另一方面可以作为区别云计算和其他各类计算模式的依据，这些关键特征包括以下几点。

（1）广泛的网络接入。可通过网络，采用标准机制访问云计算中的物理资源和虚拟资源。该标准机制有助于通过异构平台使用资源，比如使用移动电话、平板、笔记本和工作站等各种客户端设备访问资源。该关键特性强调云计算支持用户方便地访问物理和虚拟资源②。

（2）可度量的服务。具备通过云计算的可度量的服务交付实现对使用情况可监控、控制、汇报和计费的特性。通过该特性，可优化并验证已交付的云服务。该特性强调客户只需对使用的资源付费，有利于用户从低效率和低资产利用率的业务模式转变到高效率模式。

---

① 信息技术　云计算　参考架构：GB/T 32399—2015[S]. 北京：中国标准出版社，2016: 2.

② 信息技术　云计算　概览与词汇：GB/T 32400—2015[S]. 北京：中国标准出版社，2016: 2.

（3）多租户。通过资源分配物理或虚拟资源，实现多个租户及他们所使用的资源和数据之间的彼此隔离。

（4）按需服务。云计算客户在按照需求自动地或者与云服务者最少交互的条件下，配置自身的计算能力，如服务器时间和网络存储。该关键特性强调云计算为用户降低时间和操作成本。无须与服务提供者进行额外人工交互，就能够按需完成需要做的事情①。

（5）快速的弹性和可扩展性。物理或虚拟资源能够快速且弹性地实现释放或扩展，达到快速增减资源的目的。云服务客户不再为物理或虚拟资源数量和容量规划担心，可供应的物理或虚拟资源无限多，根据需求可灵活购买扩展，只受服务协议限制。

（6）资源池化。不同的物理资源或虚拟资源置于资源池中，根据需求可动态分配与集成。将物理或虚拟资源集成起来服务于一个或多个云服务用户，支持多租户、屏蔽复杂性。也就是说，云计算中心的 CPU、内存、存储和网络资源能作为一个全局的资源池进行动态、灵活地调配和绑定。对云用户而言，不受其他用户影响，可能不清楚自身资源的具体实现方式。资源维护工作等原本属于客户的部分工作，由云计算提供者完成。

3. 云计算部署模式

云计算部署模式是根据对物理或虚拟资源的控制和共享方式对云计算进行的分类，包括以下几个方面。

（1）公有云。公有云是云服务可被任意云服务客户使用，且资源被云服务提供者控制的一种部署模型。云服务是指通过云计算已定义的接口提供的一种或多种能力。这种模式部署简单，客户投入成本低，但其问题在于公有云环境下存在一定安全性和不确定性风险，比如数据存取所有权、存取控制权限等。

（2）私有云。私有云是指云服务和资源仅被特定组织或人员使用和控制的一种云部署模式。大型企业或政府机构往往部署私有云。相对公有云，私有云部署在机构内部，安全性较高，但各类资源的前期投入成本往往较高。

（3）社区云。云服务仅由一组特定的云服务客户使用和共享的一种云部署模式。这组云服务客户具有共同的特定需求，云资源由该组客户进行控制。

（4）混合云。云服务中包含两种以上不同的云部署模式，且其中的两种以上模式独立存在。

4. 云计算的资源池化技术

虚拟化技术是实现云计算资源池化和按需分配的基础。以 Hypervisor 为代表

① 林西克姆. 云计算与 SOA[M]. 北京:人民邮电出版社, 2011.

的虚拟化技术，通过按需构建操作系统实例为云计算资源池化管理提供极大的灵活性，已经成为一种广泛采纳的云计算服务器资源共享方式。Hypervisor 以操作系统为中心，可以用来建立执行整套操作系统的沙盒独立运行环境，是一种存在于硬件层和操作系统层间的虚拟化技术，通常以虚拟机（Virtual Machine）命名其建立的计算环境。但由于 Hypervisor 的每个虚拟机实例都需要运行操作系统的完整副本及其中包含的大量应用程序，实际中会产生过多负载而会影响性能，所以存在性能和资源使用效率方面的问题。近些年，出现了一种称为容器（Container）的以应用程序为中心的虚拟化技术，提高资源的使用效率。容器技术直接将一个应用程序所需的相关程序代码、函式库、环境配置文件打包集成起来，建立沙盒运行环境，建立的这个环境通常称为容器。虚拟机通过“伪造”硬件抽象接口，将操作系统及操作系统层以上的层次桥接至硬件，实现和真实物理机几乎一样的功能。容器则是存在于操作系统层和函数库层之间的虚拟化技术，通过“伪造”操作系统接口，将 API 抽象层、函数库层以上的功能置于操作系统之上。比如典型的容器环境 Docker，就是基于 Linux 操作系统（也可基于 Windows）实现的隔离容器，模拟操作系统的各种功能。相比虚拟机，容器属于更高层的虚拟化，需要的底层支持更少，所以占用资源相对更少。在实际应用中，应根据应用场景、部署管理的成本等选择采用的虚拟化技术。

5. 云计算安全威胁

云计算成为引领技术潮流的新技术，但也面临许多问题，尤其是安全问题。安全问题在一定程度上是严重影响云计算普及的首要问题，容易对档案云计算产生怀疑，造成一些档案单位、档案数据难以上“云”。的确，云计算给档案机构带来巨大机遇，但也带来了极大挑战，要面临新的安全问题。只有正视这些问题，才能解决这些问题。

（1）认证安全层。云计算支持多租户认证与接入，对用户的身份认证和接入往往通过单点登录与权限管理实现，提高了认证接入的自动化程度和用户体验，而且支持移动性和分布式网络计算也是云计算的重要特征，这些都会增加认证管理的难度。如果入侵者利用虚拟机攻击，或者攻击虚拟化管理平台，利用操作系统或网页漏洞，非法截获用户数据、密码等黑客攻击，造成认证入口被攻破，进入内部云计算系统，必然可以掌握内部资源，进行窃取隐私数据、冒用用户资源等非法行为，给云计算用户带来严重损失。

（2）数据安全层。云计算往往以分布式计算方式处理海量数据，有大量中间数据通过网络传递，如果这个过程没有保护，存在极大的安全隐患。云计算数据中心的数据也存在安全威胁，需要有数据加密、密钥机制、存储权限等保障。这些数据可以加密保存，用户可以通过客户端加密数据，然后将数据存储到云中，用户的数据加密密钥保存在客户端，云端无法获取密钥并对数据进行解密。还有当用户从云中退出后，该用户的数据空间可以直接释放给其他用户使用，这些数据如果不及时清空，其他用户就可以获取到原来用户的私密信息，数据存在泄露风险。云计算缺乏对数据内容的辨识能力，拿到数据后往往直接计算，缺少检查和校验机制，往往会使一些无效数据或者伪造数据混在其中，一方面影响计算结果，另一个方面占用大量计算资源，影响云计算性能。

（3）池化安全层。资源池化是云计算的关键特性，其利用虚拟化技术将硬件资源和软件资源集成管理和运用。虚拟机动态地被创建、迁移，然而可虚拟机的安全防护很难针对虚拟机做防护，尤其在迁移的过程中，会带来池化管理过程的安全风险。如果虚拟机在创建和迁移中没有安全措施，容易导致接入和管理虚拟机的密钥被盗，相应的服务遭受攻击。众所周知，虚拟机监视器 Hypervisor 运行在基础物理服务器和操作系统之间的中间软件层，是虚拟化的核心技术。云计算管理者在更关注资源池化便利时，容易忽视 Hypervisor 的安全漏洞，一旦 Hypervisor 被攻破，其上的虚拟机将无任何安全保障，带来极大安全隐患。

（4）网络安全层。云计算中存在大量数据通过网络传输，相比传统计算模式，数据的私密性与完整性存在更大威胁。用户可以随时接入云计算网络，云资源中的分布式部署路由、域名配置复杂，更容易遭受网络攻击。在基础设施即服务下，DDoS 攻击不仅可以来自外部网络，也容易出自内部网络，还有隔离措施不当引发数据泄漏、恶意用户攻击等等，这些传统网络面临的安全问题，在云计算环境中会被更加放大，需要考虑更多的网络安全因素，制订综合的安全防护方案①。目前有研究者提出量子通信解决方案，在数据传递过程中进行量子加密，提升安全防护能力。

4.2.3　档案云计算基本架构

1. 传统档案数据中心

现有的档案信息资源整合利用方式主要分为两类：一类是以部门内部办公自动化系统及信息管理系统来提高部门的工作处理效率；另一类则是建立庞大的数据中心来支撑地区或者区域内的档案信息活动。目前，大量数据中心在建设过程中，并未充分考虑不同部门及不同业务系统之间是否存在关联，彼此数据资源是否存在相互调用与共享，而是仅仅集中存放部署，存在开发、维护方面需要大量人力、财力投入，以及资源利用效率低、“数据孤岛”等问题。

---

① 航云网络. 云计算面临的四方面安全威胁[EB/OL]. [2017-10-02]. https://blog. csdn. net/weixin_34219944/article/details/90335404.

2. 基于云计算的档案信息整合可行性分析

在理论上，众多学者已对云计算技术展开深入研究，为构建云计算档案信息资源整合研究奠定了坚实的理论基础。在技术上，华为云、阿里云、Amazon 云等诸多企业推出云计算解决方案，这些已有的云计算部署与服务架构为云计算档案信息资源整合提供了诸多借鉴和参考。在经济上，无论是公有云还是私有云模式，档案云计算都可以节约和优化有限的硬件、人力、管理成本和资源，还有助于提高业务效率和信息资源利用率。

3. 档案云计算的优势

云计算使信息技术发生进化，成为助力档案信息化发展的新契机。云计算平台是基于云计算技术，通过集合硬件资源、软件资源，提供档案信息的应用、存储、网络资源等的一种服务平台。云计算能够有效增强档案存储、备份、信息共享、服务应用等能力，主要表现在信息处理海量性、数据管理低成本性、性能与容量线性扩展性、数据存取高效性、数据共享广泛性和用户访问透明性等方面。档案云计算可以充分利用和发挥这些优势①，包括：一是增强海量存储能力。采用云存储方案，数字档案信息系统的存储能力大大增强，且具有易扩展性，能够满足数字档案数量海量增长的存储需求。比如，各立档单位在建设数字档案室时，不再需要配备档案管理服务器、网络交换设备、系统软件、档案应用软件等，也可以减少网络设备的更新与维护②。二是增强容灾、安全备份能力。云存储易于实现在线多点备份，将档案信息置于不同节点，当某一节点不能被访问，可以快速指定其他服务器提供服务。三是提升资源共享程度。不同的系统形成的不同格式的电子文件，其格式难以统一或兼容，极易形成不同部门不同系统各自为政的“信息割据”现象。档案云存储有利于消除档案资源冗余，最大限度地提升档案资源共享度。四是提升检索和服务能力。档案云便于为用户提供统一检索接口，提升查询检索效率和用户体验。而且，便于基于大数据计算处理和分析技术，开展档案信息资源的“一站式”服务。

4. 档案“云”基本架构

通用的三层档案云平台基本结构，如图 4-4 所示。其中，最底层为硬件服务器、网络设施等物理资源，管理层利用虚拟化技术实施硬件和各类系统的整合集成，运用虚拟化软件、管理软件对各类资源进行管理，云计算中心则负责面向用户分配计算资源。

---

① 刘永，刘坤锋. 论数字档案云存储[J]. 档案管理, 2013(5): 14-18.

② 朱悦华，何丽萍，丁建萍. “云档案”信息资源共享系统研究[J]. 浙江档案, 2012(6): 52-53.

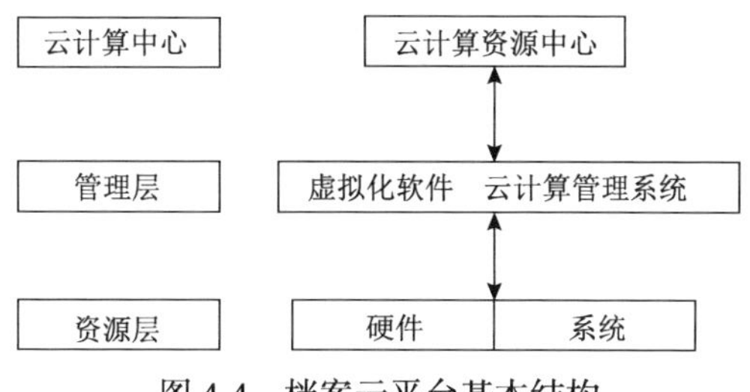

图 4-4　档案云平台基本结构

档案云平台为档案机构打造成平台化、组件化的系统能力，以接口、组件等形式为各类档案业务提供服务，使档案机构可以快速灵活地调用硬件、软件和数据资源，为档案业务创新和赋能。一个典型的档案云平台架构，如图 4-5 所示。云资源池中包括大量计算、存储、网络资源；云技术层将容器技术或虚拟化技术、微服务技术和中间件等整合封装，形成档案云平台的技术底座，完成资源调度、服务治理、负载均衡、服务通信、分布式缓存等方面的工作，降低应用开发、应用管理和系统运维的复杂度，为档案大数据、人工智能应用建设提供技术能力支撑；档案资源整合利用层以各类档案数据信息为对象，通过大数据、机器学习、深度学习技术对其进行价值提炼和服务能力铸造，提供各种档案服务，从而赋能档案业务应用；档案业务层将档案业务涉及的业务场景标准化、数据化，为云平台提供完整的数据源，保证数据的可复用性，完成业务数据化，通过成熟业务来沉淀档案机构的数字化能力，为机构部门数字化转型和业务能力沉淀赋能。

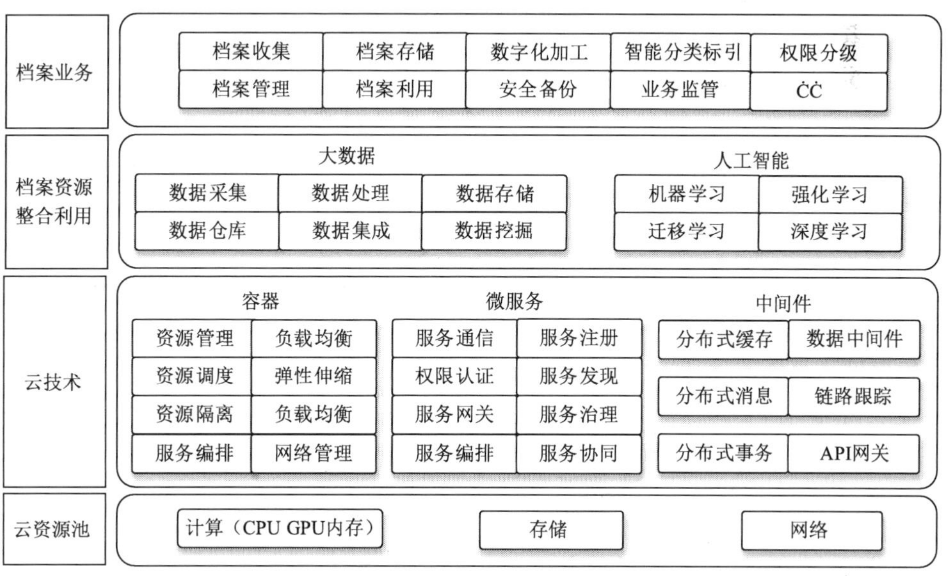

图 4-5　档案云平台架构

4.2.4 云计算档案信息整合框架

借助云计算在信息存储与处理方面的优势来提升档案信息资源整合与管理能力，实现内部工作与服务过程的优化。整个模式由五个部分组成，包括资源层、平台层、管理层、用户服务层、安全体系等，提供硬件、软件、数据、服务的各种云化功能[①]。下面对各个部分进行详细说明。

1. 资源层

资源池化层提供基础设施层面的云计算服务，通过虚拟化软件管理集成服务器、网络、存储等物理资源，从而屏蔽物理资源的复杂性，提供集成化的基础设施服务。这些服务一般体现为，面向操作系统的服务器服务，比如 Linux 集群；面向网络管理能力的网络服务，比如防火墙、负载均衡、VLAN 等；面向存储能力的磁盘空间管理服务。

2. 平台层

为用户提供资源池化层的封装，包括中间件服务、数据管理服务等。数据管理服务提供数据资源管理能力，包括数据资源分布式存储、集成管理、入云管理等等，形成异构、分布的统一数据资源池。中间件服务提供消息中间件或者事务中间件等服务。

3. 管理层

该层主要是建立云计算管理功能，包括安全管理、服务组合、服务目录、部署管理、服务监控等等。这里的安全管理提供对服务的授权控制、认证审计功能。服务目录管理提供服务目录及服务自身的管理功能，可以增删各种服务。部署管理提供服务实例的自动化部署和配置，为用户准备服务实例等等。服务监控提供对云服务的运行状态进行记录分析。

4. 用户服务层

用户服务层方便用户使用云服务而提供各种功能服务。比如，经过认证审核，依据用户权限，登录档案云业务系统，根据服务目录分配用户需要的云计算服务，包括申请各种硬件、网络、软件的使用。

5. 安全体系

档案云端需要建立完善的安全技术体系基准，包括安全技术、管理和监管。其中安全技术为基础，安全管理主要针对云安全主动的防护措施和预案评估，安全监管则是针对云平台各种信息流进行审计监控。档案云平台存储着海量的档案

① 孙世强. 云计算环境下政府信息资源集成模式研究[D]. 哈尔滨：黑龙江大学, 2012.

数据，其安全性更加备受关注，可以从以下几个方面综合构建可信安全的档案云计算环境。一是身份认证和管理。为保证用户安全访问和用户间数据隔离，必须强化用户身份管理和访问控制技术，这类技术比较成熟。为提高用户体验，还可以采用单点登录等减轻用户负担。二是数据安全。为确保数据的保密性、完整性、可恢复性，目前多采用数据加密、访问控制、隔离机制、副本技术等。三是虚拟化安全，服务器、网络、存储虚拟化的安全对于云计算极为关键。在服务器虚拟化安全方面，可采用虚拟机安全隔离、访问控制、资源限制等技术。在存储虚拟化安全方面，存储设备冗余和数据存储冗余是一个重要保障措施。传统的网络安全多从实体服务器、网络设施或服务应用等方面着手，云计算还须考虑网络虚拟化安全的问题。在虚拟化网络安全方面，可以采用虚实网络隔离、控制器审计、划分虚拟组、安全访问控制等保障虚拟化网络安全。

以容器取代传统虚拟机的云计算架构，其部署模式的改变带来全新安全问题。在隔离性方面，不同于虚拟机的独立操作系统，容器技术共享宿主机操作系统，这种进程级别的“软”隔离，增加了逃逸风险；在数据共享方面，紧密联系的多个容器通常共享某些数据，这些容器中的某一个被攻破都会导致数据泄露，使得攻击面大大增加；在组件交互方面，容器及其编排系统的组件高度解耦、分散部署，协同交互的组件链条增长，中间态的攻击风险增加。管理人员对新技术的不熟悉也会导致因部署不合规而被攻击的现象频发。同时，尽管微服务提倡隔离、轻量，但在实际中，应用微服务化也会增加攻击风险，强关联的微服务存在连锁攻破的可能。

4.3　基于人工智能的档案信息资源整合

4.3.1　“智能+”时代的档案信息资源整合

人工智能（Artificial Intelligence），英文缩写 AI，是研究、开发用于模拟、延伸和扩展人的智能的理论、方法、技术及应用系统的一门新的技术科学。21 世纪前两个十年，在大规模 GPU 服务器并行计算、大数据、深度学习算法和类脑芯片等技术的推动下，人类社会相继进入互联网时代、大数据时代和人工智能时代[①]。当前，人工智能成为产业变革的核心方向，科技巨头纷纷把人工智能作为后移动时代的战略支点，努力在云端建立人工智能服务的生态系统[②]。2015 年以来，人工智能在国内获得快速发展，政府相继出台一系列政策支持人工智能的发展，推

① 宁兆硕. 中国人工智能产业发展分析及对策研究[J]. 山东行政学院学报, 2018(1): 69-75.

② 闫德利. 2016 年人工智能产业发展综述[J]. 互联网天地, 2017(2): 22-27.

动中国人工智能步入新阶段[①]。人工智能正在政策与技术的“双轮”驱动下，在各领域、各行业实践落地、广泛发展，在提升政府和单位的综合管理能力、为决策者提供决策方案、为人们提供个性化服务、维护安全管理，以及其他辅助工作等方面发挥巨大的促进作用。我国有稳定的发展环境、充足的人才储备和丰富的应用场景，因而在人工智能领域的发展上有独特优势。同时，也需要注意我国人工智能起步较晚，相比美国为主的发达国家，还有一定发展差距。

近年来，国家出台多项战略规划，鼓励指引人工智能发展。2015 年，《国务院关于积极推进“互联网+”行动的指导意见》颁布，将人工智能作为重点布局的 11 个领域之一。人工智能在国内获得快速发展，国家相继出台一系列政策支持人工智能的发展，推动中国人工智能步入新阶段。2016 年，《国民经济和社会发展第十三个五年规划纲要（草案）》提出重点突破“新兴领域人工智能技术”；2017 年，十九大报告提出推动互联网、大数据、人工智能和实体经济深度融合；2018 年，李克强总理在政府工作报告中再次谈及人工智能，提出“加强新一代人工智能研发应用”；2019 年，《政府工作报告》将人工智能升级为“智能+”，提出要推动传统产业改造提升，特别是要打造工业互联网平台，拓展“智能+”[②]。要促进新兴产业加快发展，深化大数据、人工智能等研发应用。习近平总书记主持召开中央全面深化改革委员会第七次会议并发表重要讲话，会议审议通过了《关于促进人工智能和实体经济深度融合的指导意见》[③]。目前，在多层次战略规划的指导下，无论是学术界还是产业界，我国在人工智能国际同行中均有优异的表现，在世界人工智能舞台上扮演了重要的角色，我国人工智能的发展已驶入快车道[④]。继 2017 年、2018 年的“加快人工智能等技术研发和转化”“加强新一代人工智能研发应用”关键词后，人工智能连续第三年出现在政府工作报告中，2019 年政府工作报告中使用了“深化大数据、人工智能等研发应用”等关键词。从“加快”“加强”到“深化”，说明我国的人工智能产业已经走过了萌芽阶段与初步发展阶段，下个阶段将进入快速发展时期，并且更加注重应用落地[⑤]。

2018 年，国家档案局举办“人工智能技术在档案部门的应用研讨会”，交

---

① 深圳前瞻产业研究院. 2019 年人工智能行业现状与发展趋势报告[EB/OL]. [2020-06-12]. http://www.cbdio.com/image/site2/20191009/f42853157e261f07cc5719. pdf.

② 前瞻产业研究院. 我国发展人工智能产业扶持政策汇总[EB/OL]. [2019-11-06]. https://f.qianzhan.com/chanyeguihua/detail/191106-241443a7. html.

③ 何胜男. 技术驱动创新，智能赋能未来——第二届“智能科学与广告发展”国际学术研讨会综述[J]. 中国广告, 2020(1): 38-41.

④ 前瞻产业研究院. 2019 人工智能发展报告[EB/OL]. [2019-11-30]. https://www.aminer.cn/research_report/5de27b53af66005a44822b12? download=true&pathname=pdf/caai2019. pdf.

⑤ 前瞻产业研究院. 2019 年中国人工智能行业市场现状及发展趋势分析　与物联网、边缘计算技术融合加深[EB/OL]. [2019-06-24]. https://bg. qianzhan. com/report/detail/459/190624-6ae06b12. html.

流了人工智能技术的最新应用和行业发展，对我国档案业务的发展前景进行展望，并就人工智能技术与档案的智慧化应用结合进行深入研讨，档案事业进入人工智能新时代。同年，国家档案局与科大讯飞签署全面战略合作协议，双方将利用人工智能打造智慧档案并成立联合实验室，共同构建新型人工智能智慧档案行业标准，携手探索“人工智能+档案”的更多可能[①]。2019 年，全国档案局长馆长会议上的工作报告中明确指出，要深入贯彻国家信息化发展规划，及时跟进电子政务、电子商务，以及大数据、云计算、人工智能的发展应用[②]。人工智能对于任何国家来说既是机遇又是挑战，对于推动档案信息化深度发展而言，此次机遇尤为重要。

4.3.2　档案管理领域的人工智能应用

1. 人工智能的发展与应用

“人工智能”的历史可追溯到遥远古代，“拟人机器”是人类长期的愿景。在我国古代历史有许多发明创造，如八卦、算盘、指南车、候风地动仪、水运仪象台等具有某种拟人智能的古代机器设备都可以看作“人工智能”理念在中国的雏形[③]。在国外，1936 年英国应用数学家、现代计算机科学奠基者艾伦·图灵建立了“图灵机”的模型，1950 年发表了论文《计算的机器和智能》，提出了一种验证机器有无智能的判别方法，但既没有提及计算机如何获得智能，也未提出解决复杂问题的智能方法[④]。1956 年，在美国达特茅斯大学召开了一次题为“达特茅斯夏季人工智能研究会议”的头脑风暴式研讨会，讨论了当时计算机科学尚未解决和还未研究的问题，比如人工智能、自然语言处理等等。“人工智能”（Artificial Intelligence）这个说法便是在此次会议上提出的。1969 年，国际人工智能联合会成立[⑤]。1981 年，中国人工智能学会成立。

目前，对人工智能的定义并没有完全形成共识，一个关键是对“智能”的界定存在分歧。学界一般采用美国著名教授温斯顿给出的概念：人工智能是“研究如何让计算机去做以前只有人才能做的智能化工作”[⑥]，也就是让机器去做人类能做的智能化工作。人工智能的应用领域很多，包括机器视觉、指纹识别、人脸识别、虹膜识别、专家系统等等。研究范畴包括知识表征、自然语言处理、智能搜索、机器学习、知识获取、人工生命、神经网络等等。目前，档案管理领域的人

① 冯丽伟. 共同打造“档案超脑”新业态[N]. 中国档案报, 2018-05-10(1).

② 李明华. 在全国档案局长馆长会议上的工作报告[N]. 中国档案报, 2019-04-11(1).

③ 朱颖娜. 人工智能应用于国家边境检查管理研究[D]. 上海：上海交通大学, 2019.

④ 吴军. 智能时代[M]. 北京:中信出版社, 2016.

⑤ 涂序彦. 人工智能：回顾与展望[M]. 北京：科学出版社, 2006.

⑥ McCarthy J. What is Artificial Intelligence? [EB/OL]. http: //www-formal. stanford. edu/jmc/whatisai. pdf.

工智能应用主要有指纹识别、人脸识别、语音识别、声像识别、智能搜索等。

2. 人工智能的应用服务链及在档案管理中的应用

人工智能运用广泛，按基础、技术、应用等维度，人工智能服务链由基础层、技术层和应用层构成。其中，基础层是人工智能的基础，主要是研发硬件及其相应软件，为人工智能提供数据及算力支撑；技术层是人工智能服务、产业的核心，以模拟人的智能相关特征为出发点，构建技术路径；应用层是人工智能的延伸，集成一类或多类人工智能基础应用技术，面向特定应用场景需求而形成软硬件产品或解决方案。人工智能应用服务链结构[①]，如图 4-6 所示。

基础层是人工智能的基础，主要是研发硬件及软件，如 AI 芯片、数据资源、云计算平台等，为人工智能提供数据及算力支撑。主要包括计算硬件（AI 芯片、传感器）、计算机系统技术（大数据、云计算和 5G 通信）和数据（数据采集、标注和分析）[②]。技术层是人工智能产业的核心，以模拟人的智能相关特征为出发点，构建技术路径。主要包括算法理论（机器学习算法、类脑算法）、开发平台（基础开源框架、技术开发平台）和应用技术（计算机视觉、机器视觉、智能语音、自然语言理解）。应用层是人工智能产业的延伸，集成一类或多类人工智能基础应用技术[③]，涉及医疗卫生、金融财经、教育教学、交通、家居生活、军事、安防、制造等领域。

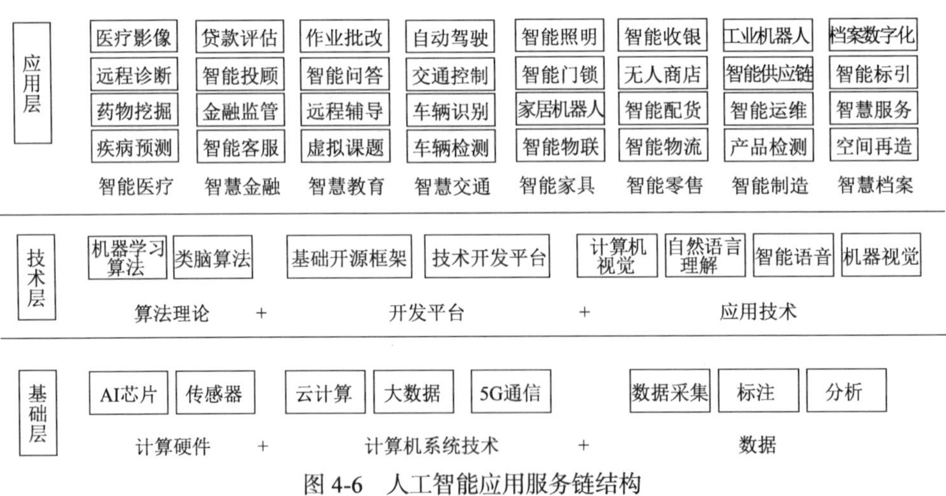

图 4-6 人工智能应用服务链结构

① 深圳前瞻产业研究院. 2019 年人工智能行业现状与发展趋势报告[EB/OL]. [2020-06-12]. http: //www. cbdio. com/image/site2/20191009/f42853157e261f07cc5719. pdf.

② 前瞻产业研究院. 2019 年中国人工智能行业市场分析：推动人类社会实现创新式发展 催生新经济增长点[EB/OL]. [2019-08-22]. https: //bg. qianzhan. com/trends/detail/506/190822-8427d137. html.

③ 前瞻产业研究院. 2018 年中国人工智能 100 强研究之产业链分析 分为基础层、技术层和应用层[EB/OL]. [2019-07-04]. https://www.qianzhan. com/analyst/detail/220/190703-774347e2. html.

人工智能可以按照认知、决策、预测、综合集成四个方面，划分为不同的应用类别。以档案领域为例，认知即是通过收集、获取各种信号信息进行，比如人的可感知信息，文字、音频、图片、视频，利用计算机视觉、计算机图形学、自然语言处理，实现光学字符识别、音频识别、图像识别等进行纸质档案、声音档案的数字化加工，利用人脸检测和识别技术记录和检查入馆人员等，决策则主要关注如何做才能实现目标，如综合各种工作历史数据和智能模型，优化档案工作流程、档案馆室布局等。预测是通过推理来预测行为和结果，如 AI 可以针对有可能的发展趋势进行综合研判；最后，当人工智能与人结合时，可生成多种集成解决方案，共同解决各种问题。

4.3.3　人工智能赋能档案信息资源整合

1. 纸质档案数字化加工及 OCR 技术应用

对最常见的档案类型纸质档案进行档案著录，是档案数字化加工的常见和经常性工作环节。传统做法是以人工方式，按照著录规范录入档案信息[①]。当前，提升纸质档案著录效率的一项技术是图片光学字符识别（optical character recognition，OCR）。随着人工智能技术的发展，以深度学习为基础的系列方法，能有效地提高图片 OCR 识别的准确性，为保障纸质档案著录以高效率完成提供技术支持。

OCR 技术的兴起是从印刷体识别开始的，印刷体识别的成功为手写体识别奠定了坚实基础。印刷体识别的主要流程大致分为以下几个部分：图像预处理、版面处理、图像切分、特征提取和模型训练、识别后处理。

（1）图像预处理。纸张的厚度、光洁度和印刷质量较低会造成文字畸变，产生断笔、粘连和污点等干扰。在进行文字识别之前，需要对带有噪音的文字图像进行处理。预处理一般包括灰度化、二值化、倾斜检测与校正、行/字切分、平滑和规范化等[②]。

（2）版面处理。分为版面分析、版面理解、版面重构三个主要部分。版面分析将文本图像分割为不同部分，并标定各部分属性，如文本、图像、表格。目前在版面分析方面的工作核心思想都是基于连通域分析法，之后衍生出的基于神经网络的版面分析法也都是以连通域为基础进行的。连通域是指将图像经过二值化后转为的二值矩阵中任选一个像素点，若包围其的所有像素点中存在相同像素值的像素点则视为两点连通，以此类推，这样的像素点构成的一个集合在图像中所

① 张海剑. 人工智能赋能档案事业创新成果与研究[C] //中国档案学会、中国文献影像技术协会. 2019 年海峡两岸档案暨缩微学术交流会论文集.[出版者不详], 2019: 58-62.

② 魏宏喜. 印刷体蒙古文字识别中关键技术的研究[D]. 呼和浩特: 内蒙古大学, 2006.

在的区域即一个连通域。根据连通域大小或像素点分布等特征可以将连通域的属性标记出来，用作进一步处理的依据。

（3）图像切分。大致可以分为两个主要类别，行（列）切分和字切分。经过切分处理后，才能方便对单个文字进行识别处理。

（4）特征提取和模型训练。特征提取是从单个字符图像上提取统计特征或结构特征，特征匹配则是从已有的特征库中找到与待识别文字相似度最高的文字[①]。模板匹配是实现匹配的常见方式，但随着深度学习的兴起，利用海量数据训练深度神经网络在图像识别方面取得了优异的成绩，深度学习已被验证能够提高传统OCR的准确率。

（5）识别后处理。在识别结果基础上，根据语种的语言模型进行识别校正。在单文种识别中相对容易一些，而在多语种则较为复杂。

OCR是计算机视觉研究领域的分支之一，是人工智能的一项基础技术。目前，OCR算法包括通用文字识别算法和通用结构化（文字识别是结构化的基础）两类。通用识别算法的识别样例，如图 4-7 所示。在此基础上，可以细分为通用文字识别，即对图片中的文字进行检测和识别，识别中、英、法、俄、中英混合等语言；卡证文字识别，对身份证、银行卡、营业执照等常用卡片及证照的文字内容进行结构化识别的服务；对表格、手写文字、网络图片、数字、二维码等内容进行识别。档案文字出现的场景具有多元化的特点，包含图文混排、表格、纯手写、纯印刷和手写印刷混排的文字识别等，可以通过人工或自动指定待识别对象的文字类型，提高OCR识别的准确性和结构化程度。

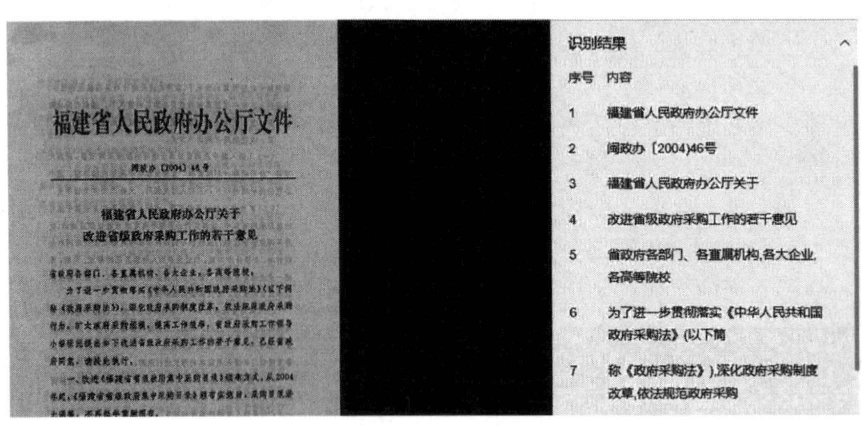

图 4-7　OCR 识别截图样例

① 艾小伟，吴小平，王金林，等. 从手写汉字识别系统的技术方法中探讨计算机笔迹鉴别的一些途径[J]. 河北公安警察职业学院学报，2005(3): 22-26.

2. 音视频档案数字化整理中的语音识别技术应用

音视频档案以影像或声音来保存有价值的历史记录，比如口述音频档案、会议音频档案、重大活动的视频记录、广电公司的影视节目等。目前，档案机构对音视频档案的整理大多停留在人工阶段，需要耗费大量人工且效率较低。由于这类档案主要以档案著录项描述，不具备原始档案内容信息，所以无法全文检索档案内容，造成大量音视频档案的实际价值难以发挥利用①。音视频档案的数字化到数据化，是盘活此类档案的最有效途径。档案部门对于人工智能技术在音视频档案整理上（主要应用语音识别和语义理解能力）的研究实践亟待推广。

语音识别是让机器识别和理解说话人语音信号内容的新兴学科，目的是将语音信号转变为文本字符或者命令的智能技术，利用计算机理解讲话人的语义内容，使其听懂人类的语音，从而判断说话人的意图，是一种非常自然和有效的人机交流方式。它是一门综合学科，与很多学科紧密相连，比如语言学、信号处理、计算机科学、生理学等②。

语音识别和很多模式识别的过程类似，包括训练和识别阶段。语音识别的训练和识别阶段的过程都包括语音信息的预处理过程，利用语音信号特征处理方法，处理语音信号为一定的声学参数并选择抽取特征。在训练阶段，利用一定数量的语音样本作为训练数据和模型算法，形成训练好的语音模型库。在识别阶段，将从语音信号中提取的特征参数输入训练模板库，根据指定的规则和识别算法进行模式匹配得到识别结果，其基本结构，如图 4-8 所示。可见，模板库的质量、特征参数的选择与识别结果直接相关。

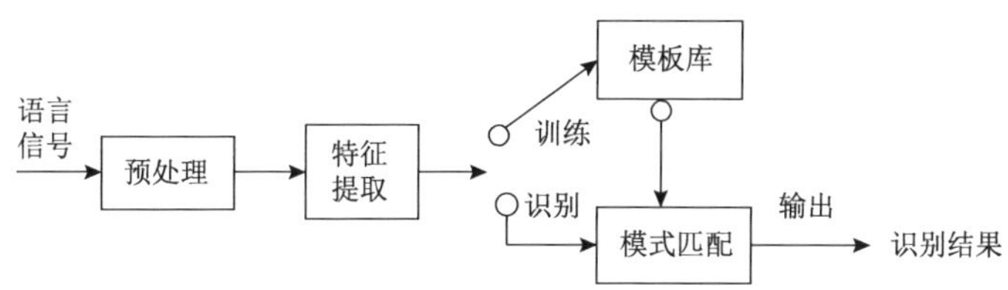

图 4-8　语音识别通用系统框架

实际上，语音识别也是一种模式识别。但语音内容丰富，语音识别要比其他模式识别复杂得多。其中，预处理主要是对输入语音信号进行预加重和分段加窗等处理，并滤除其中的不重要信息及背景噪音等，然后进行端点检测，以确定有

① 张海剑. 人工智能赋能档案事业创新成果与研究[C] //中国档案学会、中国文献影像技术协会. 2019 年海峡两岸档案暨缩微学术交流会论文集. [出版者不详], 2019: 58-62.

② 前瞻产业研究院. 2019 人工智能发展报告[EB/OL]. [2019-11-30]. https://www.aminer. cn/research_report/5de27b53af66005a44822b12? download=true&pathname=pdf/caai2019. pdf.

效的语音段①。

20 世纪 50 年代，贝尔实验室就开始通过提取元音共振频率，识别孤立数字的语音信息。20 世纪 80 年代，隐马尔可夫模型（Hidden Markov Model, HMM）技术不断完善，成为语音识别的主流方法；基于知识的语音识别研究也日益受到重视，句法结构、对话背景等用于对语音识别和理解。21 世纪之后，深度学习技术促进了语音识别精度的极大提高，并且得到广泛发展。2009 年，Hinton 将深度神经网络应用于语音声学建模。2011 年，微软研究院又把深度神经网络技术应用在连续语音识别任务上，大大降低了语音识别错误率②。深度神经网络的优势是不需要假设语音数据分布，将相邻的语音帧拼接又包含了语音的时序结构信息，使得对于状态的分类概率有了明显提升，而且深度神经网络具有鲁棒性。在国内，科大讯飞、百度、阿里、腾讯、搜狗等公司陆续布局语音识别方向，推动语音识别技术落地发展。方言语音识别、会议等工作场景语音识别的发展，持续提高了语音识别技术的实用性。

从档案工作实际来看，往往需要将音视频档案中的部分或全部内容转成文字③。显然，语音识别技术可以极大地提升这项工作的效率。但档案机构应用语音识别技术仍然存在一些问题和挑战，比如语音中的多音字、同音字、方言等情况；由于档案信息的保密要求，不能利用互联网云端语音引擎，语音引擎往往需要独立离线部署，至少是部分语音模型独立部署。如何提高语音识别的准确性，又兼具识别效率、保密安全性、部署可行性，这些都是档案语音识别技术运用中需要考虑的现实问题。

3. 图像视频档案处理中的计算机视觉技术应用

图片与视频档案是常见的档案信息类型和有保存价值的历史记录。这类档案的数字化、数据化处理和著录工作，需要耗费大量人工。

计算机视觉（computer vision）是研究如何让计算机达到类似人“看”的科学，即让计算机识别理解人类眼中的客观世界，拥有人类双眼所具有的分割、分类、识别、跟踪、判别决策等功能，能够在二维平面图或者三维图像中，获取人类所需要“信息”④。

计算机视觉技术是一门包括了计算机科学与工程、神经生理学、信号处理、认

① 靳双燕. 基于隐马尔可夫模型的语音识别技术研究[D]. 郑州：郑州大学, 2013.

② 杨舒. 人工智能发展的热点透视[N]. 光明日报, 2020-01-02(16).

③ 张海剑. 人工智能赋能档案事业创新成果与研究[C] //中国档案学会、中国文献影像技术协会. 2019 年海峡两岸档案暨缩微学术交流会论文集. [出版者不详], 2019: 58-62.

④ 黄佳. 基于 OPENCV 的计算机视觉技术研究[D]. 上海：华东理工大学, 2013.

知科学、物理学、应用数学与统计等学科的综合性技术[①]，包括了诸多不同的研究方向，比较基础和热门的方向包括：物体检测（object detection），语义分割（semantic segmentation），运动和跟踪（motion & tracking），视觉问答（visual question & answering）等。

物体检测一直是计算机视觉中非常基础且重要的一个研究方向，大多数新的算法或深度学习网络结构都首先在物体检测中得以应用，如 VGG-net，GoogLeNet 等等，每年在 ImageNet 数据集上面都不断有新的算法涌现，一次次突破历史，创下新的纪录，而这些新的算法或网络结构很快就会成为这一年的热点，并被改进应用到计算机视觉中的其他应用中去。物体检测，即在输入图片中自动找出常见物体，并标注其所属类别和位置，包括人脸、人物、车辆、车牌、场景、动物、植物、政治、色情、暴力等主题内容的细分类检测算法。进一步，还有区分人的滑倒、跑动、交谈、打架、盗窃等行为检测算法。

视觉问答也简称 VQA，是近年来非常热门的一个方向，一般将图片和问题作为输入，结合这两部分信息，由计算机自动产生自然语言作为输出。比如，输入一张中国男篮的篮球比赛图片后，让计算机自动回答"图像中有什么？有人吗？什么运动在进行？谁在打球？在图像中有多少球员？参赛者都有谁？是在篮球馆吗？是露天篮球场吗？"等等。除了问答以外，还有一种算法被称为标题生成算法（caption generation），即计算机根据图像自动生成一段描述该图像的文本。对于这类跨越两种数据形态（如文本和图像）的算法，有时候也可以称之为多模态，或跨模态问题。显然，这种技术如果能有效用于图像档案、视频档案的标引著录，能够极大减少人力工作，提高档案信息资源的语义化程度。

从档案著录、审核、修复等工作需求出发，当前计算机视觉技术具有较高精度的识图能力，能够精准识别物体和场景；利用人脸识别、行为识别技术，识别图视频中出现的各种人物，进一步标注人物在其中的行为特征；图视频分类技术能够对基于对视频及图像的综合分析，对图视频内容理解后形成分类标签，针对档案垂直领域单独建模，精细化识别视频中出现的物体种类、型号和详细特征；针对视频内容进行多维智能审核，其中包括色情、暴恐、政治敏感、自定义敏感库等，减少档案审核的后顾之忧；基于深度学习技术，对质量较低的图片进行去雾、对比度增强、无损放大、拉伸恢复等多种优化处理，重建高清图像档案。通过部署各类识别模型，能够大量减少人力工作，丰富档案著录信息，快速完成图视频档案信息的著录标引等工作。

① 前瞻产业研究院. 2019 人工智能发展报告[EB/OL]. [2019-11-30]. https://www.aminer. cn/research_report/5de27b53af66005a44822b12? download=true&pathname=pdf/caai2019.pdf.

4. 档案管理中的知识图谱技术应用

知识图谱（knowledge graph）旨在描述客观世界的概念、实体、事件及其之间的关系。其中，概念是客观事物的概念化表示，如人、组织机构等。实体表示具体事物。事件是指游行、集会等客观事件的活动①。关系描述概念、实体、事件之间的关系，如所属档案馆描述了一个人与他所在档案馆之间的关系，运动员和乒乓球运动员之间的关系是概念和子概念之间的关系等。知识图谱以结构化的形式描述表征客观世界，提供了一种组织、管理和理解海量信息的方法，已经在互联网语义搜索、智能问答等应用中展示威力，成为智能服务的基础设施和推动人工智能发展的核心驱动力之一②。知识图谱技术是综合知识表示与推理、自然语言处理、信息检索与抽取、认知计算、数据挖掘与机器学习等的一项交叉技术③。

知识图谱技术主要包括三个方面的研究内容：知识表示、知识图谱构建和知识图谱应用。

知识表示研究如何表示知识和处理知识，包括以怎样的形式准确表征客观知识，如何具有更强的语义表征能力和知识推理能力，这些都是知识表示需要解决的问题。通过对客观世界知识进行建模，表示其中的概念、实体等语义内容及关联，达到计算机便于存储、推理计算的表示形式。知识表示是基础性关键问题，既涉及面向基础的知识的表示和存储，也包括面向应用的知识的使用和计算。

知识图谱构建主要根据知识表示模型，研究如何从语料信息资源中利用信息抽取和语义集成等自然语义处理技术抽取概念、实体等并形成语义关系，建立知识图谱的过程，其中涉及分词、句法结构分析、命名实体识别、语义消歧、指代分析等多项自然语义处理技术。知识图谱构建时，首先要确定语料信息资源，才便于确定具体的构建方法。语料信息资源一般有结构化数据，比如数据库中的信息资源；Freebase、YAGO 等已构建的大规模结构化资源半结构化数据，比如维基百科、百度百科中的信息框等；非结构化资源主要指纯文本数据等。百科资源是群体协作创建的大规模信息资源，其内容便于理解，且具有结构化的表格信息和链接关系，富含大量的结构化知识，是当前知识图谱，特别是通用知识图谱构建时常用语料信息资源。客观世界的知识众多，图谱可以表示概念、实体和事件等等，在构建时也需要明确构建的知识类型，比如是概念结构知识，还是事实知识、事件知识等等。在具体的知识图谱构建方法上，主要有监督学习、半有监督

① 李涓子，侯磊. 知识图谱研究综述[J]. 山西大学学报(自然科学版), 2017, 40(3): 454-459.

② 张华平，吴林芳，张芯铭，等. 领域知识图谱小样本构建与应用[J]. 人工智能, 2020(1): 113-124.

③ 中国中文信息协会. 中文信息处理发展报告(2016)[R/OL]. (2016-12-01). http: //www.cipsc.org.cn/download.php?file=cips2016. pdf.

学习和无监督学习方法。当前，已经存在大量知识资源，如果能够将多个知识资源互为关联、相互补充可以描述更大范围的客观世界，所以异构知识资源的语义链接集成也是知识图谱研究的关键技术，主要研究如何将异构数据资源关联起来，转化拓展成具有丰富语义关系的知识网络。

知识图谱应用主要研究如何更好地利用知识图谱，解决实际问题，提供知识服务。知识图谱档案应用的任务是利用知识图谱，建立基于知识的系统并提供智能的档案知识服务，是档案知识图谱建立的终极目标。

目前，大多数档案馆都开设了档案网站，按时间、形成单位、主题词等特征对档案进行组织分类，形成了层级分明的组织结构，档案用户可以查询到自己需要的文件。然而，档案的历史价值是体现在文件之间的联系之中的，仅以分类法、主题法作为档案组织方法，在组织结构上只能以一维或二维架构对文件进行组织划分，容易割裂文件间许多逻辑联系，不能从知识认知上为档案用户展示档案文件所记录的事物及其多种关系，大大降低了档案资源的利用效能。比如档案用户查阅某政策法规文件时，当前大多档案网站并没有以多维角度同时展现该文件的历史背景、颁布依据、修改变化及相关的其他文件。而且档案网站缺乏必要的分析、综合等功能，不能进行档案的系统调研、科学评价和决策支持，没有将文件中的知识联系与有效、潜在有用的能用于解决特定问题的知识充分提供给用户，与知识服务的要求有相当距离①。档案知识图谱能够在诸多方面发挥价值，为档案知识服务提供有效支持，以下分别介绍一些核心的知识图谱档案应用技术。

（1）档案知识融合：档案大数据具有海量、异构、分布的特征，利用知识图谱技术对这些信息资源的知识进行抽取、标注、链接，将不同类型的档案知识予以融合和管理，实现面向知识服务的档案信息资源语义整合。多源异构档案知识库的语义标注和链接是档案知识图谱的一个热门问题。

（2）档案语义搜索：利用档案知识图谱可以将用户查询词转换为概念、实体，提供精准、直观、简洁的结构化信息内容作为搜索结果，而不是一般包含用户查询词的档案页面。

（3）档案知识问答系统：基于知识图谱的档案问答系统，通过将自然语言查询转换理解为对结构化知识图谱的查询，将问题映射为知识图谱上的概念、实体、事件来实现查询，进而返回具体的答案。比如“上海杨浦区档案馆在哪里？开馆时间？”系统返回具体的地址信息、开放时间。

① 刘晓亮. 知识服务型档案网站构建研究[J]. 北京档案, 2010(10): 16-18.

（4）档案大数据分析与决策：档案知识图谱的各类语义关系，为大数据分析与决策提供丰富的语义支持，比如，构建档案人物知识图谱、事件知识图谱，以可视化的方式展现大数据中蕴含的知识。

5. 档案信息服务中的计算机图形技术应用

国际标准化组织 ISO 将计算机图形学定义为：计算机图形学是一门研究通过计算机将数据转换成图形，并在专门显示设备上显示的原理方法和技术的学科。它是建立在传统的图形学理论、应用数学及计算机科学基础上的一门交叉学科。这里的图形是指三维图形的处理。简单来讲，它主要研究如何在计算机中表示图形，以及利用计算机进行图形的计算处理和显示的相关原理和算法。在计算机图形学的开创之初，主要解决的问题是在计算机中表示三维结合图形，以及如何利用计算机进行图形的生成处理和显示的相关原理和算法，目的是产生令人赏心悦目的真实感图像，这仅仅是狭义的计算机图形学。随着近些年的发展，计算机图形学的内容已经远远不止这些，广义的计算机图形学研究内容非常广泛，包括图形硬件、图形标准、图形交互技术、栅格图形生成算法、曲线曲面造型、实体造型、真实版图形的计算、显示算法、科学计算可视化、计算机动画、虚拟现实、自然景物仿真等等①。

档案服务空间（物理空间、虚拟空间、信息空间等②）是档案机构提供服务的基础，信息技术的革新拓展了档案服务的空间。虚拟现实等人工智能的应用为开拓档案资源、再造档案空间提供了技术支持。比如，根据历史档案信息，利用虚拟现实技术生成仿真场景，提高用户的交互体验。虚拟现实（virtual reality，VR）是以计算机技术为核心，结合相关科学技术，生成与一定范围真实环境在视、听、触感等方面高度近似的数字化环境，用户借助必要的装备与数字化环境中的对象进行交互作用、相互影响，可以产生亲临对应真实环境的感受和体验，比如构建“穿越”时空的历史档案“真实”场景。虚拟现实是人类在探索自然、认识自然过程中创造产生，逐步形成的一种用于认识自然、模拟自然，进而更好地适应和利用自然的科学方法和科学技术。

虚拟现实技术具有很强的应用性。军事方面，将 VR 技术应用于军事演练，带来军事演练观念和方式的变革，推动了军事演练的发展。如美国的 SIMNET、ACTDSTOW、WARSIM2000 和虚拟之旗 2006 等一系列分布式虚拟战场环境。医学方面，VR 技术已初步应用于虚拟手术训练、远程会诊、手术规划及导航、远程协作手术等方面，某些应用已成为医疗过程中不可替代的重要手段和环节。工

① 前瞻产业研究院. 2019 人工智能发展报告[EB/OL]. [2019-11-30]. https://aminer.cn/research_report/5de27b53af66005a44822b12?download= true&pathname=pdf/caai2019. pdf.

② 于琳. 我国图书馆界关于人工智能的研究综述[J]. 图书馆研究与工作, 2019(8): 5-9, 31.

业领域方面，VR 技术多用于产品论证、设计、装配、人机工效和性能评价等[①]。代表性应用，如模拟训练、虚拟样机技术等已受到许多工业部门的重视。在教育文化领域方面，VR 已经成为博物馆、科学馆、沉浸式互动游戏等应用的核心支撑技术[②]。纽约大都会博物馆、大英博物馆、故宫博物院和法国卢浮宫等都建立了自己的数字博物馆。

增强现实（augmented reality，AR）是一种将虚拟信息与真实世界巧妙融合的技术，广泛运用了多媒体、三维建模、实时跟踪及注册、智能交互、传感等多种技术手段，将计算机生成的文字、图像、三维模型、音乐、视频等虚拟信息模拟仿真后，应用到真实世界中，两种信息互为补充，从而实现对真实世界的“增强”[③]。真实环境和虚拟物体之间重叠之后，能够在同一个画面及空间中同时存在[④]。AR 技术可帮助消费者在购物时更直观地判断某商品是否适合自己，以做出更满意的选择。用户可以轻松通过该软件直观地看到不同的家具放置在家中的效果，从而方便用户选择，该软件还具有保存并添加到购物车的功能。AR 技术被大量应用于博物馆对展品的介绍说明中，该技术通过在展品上叠加虚拟文字、图片、视频等信息为游客提供展品导览介绍。此外，AR 技术还可应用于文物复原展示，即在文物原址或残缺的文物上通过 AR 技术将复原部分与残存部分完美结合，使参观者了解文物原来的模样，达到身临其境的效果。这些应用无疑为 VR、AR 技术在档案领域运用提供了参考和借鉴。

6. 档案管理工作中的机器人应用

机器人广义上包括一切模拟人类行为或思想的机械，比较典型的如“波士顿动力”的各种仿生机器人。联合国标准化组织对机器人的定义是一种可编程和多功能的操作机，或是为了执行不同的任务而具有可用电脑改变和可编程动作的专门系统，一般由执行机构、驱动装置、检测装置和控制系统和复杂机械等组成。机器人是综合了机械、电子、计算机、传感器、控制技术、人工智能、仿生学等多种学科的复杂智能机械[⑤]。机器人是自动执行工作的机器装置，因此，它既可以接受人类指挥，又可以运行预先编排的程序，也可以根据人工智能技术制定的原则纲领行动。在当代工业中，机器人指能自动执行任务的人造机器装置，用以取代或协助人类工作，一般会是机电装置，由计算机程序或电子电路控制[⑥]。

---

① 新型人机交互技术[EB/OL]. [2014-04-02]. https: //wenku. baidu. com/view/5fb5840b852458fb770b56a3. html.

② 人机交互发展历史[EB/OL]. [2014-06-24]. https: //wenku. baidu. com/view/ff54c5764b35eefdc8d333dd. html.

③ 吴骞华. 增强现实(AR)技术应用与发展趋势[J]. 通讯世界, 2019, 26(1): 289-290.

④ 李京燕. AR 增强现实技术的原理及现实应用[J]. 艺术科技, 2018, 31(5): 92.

⑤ 任福继, 孙晓. 智能机器人的现状及发展[J]. 科技导报, 2015, 33(21): 32-38.

⑥ 清华大学. 2019 最新 AI 发展报告[R/OL]. (2019-12-24). http: //www. pinlue. com/article/2019/12/2412/099849425513. html.

机器人技术最早应用于工业领域，但随着机器人技术的发展和各行业需求的提升，在计算机技术、网络技术、MEMS 技术等新技术发展的推动下，近年来机器人技术正从传统的工业制造领域向医疗服务、教育娱乐、勘探勘测、生物工程、救灾救援等领域迅速扩展，适应不同领域需求的机器人系统被深入研究和开发，机器人的应用范围也日趋广泛。比如，电商和企业均面临着仓库成本高、管理不规范、效率较低等难题，类似亚马逊自动化仓库的仓储机器人 KIVA 可以实现卸货、搬运、处理订单和拣选的全过程，可以实现“货到人”的工作方式，可以大幅度提高工作效率和降低劳动强度。

随着大数据时代的到来，待归档的文件及档案种类数量也随之增长，档案的收集、管理、监督、利用、保护工作越来越复杂化、繁重化，传统的档案分散管理，人工检索等管理方式效率低且安全性无法得到保障，无法达到档案高效、安全管理的要求。传统的档案管理主要依靠人工操作，借阅、排架、倒库、盘库、统计数据等日常工作消耗档案工作人员大量的时间，尤其是盘库，数以万计的档案如何能精准定位、智能查找是全世界档案行业共同面对的难题。

发展档案库房智能运维机器人，实现档案的智能定位、自主盘点等功能，能够让机器人从事劳动密集度高的档案工作，减少简单重复性劳动，能够保障档案工作人员更多的精力用于现场服务和知识服务[①]。巡检机器人在智慧档案馆中能够通过与密集柜联动，自动对进入档案室的人员进行实时监控，并且可以搭载多种传感器，如温度、湿度、气体传感器[②]，实时显示档案馆内的环境。此外，工作人员还可以根据巡检时间、周期、路线灵活进行任务定制，机器人按照定制任务自主巡检，自动生成最佳巡检路线并执行定点任务。通过后台控制界面，控制机器人执行巡检任务，实现无人化值守的智慧档案馆模式。另外，档案馆利用档案讲解机器人向用户介绍档案故事，也能够起到令观众耳目一新的效果。

4.4 基于区块链的档案信息资源整合

2019 年 10 月 24 日，中共中央政治局就区块链技术发展现状和趋势进行了第十八次集体学习[③]，习近平总书记在主持学习时强调，区块链技术的集成应用在新的技术革新和产业变革中起着重要作用。2020 年，我国中央部委、各省

---

① 黄蕾. “智档 1 号”亮相国网江苏电力档案库房[N]. 江苏经济报, 2019-05-23(A02).

② 陈建宝, 李诚诚, 黎笑寒, 等. 换流站智能巡检机器人在应用中存在的问题及解决方案[J]. 电工技术, 2018(3): 105-106, 121.

③ 郭俊华. 区块链技术如何赋能“互联网+政务服务”[J/OL]. 人民论坛 · 学术前沿, 2020(21): 1-7. [2020-07-01]. https: //doi. org/10. 16619/j. cnki. rmltxsqy. 2020. 30. 009.

市发布区块链相关的政策、法规、方案 200 余份，推动区块链技术落地应用。区块链开创了一种在不可信的竞争环境中低成本建立信任的新型计算范式和协作模式，凭借其独有的信任机制，实现了穿透式监管和信任逐级传递。区块链源于加密数字货币，目前正在向垂直领域延伸，蕴含着巨大的变革潜力，有望成为数字经济信息基础设施的重要组件，正在改变诸多行业的发展图景①。档案工作也需要把区块链技术作为自主创新的重要突破口，明确主攻方向，加大投入力度，着力攻克一批关键核心技术，加快推动区块链技术和档案创新发展②。为此，国家档案局正在大力推进区块链核心技术的研究和实际运用，促进档案事业转型升级。

4.4.1　区块链技术概述

近年来，国内外许多研究人员和机构运用区块链技术在数据保护与共享领域进行了探索与实践③。2013 年，Proof of Existence 项目通过将哈希值存储到区块链交易，实现了电子文件的真实性保护④；2015 年，美国数字档案专家分析了区块链在数据归档保存方面的适用性⑤；2017 年，英国国家档案馆和英国开放数据研究中心合作，研究如何通过区块链技术解决数字档案的完整性问题⑥。在国内，《2018 年国家档案局科技项目立项选题指南》将“区块链技术在电子档案管理中的应用”列入研究范围。一些典型研究，比如有学者在不改变电子档案运行基本流程的基础上，提出了基于区块链的电子档案信任保障的实现过程⑦；以长三角地区为例，提出一种基于联盟区块链的档案信息资源共享模式⑧；通过智能合约和数字签名技术、智能合约和星际文件系统（IPFS）等技术、公有链与联盟链结合的方式，实现了基于区块链的档案数据保护与共享方法⑨。

---

① 中国信息通信研究院. 区块链白皮书(2019 年) [R/OL]. http://www.cbdio.com/image/site2/20191111/ f42853157e261f3346263b. pdf.

② 黄武双，邱思宇. 论区块链技术在知识产权保护中的作用[J]. 南昌大学学报(人文社会科学版), 2020, 51(2): 67-76.

③ 赵哲. 基于区块链的档案管理系统的研究与设计[D]. 合肥：中国科学技术大学, 2018.

④ Proof of Existence—An Online Service to Prove the Existence of Documents[EB/OL]. https: //docs. proofofexistence. com/.

⑤ Findlay C. Decentralised and Inviolate: The Blockchain and its Uses for Digital Archives [EB/OL]. https: //rkroundtable. org/2015/01/23/decentralised-and-inviolate-the-blockchain-and-its-uses-for-digital-archives/.

⑥ ARCHANGEL-Trusted Archives of Digital Public Records [EB/OL]. [2018-07-11]. http: //gtr. ukri. org/projects?ref=EP%2FP03151X%2F1.

⑦ 付永贵，朱建明. 基于区块链的电子档案信任保障机制[J]. 情报科学, 2020, 38(3): 60-63, 86.

⑧ 马仁杰，沙洲. 基于联盟区块链的档案信息资源共享模式研究——以长三角地区为例[J]. 档案学研究, 2019(1): 61-68.

⑨ 谭海波，周桐，赵赫，等. 基于区块链的档案数据保护与共享方法[J]. 软件学报, 2019, 30(9): 2620-2635.

1. 区块链概念

区块链（Blockchain）是一种去中心化的分布式共享数据库，也称为分布式账本技术（distributed ledger technology），是通过利用密码学保证传输和访问安全，实现数据一致存储、难以篡改、防止抵赖的记账技术。在中心化的记账方式下，例如，在淘宝上购物，虽然买家和卖家交易，但整个交易的核心都是支付宝。如果支付宝服务器出现了问题，交易记录丢失或者交易额被修改，买卖双方就无法互信，导致交易无法进行。显然，支付宝就是一种中心化的记账方式。在区块链下，账本由多个节点共同维护，每个节点可以显示总账，单个节点无法篡改账本，除非控制了 51%以上的节点，篡改的成本极高，也不会因为单个节点或者重要节点瘫痪而导致这种问题。在不可信的竞争环境中，作为一种低成本建立信任的新型计算范式和协作模式，区块链凭借其独有的信任建立机制，正在改变诸多行业的应用场景和运行规则[①]，帮助我们记录历史、登记权利、转移价值。

典型的区块链系统中，各参与方按照事先约定的规则共同存储信息并达成共识[②]。以区块（block）作为基本结构单元，区块之间按照时间戳哈希顺序、加密算法构成链式（chain）数据结构，通过共识机制选出记录节点，由该节点决定最新区块的数据，其他节点共同参与最新区块数据的验证、存储和维护，对区块数据的有效性达成共识，确认之后不能删除、更改，只能进行增加和授权查询操作[③]。

区块链相对传统的分布式数据库，多个不同账本同时对账，参与记账的各方通过共识协调方式，保证数据防篡改，也避免了复杂的多方对账过程。一般的信息系统都具备增、删、改、查功能，而删除和修改操作在区块链中被放弃，通过基本的区块和链表结构、时间戳、加密算法保存凭证，可以看作版本记录，形成难以篡改的可信数据。

2. 区块链分类

区块链可以分为公有链、私有链和联盟链三种。公有链是指任何人都可以读取、有效交易、参与共识过程的区块链。在公有链中，任何人都可以访问，区块链中的用户高度自治，读取不受许可限制，区块链提供者不能干预用户，节点可以随时自由加入和退出[④]。私有链中，写入权限仅被一个组织控制，对单独的个人或实体开放，所有节点都被该组织掌握。联盟链则是在共识过程受预选节点控制的区块链，每个块的生成由所有的预选节点共同决定。

---

① 刘志. 区块链技术在应收账款 ABS 中的应用研究[D]. 昆明：云南财经大学, 2019.

② 梁声辉, 李雪玲, 陆建毅. 区块链技术及其应用研究[J]. 现代信息科技, 2018, 2(11): 197-198.

③ 张奕卉. 区块链技术重塑互联网内容生态研究[J]. 信息通信技术与政策, 2019(1): 56-59.

④ 张奕卉. 区块链技术重塑互联网内容生态研究[J]. 信息通信技术与政策, 2019(1): 56-59.

3. 区块链技术特点

区块链是多种已有技术的集成创新，主要用于实现多方信任和高效协同。根据《中国区块链技术和应用发展白皮书（2016）》的描述，区块链本质是一个去中心化的分布式账本数据库，具有三个显著特点：一是去中心化。区块链技术采取分布式计算与数据储存方式，整个系统的运行和维护是通过所有节点共同完成的，没有一个强制控制中心。二是可追溯性。区块链能够完整记录并追溯交易过程，区块链中的所有记录都将永久存储。三是不可篡改性。运用密码学原理加密数据，采用时间戳进行时间标记，采用共识机制，区块链中的数据不可篡改。

在去中心化的系统中，网络中的所有节点均是对等节点，各节点平等地发送和接收网络中的信息。用户均可获取完整信息，从而实现信息透明。所以，整个系统对于每个节点都具有透明性。这与中心化的系统中不同节点之间存在信息不对称是不同的。区块链系统是典型的去中心化系统，网络中的所有交易对所有节点均是透明可见的，而交易的最终确认结果也由共识算法保证了在所有节点间的一致性。所以整个系统对所有节点均是透明、公平的，系统中的信息具有可信性、一致性[①]。在现实生活中，有很多需要达成一致共识的场景，比如投票选举、开会讨论、多方签订一份合作协议等。而在区块链系统中，每个节点通过共识算法让自己的账本跟其他节点的账本保持一致。

现在很多区块链应用都利用了区块链的“难篡改、可追溯”，使得区块链技术在溯源等方面得到了大量应用。“难篡改”是指交易一旦在全网范围内经过验证并添加至区块链，就很难被修改或者抹除。若要篡改，需要控制全系统超过 51%的算力。可见，攻击者所付出的资金、算力是高昂的，一旦发现受到攻击，其他人不会再信任和使用这套系统，所以一般不会进行这种类型的攻击。需要说明的是，“难篡改”并不等于不允许编辑区块链上记录的内容，只是整个编辑的过程被以类似“日志”“版本”的形式完整记录了下来，这个“日志”是不能被修改的，为“可追溯”提供了保证。

4. 区块链系统功能架构

虽然，各种区块链的具体实现不同，但区块链系统的基本功能架构却存在共性，分为基础设施、基础组件、账本、共识、智能合约、接口、应用、操作运维和系统管理[②]，如图 4-9 所示。各层之间彼此配合，实现去中心化的分布式账本。其中，基础设施层为上层提供物理资源和计算驱动，是区块链系统的基础支持；

---

① 中国信息通信研究院. 区块链白皮书(2020 年) [R/OL]. (2012-12-01). http://www.caict.ac.cn/kxyj/qwfb/bps/202012/ t20201230_367315. htm.

② 中国信息通信研究院. 区块链白皮书(2018 年) [R/OL]. (2018-09-01). http://www.caict.ac.cn/kxyj/qwfb/bps/201809/ t20180905_184515. htm.

基础组件层为区块链系统网络提供通信机制、数据库和密码库；账本层负责交易的收集、打包成块、合法性验证，以及将验证通过的区块上链；共识层负责协调保证全网各节点数据记录一致性；智能合约层负责完成既定规则的条件触发和自动执行；接口层主要用于完成功能模块的封装，为应用层提供简洁的调用方式；应用层则指利用区块链的各种应用服务和场景。比如，区块链+支付、区块链+金融、区块链+档案。系统管理层负责对区块链体系结构中其他部分进行管理；操作运维层负责区块链系统的日常运维工作①。

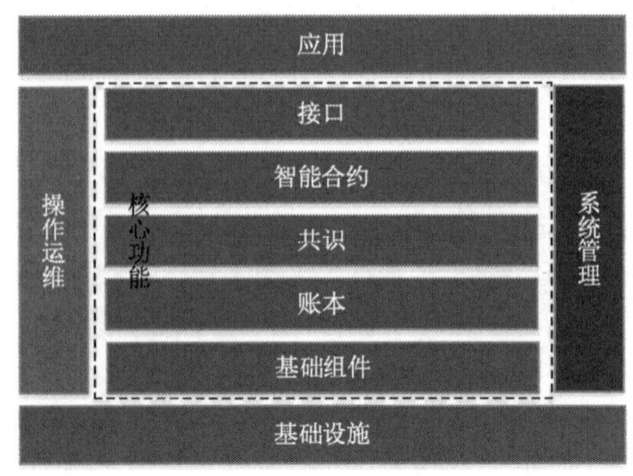

图 4-9　区块链系统功能架构

4.4.2　档案区块链应用分析

档案是机关、团体、企业、事业单位或个人在活动中形成的真实历史记录。如何提高电子档案存储的安全性，如何在归档过程中证明电子档案的真实性，如何保障档案跨机构或馆际间的数据交互可信，进而提升档案管理水平和工作效率是亟待解决的热点问题。

在档案平台中引入区块链技术，使档案管理、协作、共享等具备“去中心”“防篡改”“可溯源”“高可靠”等特性，即运用防篡改、多方共同验证、分布式存储、密码学安全等技术于档案数据管理，在档案归档、存储、传输、防伪等方面赋能增效，保护“上链”档案的安全性，确保档案跨机构真实性验证。档案长期保存工作包括移交接收、格式转换、检索等诸多细致烦琐工作，有时需要人工反复催促、校核，可以部署可自动执行的代码型合约，即智能合约，有助于推动档案管理工作的自动化②。

根据区块链技术特点与系统分类，档案区块链的可行性判断条件，如图 4-10

① 徐明显. 图说区块链[M]. 北京:中信出版社, 2017.

② 刘越男, 吴云鹏. 基于区块链的数字档案长期保存: 既有探索及未来发展[J]. 档案学通讯, 2018(6): 44-53.

所示。从中可以看出，并不是所有档案业务都必须使用区块链系统，应当根据实际情况判断分析。如果需要多方共同“上链”档案信息，所有用户均可存取“上链”档案信息，公有链即可支持此种应用场景。但也需要意识到，要保证“上链”信息的质量，仍然需要其他审核机制或激励机制支持；私有链适合档案机构进行内部的数据管理与审计，各个节点的写入权限收归内部控制，而读取权限可根据需求有选择性地对外开放；如果要在机构间建立共识机制，比如在上海市各区档案馆之间建立联盟链，各区档案馆都运行一个区块链节点。为了使各区块生效，需要获得指定个数的节点确认。“上链”信息可以允许每个用户读取，也可以让指定用户读取。

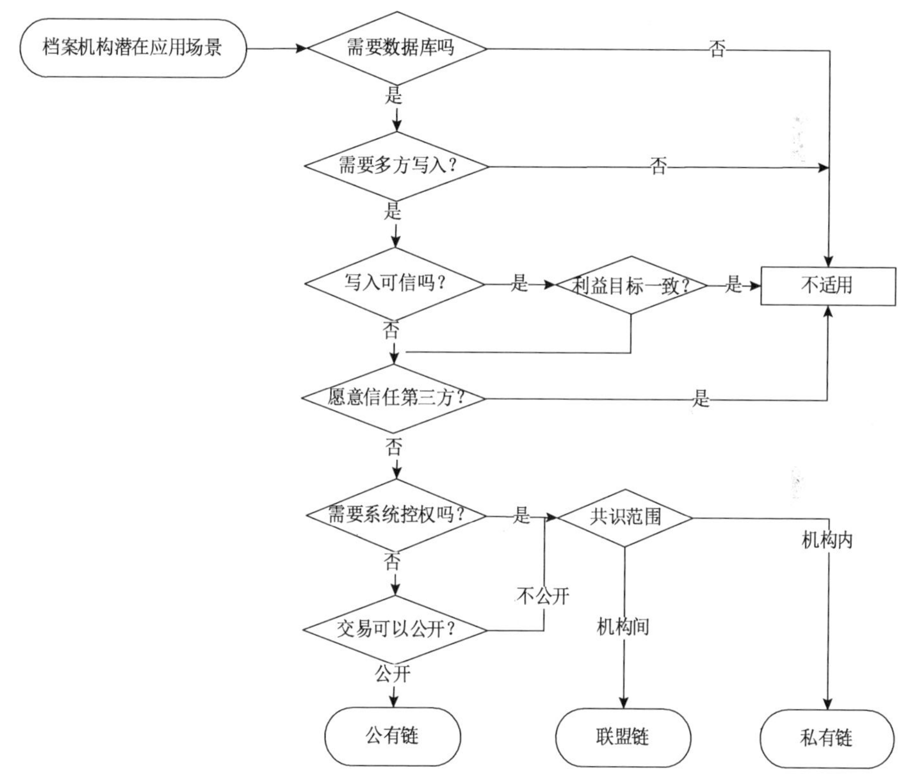

图 4-10　档案区块链可行性判断条件

（1）关于区块链是否能够确保档案真实性的问题。“可追溯”是指区块链上发生的任意交易都是有完整记录的，可以追查与其相关的全部历史记录，这个“历史记录”是不能被修改的。每个区块链节点对等地维护一个账本并参与整个系统的共识，该特性保证了写到区块链上的交易很难被篡改。这些特性符合档案应用需求，但也需要认识到，这些特性并不能完全解决档案的真实性问题。因为区块链技术只是保证了“上链”信息不被篡改，而“上链”信息本身可能存在错误或者虚假，仍然需要在“上链”之前通过审核校验才能保证信息的质量。

（2）关于是否档案信息全部“上链”的问题。如果区块链系统各节点都存储档案信息内容的所有记录，显然会造成大量冗余。为了保证档案数据安全，减少泄密风险，一个可行的设计思路是，仅在链上保存档案文件的哈希值及查询检索所需的档案属性元数据。当需要对档案真实性进行验证时，仅比较当前文件的哈希值与相应的“上链”哈希值，如果存在差异，表示文件已被篡改。

4.4.3 档案资源整合融合前沿信息技术的优势

随着云计算、大数据、人工智能和区块链等新兴技术在档案领域深入应用，信息技术对于档案的作用被不断强化，档案与信息技术不断融合，创新性的档案应用场景和方案层出不穷，档案信息化必然迈入新的阶段。可以预见，档案信息技术将会出现一些新的发展并不断向前迈进。

一是云计算技术为档案机构提供统一平台和基础设施，有效整合档案机构的多个信息系统，消除“信息孤岛”，为档案机构处理业务需求、部署业务、快速上线提供有力支持。以容器和微服务的组合为云计算搭建基本的底层基础架构，为档案业务逻辑研发、应用部署、系统运维提供强有力的技术工具。边缘云是云计算向网络边缘侧进行拓展而产生的新形态，是连接云和边缘终端的重要桥梁。边缘终端位于边缘云与数据源头之间，包括边缘服务器、智能终端设备①。可以想象，云、边协同或将为智慧档案馆提供基础设施。二是大数据技术带来不同类型、不同领域的大量档案社会化媒体数据，而大数据分析能够从中提取有价值的信息，为挖掘档案知识及档案应用创新，提高档案工作效率提供重要手段。三是人工智能替代人类的大量重复性工作，提升档案工作效率与用户体验，并拓展档案服务能力。四是区块链技术增强档案数据的安全性，并为档案机构协作互信提供技术平台。

云计算、大数据、人工智能和区块链等新兴技术并非彼此孤立，而是相互关联、相辅相成、相互促进的。大数据是基础资源，云计算是基础设施，人工智能依托于云计算和大数据，推动档案发展走向智能化时代。如果说以上三种技术变革了生产力和生产资料，那么区块链技术更像是在变革生产关系，为档案业务模式、协作机制、服务方式的变革创造条件，而区块链技术的应用落地也离不开数据资源和计算分析能力的支撑。从未来发展趋势看，这些新兴技术，在实际应用过程越来越紧密，彼此之间的技术边界将不断削弱，不断交叉融合。比如在档案应用实践方面，档案云计算和档案大数据平台一般都是集中建设，人工智能应用

① 中国信息通信研究院. 云计算发展白皮书(2020 年)[R/OL]. (2020-07-29). http://www.cbdio.com/BigData/2020-07/29/content_6158863. htm.

依托集中平台部署实现。这些技术正在形成融合体系，共同推动档案技术发展进入新的阶段。

4.5 本章小结

本章探讨了档案大数据知识挖掘研究中值得关注的一些技术问题。借助云计算在信息存储与处理方面的优势可以提升档案信息资源整合与管理能力，实现内部工作与服务过程的优化。人工智能赋能档案信息资源深度整合，实现了纸质档案数字化加工 OCR 应用、音视频档案数字化整理的语音识别、图像视频档案计算机视觉和图形处理、档案管理知识图谱，以及档案管理工作中的机器人应用。这些新兴信息技术快速发展，将为档案工作和服务能力不断赋能增效。档案机构作为历史凭证的保管和利用部门，研究应用区块链技术保存和管理档案数字资源，将进一步推进档案事业的转型升级。

第5章　大数据条件下的档案社会化媒体信息资源整合

新媒体数据中蕴含的档案价值需要利用大数据技术进行分析、处理与重组，方能从中获取数据再利用与创新的价值。重点是解决档案社会化媒体数据源的分析和评测问题，将涉及研究论坛、博客和微媒数据源的计算甄选和分析评测。然后提出大数据分析下档案新媒体数据的研究平台建设，首先研究该系统的整体架构和功能设计。

5.1　档案大数据资源开发的信息技术

5.1.1　档案信息资源开发的主要技术

数据资源中心的建立为档案信息资源的开发利用提供基础。新媒体数据中蕴含的档案价值需要利用一定的技术进行分析、处理与重组，才能从中获取数据再利用与创新的价值。新媒体数据来源广泛，应用需求和数据类型也都不尽相同，但是最基本的数据处理流程基本一致。新媒体档案信息资源的开发、处理和利用流程主要包括如图5-1所示的内容。

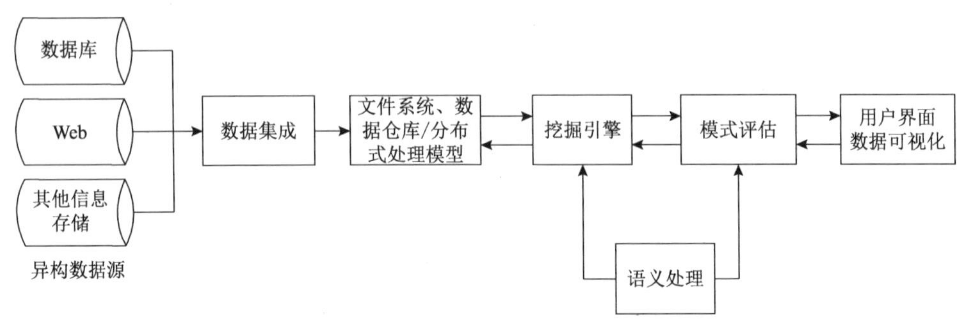

图5-1　新媒体档案信息的开发处理流程

图5-1给出了如下新媒体档案信息的开发处理流程。

（1）对广泛异构的数据源进行清洗、抽取和集成，按照一定标准存储数据，构成可用于档案数据分析的原始数据。

（2）组织和提取档案数据及其属性特征，转换为易于分析的形式并载入档案文件系统、数据仓库或分布式存储与处理模型。

（3）对档案数据进行挖掘分析，从中提取有益的模式或知识，同时结合语义知识库实现档案数据的语义处理，以提高分析质量。

（4）在档案系统与用户之间进行交互评估，并以不同的形式对挖掘结果进行可视化，为终端用户服务。

这一处理流程需要综合多种信息技术，利用各种分析挖掘技术处理各类信息，将各种加工分析结果存入档案信息服务引擎，为用户提供信息浏览检索服务及各类分析挖掘结果，其中的主要技术如图5-2所示。

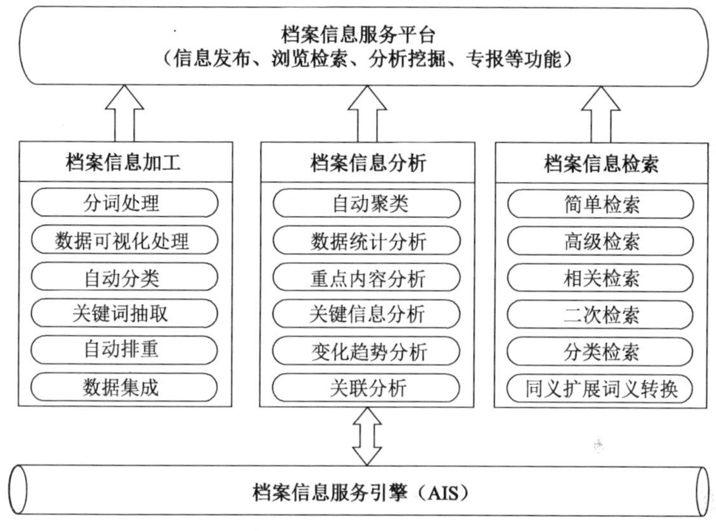

图5-2　新媒体档案信息加工分析中的主要技术

1. 数据集成

数据集成把不同来源、格式、特点性质的数据在逻辑上或物理上有机地集中，从中提取出关系和实体，并经过关联和聚合之后采用指定的标准来存储，从而给数据来源广泛、类型繁杂的数据处理带来挑战①。为保证数据质量，同时要对数据进行清洗。档案信息资源集成的现实目标主要是，将采集开发建设的互联网档案信息与现有在线的档案信息网进行对接，整合和规划互联网采集的档案信息资源与现有档案信息网中的数据，使其成为内容集中准确、查询快速简捷、利用方便系统的档案信息资源整体，提高档案工作者研究交流的水平，实现档案网站信息的增值服务。目前较成熟的数据集成方案有：联邦数据库、基于中间件模型和数据仓库等方法。数据集成技术不是一项全新的技术，已有较多且成熟的解决方案，

① 王运彬，王小云，陈燕. 档案信息资源配置的目标定位研究[J]. 档案学研究，2012(6): 36-38.

这里不作赘述。

2. 数据存储

传统的数据库比较适合结构化数据的存储，融合新媒体的档案信息资源会远超单机容纳的数据量。并且，在实际的存储处理中几乎不可能“One size fits one”，即一种统一的数据存储方式能够适应所有应用。因此，必须在传统数据库的基础上融合分布式存储方式。比如，典型的Hadoop和NoSQL都属于分布式存储技术的范畴。与传统数据库相互补充，能够更好地适用于不同应用场景[①]。在存储格式上，根据档案文件特点，尽量采用档案界通用的档案置标著录（Encoded Archival Description，EAD）标准。按照EAD对档案的各种特征进行记录，将题名、形成时间、文种、载体、密级、主题词、正文等描述特征以元数据格式存储，对于照片、声像档案尽量描述其记录的内容。

3. 信息分析

围绕档案信息资源开发利用的信息分析挖掘任务主要有以下几个方面。

（1）档案信息聚类。文本聚类是在未知分类的情况下，使文本自动组成有意义分组的数据挖掘技术。通过聚类算法，以档案不同的属性作为聚类特征，使档案文件形成多个不同类别的档案。通过统计档案文件的共性特征、分布模式和频度，帮助用户快速发现档案信息中有价值的信息，提高对档案记载内容的客观认识程度。比如，根据时间、人物、地点、事件、活动、学科等档案特征及其组合聚集为不同的文件集合，对档案知识间的逻辑联系进行重组，有助于发掘隐藏在档案文件间的逻辑联系与隐性价值。

（2）档案信息分类。按照已有分类标准，比如《中国档案分类法》《中国图书馆分类法》等，利用分类算法使采集到的互联网档案信息自动划入不同类别，自动建立档案资源分类体系；以用户指定关键词组合或者自动抽取的档案信息中的关键要素作为类别标签，标引采集的档案信息。同时，在档案聚类分类时，充分利用语义知识减少语义特征稀疏对聚分类所带来的影响。

（3）关联分析。档案文件之间存在紧密的关联关系（泛指各种逻辑关系），利用关联分析挖掘档案文件中的大量相关联系，发现档案中记录事物间的相互关联性或相互依赖性。自动将档案的相关文件关联在一起，帮助用户多方位、多角度地掌握档案记录的各种信息。这些关联分析主要包括：①文件注解，按记录事物的发生顺序、因果关系、引用关系、人物关系等有序组织档案文件，从不同角度展现档案文件的内在联系。比如，将某项地方政策法规的形成依据、变化发展相关文件关联起来，为用户提供档案内容上的系统化知识。为档案文件内容中的

① 王珊, 王会举, 覃雄派, 等. 架构大数据: 挑战、现状与展望[J]. 计算机学报, 2011, 34(10): 1741-1752.

事件、引用的法规条例进行注解，并与相应概念描述文件进行关联。②文件内容关联，按照内容相关程度显示关联文件。③要素关联，主要处理与显示档案文件记录的地点、人物、机构等要素间的关联关系。

（4）专报处理。综合以上功能 形成经过分析、筛选过的各种档案专题或主题信息，为档案研究工作提供强有力的数据支持。数据分析挖掘是档案信息资源开发处理中的核心业务。然而，数据的超高维问题对现有的数据分析挖掘技术造成很大的挑战。MapReduce 是 Google 最早采用的应用于批处理大数据的计算模型，实际中可以将一些经典算法，如决策树、K-Means 等移植在 MapReduce 框架，提高处理海量数据与高维计算的效率①。同时，新媒体环境下的档案数据体量大、类型复杂且混杂噪音，容易增加分类等计算结果的不稳定性。组合方法对于不稳定的分类器是一个较好的解决方法。比如，聚集多个分类器的装袋和提升方法的计算结果优于单个分类器的性能。同时，这种组合方法易于并行处理，为处理海量数据时提高训练和测试速度提供了一定便利。

4. 查询处理

信息检索是档案信息化服务的最基本功能。档案信息检索需要满足精确性和便捷性的目标需求。比如，提供多种检索入口，能够按照属性字段检索、关键词检索、布尔逻辑组合检索、二次检索（渐进检索）等。同时，实践中需要充分利用查询转换与语义资源提高检索性能与用户体验。查询转换包括一系列技术，这些技术用于在生成排序文档之前和之后改善初始查询结果，主要包括拼写检查、查询推荐、查询扩展等等。拼写检查、查询推荐主要是生成与用户初始查询相似的输出，提供一些候选查询词，这些候选查询是纠正错误或者是对用户信息需求的更规范描述。这些词语的来源可以是查询日志、语义知识库中的同义词等等。查询扩展是在用户查询词中增加一些额外的词汇的技术。语义知识是查询扩展的有效智力资源。解决同义词、近义词问题的一个有效方法就是利用语义知识。利用查询词的同义词、近义词，能够提高查询结果的召回率；同时，添加查询的强相关词以限定查询主题范围，并指定扩展查询词各项的权重系数，能够提高查询准确率。这些都是对语义知识的典型应用。另外，相关反馈也是一种常用的扩展方法，利用用户点击的相关文件中出现的词语对查询进行扩展②。

5. 分布式索引

超大规模文档集的索引，需要考虑分布式处理框架。比如，MPI、OpenMP 等

---

① 陈康, 向勇, 喻超. 大数据时代机器学习的新趋势[J]. 电信科学, 2012(12): 88-95.

② 刘兵. Web 数据挖掘[M]. 北京: 清华大学出版社, 2010.

计算平台，其中最典型的计算平台 MapReduce 为并行计算提供了简单、高效的计算模型和运行环境，实际中也较为易用①。大规模数据的分布式计算可能需要将一些单机应用的串行算法进行并行化改造，使其能够并行地运行于计算机集群中，加快查询文档结果相关性排序方面的速度，提升对大规模数据的处理能力。另外，文件索引与内存索引的分布也是影响查询速度的重要原因。分布式索引包含文档式分布与词项分布式，前者每台索引服务器只索引部分文档集，但共享一些词项的全局信息。比如，共享词项在整个文档集合出现的频率信息；后者则在整个集群建立单一索引，每台服务器包含整个文档的部分词项索引信息。词项分布式较为复杂，并且一些研究已经证实词项分布式对于提高检索效率的贡献不大。同时，分布式的存储与索引也符合档案灾备体系的构建要求②。

6. *交互式数据可视化*

数据分析与处理机制对用户来讲是一个黑匣子，用户无法了解分析方法、分析结果的局限性或者有效性。而用户往往更关心数据分析的结果，如果没有采用适当解释方法或形式，处理的结果可能让用户难以理解。这类情况会影响档案信息的使用效能，甚至误导用户对各种结果的理解。数据可视化是以图形或表格的形式显示信息，有助于用户直观理解各类数据分析结果。然而，处理海量数据时，分析结果中的关联关系可能会极其复杂，数据可视化的功效会受到一些制约。比如，文件关联网络太大，并且包含复杂和稠密的链接，用户仅仅利用可视化的网络结构图从中发现感兴趣特征并不是一件容易的事情。交互式数据可视化是进行知识发现的一种方法，包括数据可视化、挖掘结果与过程可视化和人机交互功能。在一定程度上，让用户了解和参与具体的数据分析过程，利用交互式的数据分析过程来引导用户逐步开展档案查询与分析任务。通过数据立方体、趋势图、标签云等图形、图标的可视化方式使分析过程和结果与用户交互，便于用户定制处理任务，理解挖掘结果。比如，限制文档网络图中节点的数量，显示用户指定的高权重节点，使可视化图形简化，趋于用户要求并帮助用户理解。

围绕互联网新媒体档案信息资源建设与服务，本节分析探讨了新媒体网上档案信息资源开发建设中的信息采集、信息处理和信息服务等相关方法、技术，有助于推进档案信息化理论与应用创新发展，为档案信息化建设中应用新媒体数据资源与相关服务提供借鉴与指导。

---

① Silva Y N, Jason M. Reed: Exploiting MapReduce-based Similarity Joins[C]// Proc of SIGMOD 2012. New York: ACM, 2012: 693-696; He Y, Lee R, Huai Y, et al. RCFile: A Fast and Space-efficient Data Placement Structure in MapReduce-based Warehouse Systems[C]// Proceeding of the 24th International Conference on Data Engineering, Hannover, Germany, 2011: 1199-1208.

② 唐跃进, 万丽娟. 数字档案信息存储与灾难恢复研究[J]. 档案学通讯, 2011(2): 16-19.

5.1.2　多源异构档案信息资源整合

结构化和非结构化信息的合并管理是信息管理界的重要课题，是大数据时代信息管理技术的发展方向之一。美国的电子内容管理系统（electronic content management, ECM）提供了管理非结构化信息的平台和框架，元数据不仅可以用来确保同一主题的信息被准确定位，而且可以用来标识哪些文件可作为档案保存①。传统的非结构化信息是指办公室的文件，以及扫描图像、纸质和缩微文件等，而结构化信息是指传统数据库中的原始数据。在网络环境下，档案信息管理技术能让研究人员和终端用户使用类似百度的关联搜索，找到能解决问题的文件比找到所有文件更为重要。

笔者已完成的国家档案局“基于 XML 的异构档案数据库信息整合与检索技术研究”课题，其研究背景是我国档案部门的信息系统层出不穷，各自为战的现象突出，所建的档案数据库缺少技术标准、异构集成相当困难。该课题的研究成果包括：在档案信息组织方面提出并构建档案共享信息的 XML Schema 描述方案，并与 DTD 描述方案比较，通过预处理特殊语义禁用词和短词推进抽词等先进方法，对档案主题信息进行自动提取和数据挖掘；在档案知识处理方面提出并研究档案信息的本体方法，通过语义知识和词素分析转换实现档案信息的概念检索，以新的实现方法自动发掘和利用档案主题信息，对于增强我国网络档案信息检索质量具有重要的现实意义；在信息技术应用方面加强异构档案数据库信息整合与检索技术的深入研究，提高档案信息资源共享与利用的质量，促进我国相关标准的制定与完善。

基于以上研究实现了运行于 Web 上的异构数据整合、数据挖掘、系统管理、数据检索等系统功能。数据整合能够将现有数据库结构转换为 XMLSchema 文件和 XMLSchema 转换为数据库表结构，并通过不同字段映射对异构档案数据进行转换，图 5-3 表示了多源异构档案数据的转换处理。数据挖掘能够根据主题词表对档案的标题信息进行自动标引，通过预处理特殊语义禁用词和短词推进抽词实现智能中文分词；系统管理对检索时没有出现在主题词表的词汇进行记录，并记录其检索频次，存入自由词表，用户可以对自由词表进行管理，将其升级为主题词；数据检索能够对主题词进行模糊检索，提供基于档案主题词表的主题词入口信息检索，及其上位检索、下位检索和同位检索，以词素语义为单位，将查询式切分为词素，根据表中收录的同义词词条，结合词概念转换进行匹配。

---

① John P. Frost. 美国档案信息管理技术的现状与发展[N]. 紫藤编译. 中国档案报，2013-05-10(3); Mayer-Schonberger V, Cukier K. Big Data: A Revolution that Will Transform how We Live, Work, and Think[M]. Boston: Eamon Dolan/Houghton Mifflin Harcourt, 2013.

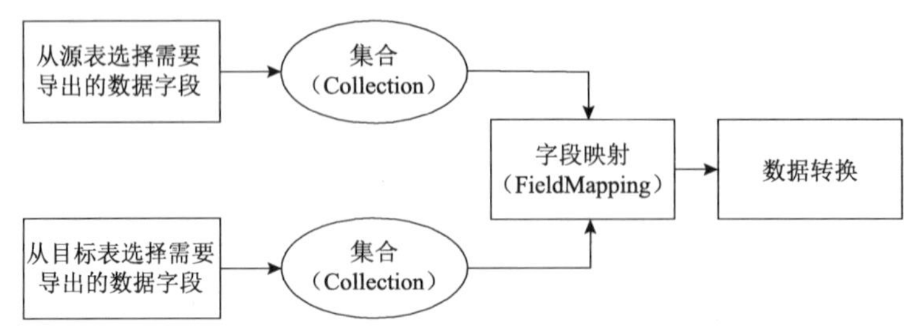

图 5-3 多源异构档案数据的转换处理

以下对“机构”进行档案知识处理，说明档案关联数据的挖掘。

一是对机构合并情况的检索。当用户输入行政机构名“杨浦区委员会”，由于机构本体中包含“杨浦区”与“榆林区”于 1960 年合并为新的“杨浦区”这一知识，系统将返回与“杨浦区委员会”或“榆林区委员会”相匹配的所有文献，而如果用户指定了时间，如“1961 年”，则只返回“杨浦区委员会”的相关文献。

二是对机构拆分情况的检索。当用户检索时输入“郑州 铁路局”，系统根据本体库返回“郑州铁路局”“武汉铁路局”和“西安铁路局”的信息，并以年代排序。同时根据注解属性，还可返回“广州铁路局”的相关信息。

三是对机构更名情况的检索。机构更名的情况非常普遍，也是较常见的关联检索之一，如用户输入“华东理工大学”作为机构名，系统可返回包含“华东理工大学”“华工化工学院”的相关资源，大大方便了档案信息的查找。

四是对于机构转隶情况的检索。上海的南市区、卢湾区先后划入黄浦区，只要在机构本体中增加相应机构变迁知识，即可实现转隶后“黄浦区”相关档案资源的检索。

5.1.3 档案社会化媒体信息大数据处理

1. 档案信息收集技术

(1) 数据集成。

数据集成就是把不同来源、格式、特点、性质的数据在逻辑上或物理上有机地集中，从中提取出关系和实体，并经过关联和聚合之后采用统一定义的标准来存储数据，从而应对大数据来源广泛、类型繁杂给档案数据处理带来的挑战。

目前较成熟的数据集成方案有联邦数据库、基于中间件模型和数据仓库等方法，为保证数据质量，同时需要对数据进行清洗，信息清洗的粒度过细则很容易将有用的信息过滤掉，否则又无法达到真正的清洗效果。因此，在质与量之间需要进行仔细考量、做出权衡。比如，在构建图书情报和档案信息一体化数据集成方面，可以采用都柏林核心元数据的知识组织方法，而在构建网上档案信息置标著录数据集成方面，可以采用具体的 EAD 元数据的档案知识组织方法。

（2）数据存储。

传统数据库一般适合结构化数据的存储，而大数据时代的数据远超单机容纳的数据量，且在实际处理中几乎不可能存在一种统一的数据存储方式能够适应所有应用。采用分布式存储方式是必然的，典型的 Hadoop 和 NoSQL 都是采用分布式存储技术的。Hadoop 最先是模仿 GFS、MapReduce 实现的一个云计算开源平台，经过不断发展已成为包括文件系统（HDFS）、数据库（Cassandra）、数据处理（MapReduce）等功能的大数据处理平台，某种程度上可以说 Hadoop 已经成为大数据处理工具事实上的标准。NoSQL 泛指非关系型数据库，这类数据库以键值对存储数据，其结构不固定，每一个元组可以有不一样的字段，每个元组可以根据需要增加键值对。

在文件存储方式中，HDFS 是存储海量非结构化数据的分布式文件系统，是 GFS 的开源实现。HDFS 能够分割大规模数据为较小（64MB）数据块，存储在多个数据节点组成的分布式集群中。当数据量增长时，只需在集群中增加更多的数据节点，具有很强的可扩展性。同时每个数据块存储多个副本，具有高容错性。但 HDFS 与早期的 GFS 同样主要针对较大文件读取任务，对于存储海量小文件频繁读取任务其效率很低，比如 Facebook 海量 Web 图片的存储读取。

针对这种情况，ReiserFS、FFS 通过多个虚拟文件共享同一个物理文件的方式存储小文件。Google Bigtable 是 Google 早期的一种采用多级映射数据结构的分布式数据库系统。多级映射结构由一个稀疏的、多维的和排序的 Map，每个 Cell（单元格）由行关键字、列关键字和时间戳来进行三维数据定位。与 BigTable 类似的未采用关系模型的数据库还有 HBase（Hadoop Database）、Cassandra 等，均适合结构复杂多样的半结构化数据存储，这些数据库均属于 NoSQL。NoSQL 与传统数据库可以相互补充，更好地适用于不同应用场景，也更好地适用于档案新媒体资源的整合利用。

2. 档案信息分析技术

（1）数据分析。

数据分析挖掘是大数据处理中的最核心业务，分类与聚类是其中的两大主要任务。然而，大数据的超高维问题对现有的聚分类技术造成很大的挑战。很多经典算法，如决策树、K-means 等，难以满足应用大数据分析的需求。MapReduce 是 Google 最早采用的应用于批处理大数据处理的计算模型，但 MapReduce 本身存在的缺点使得处理超高维数据的分聚类计算时，需要根据 MapReduce 计算模型改进这些算法。原始的 MapReduce 支持迭代计算的性能较差，而迭代计算是知识挖掘中常见的计算方式。比如，经典的决策树建模方法采用深度优先的递归算法，决策树递归算法只能在 Map 内部操作实现，致使运行 Map 的单个节点内存消耗随着决策树深度不断递增而增加，内存溢出风险高。一些研究利用广度优先搜索机制建立决策树，在节点分裂后生成更多的并行子任务，提高计算的并行数量来解决上述问题。同样，作为分析社会网络中广泛联系的图挖掘，通常需要计算过程在全图节点不断更新信息，应用 MapReduce 会产生大量不必要的序列化和反序列化开销。许多系统通过改进 MapReduce 的迭代模型，比如 Hadoop 利用缓存（Cache）和创建索引（Index）的方式来减少磁盘读写；Twister 将全部数据读入内存，利用独立模块完成信息更新，提高迭代计算的效率。

知识挖掘的组合方法由训练数据构建一组基分类器，通过聚集多个分类器的结果获得比单个分类器更好的性能。大数据的数据体量大、类型复杂且混杂噪音，容易增加分析结果的不稳定性。组合方法对于不稳定的分类器是一种较好的解决方法。同时，这种组合方法易于并行处理，为处理大数据分类时提高训练和测试速度提供了很好的基础。装袋和提升是用于组合多个分类模型的方法。其中：①装袋又称自助聚集，它通过放回抽样形成多个训练集，每个训练集上得到一个基分类器，各分类器为测试样本的类别投票，得票最高即为最终类别，装袋能够较小受到训练数据过分拟合的影响；②提升则赋予每个训练数据权重值，自适应地改变样本的分布，比如典型的提升方法 Adaboost，初始每个训练数据的选取概率权重相同，在得到第一个分类器后，增加误分类数据的选取概率权重，然后按这个概率重新抽取训练数据，通过迭代这一过程得到多个分类器，最终的输出结果为各个分类器的加权投票，由于提升关注误分类数据，所以存在分类模型对数据过分拟合的危险。与单个模型相比，两者均能够显著提高准确率，但提升更趋于得到更高的准确率。

（2）语义处理。

语义处理技术提供给机器可理解数据的能力，通过复合 Web 技术、人工智能、自然语言处理等技术方法，为深层的数据分析提供支持，旨在语义理解的基础上提高各种知识挖掘算法的语义化程度与性能。语义知识是语义处理的基础资源，当前著名的词汇语义知识库有，词网 WordNet、FrameNet、知网 HowNet 等。虽然这些语义知识准确程度较高，但存在构建成本高、数量有限、更新慢的问题。

当前已经有一些研究工作借鉴大数据理念自动构建语义知识，通过抽取与重组不同来源的词语对象及词语关系，快速、高效、低成本地形成具有语义关联的有机整体以支持语义处理。比如，从维基百科、百度百科或社会化网络中的海量数据中获取语义知识，并且这些数据通常含有人工标注、结构化程度较高的语义信息，为结合基于统计与基于规则的方法提高获取语义知识的准确程度与效率提供了便利。在语义知识的基础上，可以较为有效地解决微博短文本处理任务中语义稀疏等问题造成的分析性能损失。档案界传统的档案主题词表、档案分类表、档案主题分类表，以及军用档案主题词表等，均可用来构建档案语义处理的初级本体。

3. 档案信息利用技术

数据可视化是以图形或表格的形式显示信息。面对大数据数量过大，挖掘结果之间的关联关系也会极其复杂，数据可视化的功效会受到一些制约。比如，社会网络太大，并且有复杂和稠密的链接，用户仅仅利用可视化的网络结构图从中发现感兴趣特征并不是一件容易的事情。可视数据挖掘是指以用户可视、交互的方式进行知识挖掘的一种方法，包括数据可视化、挖掘结果与过程可视化和人机交互功能。

在一定程度上，让用户了解和参与具体的数据分析过程，利用交互式的数据分析过程来引导用户逐步开展挖掘任务。通过数据立方体、趋势图、标签云等图形图标的可视化方式使分析过程和结果与用户交互，便于用户定制处理任务，理解挖掘结果。比如，限制社会图中节点的数量，显示用户指定的高权重节点，使可视化图形简化趋于用户要求并帮助用户理解。

目前各大档案网站能真正运用知识技术为各种类型的用户提供服务的功能还比较薄弱，结合课题研究我们根据用户需求提取档案知识单元，将其与相对应的文献信息背景封装在一个数据描述框架下，通过知识技术实现相关知识链接，形成一个知识元层次上的知识网络，能够从不同角度满足对知识信息的不同需求。

首先，采用在用户词典中加入档案常用词汇来提高档案知识词条抽取的性能，通过词性、语法结构分析将分词结果进行重组。比如，“建筑/n、节能/vn”“上海市/ns 第十/m 届/q 人民/n 代表大会/n 常务/b 委员会/n”，将分词结果归并为“建筑节能”“上海市第十届人民代表大会常务委员会”，从而减少了因分词造成的语义损失，能够提取出一些新的词汇与知识要素。

其次，通过以下技术来实现档案网站的知识检索：①基于传统“全宗—案卷—文件”的信息组织方式，利用文件题名、发文机构、形成时间等文件的外部特征进行知识组织；②基于档案主题词、文件内容的知识组织；③基于知识链的组织，如发文机构的上下位关系，引文链关系等；④基于知识重组的组织，通过聚类、关联技术发掘档案文件之间的知识联系；⑤基于概念检索对检索词进行基本的词义扩展、转换，提高检索的查准率与查全率。

在档案的可视知识挖掘中，根据用户访问网站的习惯与档案资源的内在组织特性，系统主要提供了以下文件关系与知识导引：①通过文件内容上相关性的比较，展示相关文件在不同全宗、案卷、发文机构、所属分类之间的联系；②通过主题词之间的相关性，展现文件间的关系；③通过引用与被引用文件间的关系，帮助、引导用户快速获取知识；④通过直接显示在用户界面与用户输入时智能提示的方法，将用户输入的查询关键词相关、相似的词汇提供给用户。

5.2　档案社会化媒体数据源分析和评测

档案领域的社会化媒体信息来源广泛，如政务网、省市档案信息网、网络学术论坛、学术博客、微博等平台。系统地调研数据源分布、分析数据结构是研究的基础；构建科学的数据评测和甄选方法，进而去伪存真、去芜存精，是信息集成和分析的重要保证。

5.2.1　数据源的分析

笔者所在的课题组综合运用搜索引擎，以“档案”“档案学”“档案馆”“档案管理”“档案工作”“兰台”“电子文件”等主题词进行检索，积累初始数据。然后利用爬虫工具、API 数据调用、链接索引、文献调研、专家咨询等方法对初始数据进行逐层拓展，全面地获取了档案领域社会化媒体数据。

1. 网络论坛

网络论坛数据的调研时间跨度较长，课题组在 2014—2020 年一直在收集论坛中的一些数据，在此期间有一些网络论坛面临调整、关闭等情况。课题组总共调研 25 个网络论坛，详见表 5-1。

（1）从论坛的版权所有分析，14 个论坛由省市档案局（馆）直接领导，2 个论坛由档案学术期刊管理，2 个论坛依托专业的大型学术交流平台。

（2）从论坛开设时间看，13 个论坛在 2010 年微博兴起之前开设，说明档案界一定程度上能紧跟 Web 2.0 的步伐。

（3）从会员数量看，档案知网用户超过 42 万，成为目前档案领域用户最多、最活跃、最专业的网络社区之一，档案界论坛和杭州档案论坛依次排后。

（4）从内容建设看，各论坛各有千秋，有汇聚高校教育、档案实践等丰富内容的大型学术论坛（如档案知网），也有注重学术研究和工作实践的网络平台（如档案界论坛），更有档案知识讨论、答疑解惑的小型讨论平台（如档案吧、小木虫学术论坛等）。

表 5-1　调研论坛数据分布

编号	网络学术论坛名称	开设年份	所属单位	核心内容版块
1	科学网	2011	中国社会科学报社	情报学群组论坛讨论区、博文区
2	档案知网	2008	中国人民大学信息资源管理学院； 《档案学通讯》杂志社	理论实践、档案信息化、知识管理、兰台资讯、学术探讨、实务交流、档案智库等
3	档案界论坛（档案之家）	2007	河南省档案局； 《档案管理》杂志社	基础理论、档案事业、业务研究、信息化技术、实践交流等
4	百花论坛	2006	中国档案教育网	
5	档案员论坛	2013	档案网	标准解读、业务交流、档案经验、大话档案、问答平台等
6	陕西档案信息网论坛	2002	陕西档案局	
7	上海档案信息网论坛	2012	上海档案局	档案学基础论、档案事业管理、机关档案工作、企业档案工作、专业档案工作、档案馆工作、档案现代化管理等
8	档案吧	2003	百度贴吧	
9	小木虫论坛		小木虫学术科研第一站	信息管理区
10	广东档案信息网论坛	2004	广东省档案局	
11	青青岛社区	2013	山东青岛市档案局	城市档案等
12	浙江档案网论坛	2012	浙江省档案局	档案馆工作、机关档案、科技档案、信息化建设、档案文化建设、企业档案、档案教育、谈档说案等
13	家庭档案网论坛	2002	沈阳市档案局	家庭档案资讯、家庭档案常识、理论探索、建档实践、建档指南等
14	广东档案论坛	2014	南方网	
15	四川档案论坛	2009	四川省档案局	档案学术、档案论坛
16	中国档案论坛	2014	西陆网	
17	杭州档案论坛	2011	浙江杭州市档案局	业务交流、档案信息化、档案知识等
18	广安档案论坛	2006	四川广安市档案局	
19	福建档案信息网论坛	2005	福建省档案局	
20	天津档案网论坛	2011	天津档案局	公众参与等
21	兰台论坛	2008	石家庄档案信息网	
22	兰台之家	2005	国家档案局	
23	档案管理吧	2013	百度贴吧	

续表

编号	网络学术论坛名称	开设年份	所属单位	核心内容版块
24	档案网	2000	档案网	档案人文、兰台才情、档案管理、档案论文、外国档案、局馆业务、档案案例等
25	档案学术论坛 ArchiveX	2020	私人	国内动态、国外动态、学术、业务、资源、杂谈

2. 网络博客

网络博客数据的搜集时间跨度也在 2014—2020 年，期间有一些网络博客随着其依附的网络平台面临了调整、关闭等情况。课题组共调研获取 79 个博客数据源，详见表 5-2。

（1）从网络博客平台看，有 25 位博主选择新浪平台，31 位博主选择档案知网的个人空间，其余还包括和讯博客、搜狐博客、网易博客等，值得指出的是有不少学者同时在多个平台开通博客，且每个平台的发布内容略有不同，如上海师范大学的张会超老师。

（2）从博文内容的建设因人而异，如赵彦昌、胡康林的博客内容几乎都是档案学相关主题，胡鸿杰、张会超等的博客以档案学相关知识为主，同时还记录了部分教学、科研、工作、生活、社会评论等内容。

（3）从访问量分析，最高的是赵彦昌的和讯博客“中国档案学研究”，访问量超过 230 万，是数据中唯一超过百万的博主，其次还有 10 位博主访问量超过 10 万，分别是“档案春秋”（73 万）、“喀巴-档知不”（62 万）、“档案界的沙漠绿洲”（58 万）、“图档情结”（56 万）等。

表 5-2　网络博客数据分布

编号	博客名称	博客平台	实体身份
1	我思故我在	新浪博客	胡鸿杰，中国人民大学信息资源管理学院教授，《档案学通讯》主编
2	hhj5857	档案知网	
3	兰台家园	天涯博客	倪代川，上海大学图书情报档案系教授
4	胡康林 SCU	新浪博客	胡康林，四川大学公共管理学院档案学硕士研究生
5	图档情结	和讯博客	
6	教书匠张三	新浪博客	张会超，上海师范大学人文与传播学院教授
7	兰台天地Ⅱ	网易博客	
8	兰台天地	新浪博客	

续表

编号	博客名称	博客平台	实体身份
9	lantai	档案知网	张会超，上海师范大学人文与传播学院教授
10	lantai	博客网	
11	中国档案学研究	和讯博客	赵彦昌，辽宁大学历史学院教授，中国档案文化研究中心主任
12	盛京落拓寒儒	新浪博客	
13	落拓寒儒	档案知网	
14	丁氏花园	搜狐博客	丁海斌，辽宁大学历史学院教授
15	新世纪的档案学	搜狐博客	张卫东，吉林大学管理学院信息管理系教授
16	李雯	科学网	李雯，武汉大学档案学博士研究生
17	谢永宪	科学网	谢永宪，北京联合大学档案学讲师
18	D4012 工作室	和讯博客	任汉中，湖北大学教授
19	档案梅苑	和讯博客	赵淑梅，辽宁大学历史学院教授
20	档案春秋	网易博客	上海市档案局主管
21	lxg540915	网易博客	李学广，长春市档案馆工作人员
22	淌过秋浦河	新浪博客	章华明，同济大学校史馆馆长，曾任上海理工档案馆长，研究馆员
23	祖芬秒秒	新浪博客	陈祖芬，莆田学院文化与传播学院教授，福建省档案学会理事
24	档案界的沙漠绿洲	新浪博客	常冠林，《档案工作》电子期刊责任编辑，档案界论坛版主
25	档案 QIN	新浪博客	覃兆刿，湖北大学历史文化学院档案学教授
26	中国档案人	新浪博客	
27	档案之家	新浪博客	
28	《档案学》	新浪博客	人大复印报刊资料《档案学》
29	《档案学通讯》	新浪博客	《档案学通讯》杂志
30	档案工作电子期刊	新浪博客	《档案工作》杂志
31	青岛文史爱好者	新浪博客	聂惠哲，青岛市档案馆工作人员
32	喀巴-档知不	新浪博客	
33	一笔谈	新浪博客	谭必勇，山东大学历史文化学院文秘档案学系讲师
34	党跃武	新浪博客	党跃武，四川大学档案馆馆长兼校史办主任，公共管理学院教授

续表

编号	博客名称	博客平台	实体身份
35	一个老档案工作者	新浪博客	
36	卧虎	新浪博客	
37	唐霜	新浪博客	唐霜，南昌大学档案学硕士研究生
38	林杰森	新浪博客	蒋顺，从事档案软件技术研发、档案信息化建设
39	辉二档案	新浪博客	聂二辉，中山大学档案学专业学生
40	翟其帅的博客	新浪博客	任职于河南新泰可以发展有限责任公司—电力行业档案管理
41	贺兰山雪	档案知网	“兰台咨询”分区版主
42	独秀山人	档案知网	
43	coolfish	档案知网	毕牧，山东大学历史文化学院文秘档案学系讲师
44	大胆刁民	档案知网	“扬州大学档案学专业”“实务交流”分区版主
45	陈建	档案知网	陈建，中国人民大学信息资源管理学院档案学博士研究生
46	淡如水	档案知网	徐拥军，中国人民大学信息资源管理学院教授
47	jixiuyun	档案知网	
48	清音	档案知网	毕业于中国人民大学，现任职于中国科学院
49	杨琴	档案知网	杨琴，“第二届‘航星永志杯’兰台风韵大奖赛”版主
50	兰台一粟	档案知网	
51	yyoxn	档案知网	高大伟，郑州航空工业管理学院讲师，“学术评论”等多版块版主
52	dangandaren	档案知网	周铭，教授，云南大学公共管理学院副院长
53	弦断有谁听	档案知网	“闲敲棋子落灯花”群主
54	一根筋	档案知网	
55	DatouGirl	档案知网	刘益妍，中山大学档案学专业毕业，“国际国外”版主
56	古木	档案知网	周枫，上海大学档案学硕士研究生，“企业高校”等多版块版主
57	香梓 10	档案知网	“知识管理”“高校教学”等多个版块版主
58	刁人	档案知网	“国际视野”版块版主
59	星梦缘	档案知网	档案学博士，“知识问答”版块版主

续表

编号	博客名称	博客平台	实体身份
60	smxlhy	档案知网	“馆室业务”版块版主
61	流飞儿	档案知网	刘倩，河北大学档案学专业学生，“考研读博”版块版主
62	档案宝宝	档案知网	河北大学档案学专业学生，“河北大学档案学专业”版块版主
63	王青	档案知网	毕业于中国人民大学，“湘潭大学档案学专业”版块版主
64	笋破石	档案知网	刘江永，“郑州航空工业管理学院档案学专业”版块版主
65	河大韩立洋	档案知网	韩立洋，河北大学档案学专业学生，“梦想校园”版块版主
66	断肠人	档案知网	中国人民大学档案学专业硕士研究生，“高校教学”分区版主
67	代国辉	档案知网	代国辉，新奥集团档案处，“未来档案工作者”群主
68	紫光档案	档案知网	北京紫光慧图信息技术有限公司，“档案人”群主
69	档案+	知乎	知乎博主“一丝星光”
70	建筑档案	知乎	知乎博主“建筑档案”
71	档案视界	知乎	知乎博主“苏沐轻”
72	大话档案	知乎	知乎博主“yyoxn”
73	档案知识	知乎	知乎博主“bangbangtuan”
74	档案管理	知乎	知乎博主“刘学科”
75	档案管理	知乎	知乎博主“档案哥”
76	图书档案管理咨询	知乎	知乎博主“达阁轩”
77	档案知识吧	知乎	知乎博主“资深档案管理员”
78	机关企事业单位档案管理	知乎	知乎博主“档案工作小学生”
79	未来档案管理的发展	知乎	知乎博主“zhrt2019”

3. 档案学人微博

新浪微博作为 Web 2.0 时代新兴的社会化媒体，具有广大的用户群，并深刻影响着信息公开、电子政务、电子商务、交流通讯、新闻传媒、网络舆情和学术研究等方面。档案学人微博的搜集平台为新浪微博，时间跨度在 2014—2020

年，共调研获取档案学人新浪微博 203 个，其中档案学者 82 个，档案馆员及部分相关机构的微博账号 121 个，见表 5-3 档案学者微博数据源分布和表 5-4 档案馆员及部分相关机构微博数据源分布。值得说明的是，本书利用新浪微博自带的检索工具，相关检索词包括“档案”“档案学”“档案管理”“档案研究”等，检索结果显示与本主题相关的学者、工作人员、机构的微博账号数据量比较庞大，本书只挑选了部分发布内容与档案主题关系紧密的账号进行数据采集和分析。另外，由于账号的匿名性和动态性，存在部分账户名称更名、实体信息不准确等情况。

表 5-3　档案学者微博数据源分布

编号	微博名称	实体身份
1	胡鸿杰	胡鸿杰，中国人民大学信息资源管理学院教授，《档案学通讯》主编
2	教书匠张三	张会超，上海师范大学人文与传播学院教授
3	盛京落拓寒儒	赵彦昌，辽宁大学历史学院教授，中国档案文化研究中心主任
4	兰台之窗	
5	思考者丁牧羊	丁海斌，广西民族大学管理学院二级教授，博士生导师
6	党跃武	党跃武，四川大学档案馆馆长兼校史办主任，公共管理学院教授
7	喀巴-档知不	
8	同济-章华明	章华明，同济大学校史馆馆长，曾任上海理工档案馆长，研究馆员
9	李刚-NJU	李刚，南京大学信息管理学院图书档案系副主任，教授
10	coolfish92	毕牧，山东大学历史文化学院文秘档案学系讲师
11	唐霜 NCU	唐霜，南昌大学档案学硕士研究生
12	档案 QIN	覃兆刿，湖北大学历史文化学院档案学教授
13	太行山下 2011	李兴利，电子期刊《档案工作》总编，副研究馆员
14	红旗下的档棍	高大伟，郑州航空工业管理学院讲师
15	崔洪铭_顶码	崔洪铭，中国人民大学信息资源管理学院档案学博士研究生
16	一笔谈	谭必勇，山东大学历史文化学院文秘档案学系讲师
17	寒似冰淡如水	徐拥军，中国人民大学信息资源管理学院教授
18	王玉珏在巴黎	王玉珏，法国档案学院 Ecole nationale des Chartes 博士研究生
19	档案研究僧	赵跃，武汉大学博士，四川大学公共管理学院教师
20	徜灌林	常冠林，《档案工作》电子期刊责任编辑，档案界论坛版主
21	兰台小排骨	周枫，上海大学图书情报档案系档案学硕士研究生

续表

编号	微博名称	实体身份
22	胡康林 SCU	胡康林，四川大学公共管理学院档案学硕士研究生
23	我住长江头 CJ	陈建，中国人民大学信息资源管理学院档案学博士研究生
24	档案数字化研究	
25	刘田螺	刘越男，中国人民大学信息资源管理学院副院长，教授
26	龙之云云	王云庆，山东大学历史文化学院文秘档案学系教授
27	狂沙 sir	
28	shanying	辽宁抚顺师专档案学教师
29	独自的散步	郑州航空工业管理学院档案学专业学生
30	兰台 nines 实践团	山东大学历史文化学院实践调研团
31	清水凝澜	苏州大学档案学专业学生
32	卧虎王墨	
33	劉不言	苏州大学社会学院毕业
34	兰台天地博客	张会超，上海师范大学人文与传播学院教授
35	槊戈疆野	山东大学档案学专业学生
36	小树 goodluck	山东大学档案学专业学生
37	小黑糯米酱	来自贵州师范学院
38	你好宁先森	
39	sdu 的小白羊	
40	曲水流觞 irvine	山东大学档案学专业学生
41	曹晋彰	山东大学历史文化学院学生
42	吉祥 66	山东大学历史文化学院档案学专业毕业生，现任职于东北大学
43	ee 想做文艺青年	武汉大学信息管理学院档案学专业学生
44	RUC_谈伟	中国人民大学档案学专业学生
45	木木夕小丫	湖北大学档案学专业学生
46	行动者-在路上	北京联合大学应用文理学院档案系学生
47	毕毕毕熙然	
48	sdu-唐喵喵毕业啦	山东大学历史文化学院学生
49	zzu 李大婷	郑州大学档案学专业学生
50	Channing 阐小妮	武汉大学信息管理学院档案学专业学生
51	豆豆儿 Q	毕业于闽江学院历史系
52	九爷真汉子	云南大学档案学专业学生

续表

编号	微博名称	实体身份
53	过窸聰聰	来自辽宁大学
54	dbshanboy	毕业于中山大学资讯管理学院，《档案界》网刊工作人员
55	樛木乐只	中国人民大学档案学专业学生
56	虚小宅	苏州大学档案学专业学生
57	RingYoung	任琼辉，郑州航空工业管理学院档案学专业学生
58	飞天一阁主	武汉大学信息管理学院档案学专业学生
59	释睡莲	
60	雪儿感悟	天津师范大学档案学专业学生
61	静女书棋子	
62	漂向岛	毕业于郑州大学档案学专业
63	sodawater 爱阳光	湖北大学档案学专业学生
64	小橘灯 2012	中国人民大学档案学专业硕士研究生
65	开心的血诚	中国人民大学档案学专业学生
66	Isle 離島	天津师范大学档案学专业硕士研究生
67	哆啦大丽有个梦	中国人民大学档案学专业学生
68	兰台听雨	山东大学历史文化学院学生
69	橙绿橙绿小菠萝	黑龙江大学信息管理学院档案学专业
70	落星之点	
71	淡水洋溢	湖北大学历史文化学院档案学专业学生
72	皖美档案	中国人民大学档案学专业学生
73	seastone891	陈祖芬，莆田学院文化与传播学院教授，福建省档案学会理事
74	中国档案人	
75	晚晚-Cloudy 反馈	南京大学信息管理学院档案学硕士
76	聂二辉	中山大学档案学专业学生
77	郑波 CITY	《城市档案》DM 杂志总编
78	讲故事的档案君	
79	春去春来 V	南昌大学档案学教授
80	档案学宋江满	
81	档案学	
82	档案学概览	郑州航空工业管理学院学生

表 5-4　档案馆员及部分相关机构微博数据源分布

编号	微博名称	实体身份
1	时事秘档	广州市黄埔区档案局办公室主任
2	卢伟军 sir	卢伟军，连云港市档案局局长
3	杞人 Wu 忧	束亚民，安徽省淮南市档案局监督指导科长
4	我要绝食	林琳，北京民教联盟信息科学研究院诚信档案部咨询顾问
5	档案哥	代国辉，新奥集团档案处
6	岭海拾遗	广东省岭海档案馆馆长
7	小石哥哥哥哥哥哥	广东省岭海档案馆馆长助理
8	庐山档案 clb	陈乐斌，江西省庐山风景名胜区管理局档案局局长
9	飞跃超级磊	杨磊，中国档案报社记者
10	图书馆的档案员	
11	孙_淳	孙淳
12	李旭 de 影子	北京市东城区档案局办公室科员
13	兰台蕙质	聂惠哲，青岛市档案馆工作人员
14	李丽 V	李丽，中国第一历史档案馆馆员
15	七夕-米兔	江西护理职业技术学院档案工作社
16	半聋半哑要发盐	
17	一隻读物	环球建筑设计事务所有限公司图书档案管理主任
18	兰台晓晓	福建省档案馆馆员
19	小猫吁吁	
20	档案王	锡林浩特市公安局
21	SPY 晶	伊犁州住房和城乡建设局档案管理员
22	慧珊洁	引行金融档案管理员
23	卖火柴的九江女孩	上海超日（九江）太阳能有限公司档案管理员
24	9 久__	赤峰新城热电分公司档案管理员
25	郎海 FDF	北京爱德发科技有限公司档案管理员
26	love 牛牛牛牛牛牛牛牛牛	山西兴能发电有限责任公司综合部档案管理
27	TonyFine	黑龙江省农村信用社档案管理
28	一个老档案工作者	

续表

编号	微博名称	实体身份
29	海_icy	黑龙江世纳汇智档案管理有限公司董事长
30	鍾噫妳	开平市翰联电力设计有限公司资料与档案管理员
31	好大个脑袋	黑河市法制办档案管理员
32	智佳档案	湘潭大学档案学专业毕业，湖南智佳档案技术服务有限公司
33	静默了 best	四川南充蓬安县档案局局长
34	Kuan721HYB 彡	新疆霍城县档案局局长陈建平
35	隐形的路人	新疆沙湾县档案局科员
36	笑靥的温暖	杭州恒达钢构股份有限公司档案管理员
37	生如一树花	上海师范大学档案馆
38	王子欣 whu	毕业于武汉大学档案学专业，就职于中国广核集团
39	老马的平凡岁月	毕业于上海师范大学档案学
40	便便爱李泉	
41	停停放放	
42	档案 NSY	沈阳档案局
43	G 還君明珠	
44	贪睡虫儿一枚	河北大学管理学院档案专业，现任职于百度
45	原来你也在这守候	毕业于北京大学信息管理系，现任职于上海宝山档案部门
46	莱莱莱妞 lx	毕业于上海师范大学人文与传播学院，现任职于上海宝山档案部门
47	故紙堆中的一隻熊貓	毕业于天津师范大学档案学，天津市北辰区档案局馆
48	施主爱烧饼	毕业于上海对外经贸大学，现任职于上海宝山档案部门
49	星满枝桠	毕业于天津师范大学管理学院，任职于山东石大胜华化工集团
50	自春风	河南省三门峡市档案馆副馆长退休
51	虚小宅	毕业于苏州大学档案学专业
52	林中胡	
53	小披风与小蝴蝶	毕业于苏州大学档案学专业，任职于城建档案部门
54	1 加 0-Justin	毕业于中山大学档案学专业
55	沐蔚暮微	毕业于苏州大学档案学专业
56	孔祥胜书法	曲阜孔府文物档案馆馆长
57	林梦楠 88	毕业于苏州大学档案学专业，现任职于福建档案部门

续表

编号	微博名称	实体身份
58	一闪一闪大眼睛_满	
59	木金水土	毕业于山东大学档案学专业，就职于山东电力工程咨询院
60	ed 档案	长春市二道区档案局
61	Wu_Xiaoxian	毕业于苏州大学档案学专业
62	0 落瑛缤纷 0	汽车制造行业档案管理工作人员
63	小卷花花	档案馆馆员
64	悬铃木的秘密花园	毕业于中山大学咨询管理学院，任职于同济大学从事档案工作
65	NJUfisher	毕业于南京大学信息管理学院，从事档案信息化工作
66	档案之家	
67	冰冻丫梨儿	毕业于河北大学档案学专业
68	__红豆__	毕业于山东大学历史文化学院，从事城建档案管理工作
69	zero-opium	毕业于山东大学，任职于山东电力工程咨询院档案部门
70	小手放开	毕业于上海师范大学档案学专业，从事档案管理工作
71	qinmanman	毕业于武汉大学档案学专业，任职于上海师范大学
72	天涯飘飞	毕业于山东大学，任职于中国兵器工业集团公司档案部门
73	卷卷卷卷哟	毕业于安徽大学档案学专业，档案馆馆员
74	翟其帅	任职于河南新泰可以发展有限责任公司，电力行业档案管理
75	南京档案	江苏省南京市档案局官方微博
76	抚顺档案	抚顺市档案局官方微博
77	浙江省档案馆	浙江省档案局官方微博
78	鞍山交警档案科	鞍山市公安局交警支队档案科官方微博
79	上海大学档案馆	上海大学档案馆
80	海盐档案	海盐县档案局官方微博
81	陇南档案	甘肃省陇南市档案局官方微博
82	中大档案馆	中山大学档案馆官方微博
83	江苏档案	江苏省档案局官方微博
84	中山档案方志	广东省中山市档案局官方微博
85	华东师范大学档案馆	华东师范大学档案馆官方微博
86	浦东档案 shpdda	上海市浦东新区档案局官方微博

续表

编号	微博名称	实体身份
87	四川档案	四川省档案馆
88	银川档案方志	宁夏银川市档案局官方微博
89	南平档案	南平市档案局（馆）官方微博
90	东城档案	北京市东城区档案局官方微博
91	珠海档案	珠海市档案局官方微博
92	东莞档案	东莞市档案局官方微博
93	湖南档案	湖南省档案局（湖南省档案馆）官方微博
94	武汉市档案局	武汉市档案局官方微博
95	陇南康县档案馆	甘肃省陇南市康县档案局官方微博
96	武汉云典档案整理咨询有限公司	武汉云典档案整理咨询有限公司，档案数字化加工业务
97	浙江档案杂志社	浙江档案杂志社官方微博
98	蓉城档案	四川省成都市档案局官方微博
99	同济大学档案馆	同济大学档案馆官方微博
100	陕西档案	陕西省档案馆（陕西省档案局）官方微博
101	福州档案	福州市档案局
102	黄龙档案	陕西省延安市黄龙县档案局官方微博
103	礼县档案馆	甘肃省陇南市礼县档案局官方微博
104	昆明档案	云南省昆明市档案局官方微博
105	窍楚档案	永山窍（南京）仓储服务有限公司，负责企业档案管理
106	洛龙档案	河南省洛阳市洛龙区档案史志局官方微博
107	西北工业大学档案馆	西北工业大学档案馆（校史馆）官方微博
108	双流档案	成都市双流区档案局官方微博
109	龙泉档案	成都市龙泉驿区档案馆官方微博
110	南昌市档案馆	南昌市档案馆
111	石景山档案	北京市石景山区档案局官方微博
112	北京科技大学档案馆	北京科技大学档案馆官方微博
113	云档案网站官博	云档案网站（rcdang.com）官方微博
114	厦门档案	厦门市档案馆官方微博

续表

编号	微博名称	实体身份
115	四川大学档案馆校史办公室	四川大学档案馆校史办公室官方微博
116	中国档案杂志	中国档案杂志社官方微博
117	山东档案	山东省档案馆官方微博
118	芜湖档案	安徽省芜湖市档案局（馆）官方微博
119	复印报刊资料-档案学微博	
120	四川大学档案学 v	四川大学档案学
121	上饶记忆网	上饶市档案信息技术服务中心

5.2.2 数据源的评测

1. 影响力概念及分析框架

有关网络论坛、博客和微博等社交平台影响力研究的学术成果丰硕，本书通过研读大量文献，发现学者们探索的方法虽然各不相同，却遵循社交网络中各要素关联和交互的本质。类型理论[①]（Genre Theory）是一种理清对象维度和特征典型的方法，Yates 等利用类型理论将媒体阐释为 How、Who、When、Where、What、Why 六个维度[②]，赵宇翔从 What、Why、Who 和 How 四个维度解析 UGC 概念框架[③]。借鉴类型理论，本书提炼出用户、关系和内容三个分析单元（如图 5-4 所示），讨论社会化媒体中主导“影响力”的关键因素。

（1）用户是社交网络中的主体，是内容的贡献者。目前多以定量方法描述用户的各项属性，进而揭示其影响力，如薛可和陈晞以活跃度、关注度和认同度探讨了 BBS 中舆论领袖用户的筛选与传播机制[④]；Cha 和 Gummadi 使用粉丝数、被转发数和被提及数（@）对 Twitter 用户影响力进行度量，发现被提及和被转发次数更能体现微博个体及其信息价值，修正了早期文献以粉丝数作为衡量影响力主要标准的观点[⑤]；Pal 和 Counts 从原始状态（OT）、交互状态（CT）、重复状态

① Chandler D. An Introduction to Genre Theory [J]. The Media and Communications Studies Site, 1997: 1-15.

② Yates J A, Orlikowski W J, Jackson A. The Six Key Dimensions of Understanding Media [J]. MIT Sloan Management Review, 2008, 49(2): 63-69.

③ 赵宇翔，范哲，朱庆华. 用户生成内容(UGC)概念解析及研究进展[J]. 中国图书馆学报, 2012(5): 68-81.

④ 薛可，陈晞. BBS 中的“舆论领袖”影响力传播模型研究[J]. 新闻大学, 2010(4): 87-93.

⑤ Cha M, Gummadi K P. Measuring User Influence in Twitter: The Million Follower Fallacy [J]. Artificial Intelligence, 2010, 146(1): 10-17.

（PT）、提及状态（M）和粉丝状态（G）五个维度综合评定用户影响力[①]；马俊等利用回归分析方法对微博用户 15 种个人属性进行了实证[②]。

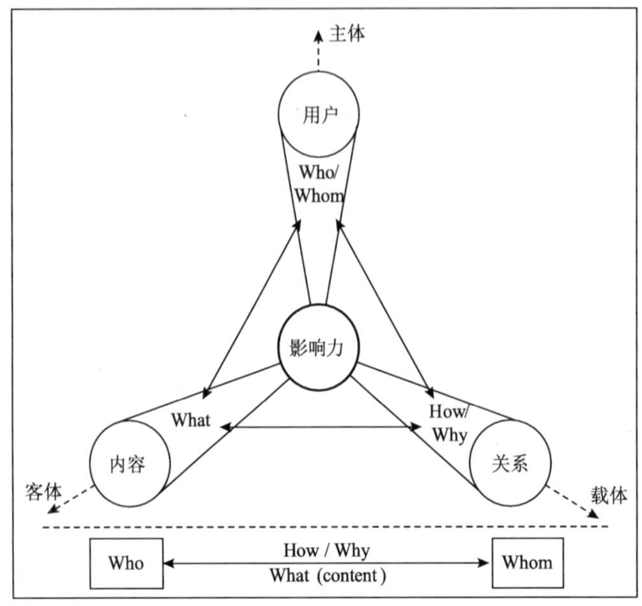

图 5-4　社会化媒体“影响力”概念分析单元

（2）传播的内容是社会化媒体中的客体，是用户的直接作用物，也是衡量影响力的重要标志。研究中多以定量和定性结合的方法，挖掘信息传播、情感倾向等内容，如高俊波等通过计算词语在回帖传播链上的影响力，提出一种词语聚类的方法来发现网络论坛中有影响力的内容[③]；周春雷基于链接内容分析法，提出了“被好友”这一评价指标，并以科学网博客进行了实证[④]；林琛从传播广度、传播速度和传播深度三个维度评价个体的传播影响力[⑤]。

（3）用户的交互形成了网络，而网络是信息流动的载体。对网络结构的研究利于探讨用户活跃的动因和规律、甄别意见领袖和预测网络未来的演化趋势。复杂网络理论、社会科学计算、建模与实证等方法被学者青睐，如 John Scott、罗家德、

① Pal A, Counts S. Identifying Topical Authorities in Microblogs [C]//Proceedings of the Fourth ACM International Conference on Web Search and Data Mining. ACM, 2011: 45-54.

② 马俊，周刚，许斌，等. 基于个人属性特征的微博用户影响力分析[J]. 计算机应用研究，2013，30(8): 2483-2487.

③ 高俊波，安博文，王晓峰. 在线论坛中潜在影响力主题的发现研究 [J]. 计算机应用, 2008, 28(1): 140-142.

④ 周春雷. 链接内容分析视角下的科学网博客评价探索[J]. 图书情报知识, 2012(4): 11-17.

⑤ 林琛. 新媒体环境下军事舆情监测与预警研究[R]. 南京政治学院博士后研究报告, 2014: 40-60.

刘军等将社会网理论、方法、技术、工具和应用结合起来分析整体网络[①]；何韬等基于网络论坛中信息的传播过程，提出了影响力向量模型[②]。陈先红和潘飞从社会网传播关系的视角揭示了博客影响力的内在规律，并提供了关系密度、关系中心性和小团体等评测指标[③]；唐晓波和宋承伟引入复杂网络理论将意见领袖可视化[④]。

综上，用户之间（Who—Whom）以内容（What）的流动而产生互动，内容的生成和传播遵循一定的规律（How/Why），而多个用户间的互动便形成了关系网络。可见，"影响力"的评定不能片面地依靠用户、内容或关系某单一指标，三者是有机统一、相辅相成的，主体的活跃度、内容的传播力和关系网的覆盖面共同决定着影响力。

2. 评价模型的构建

综上可知，构建档案领域社会化媒体影响力的评价模型，需从内容、用户和关系网络三个分析单元入手，兼顾同一性和差异性的特点。在文献研究和德尔菲法专家调查的基础上，结合下一步数据采集工作可利用的条件，本书对网络论坛、博客和档案学人微博三类社会化媒体的共性特征进行提炼和抽象，构建影响力评价模型如图 5-5 所示。

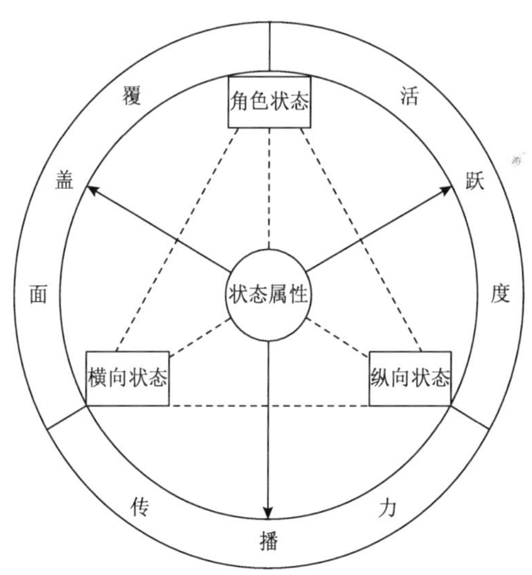

图 5-5　影响力评价概念模型

① Scott J. Social Network Analysis: A Handbook [M]. London: Sage Publications Ltd, 2000. 罗家德. 社会网分析讲义[M]. 北京：社会科学文献出版社，2005. 刘军. 整体网分析讲义——UCINET 软件实用指南[M]. 上海：格致出版社，2009.

② 何韬，胡勇，吴越. 基于影响力形成的论坛意见领袖识别[J]. 信息安全与通信保密，2012 (6): 81-83.

③ 陈先红，潘飞. 基于社会网理论的博客影响力测量[J]. 现代传播（中国传媒大学学报），2009 (1): 117-121.

④ 唐晓波，宋承伟. 基于复杂网络的微博舆情分析[J]. 情报学报，2012, 31(11): 1153-1162.

该模型主要从状态属性和行为属性两个视角进行构建。

（1）状态属性（Status）描述社交平台及其用户所处的基本状态，是社会化媒体的固有属性，也是行为属性的内化和基础，因而其注重在宏观视角来整体揭示，具有一定的静态特征。状态属性又进一步细化为角色状态（S1）、横向状态（S2）和纵向状态（S3）三个维度：角色状态一般指身份属性，如论坛的所属机构、用户的真实身份等；横向状态即空间维度的属性，如论坛的用户数量、博客的访问量、微博的关注数等；纵向状态即时间维度属性，如论坛的开设时间、用户的等级等。

（2）行为属性（Behavior）是用户在社交平台的具体活动，反映用户行为的特点、规律和影响效果，是社会化媒体的动态属性，也是状态属性的具体外化，因而其注重在微观视角来局部描述，极具动态特征。行为属性从活跃度（B1）、传播力（B2）和覆盖度（B3）三个维度进行描述：活跃度指平台或用户的内容贡献频率，如论坛每日发帖数、用户每日平均发帖数等；传播力表示所发布内容受关注和追捧的程度，如评论数、转发数等；覆盖度意为发布内容的影响面积，具体可表现为关联主题的内容数量、关系网络中活跃粉丝质量等。

3. 评测方法及流程

由于不同社交平台参数的差异性，因此构建具有针对性的指标是必要的。层次分析法由美国匹兹堡大学运筹学家萨蒂（T.L.Saaty）教授提出①，是一种定性与定量相结合的系统分析、决策方法，常用于解决复杂的社会科学领域问题。张玥等率先利用层次分析法评价博客的影响力②。层次分析法常借助德尔菲法来修正权重计算过程中的主观因素，吕静综合两种方法对博客信息资源的建设进行了评测③；赵屹教授和陈雪强构建了档案网站评价指标体系，并以加权评价方法进行实证④。这些成果给本书评价指标体系的设计提供了参考，遵循主观与客观相统一、定性与定量相结合的原则，拟综合采用文献研究法、德尔菲法、层次分析法和加权评价法，建立科学完整的评价体系，具体的研究流程如下。

（1）选取德尔菲法专家共20位，如表5-5所示。专家的选择综合考虑了职称、学历、专业、研究领域、年龄、性别、工作岗位等因素，并依据专家与本书的相关程度和权威程度对他们进行了权重的赋值。（注：为保护专家个人隐私，对姓名和简介中的部分敏感信息做了相应的处理。）

① Saaty T L. How to Make a Decision: The Analytic Hierarchy Process [J]. European journal of operational research, 1990, 48(1): 9-26.

② 张玥, 朱庆华, 黄奇. 层次分析法在博客评价中的应用[J]. 图书情报工作, 2007, 51(8): 76-79.

③ 吕静. 博客服务网站 (Blog Service Provider) 信息资源评价研究[D]. 南京: 南京航空航天大学, 2010: 26-35.

④ 赵屹, 陈雪强. 档案网站评价体系的研究与构建[J]. 档案学研究, 2010 (6): 76-81.

表 5-5　德尔菲法专家列表

序号	姓名	简介	权重 P_k
1	赵*	女，博士，中国人民解放军国防大学政治学院档案学教授，研究领域：档案网站、数字档案馆、档案信息化、电子文件	0.1
2	**	男，博士，南京大学信息管理学院情报学教授，研究领域：网络信息资源管理、社会化媒体、电子政务、信息分析、信息经济学。主持过教育部专项研究“基于学术博客的科技论文网络交流模式研究”等课题	0.1
3	王**	男，博士，**大学档案馆副研究馆员，社交媒体达人，社会化媒体资深研究用户，研究领域：社会化媒体中档案利用与服务、名人档案、档案文化、档案收集、档案编研	0.07
4	周**	女，中国人民解放军海军工程大学副教授，研究领域：知识网络、领域本体等	0.07
5	**	男，中国人民解放军**军区档案馆原副馆长，图书情报与档案管理专业硕士，负责单位档案服务与利用、档案信息化、档案编研等业务工作等	0.07
6	林*	女，中国人民解放军信息工程大学博士，中国人民解放军南京政治学院军事信息管理系博士后、讲师，社交媒体达人，研究领域：社交网络信息传播、机器学习、网络舆情管理	0.05
7	**	女，中国人民大学信息资源管理学院档案学博士，“档案知网”等论坛资深会员，研究领域：电子文件、档案基础理论	0.05
8	孟**	女，某公司档案业务总监，中国人民大学档案学博士，负责公司档案战略、档案资源建设、档案知识服务等	0.05
9	邓**	男，复旦大学新闻学院传播学博士研究生，社交媒体资深用户，研究领域：社交网络信息传播、社会化媒体管理	0.04
10	李**	男，四川大学公共管理学院档案学硕士研究生，社交媒体资深用户，“档案知网”等论坛分版版主，研究领域：企业档案、档案信息化	0.04
11	**	女，南京大学信息管理学院档案学硕士，就职于******所档案信息化部，“浙江档案网论坛”“档案知网”等论坛版主，社交媒体达人	0.04
12	李**	男，某保密单位情报分析专员，武汉大学信息管理学院图书情报与档案管理专业博士，研究领域：社会化媒体、语义网、大数据等	0.04
13	**	女，中国人民大学信息资源管理学院档案学硕士，就职于上海静安区政府办公室，社交媒体达人，研究领域：电子文件、档案利用与服务	0.04
14	**	男，清华大学大学软件工程硕士，阿里巴巴集团“聚划算”信息化部工程师，从事社会化媒体电子商务、社会化媒体应用开发等工作	0.04
15	王**	男，中国人民解放军**战区某档案馆馆员，图书情报与档案管理专业硕士，负责单位档案资源建设、档案利用与服务等工作	0.04
16	张*	男，吉林大学图书馆学博士研究生，社交媒体达人，多个网络论坛版块版主，研究领域：人工智能、社交网络等	0.04
17	赵**	女，中国人民解放军*军某旅正连职参谋，负责单位网络资源建设、场站基建档案等管理工作等	0.03

续表

序号	姓名	简介	权重 P_k
18	李**	女，中国人民解放军**战区某部档案馆员，文职人员，负责单位数字档案馆、档案服务等	0.03
19	王*	男，百度（北京）公司工程师，北京大学信息管理系情报学硕士，从事大数据、区块链、网络资源建设等工作	0.03
20	王**	女，华为技术部工程师，东南大学射频与光电研究所硕士，研究领域：大数据、人工智能等	0.03

（2）向专家发放第一轮问卷调查。初步探索专家对档案社会化媒体数据来源、影响力评价指标的意见。

（3）文献研究。结合课题内容，分析现有相关成果，构建评价模型。同时整理专家反馈和文献研究的结果，梳理可能的指标。

（4）向专家发放第二轮问卷调查。经过来回 3 次的交流，专家对甄选评价指标体系基本达成一致。表 5-6、表 5-7 和表 5-8 分别为网络学术论坛、网络学术博客和微博的指标体系。

表 5-6　网络学术论坛甄选评价指标体系

一级指标	二级指标	三级指标	分值类型
状态属性（S）	角色状态（S1）	版权（S11）	主观
		论坛学术性（S12）	主观
	横向状态（S2）	会员数量（S21）	客观
		帖子数量（S22）	客观
	纵向状态（S3）	论坛开通年份（S31）	客观
		论坛首篇帖子发布时间（S32）	客观
行为属性（B）	活跃度（B1）	每日活跃用户数量（B11）	客观
		每日发帖数量（B12）	客观
	传播力（B2）	回帖互动率（B21）	客观
		用户评论数（B22）	客观
	覆盖度（B3）	论坛贴近档案学科主题（B31）	主观
		版块设置专业性（B32）	主观
		版块设置全面性（B33）	主观

表 5-7　网络学术博客甄选评价指标体系

一级指标	二级指标	三级指标	分值类型
状态属性（S）	角色状态（S1）	是否认证（S11）	客观
		实体身份（S12）	客观
		博客平台（S13）	主观
	横向状态（S2）	访问量（S21）	客观
		博文量（S22）	客观
		博客相关链接中档案专业比例（S23）	客观
	纵向状态（S3）	第一条博文发布时间（S31）	客观
		注册时间（S32）	客观
		博客等级（S33）	客观
行为属性（B）	活跃度（B1）	每天平均博文数（B11）	客观
		原创率（B12）	客观
	传播力（B2）	用户参与度（B21）	主观
		用户评论数（B22）	客观
		博主互动率（B23）	主观
	覆盖度（B3）	内容关联档案学科比例（B31）	客观
		博文分类条理性（B32）	主观
		内容原创质量（B33）	主观
		内容学术性（B34）	主观

表 5-8　微博甄选评价指标体系

一级指标	二级指标	三级指标	分值类型
状态属性（S）	角色状态（S1）	是否认证（S11）	客观
		实体身份（S12）	客观
	横向状态（S2）	关注数量（S21）	客观
		粉丝数量（S22）	客观
		微博数量（S23）	客观
	纵向状态（S3）	第一条微博发布时间（S31）	客观
		微博等级（S32）	客观

续表

一级指标	二级指标	三级指标	分值类型
行为属性（B）	活跃度（B1）	每天平均微博数（B11）	客观
		原创率（B12）	客观
	传播力（B2）	平均被评论数（B21）	客观
		平均被转发数（B22）	客观
		互动率（B23）	客观
	覆盖度（B3）	PR 值（B31）	客观
		内容关联档案学科比例（B32）	客观

（5）向专家发放第三轮问卷调查。采用层次分析法构建目标层、准则层和方案层，并采用经典的 1~9 尺度量表作为指标评分方法。最后，对评分结果进行一致性检验，不能通过检验的结果再一次反馈给专家。经过共 10 次的反馈，所有结果均通过了一致性检验。图 5-6、图 5-7 和图 5-8 分别为网络学术论坛、网络学术博客和微博层次分析模型图。

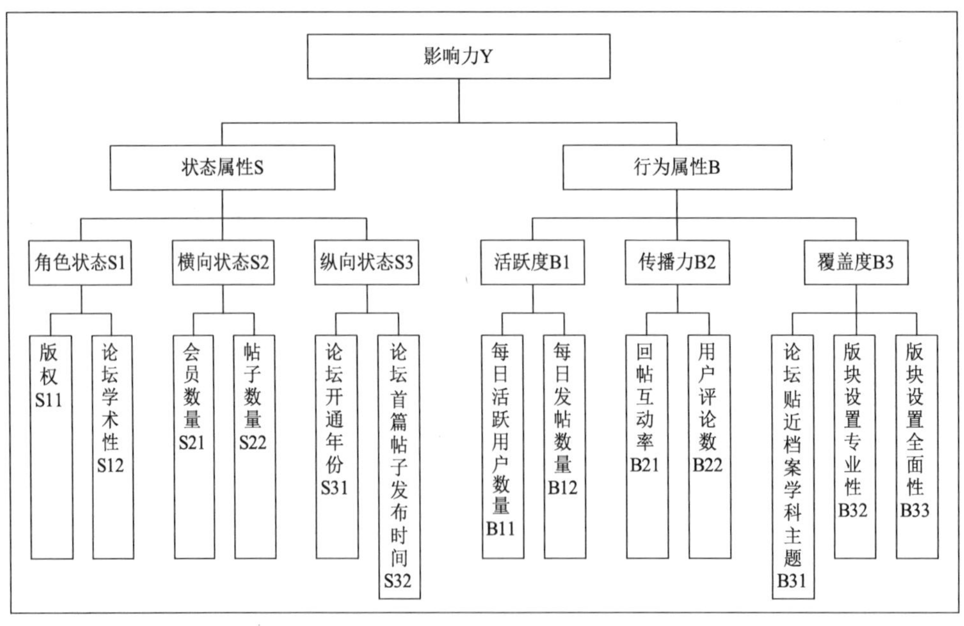

图 5-6　网络学术论坛层次分析模型图

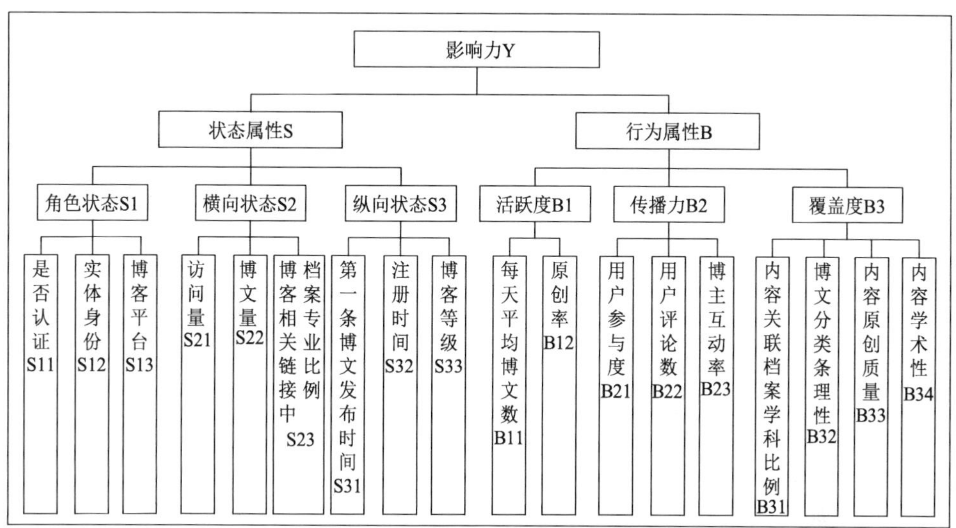

图 5-7　网络学术博客层次分析模型图

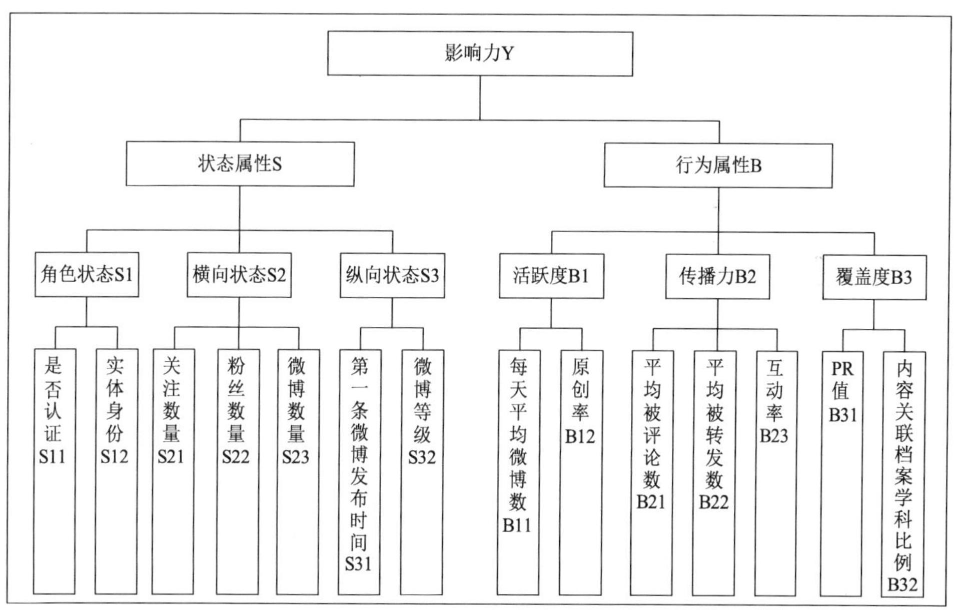

图 5-8　微博层次分析模型图

（6）分别计算每位专家每一个评分判断矩阵的最大特征根（λ_{max}），并进行一致性检验（CR）。以方根法为例，计算过程如下[①]。① 计算每一位专家评分判断矩阵 $\boldsymbol{A}$ 的每一行元素乘积 M_i 为

① 朱庆华，陈铭. 信息分析基础、方法及应用[M]. 北京：科学出版社，2004.

$$M_i = \prod_{j=1}^{n} a_{ij}, i = 1,2,\cdots,n \tag{5-1}$$

② 计算 M_i 的 n 次方根 $\bar{w}_i$ 为

$$\bar{w}_i = \sqrt[n]{M_i} \tag{5-2}$$

③ 对向量 $\bar{w} = (\bar{w}_1, \bar{w}_2, \ldots, \bar{w}_n)^{\mathrm{T}}$ 归一化处理

$$w_i = \frac{\bar{w}_i}{\sum_{j=1}^{n} \bar{w}_j} \text{［} w = (w_1, w_2, \cdots, w_n)^{\mathrm{T}} \text{即为特征向量］} \tag{5-3}$$

④ 计算最大特征根 $\lambda_{\max}$

$$\lambda_{\max} = \sum_{i=1}^{n} \frac{(AW)_i}{nW_i} \text{［}(AW)_i \text{表示向量} AW \text{的第} i \text{个分量］} \tag{5-4}$$

⑤ 一致性检验

$$\mathrm{CI} = \mu = \frac{\lambda_{\max} - n}{n-1} \tag{5-5}$$

$$\mathrm{CR} = \frac{\mathrm{CI}}{\mathrm{RI}} \quad \text{（当 CR≤0.10 时，一致性检验通过）} \tag{5-6}$$

（7）计算综合判断矩阵 $\boldsymbol{B}(b_{ij})$。对同一准则下的矩阵按照专家权重（P_k）进行加权平均生成综合判断矩阵 $\boldsymbol{B}$，公式如下

$$B(ij) = \sum (P_k \times A_K(ij)) \qquad k = 1,2,\cdots,10 \tag{5-7}$$

（8）通过计算综合矩阵 $\boldsymbol{B}$，得到一级指标（S 和 B）、二级指标（S_i 和 B_i）和三级指标（S_{ij} 和 B_{ij}）的权重系数 w。并按照加权评价的方法，计算组合权重 Q，公式如下

$$Q_k = S \times S_i \times S_{ij} \tag{5-8}$$

$$Q_k = B \times B_i \times B_{ij} \tag{5-9}$$

（9）目标层影响力综合得分计算公式为

$$Y=\sum(Q_k \times G_k)\text{（}G_k\text{ 表示对应每项指标 }Q_k\text{ 实际得分）} \tag{5-10}$$

5.3　档案论坛、博客和微博数据源的甄选

经过前文所述的方法，最后形成了网络论坛、学术博客、档案学人微博的评价指标体系及各指标所占权重，依据权重系数便可得出各网站影响力的计算公式。而数据的采集量依据需求具体而定，一般情况选择影响力排名前 30%的数据源进行数据采集和信息整合。

5.3.1　论坛的计算方法

论坛评价指标体系，如表 5-9 所示。其中指标：会员数量、帖子数量、论坛开通年份、论坛首篇帖子发布时间、每日活跃用户数量、每日发帖数量、回帖互动率[互动率=（帖数–主题数）/ 帖数]、用户评论数等为论坛可获取的实时客观数据。而版权、论坛学术性、论坛贴近档案学科主题、版块设置专业性、版块设置全面性等指标需要专家的主观评判。考虑到部分指标分值过大，这里对所有论坛同一指标的分值以百分制原则统一规范。参照式（5-10）可知，论坛影响力综合得分计算公式为

$$\begin{aligned} Y&=\sum(Q_k \times G_k)\text{（}G_k\text{ 表示对应每项指标 }Q_k\text{ 实际得分）} \\ &=0.052G_1+0.120G_2+0.082G_3+\cdots+0.017G_{13} \end{aligned} \tag{5-11}$$

其中 G_k 表示实际分值；Q_k 表示表 5-9 中对应的组合权重。

表 5-9　论坛影响力评价指标及权重系数

一级指标		二级指标		三级指标		组合权重（Q_k）
状态属性	S=0.445	角色状态	S1=0.387	版权	S11=0.302	0.052
				论坛学术性	S12=0.698	0.120
		横向状态	S2=0.496	会员数量	S21=0.370	0.082
				帖子数量	S22=0.630	0.139
		纵向状态	S3=0.117	论坛开通年份	S31=0.453	0.023
				论坛首篇帖子发布时间	S32=0.547	0.028
行为属性	B=0.555	活跃度	B1=0.466	每日活跃用户数量	B11=0.565	0.146
				每日发帖数量	B12=0.435	0.112

续表

一级指标		二级指标		三级指标		组合权重（Q_k）
行为属性	B=0.555	传播力	B2=0.318	回帖互动率	B21=0.538	0.095
				用户评论数	B22=0.462	0.082
		覆盖度	B3=0.216	论坛贴近档案学科主题	B31=0.449	0.054
				版块设置专业性	B32=0.410	0.049
				版块设置全面性	B33=0.141	0.017
CR=0 < 0.1（通过一致性检验）						

5.3.2　博客的计算方法

博客评价指标体系，如表 5-10 所示。其中指标：是否认证、实体身份、访问量、博文量、博客相关链接中档案专业比例、第一条博文发布时间、注册时间、博客等级、每天平均博文数等为客观数据。而博客平台、内容原创质量、内容学术性、博文分类条理性等为专家主观评判指标。考虑到访问量、博文量等指标分值过大，对所有学术博客同一指标的分值以百分制原则规范。参照式（5-10）可知，学术论坛影响力综合得分计算公式为

$$Y=\sum(Q_k \times G_k)\text{（}G_k\text{ 表示对应每项指标 }Q_k\text{ 实际得分）}$$

$$=0.035G_1+0.104G_2+0.042G_3+\cdots+0.007G_{18} \qquad (5\text{-}12)$$

其中 G_k 表示实际分值；Q_k 表示表 5-10 中对应的组合权重。

表 5-10　博客影响力评价指标及权重系数

一级指标		二级指标		三级指标		组合权重（Q_k）
状态属性	S=0.432	角色状态	S1=0.135	是否认证	S11=0.253	0.035
				实体身份	S12=0.501	0.104
				博客平台	S13=0.246	0.042
		横向状态	S2=0.619	访问量	S21=0.556	0.060
				博文量	S22=0.226	0.119
				博客相关链接中档案专业比例	S23=0.218	0.058
		纵向状态	S3=0.246	第一条博文发布时间	S31=0.258	0.058
				注册时间	S32=0.232	0.024
				博客等级	S33=0.510	0.023

续表

一级指标		二级指标		三级指标		组合权重（Q_k）
行为属性	B=0.568	活跃度	B1=0.193	每天平均博文数	B11=0.741	0.006
				原创率	B12=0.259	0.005
		传播力	B2=0.576	用户参与度	B21=0.385	0.075
				用户评论数	B22=0.371	0.026
				博主互动率	B23=0.244	0.052
		覆盖度	B3=0.231	内容关联档案学科比例	B31=0.417	0.016
				博文分类条理性	B32=0.164	0.015
				内容原创质量	B33=0.252	0.010
				内容学术性	B34=0.168	0.007
CR=0.045 < 0.1（通过一致性检验）						

5.3.3　微博的计算方法

档案学人微博评价指标体系，如表 5-11 所示。其中互动率（B23）指给用户评论和转发人数的比率，PR 值（People-Rank）代表用户重要程度（即用户影响力）和粉丝质量指数（即活跃粉丝的数量与反馈程度）[①]。考虑到部分指标数值过大，对所有同类型指标以百分制原则统一规范。而一些连续性指标的分值 G_k 进行了分段量化处理，如“是否认证”量化为：是=100、否=40；“实体身份”量化为：正高职=100、副高职=90、中职=80、研究生=60、其他=50；“第一条微博发布时间”量化为：2009 年=100、2010 年=80、2011 =60、其他=40；“微博等级”量化为：>10 级=100、9~10 级=80、7~8 级=60、5~6 级=40、其他=20。参照式（5-10）可知，档案学人微博影响力综合得分计算公式为

$$Y=\sum(Q_k \times G_k)\text{（}G_k\text{ 表示对应每项指标 }Q_k\text{ 实际得分）}$$

$$=0.029G_1+0.129G_2+0.059G_3+\cdots+0.224G_{14} \qquad (5\text{-}13)$$

其中 G_k 表示实际分值；Q_k 表示表 5-11 中对应的组合权重。

① 社交网络用户 PR 价值原理[EB/OL]. https://wenku.baidu.com/view/e11481220722192e4536f60c.html.

表 5-11　微博用户影响力评价指标及权重系数

一级指标		二级指标		三级指标		组合权重（Q_k）
状态属性	S=0.421	角色状态	S1=0.376	是否认证	S11=0.183	0.029
				实体身份	S12=0.817	0.129
		横向状态	S2=0.527	关注数量	S21=0.268	0.059
				粉丝数量	S22=0.501	0.111
				微博数量	S23=0.232	0.051
		纵向状态	S3=0.097	第一条微博发布时间	S31=0.309	0.013
				微博等级	S32=0.691	0.028
行为属性	B=0.579	活跃度	B1=0.221	每天平均微博数	B11=0.323	0.041
				原创率	B12=0.677	0.087
		传播力	B2=0.262	平均被评论数	B21=0.265	0.040
				平均被转发数	B22=0.554	0.084
				互动率	B23=0.181	0.027
		覆盖度	B3=0.517	PR 值	B31=0.185	0.055
				内容关联档案学科比例	B32=0.815	0.224
CR=0.005 < 0.1（通过一致性检验）						

国际 WA 的研究和实践表明，数据选择、鉴定、获取、组织和存储、描述和访问这一流程是网络信息归档的核心[①]，而数据的选择和鉴定是整个流程的基石。本部分系统地调研了网络论坛、学术博客和档案学人微博数据源的分布；然后，在深入解析档案领域社会化媒体的概念因子、特点和影响力的基础上，综合运用文献研究法、德尔菲法、层次分析法构建了数据源的评价模型和评测方法；并以量化的思路，对数据源进行加权计算，从而评估优劣，最后实现数据甄选。

5.4　大数据分析下档案新媒体数据研究平台建设

5.4.1　档案新媒体数据研究平台功能需求

1. 档案新媒体数据研究平台建设思路

开发互联网档案信息资源既是档案信息化建设中的战略性步骤，也是网络环

① NIU J. An overview of web archiving [J]. D-Lib Magazine, 2012, 18(3/4): 1-6.

境下全面、合理开发并且充分、有效利用网络档案信息资源的必然选择。互联网新媒体档案信息资源开发系统及研究交流平台，旨在开拓实践档案信息资源开发与利用的新方法、新途径，实现互联网档案资源的有效开发利用，以及现有档案信息网络资源的增值服务，提高用户获取档案信息的质量与效率，为档案用户集中快速地查找档案信息提供高质量的服务。

我们的建设思路：一是实现新媒体档案信息资源开发系统，对互联网上的大型档案网站、档案论坛、档案博客中的信息资源进行动态跟踪和采集；二是实现新媒体档案信息研究交流平台，对采集数据进行挖掘、分析、分类、聚类和整合，形成总报，并在可控范围内予以发布；三是与现有在线的“档案信息网”进行对接，在授权条件下可以利用上述平台数据，提高档案工作者研究交流的水平和档案网站信息的增值服务。

2. 档案新媒体数据研究平台目标功能

针对互联网档案信息资源的整合与利用过程中的方法、技术等相关问题进行研究与实践，能够实现对档案信息网页、论坛、博客、新闻等网络资源的精确采集和解析，提供档案信息关键信息抽取、标引、分类、检索和集成等多层次、多维度的档案信息服务。建设互联网新媒体档案信息资源开发系统及研究交流平台，其功能要求如下。

（1）档案信息资源采集。

实现新媒体档案信息资源开发，对互联网上的大型档案网站、档案论坛、档案微博客中的信息资源进行动态跟踪和全面采集。在支持传统网页采集功能的基础上，为档案信息分析挖掘提供丰富的数据资源。档案信息的采集过程主要是完成从网络信息源中获取网页页面数据的工作，重点是网络采集器（爬虫）的实现及优化，具体包括网页脚本解析、更新搜索控制、采集的深度和广度控制等。同时，采集信息预处理是对采集信息进行初步加工和处理，为档案信息中的关键信息抽取和内容分析奠定基础，主要工作包括 Web 页面解析、数据清洗、网页数据的索引、处理结果的储存与初步统计等。其中，由于各数据源之间的结构与格式差异，需要合并处理采集数据的结构信息，提供统一标准的数据著录格式存储异构信息资源。

所谓支持档案网页结构自动分析，即互联网信息资源以网页形式表现，类型格式纷杂多样，采集工具能够实现基于档案网页结构的统计分析算法，自动识别档案网页中的信息内容与相关属性，满足档案信息分析的需要。

所谓支持基于模板的元数据解析，即支持基于应用模板的档案元数据解析功能，对于采集到的网页可以解析出单位、发文时间、标题、内容等档案元数据属性。

（2）档案信息挖掘分析。

实现新媒体档案信息研究交流平台，对采集数据进行挖掘、分析、分类、聚类和整合，形成专报，并在可控范围内予以发布。

所谓档案信息聚类，即文本聚类是在未知分类的情况下，使文本自动组成有意义的分组数据挖掘技术。通过聚类算法，以档案不同的属性作为聚类特征，使档案文本形成多个不同类别的档案，统计档案信息的共性特征、分布模式和频度，帮助用户快速发现档案信息中有价值的信息，提高对档案记载内容的客观认识程度。

所谓档案信息分类，即按照已有分类标准，比如《中国档案分类法》《中国图书馆分类法》等，利用分类算法使采集到的互联网档案信息自动划入不同类别，自动建立档案资源分类体系，以用户指定关键词组合或者自动抽取的档案信息中的关键要素作为类别标签，标识采集的档案信息。

所谓关联分析，即利用关联分析挖掘档案信息中大量数据间的相关联系，发现档案中记录事物间的相互关联性或相互依赖性。自动把档案的相关信息关联到一起，帮助用户多方位、多角度了解与该档案相关的整体情况，全面地掌握各种相关信息。这些关联信息主要包括：①文件注解，比如档案信息网的档案内容中的事件、引用的法规条例的解释说明；②文件间关联，即按照内容相关程度显示的关联文件；③要素关联，即档案内容中共同出现的地点、人物、机构等要素间的关联关系。

所谓档案数据统计分析与可视化，即对分析结果生成各种量化的统计数据与图表，为档案各级用户的学习研究提供强有力的数据支持。比如，分析历史和当前的档案信息内容中呈现的统计变化规律，对历史事件、法规条例进行时间顺序、数量上的统计与图形化显示等。

（3）互联网档案信息与档案信息网的集成。

将采集开发建设的互联网档案信息与现有在线的“档案信息网”进行对接，用户能够在授权条件下利用档案信息研究交流平台中的数据，提高档案工作者研究交流的水平和档案网站信息的增值服务。对档案信息网站进行功能扩展，通过对网络新媒体档案资源及信息的采集和整理，以全新的档案信息资源研究交流平台为公众提供资源服务，同时向公众提供新媒体档案资源共享服务及档案网站信息的增值服务，有利于推动档案事业的发展。

规划和整合互联网采集的档案信息资源与现有档案信息网中的数据，成为内容集中准确、查询快速简捷、利用方便系统的档案信息资源整体。提供相应的数据接口，能够在档案信息网中访问互联网档案信息资源。

（4）档案信息检索。

信息检索是档案信息化服务的最基本功能。针对信息内容管理和资源建设的新需求，档案信息资源研究交流平台需要满足精确和便捷的目标检索需求。

所谓多种检索入口，即具有档案的属性字段检索、关键词检索、多字段布尔逻辑组合检索、二次检索（渐进检索）等。

所谓同义词典、主题词典，即检索时能够应用同义词典和主题词典进行档案信息的扩展检索。

（5）用户及权限管理。

系统提供用户和权限管理机制，充分保证信息内容的安全性。

实现对档案信息资源的访问权限的分配，实现对档案信息资源的安全保护与利用。

3. 档案新媒体数据研究平台工作流程

互联网新媒体档案信息资源开发系统及研究交流平台，由互联网档案信息采集工具、档案信息分析工具、档案信息发布平台、档案信息服务引擎 AIS、档案信息集成接口 5 个部分组成。

整个系统的工作流程如下所述。

（1）信息采集器从互联网大型档案网站、档案论坛、档案博客中采集信息，并存储到 AIS 中。

（2）档案信息分析工具对 AIS 中的档案信息进行智能分析和加工。

（3）档案信息发布平台把 AIS 中经过加工处理的档案数据发布到 Web 界面。

（4）用户通过研究交流平台浏览档案信息与通过专报生成等功能完成深度加工信息。

（5）信息集成接口提供 AIS 与档案信息网档案信息资源间的访问与交互。

其中，档案信息加工分析与服务的业务流程，是利用各种文本挖掘技术加工分析档案数据库中的各类信息，并将各种加工分析结果存入档案信息服务引擎，为用户提供基本的浏览检索、各类分析挖掘功能及全方位的检索功能。

4. 档案新媒体数据研究平台效益评估

本书呈现了如下特性：一是通过网站、论坛、博客等促进互联网档案信息资源的进一步共享和利用；二是通过数据挖掘技术等提高用户对档案信息获取的专业性与便捷性；三是通过有效整合和服务有助于发挥信息组织与整理的最大性能；四是通过信息采集、信息分类聚类等多项技术用于档案信息发掘具有更好的应用潜力和普适性。

（1）丰富档案信息化理论方法和实践体系。围绕档案信息资源需求特点，研究网络新媒体档案信息资源的开发与利用方法，探讨大数据档案信息的采集、存储、检索、分析和挖掘等各种理论与技术方法实现，有助于把握档案信息化建设的指导方向，推进档案信息化理论与应用创新，为档案信息化建设中如何构建开发信息资源的关键问题提供实例方法与实践经验，丰富档案信息化理论方法和实践体系。

（2）推动档案信息化研究的技术和应用创新。新媒体档案信息资源开发系统及研究交流平台投入运行后，将解决广大档案用户、档案工作者构建与获取网络新媒体档案信息资源困难的问题，提供了一条操作性强、技术先进的途径，并在档案信息化的理论和应用上进一步提高信息获取与服务的水平和质量，推动档案信息化的研究更加深入，技术和应用的进一步创新。

5.4.2 档案信息整合系统结构及开发技术

1. 系统结构

传统档案服务工作是通过对档案进行收集、整理和编研等，将档案及档案相关产品提供给用户，实现档案信息共享。随着信息交流方式的不断演进，以互联网为代表的新兴媒体涌现出海量的网站、论坛、微博等数据资源，构建新型、分布式和整合式的社会化媒体信息资源开发与应用服务平台是很好的解决方案。平台设计依据前文 IIASF 的建设思路，基本结构如图 5-9 所示。为了适应用户对数据的直接需求，系统结构打破了以往数据层、知识层、应用层的三层设计模式，而将数据层和知识层架构放在同一层级中。新型的数字档案平台既包括传统数字档案馆的各类处理、管理、检索等服务功能，又包括数据采集、数据可视化、数据抽取、数据集成、信息标引、文本分类聚类等数据分析挖掘服务功能。

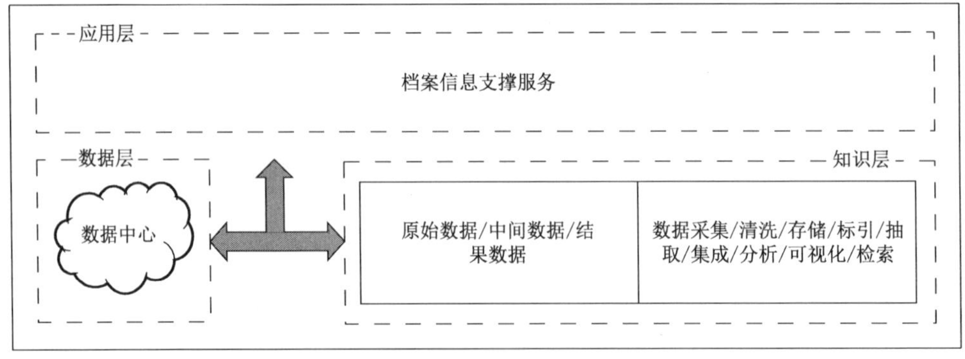

图 5-9 信息服务平台系统结构

（1）数据层是一个开放的结构，主要指数据中心，其包含了采集的社会化媒体信息、政务网信息、百科知识库等，还可进一步拓展至现存的数字档案馆、电子文件中心等各类数据库和知识库。数据层的主要功能是为知识层和应用层屏蔽数据源的差异，提供统一的数据访问引擎。

（2）知识层是系统的核心部分，负责对各类数据源进行清洗、集成、分析成统一的知识，为应用层提供服务。它既支持传统数字档案馆的各类处理、管理、检索等，又包含数据采集、数据可视化、数据抽取、数据集成、信息标引、文本分类聚类等数据分析和挖掘。

（3）应用层是档案信息支撑的各类服务的集合，负责对用户请求进行预处理、分析和响应。如知识导航、关联信息推荐、社会化媒体用户关系网络地图、社会化媒体内容的知识地图、信息检索、数据下载等。

2. 系统开发的基本技术

社会化媒体数据中蕴含的档案价值需要利用一定的技术进行分析、处理与重组，才能从中获取数据再利用与创新的价值。社会化媒体数据来源广泛，应用需求和数据类型也都不尽相同，但是最基本的数据处理流程基本一致。首先，从广泛异构的数据源进行采集、清洗、抽取和集成，按照一定标准存储数据，构成可用于数据分析的原始数据；接着，组织和提取数据及其属性特征，转换数据为易于分析的形式并载入文件系统、数据仓库或分布式存储与处理模型；然后，对数据进行挖掘分析，从中提取有益的模式或知识，同时结合语义知识库实现数据的语义处理，提高分析质量；最后，在系统与用户之间进行交互评估，并以不同的形式对挖掘结果进行可视化，为终端用户服务。而这一处理流程需要综合多种信息技术，利用各种分析挖掘技术处理各类信息，将各种加工分析结果存入档案信息服务引擎，为用户提供信息浏览检索服务及各类分析挖掘结果。其中的主要方法和技术如图 5-10 所示。

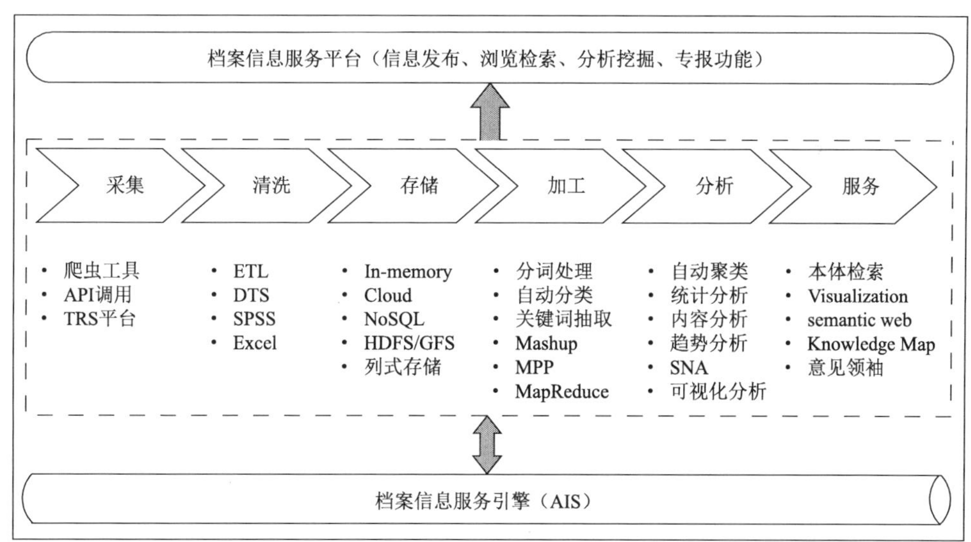

图 5-10　档案信息加工中的主要方法和技术

（1）数据采集。

网页归档数据获取的两种模式，一种是数据服务商的主动捐赠，另一种是利用爬虫工具采集数据，而利用爬虫工具抓取数据是最常用的方法。网络爬虫（Crawler）主要利用网页中的超文本链接进行访问以搜集互联网上的各种信息，在 IIPC 的资助下，WA 项目已经开发了系列爬虫工具，如 WCT、Smart Crawler、Heritrix 等。网络爬虫可以分为以下三类：①通用爬虫。正如 Google 创始人 Sergey Brin 和 Lawrence Page 所说，爬虫是搜索引擎中最薄弱而复杂的模块。该类爬虫主要用于搜索引擎网页爬取及索引维护。②限定爬虫。其目标并不是 Web 上的所有网页，而只是爬取某些特定类型的网页。一类是基于分类器的限定爬虫，如法国国家图书馆的 WA 项目为爬取每个“.fr”和“.re”顶级域名的网站，配置了特定的分类过滤器进行网页定向。另一类是上下文限定爬虫，它们也使用朴素贝叶斯分类器作指导，不过在这种情况下，分类器是用来估计已爬取的网页和一系列目标网页之间的链接距离的。③主题爬虫。一种是基于主题（topical）的爬虫，如美国哥伦比亚大学的 WA 项目和德国海德堡大学的 DACHS（Digital Archive for Chinese Studies）项目；另一种是基于主题事件（event）而配置的爬虫，如法国国家图书馆针对总统选举的 BNF（Bibliothèque Nationale de France）项目。

值得指出的是，爬虫工具并不是万能的，它存在以下几个缺陷：①格式局限。一些爬虫软件无法捕获 GIS 文件、动态网页、流媒体等，NARA 编制了一个指南，用于指导特殊网络内容文件格式的捕获方法。②时间错位。爬取一个大型网站需要几天甚至更长时间，但由于网站内容的变化带来的时间错位，爬取的有可能是一个不再实际存在的网页，目前已有部分学者研究这种不一致性。③版权问题。即是否需征得著作权人的许可，目前各国的相关法律制度不一样，像呈缴法（Legal Deposit）包含网络资源的国家，如新西兰、美国和英国的国家档案馆，它们代表政府保存公共文件时拥有合法权，无须征得许可；但小规模数据采集和网页归档则不一样，如美国国会图书馆归档博客和新闻组织的网站时要寻求允许。

（2）数据清洗。

正如 OpenHeatMap 创始人 Pete Warden 的个人经历，他花费 80%的时间用于清洗数据的混杂性，并指出这是大数据处理极为重要的第一步。数据清洗（Data Cleaning）技术常用于处理不准确、不一致、不完整、冗余、陈旧、错误的“脏”数据，进而解决单数据源的模式层和实例层问题、多数据源的模式层和实例层问题，提高数据质量。数据清洗的定义在各研究领域有所区别，主要应用表现在数据仓库领域、数据挖掘领域和数据质量管理领域，同时在汉语和英语语种的差异也较大，中文数据清洗的研究还处在起步阶段。数据清洗的方法有很多，如 Web 数据的在线清洗方法；解决模式层数据结构和属性约束问题，常用结构冲突法和噪声数据清洗法；解决实例层数据冗余重复问题，常用 Cosine 相似度等算法；解决数据仓库中缺失值问题，常用数据牧马人（Data Wrangler）和清洗增强技术；数据清洗常用模型有 Trillium 模型、AJAX 模型、Bohn 模型、Kimball 模型等，而

Web 数据的清洗常用的有页面级别的清洗模型，如 PageRank 和 HITS 算法，网页内部元素级别清洗算法如 VIPS。常用的数据清洗工具有三类：①数据仓库和数据挖掘领域的 ETL 工具，如 SQL Server 自带的 DTS 可完成数据清洗和转换、IBM 开发的 Visual Warehousing 可完成异构数据源的抽取等；②特定清洗工具，如 Idcentric、Quick Address 等支持城市街道名称等数据清洗；③其他类型，如数据挖掘工具（Wizrule）、中文数据清洗（InfoSphere Quality Stage）等。

本书中涉及异构数据源信息的清洗与转换、不同格式数据之间的映射、广告等杂质过滤、剔除冗余重复数据等，工具的选择依据数据的实际情况而定，本书中对微博数据的清洗主要采用了 SPSS 和 Excel，并利用了 DTS 部分功能完成去重过滤等工作。

（3）数据存储。

进入大数据时代，数据处理和分析的需求越来越多，而对数据的高速存储和 I/O 的要求也越来越高。目前存储领域研究的前沿包括存储介质、迁移与仿真、云存储、容灾备份、大数据存储方案等，而本书中数据存储需要注意以下问题：①存储技术。网络中存在大量的关系型数据，如文本、图片、标签、元数据等复合形式，传统的 DBMS 已经难以适应存储和处理的需求，而一些分布式和并行的数据存储和管理方案如 OceanBase、HDFS、GFS、云存储等已经成为最佳解决途径；内存数据库（In-memory DB）能胜任高速的 I/O 需求和数据处理分析，如 VoltDB、HANA 等已经在网络图片存储和处理、商业领域的数据挖掘和联机分析等领域成效显著；融合社会化媒体的档案信息资源会远超单机容纳的数据量，NoSQL、列式数据库（如 BigTable）等能与传统数据库相互补充，更好地适用于不同应用场景。②元数据描述与存储。根据档案文件特点，尽量采用档案界通用的 EAD 标准。按照 EAD 对档案的各种特征进行记录，将题名、形成时间、文种、载体、密级、主题词、正文等描述特征以元数据格式存储，对于照片、声像档案尽量描述其记录的内容。③存储格式。数据格式对数字资源的长期保存具有重要意义，如 XML、TIFF、MPEG、PDF/A 等都适合长期保存。网络资源的建设、规范和存储要以长期保存为目标，因而存储格式的选择也应引起重视。比如，荷兰的 DANS 项目（Data Archiving and Networked Services）就是将不同数据格式统一转换为 XML 进行保存。

（4）数据加工。

数据处理和加工中涉及的关键技术和方法有以下几种。

①词处理。汉语自动分词方法可分为有词典分词和无词典分词两类，也可根据分词过程中使用的资源的情况，分为基于规则法和基于统计法。可构建一个档案领域的本体词库，并采用机械匹配法对信息进行分词处理，分词结果一方面更新至本体词库，另一方面抽取关键词，进行统计分析和关联分析，挖掘社会化媒体中档案学科交流的热点主题等。

②档案信息分类。按照已有分类标准，比如《中国档案分类法》《中国图书馆分类法》等，利用分类算法使采集到的互联网档案信息自动划分入不同类别，自动建立档案资源分类体系；以用户指定关键词组合或者自动抽取的档案信息中的关键要素作为类别标签，标引采集的档案信息。同时，在档案聚类分类时，充分利用语义知识减少语义特征稀疏对聚分类所带来的影响。

③融汇（Mashup）的理念和技术最早用于应对数字图书馆文献资源的跨库问题，如今，它已经在网络新闻、社会化媒体信息、网络地图等多方面得到应用，成为整合分散信息源数据，实现信息共享的有效技术。档案信息资源长期以来都游离于社会信息资源体系之外，而作为一种特殊信息资源封闭和单独使用，Mashup 技术一方面可以将档案信息资源与网络信息资源关联起来，实现信息资源的集成；另一方面也可以通过开放接口，允许第三方获取集成的数据，从而破除“信息孤岛”。对本书而言，可利用 Mashup 技术整合面向档案学科的各类社交平台信息，时机成熟之时还可以与数字档案馆、电子文件中心、文献数据库等对接，进而打造图书、情报、档案、网络信息资源整合的一体化信息平台，提升信息服务的质量。

④大规模并行处理（MPP）是应对大数据处理的一种卓有成效的技术，如云计算平台、分布式数据库、MapReduce 模型等。社会化媒体中的档案信息是海量、非结构化和混杂噪音的，也即是一个大数据问题，可尝试将 MMP 的相关技术引入，同时要在以下方面创新与实践：探索与统计分析软件（如 R 语言、SAS、Matlab 等）及可视化工具（如标签云、Clustergra 等）的融合；算法优化和创新，如将经典算法 K-means、遗传算法、神经网络算法等移植于 MapReduce 模型；与传统数据库的集成，因为传统数据库在数据的精细化管理中更胜一筹，Facebook 就尝试将核心数据存储在 MySQL 中，而以 Hadoop 进行流数据（Streaming Data）的实时计算和分析，MySQL 和 Hadoop 以一种反馈机制进行通信。

随着大数据时代的到来，原有的档案管理理论、管理模式和应用技术等都在发生革命性的变化。海量档案馆藏信息与档案利用率之间存在着越来越大的落差，档案馆与利用者之间也存在着越来越厚的利用屏障。随着分析技术与计算技术的突破，解读这些海量碎片化信息成为可能。大数据的价值，主要体现在支持基于数据的科学发现，减少对精确模型与假设的依赖，实现了基于数据的决策，使过去不能解决的问题变得可能解决。随着互联网的迅速发展和变革，社会化媒体成为记录人类社会生活变迁的重要载体，并成为大数据时代的焦点，档案社会化媒体也迅速渗透到学界和业界，成为信息交流和知识传播的重要平台，但目前这些网络信息资源没有引起档案界的广泛重视，需要整合和能够整合的档案资源太少，也导致整合意义不大。将档案的网络学术论坛、学术博客和档案学人微博作为切入点，在此基础上探索数据源的分布、评测甄选和整合方法，并最终在构建的档案社会化媒体信息获取和分析系统上，有效整合开发利用档案新型资源，必然是推动和促进现有的档案信息化资源建设与利用的研究内容和方向之一。

专门的档案信息作为公务和活动的记录，当档案信息比较少的时候，可以根据档案分类和个人知识经验进行查询利用，但当海量的档案信息已经成为大数据时，大数据的价值需要运用全新的处理思维和解译技术来实现。数据收集、处理与分析能力的提升，将显著拓展人们对客观世界洞察的深度和程序化探究问题的广度。随着新媒体档案数据积累和计算能力的提升，直接从大数据中获取档案知识成为可能。基于大数据和大数据技术，我们可以使用极为丰富的数据资源对档案信息化发展进行实时分析，并更好地对应急档案文件做出响应。大数据技术可以帮助我们实现档案工作的科学决策，从而推动档案信息化管理理念、方式与方法的革命。

5.4.3　一种档案信息服务平台的功能设计

档案领域社会化媒体信息服务平台包含管理系统和服务门户两大功能模块，具体如图 5-11 所示。

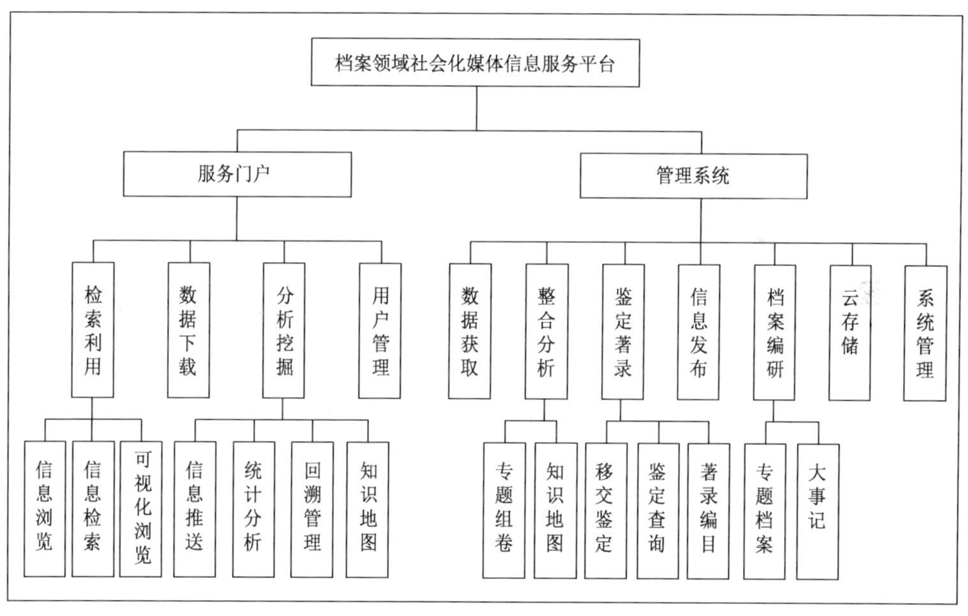

图 5-11　档案社会化媒体信息服务平台功能模块结构图

1. 服务门户

（1）检索利用包括发布信息的浏览、信息的多条件复合检索、关联信息推荐、关联信息的可视化浏览等。

（2）数据下载指采集的数据直接发布至 Web 服务界面供用户下载。

（3）分析挖掘包括信息推送、信息检索的个性筛选、检索结果的基本统计分析功能、信息的回溯管理、用户关系网络的可视化分析、内容的知识地图等。

（4）用户管理指用户可申请个人账户，用以向系统提交数据采集需求和获取管理系统中的部分功能。

2. 管理系统

（1）数据获取指按照需求配置采集器、获取数据、数据预处理等。

（2）整合分析包括信息集成、专题信息的组卷、信息分析、可视化分析、构建知识地图等。

（3）鉴定著录包括社会化媒体信息归档前的价值鉴定、移交鉴定、销毁鉴定、鉴定查询、归档信息增删改、归档信息著录、档案编目、报表打印等。

（4）信息发布指将采集的数据、分析的结果等发布至 Web 服务界面。

（5）档案编研包括实现专题信息的自动组卷、档案的版本管理、主题信息的回溯管理、大事记专报自动生成等。

（6）云存储作为最新的技术方案，已在档案信息资源整合与服务中应用实践[①]，本系统中主要包含数据的云备份与还原、档案信息的云服务等。

（7）系统管理包括用户账户、密码、订阅、数据下载、分析结果导出、报表打印等。

图 5-12 显示了档案领域社会化媒体服务平台（管理系统）中“信息检索”与“信息集成”功能的实现效果。在系统中检索“军事档案”，结果中集成了来自网络论坛、博客和微博等数据源的信息，并提供主题词抽取、相关主题词浏览、原文链接、归档著录等功能。

图 5-12　档案社会化媒体服务平台管理系统实现效果

① 牛力，韩小汀. 云计算环境下的档案信息资源整合与服务模式研究[J]. 档案学研究, 2013 (5): 26-29.

随着档案信息化的快速发展，互联网上各类新媒体档案信息源（如网站、论坛、博客等）提供的海量信息，正成为档案开发和利用的新型资源。搜索引擎的快速发展在一定程度上缓解了档案信息查阅不便的矛盾。然而，由于大多搜索引擎的信息组织与标引缺乏控制，容易产生各类信息混杂、冗余重复信息过多，信息涉及面过广、缺乏信息深度挖掘，分类标准缺乏系统性与规律性、用户使用不便等诸多问题，不能有效满足档案用户与工作者的检索需求，特别是档案信息研究者的需求。针对互联网档案信息资源整合与利用过程中的方法技术等相关问题进行研究与实践，上述系统能够实现对档案信息网页、论坛、博客、新闻等网络资源的精确采集和解析，提供档案关键信息抽取、信息标引、文本信息分类聚类、信息检索、信息集成等多层次、多维度的档案信息服务。

5.5　本章小结

档案领域的社会化媒体信息来源广泛，系统调研数据源分布、分析数据结构是研究的基础，构建科学数据评测和甄选方法是信息集成和分析的重要保证。数字档案环境下开发新媒体资源既是档案信息化建设的战略性步骤，也是全面、合理开发并且充分、有效利用网络档案信息资源的必然选择。通过对网上档案信息资源的整合、挖掘、利用，能使当前档案信息网提供大量经过分析筛选、符合实际需求的信息，以满足档案查阅、研究等多样化的信息需求，实现互联网档案资源的有效开发利用及现有档案信息网资源的增值服务，提高用户获取信息的质量与效率，进一步实现档案信息资源的大集成和大服务。

第 6 章　面向档案社会化媒体信息资源整合的信息组织

要实现不同媒体平台信息的综合集成，必须深入研究信息组织的理论和方法。对数据源科学有效的筛选确定了资源获取范围，但网络信息是混杂的，论坛、博客、微博等社会化媒体的数据结构和组织方式都大相径庭。本章从信息组织的元数据入手，探索信息的抽取模式、整合模式、服务模式和技术方法，设计和开发包括档案资源精确采集解析、档案数据集成的档案信息资源整合系统。

6.1　档案信息资源的元数据标准

在社会化媒体兴盛的当下，大众标注多维度的特性能够准确反映网络信息的传播和使用的状况，通过改变一个事件的标注就可以让传播和利用的途径、方式发生根本的改变，使用户对网络信息资源的自我组织和管理成为可能，让网络资源的信息组织更趋于个性化[①]。要实现不同媒体平台信息的综合集成，必须深入研究信息组织的理论和方法，如 IIASF 中顶层模块的相关标准、理论方法和实践经验；理论指导实践，IIASF 控制模块是实现信息集成、分析及服务的关键，其中涉及大量的技术方案和工具应用。由于电子文档的主流化和网络检索的大量需求，元数据应运而生[②]。从信息的生成、预处理、传输、分析、管理、利用和保存整个生命周期中，元数据以一种贯穿始终的方式存在于信息流的每一个环节中，对信息资源的释义、定位、描述、检索、评估、决策和法律凭证性发挥无可替代的作用。知识集成中的知识组织，其根本依据就是数字信息的元数据；而知识集成中的知识检索，数字信息的元数据则是其实现的必要条件。

① 刘雨晴. Web 2.0 向 Web 3.0 过渡下的网络信息资源组织发展——以社会化媒体为例[J]. 电脑知识与技术, 2019, 15(36): 33-35.

② 刘嘉. 元数据导论[M]. 北京: 华艺出版社, 2002: 46.

6.1.1　元数据的定义及其与本体的异同

1. 元数据的定义

元数据（Metadata），最早出现于 NASA 编制的《版本转换指南》(*Directory of Interchange Format*，DIF）中，便于不同版本数字资源的转换和使用[①]。关于元数据的定义至今没有统一的标准，从“metadata”的构词入手，“meta”意为“变化和超越”，“data”表示“数据”[②]，因而其字面意思是“有关数据的数据（data about data）”，这也成为最常用的定义。该定义一方面遵循了整体可分割为部分的辩证关系，即数据可再分为粒度更小的数据进行描述；另一方面也体现了事物运动的哲学观，突出了元数据不断变化和超越的性质。但这一定义比较通泛，也缺乏针对性，因而不同领域的学者常结合专业和实践的需求对元数据的定义进行具体化，典型的定义包含以下几种。

（1）在计算机数据库领域，数据字典常用来保证数据的一致性，其对各类数据所定义的属性名称，常被称作“Metadata”；在计算机通信领域，元数据被描述为信息包的编码（encoding for information package），其作用是通过提供一个中间介质的描述，提高浏览和检索的效率[③]。

（2）在图书情报领域，元数据最早可以追溯到古代目录学、图书索引卡片等，然而从实际应用角度看，将其局限于“机读”领域更适合[④]，这也奠定了元数据在数字图书馆建设中的地位。元数据在数字图书馆中提供完整的数据描述，成为整合和链接分布式站点的纽带，也是资源识别、描述、分类、处理、组织、评价、排序、检索和人机交互的基本要素，同时还为中高层协议中间件提供标准的数据访问接口[⑤]。

（3）在档案管理领域，世界上第一个关于文件管理的国际标准 ISO 15489 将元数据描述为文件的背景、内容、结构及其全生命周期管理的数据[⑥]；ISO 23081 在 ISO 15489 定义的基础上对元数据的功能做了进一步拓展，将元数据定义为“支持在一个领域内或跨领域进行文件的创建、全生命周期管理和利用的结构化或者半结构化信息”[⑦]。

不同专业领域对元数据定义的把握不尽相同，但它们在利用元数据的目的和方法上基本都是一致的：①目的，期望通过构建元数据来优化信息资源的管理、

---

① NASA. Directory of Interchange Format Manual. Version1. 0 July 13[R] . 1998: 88-89.

② 王大青. 面向知识时代的电子文件管理元数据研究[D]. 南京: 南京政治学院, 2014: 75.

③ Taylor A G, Joudrey D N. The Organization of Information[M]. Westport: Libraries Unlimited, 2004.

④ 刘炜. 数字图书馆的语义描述和服务升级[M]. 北京: 国家图书馆出版社, 2010: 14.

⑤ 高文. 数字图书馆: 原理与实现技术[M]. 北京: 清华大学出版社, 2000.

⑥ ISO. Information and Documentation-Records Management- Part1: General (ISO 15489-1) [S]. 2001.

⑦ ISO. Information and Documentation-Managing Metadata for Records-Part 2: Conceptual and Implementation Issues (ISO 23081-2) [S]. 2009.

传递和利用，方便人们更好地理解和使用信息；②方法，将同类数据提炼为一个描述类数据，元数据构建的方法从根本上讲是对事物从现象到本质的抽象。

2. 元数据与本体

课题研究在信息加工、知识服务等环节还用到了“本体”的相关理论、技术和实践，“元数据”和“本体”容易引起混淆，此处做一个简要的说明。

本体（Ontology）原本是西方哲学史上的一个哲学概念，指的是关于存在及其本质和规律的学说。计算机专家 Gruber 教授在 1993 年重新给出了定义，即“知识本体是一个概念化的体系显示规范”（An ontology is an explicit specification of conceptualization）[①]，此后，很多学者都分别给出了各自的定义。从本质上说，本体是指一个或几个领域的概念和这些概念之间关系的集合，所以关系是本体理论的核心。本体理论的意义是将原本游离且错综复杂的片断化信息按照上下位和同义关系进行关联，形成有价值的信息网。由于各个信息之间彼此关联形成网络，因此从任何一个信息节点出发，都可以按照一定路径到达其他信息节点，实现新的知识组织。知识本体可以帮助人们对于所在领域的知识进行系统分析，并把知识形式化，知识便于计算机处理，此外，知识本体还可以帮助实现人与计算机、人与人之间的知识共享。在信息组织层面，“元数据”和“本体”的异同如表 6-1 所示。

表 6-1　信息组织层的元数据与本体异同

异同		元数据	本体
相同点		对信息的结构化描述	
不同点	定义构成	关于数据的数据。 元数据方案（元素集） 置标方案 元数据记录	领域的可共享的概念及概念间关系的形式化定义。 模型、词表（类、属性） 实体/实例对象
	描述对象	文献	内容
	描述重点	文献的外在特征	内容对象的特征及相关关系
	词表定义	元素	类、属性
	标准规范	MARC、DC	FRBR、BIBFRAME
	编码模式	RDF、XML	RDFs、OWL
	存储查询	RDB、SQL	RDF Store、SPARQL
联系		元数据元素可作为本体的属性，本体可以看作“元”元数据	

① Ahmad M N, Colomb R M. Managing Ontologies: A Comparative Study of Ontology Servers[C]// Conferences in Research and Practice in Information Technology Series. Australian Computer Society, 2007:13-22.

本体具有明确性、一致性和扩展性三大特征，近年来国内外学术界对于本体的构建较为关注，本体构建是一项系统工程，通常需要由领域专家和本体工程师依据一定的构建规则，采用合适的开发工具或技术来加以实现。构建本体的主要方法有：一是利用各种类型的领域资源从零开始构建；二是利用现有的各类叙词表、分类词表等加以改造，形成领域本体；三是综合现有本体，经过合并、转换等处理形成新的通用本体或者参考本体。本体描述语言对本体模型的概念关系表达起着决定性的作用。目前国内外已经存在多种本体描述语言，主要包括 RDF、RDFs、OWL、DAML、DAML+OIL 等，而本体构建常用的开发工具有 OntoEdit、WebOnto、WebODE、KAON 等。

6.1.2 元数据标准

元数据标准是描述某些特定类型资料的规则集合，这些规则主要表现在语法和语义两个层次上：①语法层次，规范描述工作中使用的元语言、语法规则、描述方法和格式等，着重在语言结构层面阐述语言规则；②语义层次，表示针对特定领域或对象进行描述时使用的语义元素及约束规则，包括描述词汇的选取、本体构建、词汇关联等，注重在知识网络层面表述信息的关联。图书情报与档案领域形成了诸多常用的元数据标准，它们相互借鉴、彼此兼容，如通用性较强的 MARC、DC、TEI、MODS、METS 等，领域针对性较强的 CDWA、VRA、EAD、IPTC、NISO Z39.87 等，近年编目领域又出现了 RDA（Resource Description and Access）。下面介绍本书采用的两种元数据标准。

1. 都柏林核心元数据

都柏林核心元数据（Dublin Core，DC）源于 1995 年在美国俄亥俄州都柏林市成立的特邀工作小组，其基本内容由 15 个通用性强的核心元素构成，即都柏林核心元数据元素集（Dublin Core Metadata Element Set，DCMES①）。DCMES 已成为许多国家用于资源描述的正式标准，其发展和维护由都柏林核心元数据计划（Dublin Core Metadata Initiative，DCMI）负责②。DC 一般可分为两类：①简单 DC，指 15 个核心元素；②复杂 DC，指扩展、选择性使用、复用后的元素集。正如表 6-2 所示，DC 的 15 个核心元素可以分为资源内容、知识产权和外部属性三大描述类③，表 6-2 中“标签”是元素的语义属性，应用中允许赋予其他合适的标签。

① ISO. Information and Documentation - The Dublin Core Metadata Element Set (ISO 15836) [S]. 2009.

② DCMI. DCMI Annual International Conference[R/OL]. [2019-06-10]. http: //dublincore. org/.

③ 张正强. 国家标准《文件管理元数据原则》中文件管理元数据的结构化信息与半结构化信息的理解[J]. 档案学研究, 2011 (6): 31-36.

表 6-2 DC 核心元素表

类别	元素名称	标签	子元素	定义和注释
资源内容描述	Title	题名	交替题名	赋予资源的名称，一般指资源正式公开的名称
	Subject	主题		资源的主题，一般用关键词、分类号描述
	Description	描述	目录、文摘	资源的说明、解释，如文摘、目录、图像图形等
	Source	来源		与当前资源有关的资源（当前资源中部分或全部可能来源其他资源）
	Relation	关系	版本继承、版本关联、被替代、替代、被需求、需求、部分于、部分为、被参照、参照、格式转换于、格式转换为、遵循	与当前资源相关的其他资源
	Coverage	覆盖范围	空间、时间	资源涉及的空间、时间主题和范畴
	Type	类型		描述资源内容的一般范畴、功能、种属或聚类层次的术语
知识产权描述	Creator	创建者		资源的主要责任者（个人、团体、服务系统）
	Publisher	出版者		使资源可以获得和利用的责任实体
	Contributor	其他责任者		对资源做出贡献的其他责任实体，但未被指定为主要贡献者
	Rights	权限	访问权限、许可	所有者权利信息或被赋予的权利信息，如知识产权、产权声明等
外部属性描述	Date	日期	创建日期、生效日期、获取日期、发布日期、修改日期、接收日期、版权日期、提交日期	资源生命周期中的时间信息，如制作日期、修改日期等
	Format	格式		资源的文件格式、物理媒体、尺寸规格等
	Identifier	标识符		特定上下文环境中给予资源的明确标识
	Language	语种		资源的语种

DC 和 MODS 是网络环境常用的元数据标准，尽管早在 2004 年就有学者称：DC 即将被 MODS 取代①。现实粉碎了这一妄言，DC 蓬勃发展推动着万维网上的元数据运动，成为编目史和网络信息资源描述组织的一场革命。多种编码语言适用、可拓展、可复用、可修改、句法独立、与其他元数据兼容性好等优点，使 DC

① Beall J. Dublin Core: An Obituary [J]. Library Hi Tech News, 2004, 21(8): 40-41.

成为目前网络信息资源描述、组织和检索中最受欢迎的元数据模型。DC 与 HTML 网页数据描述有较好的兼容性，便于信息的抽取、集成和结构化保存；15 个核心元素也能较全面地揭示网络信息资源的主要属性。因此本书拟采用 DC 标准对社会化媒体网络资源进行描述和组织。

2. 档案置标著录

档案置标著录（EAD）始于 1993 年加州大学伯克利分校图书馆主持的“伯克利检索工具项目（The Berkeley Find Aid Project，BFAP）”，由美国档案工作者协会(Society of American Archivists, SAA)于 1998 年发布，并在 2002 年发布 EAD 2002 版。EAD 选用可扩展置标语言 XML 对著录信息进行全文置标，具有丰富的元素数量，是 XML 在档案领域的具体应用，其采用结构化和形式化的档案著录信息描述规范，利于多层级著录和深度描述，适合档案的高效获取和长久保存，同时便于档案工作人员（或用户）和计算机的理解①。

EAD 遵循了国际档案著录的内容标准，规范了语义（即内容），同时规定了语法规则，明确了所著录各元数据之间的结构与关系。EAD 标准文件由①可扩展置标语言模式定义（即 XML Schema，包括语义 Schema 和语法 Schema，或早期的文档类型定义 DTD）、②置标标识词词典（Tag library）和③使用指南（包括实例）构成②。目前 EAD 已广泛应用于档案工作的实践中，是归档信息著录、检索等环节的基础。EAD 的元素集合定义为若干层次的元素组合，共包含 146 个元素。所有元素都包含在<ead></ead>根元素中，在根元素下容纳三项高层元素：EAD 头标<eadheader>、前面事项<frontmatter>、档案描述<archdesc>。每一高层元素再分若干分元素，某些分元素下又分若干子数据项，部分数据项会根据著录档案资料的需要反复出现多次。表 6-3 按层级关系列举了 EAD 的主要元素。

表 6-3　EAD 主要元素表

高层元素	次级元素	子数据项	子数据项定义和注释
<eadheader> EAD 标目 必备项：描述检索工具本身的书目性与描述性资料	<eadid>EAD 识别（必备）		
	<filedesc>文件描述（必备）	<titlestmt>题名叙述	封装元素，说明检索工具的名称及对知识内容负责的主体的名称
		<titleproper>正题名	检索工具的名称

① 王萍. 电子档案著录标准及其应用[M]. 长春: 吉林大学出版社, 2010: 26-36.

② 王大青. 国际档案著录标准体系研究[J]. 档案与建设, 2013 (3) : 23-27.

续表

高层元素	次级元素	子数据项	子数据项定义和注释
<eadheader> EAD 标目 必备项：描述检索工具本身的书目性与描述性资料	<filedesc>文件描述（必备）	<subtitle>副题名	
		<publisher>出版者	
		<author>作者	负责编辑检索工具内容的机构或个人
		<date>日期	任何格式的日期信息
		<address>通讯方式	某人、某物的所在位置或联络方式
	<profiledesc>背景描述（选用）	<creation>创建	描述检索工具 EAD 编码的相关信息
		<language>使用语言	描述检索工具的语言
	<revisiondesc>修订描述（选用）		
<frontmatter>前面事项 可选项：元素内容与<filedesc>文件描述相同，但元素顺序可不同排列	<titlepage>题名页	<titleproper>正题名	
		<subtitle>副题名	
		<publisher>出版者	
		<author>作者	
		<sponsor>赞助者	
		<div>文字部分	描述资源的序言、致谢、索引等
<archdesc>档案描述 必备项：记录整个 EAD 档案的封装元素，包括档案资料的内容、背景和范围	<did> 描述识别（必备）	<head>标题	说明文本某部分的题名
		<abstract>摘要	对于数据的简短概述
		<repository>收藏单位	描述资料内容检索的机构
		<origination>来源	描述资料被移交到档案馆前的创建者/保管者
		<unittitle>单元题名	描述资料的正式给定名称
		<unitdate>单元日期	描述资料的日期
		<unitid>单元识别	作为描述资料唯一的参照点或控制号码
		<physolc>实体位置	描述资料收藏的地点
	<descgrp>描述群组	<accessrestrict>检索限制	影响被描述资料可获得状况的信息
		<acqinfo>征集信息	描述资料的直接来源
		<userestrict>使用限制	说明对检索获得资料的使用条件
		<bioghist>传记/历史	提供档案产生者的信息

续表

高层元素	次级元素	子数据项	子数据项定义和注释
<archdesc>档案描述 必备项：记录整个 EAD 档案的封装元素，包括档案资料的内容、背景和范围	<descgrp>描述群组	<scopecontent>范围与内容	描述资料的主体涵盖范围
		<arrangement>档案排列	
		<altformavail>其他可取的形式	描述有关资料副本的信息
		<appraisal>鉴定	有关决定档案价值的程序
	<dsc>附属成分描述	<c01>第一层	封装元素，指出描述资料最上层成分
		<c02>第二层	封装元素，指出描述资料第二层成分
		<container>装具	描述有关装载描述资料的设备
		<dao>数字档案	连接描述资料的检索工具信息和其电子形式
		<controlaccess>检索控制	封装元素，指出描述资料的关键检索点
		<persname>人名	
		<corpname>团体名称	
		<genreform>类型特征	描述资料的类型
		<occupation>职业	
		<subject>主题	指出描述资料相关或所涵盖主题的专有名词
		<note>附注	提供解释内文的简短陈述

进入大数据时代，元数据标准在适应海量数据的 3V（volume、variety、velocity）[①]特征中软肋凸显，未来将在以下三个方面引起重视：①数据量的规模性（volume）和来源广泛性要求其具备充分的可拓展和可复用能力；②数据类型的多样性（variety）要求多标准的协作，但标准间的互操作性和兼容性是棘手问题；③数据变化的高速性（velocity）又对元数据的实时捕获、更新和管理造成新的困扰。

① Madden S. From Databases to Big Data[J]. IEEE Internet Computing, 2012, 16(3): 4-6.

6.2 档案社会化媒体信息的元数据构建

6.2.1 元数据创建模式

在国外 WA 的具体实践中，元数据元素的丰富程度常取决于网络档案馆的规模和归档组织可利用的资源[①]，一般有以下两种模式。

1. 元数据自动生成模式

该方法一般在大规模的网络档案馆中较为常见，它们利用爬虫软件抓取网页，进而获取网络资源的时间戳、状态代码、文件类型、URL、MIME 类型等信息，也可通过解析 HTML 网页源代码抽取标签信息。希腊的 WA 项目[②]就通过上述方式自动抽取网页和锚文本中的关键词，进而使用关键词对网页分类成集群；美国国会图书馆利用 URL 推荐数据，自动生成 MODS 元素目录，并以此改进数据质量[③]。

2. 元数据手工创建模式

迫于资金技术等限制，小规模的网络档案馆常采用此方法。美国加州大学洛杉矶分校（UCLA）的在线期刊档案馆（Online Campaign Literature Archive）参照 DC、美国国会图书馆主题词表（Library of Congress Subject Headings）和本地自定义权限目录，结合捕获和审查过程中员工建立的详细注释来管理元数据[④]；德国海德堡大学开展的中国典藏数位研究 WA 项目（Digital Archive for Chinese Studies Web Archives，DACHS）邀请相关学者提供一些元数据的描述[⑤]；中国台湾大学的典藏数位计划（NTUWAS）则针对网页内容，架构了一个三层的分类和编目方案，其元数据也可以通过用户标记、注释和评论来创建[⑥]。

---

① NIU J. An Overview of Web Archiving [J]. D-Lib Magazine, 2012, 18 (3/4) : 1-6.

② Lampos C, Eirinaki M, Jevtuchova D, et al. Archiving the Greek Web[C]//4th International Web Archiving Workshop (IWAW04), 2004.

③ Grotke A, Jones G. Digiboard: A tool to Streamline Complex Web Archiving Activities at the Library of Congress[C]// 10th International Web Archiving Workshop (IWAW10), 2010: 17-23.

④ Gray G, Martin S. The UCLA Online Campaign Literature Archive: A Case Study[C]//7th International Web Archiving Workshop (IWAW07), 2007: 1-5.

⑤ Lecher H E. Small Scale Academic Web Archiving: DACHS [M]//Web Archiving. Springer Berlin Heidelberg, 2006: 216-225.

⑥ Chen K, Chen Y, Ting P. Developing National Taiwan University Web Archiving System[C]// 8th International Web Archiving Workshop (IWAW08), 2008: 1-8.

6.2.2　元数据创建方法

无论是自动生成还是手工创建模式，实践活动中元数据的设计常借鉴或遵循现有的元数据标准，归纳起来有以下两种方法。

1. 自顶向下的继承方法

首先选择高层结构的元数据方案（如 EAD），如果资源是可用的，则创建低一层结构的元数据；其次，低一层结构的元数据继承了高层结构的元数据。此方法的具体应用中，一些术语级别的元数据则一般很少创建，如文件格式、修改日期等都可被自动提取①。在网络信息采集时，一般对“网站—网页—文件（文本、图像、音视频）”逐层分解，而这些层次结构与档案集合的层次结构相匹配，因而这种方法在 WA 实践中常被使用。

2. 自底向上的提炼方法

首先参照现有的一些元数据标准，深入解析底层中某一网络信息源的结构特征，提炼有价值的元数据；然后依据此思路，提炼底层中其他同类型网络信息资源的元数据；最后对这些元数据进行二次提炼，形成高层结构元数据，这种手工创建模式为主的方法常适用于对一个新网络环境的探索。一个高层次的描述单元意味着只能创建很少的元数据，而一个低层次的描述单元能创建更多详细的描述和元数据，底层与高层元数据的合理配置才能更实用，如美国国会图书馆和哈佛大学网络档案馆（Harvard University Web Archive）就为每一个包含多个网站的网络档案馆集合创建一条顶层的 MARC 记录，方便图书馆和档案馆检索；此外，美国国会图书馆还为底层的每一个网站建立 MODS 描述文件，并且能在网络档案馆中检索到②。

本书采用自顶向下（演绎法）和自底向上（归纳法）相结合的方法，如图 6-1 所示。首先以 DC 的 15 个核心元素为顶层元素集解析和设计各类网络资源中的底层元数据（Metadata），进而提炼出社会化媒体元数据整合（Metadata about Metadata，$Metadata^2$）模式，最后形成 $Metadata^2$ 与 EAD 的映射关系，便于社会化媒体信息下一步的鉴定、著录和归档。

---

① NIU J. An Overview of Web Archiving [J]. D-Lib Magazine, 2012, 18 (3/4): 1-6.

② Library of Congress. Web Archives Technical Information[EB/OL]. (2011-08-05) [2019-06-16]. http: //lcweb2. loc. gov/diglib/lcwa/html/lcwa-techinfo. html.

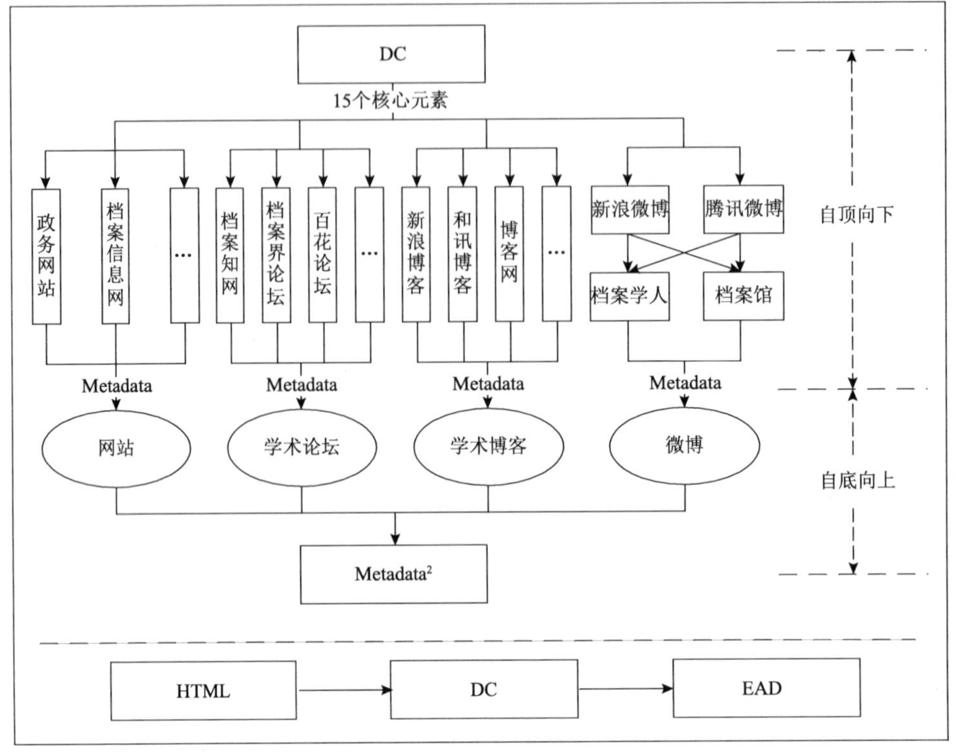

图 6-1　元数据创建方法示意图

6.3　基于元数据的档案信息抽取

本书基于 DC 开展社会化媒体数据的抽取。

6.3.1　网络论坛元数据抽取

网络论坛中，信息资源的载体形式一般分为主题页面（版块主题列表）和内容页面（帖子）。主题页面包含的数据项有标题、作者、发布时间、回帖数量等，内容页面的数据项包括标题、正文、作者、评论者、评论内容、评论时间、评论者信息、相关帖子、内容链接等。同一网络论坛平台中不同的主题版块数据结构是基本一致的。

内容页面是最具价值的，参照 DC 标准，并选取“档案知网”社区中一篇帖子作为具体实例，构建网络论坛元数据抽取模式如表 6-4 所示。

表 6-4　基于 DC 的论坛元数据抽取模式

元素名称	论坛元数据	实例	HTML 标签
Title	帖子、网页标题	总参保密档案局筹划部署“十二五”军队档案工作	<tittle>…</tittle>
Creator	帖子作者	admin	class= " xg1 "
	文章原作者	张玉宪 李筱春	
Subject	帖子关键词		class= " ptg mbm "
Description	摘要		class= " s "
	主帖内容	……总参保密档案局以推动军队档案工作科学发展……	<tbody>…</tbody>
	回帖内容		id= " post_165555 "
Language	内容描述语言	中文	
Relation	相关分类、帖子	杂志介绍、学术动态、档案学院、投稿订阅	<ul>…</ul>
Publisher	网站名	档案知网	class= " comiis_Copyright "
Contributor	回帖用户		
Date	主帖发布时间	2011-01-14 19:54	class= " xg1 "
	回帖时间		id= " authorposton165555 "
Coverage	时间覆盖范围		
	内容覆盖范围		
Format	网页编码格式	HTML	
Source	帖子的网址	http://bbs.dazw.cn/portal.php?mod=view&aid=8175	
	文章来源	《中国档案报》2011 年 1 月 14 日第 2105 期第一版	
Identifier	网址标识字符串	view&aid=8175	
Type	帖子所属版块	学术动态	class= " z "
Rights	网站归属版权	档案知网	class= " comiis_Copyright "

在不同的社会化媒体平台中，论坛的网页布局会有所差异，如不少论坛中“Relation”“Subject”等数据标签会缺失，许多帖子没有用户评论；同一网络论坛中，不同版块的资源也会有细微的差异，如“档案知网”中“档案社区”和“文章精华”的网页结构就不一样，“文章精华”版块增加了“摘要”栏目等。另外，在 HTML 的<head>标签内虽会有 Description、Keyword 等元数据描述，但其都是粗略地以网页标题形式描述的，并未二次加工。因此，在具体实施过程中，有针对性地解析网页结构是信息抽取的关键，而一

些缺失的条目，如表 6-4 中“Subject”可采用分词技术和词频统计方法，自动生成关键词。

6.3.2 网络博客元数据抽取

网络博客中，信息资源的组织类似于网络论坛，包含博客主页与博文页面。博客主页有博文列表、作者信息、访问量、开通时间等；博文页面包含标题、作者、发布时间、内容、评论者信息、评论内容等。同一博客平台中，不同博主发表的博文数据结构是基本一致的。

参照 DC 标准，选取辽宁大学中国档案文化研究中心主任赵彦昌副教授“中国档案学研究”博客中一篇博文作为具体实例，构建博客元数据抽取模式如表 6-5 所示。

表 6-5 基于 DC 的博客元数据抽取模式

元素名称	博客元数据	实例	HTML 标签
Title	博文标题	美国防部军事档案代表团访问解放军档案馆	<tittle>…</tittle>
Creator	博文原作者		
	博主	落拓寒儒（赵彦昌）	id= " master_name "
Subject	标签	档案界最新信息；档案利用；档案工作实务	class= " ArticleTag "
Description	主帖内容	……美国防部军事档案代表团一行访问解放军档案馆……	<tbody>…</tbody>
	回帖内容	美国国防部访问解放军档案馆对深化军事档案合作……	id= " ReplyTableAll "
Language	博文描述语言	中文	
Relation	友情链接	D4012 工作室……	id= " GetLink "
Publisher	网站名	中国档案学研究—落拓寒儒的和讯博客	class= " site_description "
Contributor	评论用户	李婉然	id= " ReplyTable_A_1 "
Date	博文发布时间	2011-11-28 18:17:15	class= " ArticleTitle "
	回帖时间	2012-06-12 08:28:32	id= " ReplyTable_B_1 "
Coverage	时间覆盖范围		
	内容覆盖范围		
Format	网页编码格式	HTML	
Source	博文来源	《中国档案报》2012 年 5 月 18 日总第 2307 期第一版	
	博文来源网址		
	博文当前网址	http://weilaiwansui.blog.hexun.com/75983090_d.html	

续表

元素名称	博客元数据	实例	HTML 标签
Identifier	网址标识字符串	75983090	
Type	分类	最新讯息	class= " ArticleCate "
Rights	网站归属版权	和讯博客	

同网络论坛一样，不同的博客平台和不同的博主，其博文的网页布局都是不一致的，比如有些博文是转载的，“Creator”元素中涉及博文原作者和博主两位，而“Source”中自然也涉及转载的网址和本博文的网址。而在具体的实验中，需针对性地分析网页数据结构，定位元数据对应的内容节点，从而抽取网页内容。

6.3.3　微博元数据抽取

微博是近年一种新兴的网络数据组织模式，以短短 140 字呈现用户生成内容，而且还出现了“@（提及）”“##（参与话题）”等新的模式。参照 DC 标准，选取上海师范大学人文与传播学院张会超副教授的新浪微博“教书匠张三”发布的一条微博作为具体实例，构建的微博元数据抽取模式如表 6-6 所示。

表 6-6　基于 DC 的微博元数据抽取模式

元素名称	微博元数据	实例	HTML 标签
Title			
Creator	微博用户	教书匠张三	Screen_name
Subject	#话题#		render= " ext "　extra-data= " type=topic "
Description	微博内容	原成都军区某步兵师官兵紧急赶往抢救档案……	Status_text
	前一位转发的内容		<a>@***</a> " … "
	评论内容	赞，以后政府的重要部门建筑一定要建好了……	<dd>…</dd>
Language	内容描述语言	中文	<lang>
Relation	@（被提及用户）		render= " ext "　extra-data= " type=atname "
Publisher	微博用户名	教书匠张三	Screen_name
Contributor	评论用户	柳市镇	<dd>…</dd>
Date	微博发布时间	2011-03-13 15:11	Created_at

续表

元素名称	微博元数据	实例	HTML 标签
Coverage	评论回复时间	2011-03-13 15:12	<dd>…</dd>
	时间覆盖范围		
	内容覆盖范围		
Format	网页编码格式	HTML	
Source	微博来源	http://t.cn/htdUcg	<a title=" " >…</a>
Identifier			
Rights	网站归属版权	新浪微博	<p class=" S_txt " >…</p>

相比博客和论坛，微博信息的组织与整合较为复杂。从表 6-6 可知，微博元数据集成模型中只取了 DC 的 14 个核心元素，未选取“Type”元素。由于微博内容并没有标题，故 Title 元素并未赋值，在应用中可采用分词技术对内容进行自动摘要；当然也可以取其全部内容作为标题，这样 Title 与 Description 描述的内容是一样的。微博数据一般通过调用 API 或网络爬虫两种方式进行获取，下文的实证应用中将进一步阐述。

6.4　基于元数据的档案数据映射

6.4.1　社会化媒体元数据整合模式

通过上文对论坛、博客、微博元数据方案的讨论，各类社会化媒体平台的核心元数据得以解析。正如图 6-1 所示，本小节以完整揭示用户生成内容为指导思想，进一步采用自底向上提炼的方法，对各平台的元数据进行分析和提炼，在更高一层实现 HTML 和 DC 的映射，并形成社会化媒体元数据整合 Metadata^{2}模式。如表 6-7 所示，社会化媒体元数据的核心元素主要有 14 个，以描述用户生成内容的元数据为主要构成部分。在具体的信息抽取和整合实践中，不同的社会化媒体平台，其 HTML 网页编码会各不相同，应具体问题具体对待，确保完整地抽取标题、内容、作者等核心信息。

表 6-7　社会化媒体元数据整合模式

类别	HTML	DC		
用户生成内容描述	<Tag>	元素名称	标签	注释
	<tittle>…</tittle>	Title	标题	帖子、博文等的标题
		Subject	主题	用户自定义标签

续表

类别	HTML	DC		
用户生成内容描述	<tbody>…</tbody>	Description	内容	帖子、博文、微博具体内容
	href= " … "	Source	网址	网页的网址、转载前的网址等
		Relation	关联	相关帖子、友情链接等
		Coverage	覆盖范围	首条和末条信息的时间范围、内容范畴
		Type	范畴	所属版块、分类等
知识产权描述	id= " Author "	Creator	作者	博主、帖主、原文作者
		Publisher	网站名	
		Contributor	评论者	参与回复用户
	class= " Copyright "	Rights	版权	网页版权
外部属性描述	id= " Date "	Date	时间	发文、回帖时间
		Format	编码格式	HTML
		Identifier	标识符	网址标识字符串
		Language	语种	内容描述语言

6.4.2　DC 与档案置标著录（EAD）的映射模式

正如图 6-1 所示，从 HTML 到 DC，社会化媒体数据实现了抽取和二次组织，进而实现信息集成、分析和服务。然而资源的建设目标除了服务利用，还有网络信息归档，而 EAD 满足了网络环境下档案资源的组织和利用需求，并在档案著录方面有明显优势，是网络信息归档著录的最佳选择。因此，研究 DC 与 EAD 的映射关系是实现社会化媒体网络信息著录和自动归档的关键，表 6-8 展示了 DC 与 EAD 的映射模式。

表 6-8　DC 与 EAD 的映射模式

类别	DC	EAD 标目 <eadheader>	EAD 档案描述 <archdesc>
资源内容描述	Title	<titlestmt>/<titleproper>/<subtitle>	<unittitle>
	Subject	<notestmt>/<subject>	<controlaccess>/<subject>
	Description	<notestmt>/<note>	<abstract>
	Source	<creation>	<origination>/<acqinfo>
	Relation	<editionstmt>/<edition>/<p>	<relatedmaterial>/<separatedmaterial>
	Coverage	<address>	<geogname>/<unitdate>
	Type		<genreform>

续表

类别	DC	EAD 标目 <eadheader>	EAD 档案描述 <archdesc>
知识产权描述	Creator	<author>	<persname>/<corpname>
	Publisher	<publisher>	<repository>
	Contributor	<persname>	<persname>/<corpname>
	Rights		<accessrestrict>/<userestrict>
外部属性描述	Date	<publicationstmt>/<date>	<unitdate>
	Format		<extent>/<dimension>/<physdesc>/<physfacet>
	Identifier		<container>/<num>/<dao>
	Language	<langusage>/<language>	<language>

EAD 元素种类繁多，表 6-8 挑选了相关的主要元素。资源内容描述中，Subject（DC 元素）对应的<controlaccess>表示检索点设置，通常也揭示了主题、关键词；Source 对应的<creation>表示检索工具创建者（即立档单位），<origination>/<acqinfo>表示来源/征集信息。知识产权描述中 Publisher 对应的<repository>表示收藏单位。外部属性描述中 Format 对应的<extent>/<dimension>/<physdesc>/<physfacet>分别表示大小、尺寸、实体描述、实体面；Identifier 对应的<container>/<num>/<dao>分别表示装具（实体）、编号、数字档案（链接描述资料检索工具的信息和其电子形式）。

选取辽宁大学中国档案文化研究中心主任赵彦昌副教授“中国档案学研究”博客中一篇博文作为具体实例，从 HTML 到 DC 再到 EAD，过程如下。值得说明的是，在归档活动中应该依据实际情况确定元素，本书提供的方案可作为参考。

（1）从 HTML 到 DC。

元素名称	博客元数据	实例	HTML 标签
Title	博文标题	美国防部军事档案代表团访问解放军档案馆	<tittle>…</tittle>
Creator	博文原作者		
	博主	落拓寒儒（赵彦昌）	id= " master_name "
Subject	标签	档案界最新信息；档案利用；档案工作实务	class= " ArticleTag "
Description	主帖内容	……美国防部军事档案代表团一行访问解放军档案馆……	<tbody>…</tbody>
	回帖内容	美国国防部访问解放军档案馆对深化军事档案合作……	id= " ReplyTableAll "
Language	博文描述语言	中文	
Relation	友情链接	D4012 工作室……	id= " GetLink "
Publisher	网站名	中国档案学研究—落拓寒儒的和讯博客	class= " site_description "

续表

元素名称	博客元数据	实例	HTML 标签
Contributor	评论用户	李婉然	id= " ReplyTable_A_1 "
Date	博文发布时间	2011-11-28 18:17:15	class= " ArticleTitle "
	回帖时间	2012-06-12 08:28:32	id= " ReplyTable_B_1 "
Coverage	时间覆盖范围		
	内容覆盖范围		
Format	网页编码格式	HTML	
Source	博文来源	《中国档案报》2012 年 5 月 18 日总第 2307 期第一版	
	博文来源网址		
	博文当前网址	http://weilaiwansui.blog.hexun.com/75983090_d.html	
Identifier	网址标识字符串	75983090	
Type	分类	最新讯息	class= " ArticleCate "
Rights	网站归属版权	和讯博客	

（2）从 DC 到 EAD 映射。

```
<ead>
<eadheader>
    <filedesc>
        <titlestmt>……</titlestmt>
        <publisher>中国档案学研究—落拓寒儒的和讯博客</publisher>
    </filedesc>
</eadheader>

<archdesc level=" item" >
    <did>
        <unittitle>美国防部军事档案代表团访问解放军档案馆</unittitle>
        <num>75983090</num>
        <unitdate>   2011.11.28 / 2012.06.12   </unitdate>
        <origination>
```

```
            <personname>落拓寒儒（赵彦昌）</personname>
        </origination>
        <langmaterial>
            <langmaterial_language>汉语</langmaterial_language>
        </langmaterial>
        <abstract>…美国防部军事档案代表团一行访问解放军档案馆…</abstract>
        <physdesc>HTML</physdesc>
    </did>
    <descgrp>
        <acquinfo>
            <head>搜集信息</head>
            <p>http://weilaiwansui.blog.hexun.com/75983090_d.html</p>
        </acquinfo>
        <accessrestrict>
            <head>平台赋予获取权限</head>
            <p>和讯博客</p>
        </accessrestrict>
        <relatedmaterial>
            <head>相关资料</head>
            <p> D4012 工作室，《中国档案报》2012 年 5 月 18 日总第 2307 期第一版</p>
        </relatedmaterial>
    </descgrp>
    <dsc>
        <controlaccess>
            <head>检索项</head>
            <persname>落拓寒儒（赵彦昌）</persname>
            <persname>李婉然</persname>
            <genreform>最新讯息</genreform>
            <subject>
                <head>关键词</head>
                <p>档案界最新信息；档案利用；档案工作实务</p>
            </subject>
```

```
        </controlaccess>
    </dsc>
</archdesc>
</ead>
```

6.5　基于档案信息整合系统的数据采集实现

6.5.1　档案信息资源大数据平台设计

1. 档案新媒体研究平台

通过数据信息整合利用系统开发的档案新媒体研究平台，其功能是实时监测分析档案网站（新闻、论坛、博客、微博、微信公众号、百科、问答等）的信息内容，对采集到的信息进行过滤和自动聚类分类处理，发布多个网站来源的最新信息内容，实现统一的档案数据信息展现与导航，同时提供包括全文检索、日期范围检索、标题检索等多维度的查询手段，以及可视化的档案知识展现功能。

档案新媒体数据研究平台包括档案资源的精确采集解析、档案数据集成、信息检索、热点发现、统计分析、知识展现等多层次、多维度的档案信息服务，适用于系统全面地了解与掌握档案信息及发展状况。主要功能有以下几种①。

（1）采集功能。采集功能对目标网站的档案信息进行及时采集，实现对档案新闻、论坛、博客、微信公众号、评论等不同类型数据的采集、分析和过滤，存贮在本地数据库，为档案数据分析利用提供基础数据资源。采集工作的结果是形成新的网页全息信息集合，包括网页名称、大小、日期、标题、正文内容、关键词等。整合不同类型和来源的数据信息，将这些数据信息存储在数据库中。系统数据库采用 MySQL 数据库设计。

（2）检索功能。系统提供了强大的检索功能，可以对海量数据进行高效、准确、实时搜索，提供全文检索、日期（范围）检索、标题检索、相关性排序等多维度查询手段。关系数据库可以进行内容检索，但在响应速度要求比较高、数据量过大时，关系数据库不能胜任，系统采用 Lucene 作为检索引擎。

（3）分析功能。①聚类分类：提供档案数据自动分类聚类功能。②热点挖掘：自动识别网络上的热点档案信息。③智能关联：档案信息在内容上的相关

① TRS. TRSInforadar4 用户手册[R]. 2010.

性分析，找出一篇档案信息的其他最相关信息。④关键词抽取：自动抽取档案信息内容的关键词。⑤量化统计图表：为学习利用提供支持。⑥展示发布功能：根据数据类型种类，分组分栏展现档案数据。提供热点、最新档案信息的展示，提供档案信息的关键词群导图等图形化展示。可以设置检索结果按照相关度、日期排序。

2. 档案新媒体数据研究平台的系统架构

系统由采集工具、分析工具、检索引擎和数据信息展示平台四部分组成。系统架构如图 6-2 所示。

整个系统的工作流程主要包括四步。

（1）采集工具从互联网上采集新闻、论坛、博客、微信等档案数据，对这些信息统一加工、过滤，存储到数据库中。

（2）数据分析工具对其中的档案数据进行智能分析和加工。

（3）数据展示平台把经过加工处理的数据发布到 Web 界面上予以展示。实时档案数据的信息发布，提供分类导航、页面浏览、统计分析、可视化图形图表等。

（4）检索引擎提供全方位的检索服务。

图 6-2　档案新媒体数据研究系统体系结构

3. 档案新媒体数据研究平台研发工具

系统的开发 IDE 环境是 Windows7+Eclipse+Pycharm，程序语言涉及 Java、Python、Javascript 等，实现组成包含以下部分。

（1）网络采集工具。采集工具运行于 Windows Server2012，也可运行于其他 Windows 或 Linux 操作系统之上。数据存储在关系型数据库 MySQL v5.6，支持迁移至其他关系数据库。采用 Java 实现，主要用到三个开源 Java 类库，Apache HttpComponents 提供 HTTP 接口，用来向目标网址提交 HTTP 请求，获取网页内容；Html Parser 用来解析网页，从 DOM 节点提取链接、页面内容特征等；MySQL Connector 用于操作数据库。采集工具的配置过程采用客户端软件方式实现，以控制台方式运行采集过程。

（2）数据信息发布平台。发布平台以 JSP 实现，运行于 Tomcat 应用服务器上。平台前端利用 jQuery、Ajax 技术提高用户体验，支持 IE、Chrome 等浏览器。

（3）全文检索引擎。检索引擎采用 MySQL+Lucene 方式实现，Lucune 版本为 4.4。为减少 Lucene 存储域值带来的空间冗余，索引文件未完全采用域存储。检索时，Lucene 返回网页的唯一 ID，点击具体链接时由数据库返回全文信息。实际应用中，以上部分可以全部安装在一台物理机器上。为适应更大规模数据，也可按实际需要安装在不同机器，分布式存储运行。对于不同规模的搜索任务，需要规划存储空间的使用。

一般规律下，我们发现仅存储网页文本信息时，在关系数据库服务器端，1G 存储空间可以存储 8 万至 10 万个网页，Lucene 索引仅需要平均不到 180M 空间。随着数据量激增，索引文件也会激增，但总体上小于数据库存储空间的 1/6。课题涉及的数据量相对有限，未做过于详细的存储空间比对。如果 Lucene 索引文件过大，比如大于 10G，使用单一索引文件响应速度可能会较慢，可采用分布式存放索引，多个服务器同时搜索。比如，一台索引服务器用，检索服务器采用分布式，以多线程搜索合并多个结果返回最终结果。

（4）数据分析工具。数据分析工具采用 Python 实现，其中的分类、聚类、关键词抽取等主要利用 Scikit-learn 库实现。数据分析工具采用控制台方式运行，定时启动分析功能。

6.5.2　档案信息数据采集流程及工具配置

1. 档案信息采集的业务流程

信息采集主要是指从互联网信息源中获取数据的过程。实现新媒体档案信息资源开发，需要对互联网上的大中型档案网站新闻、档案论坛、档案博客中的信息资源进行动态跟踪和全面采集。采集功能在支持传统网页采集功能的基础上，为档案信息分析挖掘提供丰富的数据资源。档案信息的采集过程主要是完成从网络信息源中获取网页页面数据的工作，重点是网络采集器的实现及优化，具体包括网页脚本解析、更新搜索控制、采集的深度和广度控制等。同时，采集信息预处理是对采集信息进行初步加工和处理，为档案信息中的关键信息抽取和内容分析奠定基础，主要工作包括 Web 页面解析、数据清洗、网页数据的索引、处理结果的储存与初步统计等。其中，由于各数据源之间的结构与格式差异，需要合并处理采集数据的结构信息，提供统一标准的数据著录格式存储异构信息资源。一方面，支持档案网页结构自动分析，新媒体档案信息资源以各种网页形式表现，类型格式纷杂多样，采集工具能够实现基于档案网页结构的统计分析算法，自动识别档案网页中的信息内容与相关属性，满足档案信息分析的需要；另一方面，支持基于模板的元数据解析，支持基于应用模版的档案元数据解析功能，对于采集到的网页可以解析出单位、发文时间、标题、内容等档案元数据属性。

档案信息采集的业务流程如图 6-3 所示。

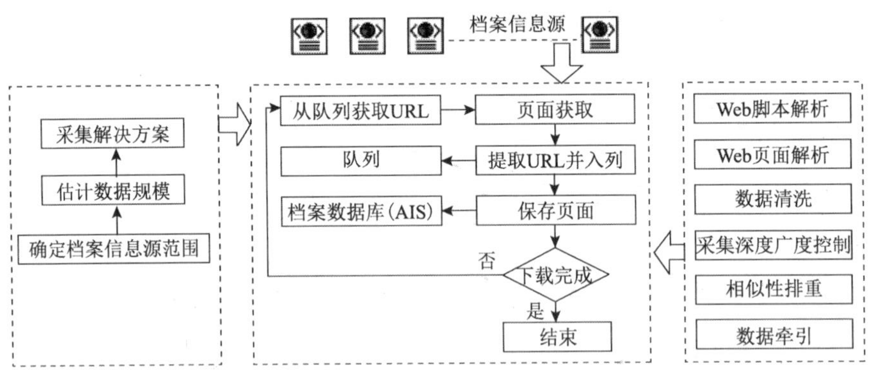

图 6-3　档案信息采集流程

首先需要确定档案信息源的采集范围，然后估计数据规模确定软硬件配置与方案。采集器在 Web 脚本解析、Web 页面清洗等技术支持下完成档案信息保存，存入数据库。其硬件需求：一台以上服务器配置，分离数据存储与各种应用，服务器的选择主要依照主板、内存、CPU、硬盘与网卡性能指标，满足采集、存储、分析加工与 Web 服务等工作的负载平衡。其软件需求：互联网档案信息采集工具、档案信息分析工具等。

2. 档案信息数据采集工具的基本配置

数据采集工具的任务主要是采集档案网页信息。使用过程主要是设定系统参数，然后自动运行。这里，首先介绍采集模块的基本配置，然后介绍采集起始点设置、内容配置、执行采集的过程与说明等。

（1）采集设置。采集器设置界面，如图 6-4 所示。为灵活快速采集，采集设置中可以指定线程数目、采集间隔、站点页面深度等参数。一些参数的设置为减少采集过程出现意外问题提供支持，比如采集页面内容的最大容量。而站点页面数量最大值，是限制从起始点能够采到的页面数量的最大值，若超过此值则停止对该起始点的继续采集。这些参数以 txt 文本存储，每次采集工具启动时自动读取其中的参数。通过运行分析，这里设计了以下的主要采集参数。

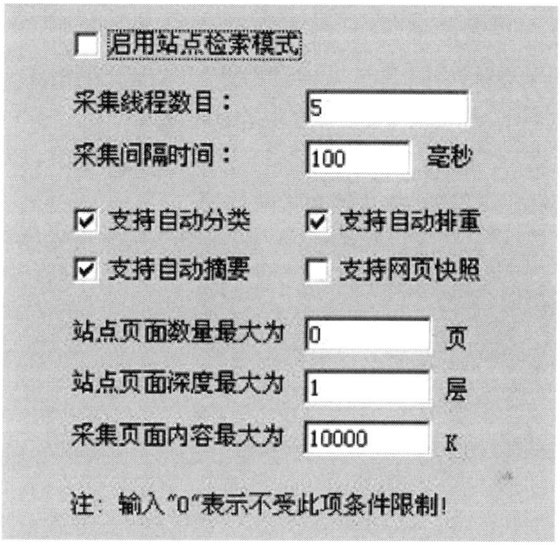

图 6-4　采集器设置界面

①采集线程数目。控制并发采集的工作线程数目，数目越多可同时采集越多网页。主要根据网络实际带宽，以及线程数目对其他应用的影响程度调整，确定合理数值。课题一般采用 10 个以下。

②采集间隔时间。定义每个采集线程在采集两个网页之间的时间间隔，即单个采集线程在采集完一个网页后，暂停多长时间，再采集下一个网页。目的是调整对采集源的访问压力。缺省设置为 100 毫秒，时间过快非常容易被采集源封闭采集 IP，特别是一些商业网站，公众号、百科知识等；论坛回复页面较多，数量较大，也需要适当增加采集间隔（某些论坛有点击间隔时间限制）。

③支持自动排重。自动排重是指对内容相似的网页进行重复标注。自动对内容重复的网页进行标注，以便在应用层实现不重复信息发布。通过计算页面内容相似度比率，采用余弦相似度计算，设定大于 90%的为重复页面。

④支持网页快照。网页快照是指是否保存原网页。

⑤站点页面深度最大值。起始点的采集深度分系统级采集深度和站点级采集深度。0 表示无限采集，缺省值为 1。采集深度=M（M>0），表示采集深度为 M 层。

⑥站点检索模式。考虑了尽量保证库中数据是网页的最新内容，将最新的网页数据提供给 Web 端做站内检索用。网页内容有变化时，会再次采集和解析，并将解析结果更新到已入库的相应记录上。可根据实际需要，将起始点的更新深度适当加深，让更新覆盖面扩大一些，更多的网页能参与到更新调度中。但在实际中也不宜过大，否则可能会经历过多重复页面。

（2）网络设置。

网络设置是用于设置多种的网络超时参数，如图 6-5 所示。配置的参数以文件保存，采集工具每次启动时会重新读取参数。为提高采集工具的健壮性，这些参数都是网上档案数据信息采集时应当考虑的问题。

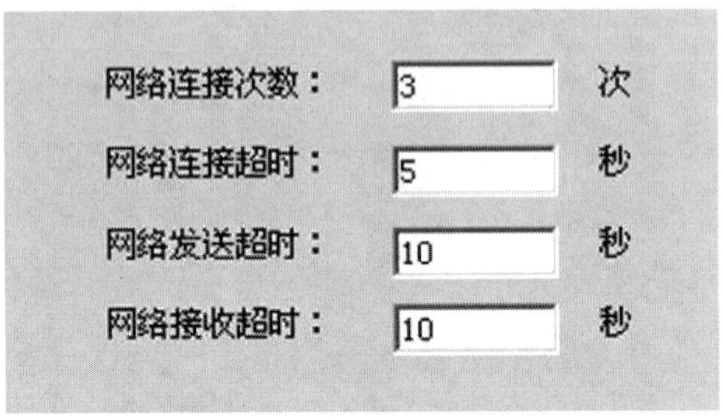

图 6-5　网络设置界面

①网络连接次数。连接某个待采网页时，如果首次连接失败，允许再尝试连接几次。

②网络连接超时。每次与待采网页取得连接时，等待时间超过多久将自动放弃此次连接。

③网络发送超时。发送请求到发送成功之间的等待时间。

④网络接收超时。接收数据到接收成功之间的等待时间。

（3）存储设置。

存储设置主要是配置数据库服务器地址、名称、端口，以及用户名和密码。数据库访问使用了 Hibernate 关系映射框架，对 JDBC 进行封装，便于数据库进行类型迁移，也简化了数据访问编码的复杂度。所有采集的网页统一转码成 UTF-8 字符集，然后再存入数据库。Lucene 存储数据用于检索的关键字段，其中题名、关键词、摘要等全文存储；全文内容以索引方式存储。

6.5.3　基于档案信息整合平台的采集功能实现

1. 档案信息数据的采集起始点设置

（1）指定采集起始点。

指定采集起始 URL 地址，设置组名、网站、频道。根据数据类型分为档案新闻、档案博客、档案微博、档案论坛、档案问答等组名，也可手动增加组别。网站、频道均是手动录入。比如，URL 起始地址为：www.zgdazxw.com.cn/news/yaowen.html，中国档案资讯网是新闻栏目，组名为档案新闻，网站名为“中国档案资讯网”，频道为要闻（手动指定，便于数据标识与类型区分），如图 6-6 所示。

图 6-6　起始点设置界面

起始点是采集入口，采集的是该页面下显示的各种链接页面。为简便配置，URL 采用了按通配符方式书写，如采集 1~100 页，写为$[1-100]。

（2）配置采集页面地址。

采集起始页面下的链接有很多，需要指定链接属性提供筛选页面 URL 地址，如图 6-7 所示。

图 6-7　链接属性设置界面

①网址包含字符。采集的 URL 必须包含字符。例如，包含字符为：/s/，页面 news.zgdazxw.com.cn 上则解析出如下链接。

news.zgdazxw.com.cn/s/2017-01-20/040014782486.shtml；

news.zgdazxw.com.cn/s/2017-01-24/021014787345.shtml；

news.zgdazxw.com.cn/p/2017-01-25/024214812993.shtml。

则只有前两个 URL 会被采集。

②网址排除字符。与网址包含字符功能相反，不采集 URL 含有哪些字符。

③网址过滤字符。当采集该网页时，会将网址中指定的变量名及变量值一并去掉，将余下字符串拼接成新 url，并采集新 url。此项支持多个变量名，中间用半角分号“;”分隔，之间是与的关系。网址过滤字符中不可出现半角双引号“"”。

例如，原始链接是 http://www.zgdacw.com/ShowContent.asp?ID=1383&myRandom=478497927892789。myRandom 变量是系统出于安全访问控制附加的随机值，每次打开该网页时，变量值都变。填写网址过滤字符：myRandom，解析出的新链接为 http://www.zgdacw.com/ShowContent.asp?ID=1383。该链接即网页真实地址，也是采集起始点时使用的链接地址。

本章节设置的部分采集站点与栏目频道，如图 6-8 所示。

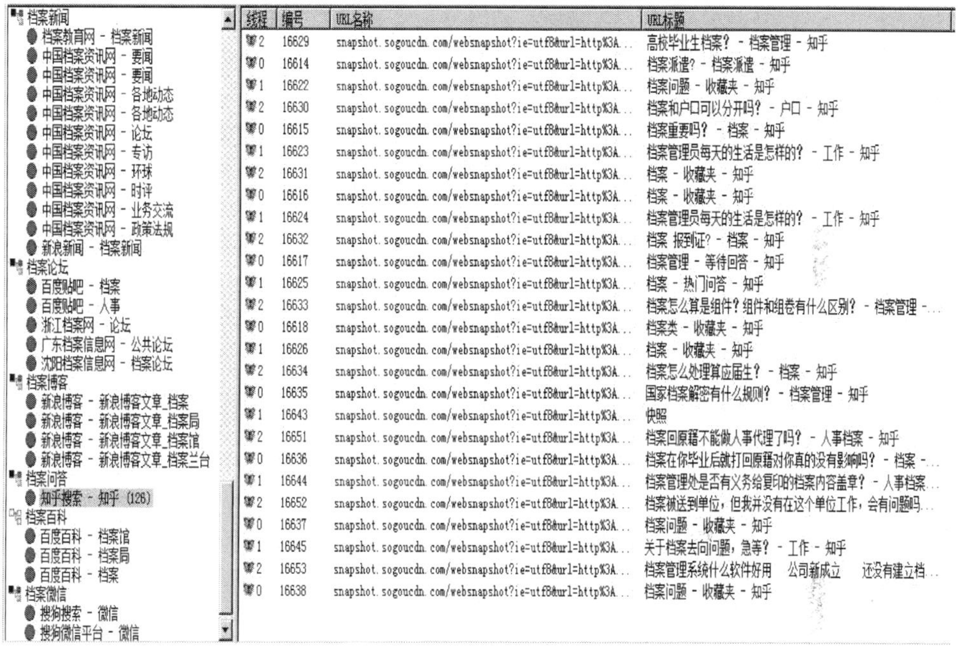

档案新闻
档案教育网 - 档案新闻
中国档案资讯网 - 要闻
中国档案资讯网 - 要闻
中国档案资讯网 - 各地动态
中国档案资讯网 - 各地动态
中国档案资讯网 - 论坛
中国档案资讯网 - 专访
中国档案资讯网 - 环球
中国档案资讯网 - 时评
中国档案资讯网 - 业务交流
中国档案资讯网 - 政策法规
新浪新闻 - 档案新闻
档案论坛
百度贴吧 - 档案
百度贴吧 - 人事
浙江档案网 - 论坛
广东档案信息网 - 公共论坛
沈阳档案信息网 - 档案论坛
档案博客
新浪博客 - 新浪博客文章_档案
新浪博客 - 新浪博客文章_档案局
新浪博客 - 新浪博客文章_档案馆
新浪博客 - 新浪博客文章_档案兰台
档案问答
知乎搜索 - 知乎 (126)
档案百科
百度百科 - 档案馆
百度百科 - 档案局
百度百科 - 档案
档案微信
搜狗搜索 - 微信
搜狗微信平台 - 微信

线程	编号	URL名称	URL标题
2	16629	snapshot.sogoucdn.com/websnapshot?ie=utf8&url=http%3A...	高校毕业生档案？ - 档案管理 - 知乎
0	16614	snapshot.sogoucdn.com/websnapshot?ie=utf8&url=http%3A...	档案派遣? - 档案派遣 - 知乎
1	16622	snapshot.sogoucdn.com/websnapshot?ie=utf8&url=http%3A...	档案问题 - 收藏夹 - 知乎
2	16630	snapshot.sogoucdn.com/websnapshot?ie=utf8&url=http%3A...	档案和户口可以分开吗？ - 户口 - 知乎
0	16615	snapshot.sogoucdn.com/websnapshot?ie=utf8&url=http%3A...	档案重要吗？ - 档案 - 知乎
1	16623	snapshot.sogoucdn.com/websnapshot?ie=utf8&url=http%3A...	档案管理员每天的生活是怎样的？ - 工作 - 知乎
2	16631	snapshot.sogoucdn.com/websnapshot?ie=utf8&url=http%3A...	档案 - 收藏夹 - 知乎
0	16616	snapshot.sogoucdn.com/websnapshot?ie=utf8&url=http%3A...	档案 - 收藏夹 - 知乎
1	16624	snapshot.sogoucdn.com/websnapshot?ie=utf8&url=http%3A...	档案管理员每天的生活是怎样的？ - 工作 - 知乎
2	16632	snapshot.sogoucdn.com/websnapshot?ie=utf8&url=http%3A...	档案 报到证? - 档案 - 知乎
0	16617	snapshot.sogoucdn.com/websnapshot?ie=utf8&url=http%3A...	档案管理 - 等待回答 - 知乎
1	16625	snapshot.sogoucdn.com/websnapshot?ie=utf8&url=http%3A...	档案 - 热门问答 - 知乎
2	16633	snapshot.sogoucdn.com/websnapshot?ie=utf8&url=http%3A...	档案怎么算是组件？组件和组卷有什么区别？ - 档案管理 -...
0	16618	snapshot.sogoucdn.com/websnapshot?ie=utf8&url=http%3A...	档案类 - 收藏夹 - 知乎
1	16626	snapshot.sogoucdn.com/websnapshot?ie=utf8&url=http%3A...	档案 - 收藏夹 - 知乎
2	16634	snapshot.sogoucdn.com/websnapshot?ie=utf8&url=http%3A...	档案怎么处理算应届生？ - 档案 - 知乎
0	16635	snapshot.sogoucdn.com/websnapshot?ie=utf8&url=http%3A...	国家档案解密有什么规则？ - 档案管理 - 知乎
1	16643	snapshot.sogoucdn.com/websnapshot?ie=utf8&url=http%3A...	快照
2	16651	snapshot.sogoucdn.com/websnapshot?ie=utf8&url=http%3A...	档案回原籍不能做人事代理了吗？ - 人事档案 - 知乎
0	16636	snapshot.sogoucdn.com/websnapshot?ie=utf8&url=http%3A...	档案在你毕业后就打回原籍对你真的没有影响吗？ - 档案 -...
1	16644	snapshot.sogoucdn.com/websnapshot?ie=utf8&url=http%3A...	档案管理处是否有义务给复印的档案内容盖章？ - 人事档案...
2	16652	snapshot.sogoucdn.com/websnapshot?ie=utf8&url=http%3A...	档案被送到单位，但我并没有在这个单位工作，会有问题吗...
0	16637	snapshot.sogoucdn.com/websnapshot?ie=utf8&url=http%3A...	档案问题 - 收藏夹 - 知乎
1	16645	snapshot.sogoucdn.com/websnapshot?ie=utf8&url=http%3A...	关于档案去向问题，急等？ - 工作 - 知乎
2	16653	snapshot.sogoucdn.com/websnapshot?ie=utf8&url=http%3A...	档案管理系统什么软件好用　公司新成立　还没有建立档...
0	16638	snapshot.sogoucdn.com/websnapshot?ie=utf8&url=http%3A...	档案问题 - 收藏夹 - 知乎

图 6-8　研究中的采集站点与栏目设计

2. 档案信息数据的采集对象内容设置

采集对象主要是由各种标签、DOM 组成的网页页面，各个网站网页并没有统一的书写规范与标准。为了便于数据采集，系统实现了采集页面内容属性的手动设置功能，如图 6-9 所示。若采集页面出现内容抽取不准时，即抽取不到或发生抽取错误时，则采用脚本、模板、过滤字符等方法，通过抽取内容配置提高准确性和有效性。

图 6-9　页面内容属性设置界面

内容脚本：内嵌脚本引擎，编写 JavaScript 脚本解析网页正文及元数据。

内容模版：利用 mata 标签和 html 标签定位元数据的功能，采集各元数据。

论坛模版：通过定义论坛模版控制采集工具对论坛元数据属性的抽取。

内容智能过滤：滤掉垃圾信息，净化正文内容。

使用正则表达式：匹配特殊字符串或特定子字符串模式，自动排除乱码。

链接包含字符：链接名称中包含哪些关键字的记录将被存储记录。

链接排除字符：链接名称中包含哪些关键字的记录将不被记录。

标题包含字符：标题包含哪些关键字的网页将被存储。

标题排除字符：标题包含哪些关键字的网页将不被存储。

内容包含字符：正文包含哪些关键字的网页被存储。

内容排除字符：正文包含哪些关键字的网页将不被存储。

页面字符集：手动指定从起始点发现的网页的字符集。

系统采用了新闻、评论等内容采集模板，指定网页中的标签即可按配置项采集相关的网页标题、内容、时间等信息，如图 6-10 所示。

图 6-10　页面内容模板设置界面

网页上布局设计有大量脚本，大部分脚本对于解析工作并没有作用。一些链接会以 Javascript 脚本方式书写，直接解析网页有时并不能获取要求的链接或名称。所以，本书采用自定义方式解析脚本。当自动解析的元数据或正文不准确（如含垃圾信息），或内容模板无法准确抽取时，则自定义书写内容脚本、自定义元数据或正文抽取位置。

自定义元数据或正文的抽取规则时，实现的自定义脚本函数的样例如下。

函数名： spider_Document_Source。

函数参数： urlname，当前页的 URL 地址。
urltitle，　当前页的标题。
content，　当前页的网页源码。

```
function spider_Document_Source（urlname，urltitle，content）
{
    val rval = new info_content();
    rval.srcname = “档案”;
    rval.channel= “”
    rval.source = “举例”;
    return rval;
}
```

返回值： 字符串或自定义对象info_content()。

自定义对象：

```
function info_content()
{
this.urlname = " ";         //返回值填充当前页面的 IR_URLNAME 字段
this.sitename = " ";        //返回值填充当前页面的 IR_SITENAME 字段
this.channel = " ";         //返回值填充当前页面的 IR_CHANNEL 字段
this.urltitle = " ";    //返回值填充当前页面的 IR_URLTITLE 字段
this.srcname = " ";         //返回值填充当前页面的 IR_SRCNAME 字段
this.authors = " ";         //返回值填充当前页面的 IR_AUTHORS 字段
this.district = " ";    //返回值填充当前页面的 IR_DISTRICT 字段
this.keywords = " ";        //返回值填充当前页面的 IR_KEYWORDS 字段
this.abstract = " ";        //返回值填充当前页面的 IR_ABSTRACT 字段
this.urltime = " ";       //返回值填充当前页面的 IR_URLTIME 字段
this.nreserved = " ";     //返回值填充当前页面的 IR_NRESERVED1 字段
this.vreserved = " ";     //返回值填充当前页面的 IR_VRESERVED1 字段
this.sreserved = " ";     //返回值填充当前页面的 IR_SRESERVED1 字段
this.script = " ";        //用于返回一段 js 脚本代码。通常可用来为网页脚本函数做一些前续工作，或是一段自定义抽取逻辑。可以根据需要灵活使用。
}
```

采集设置后的结果，如图 6-11 所示。

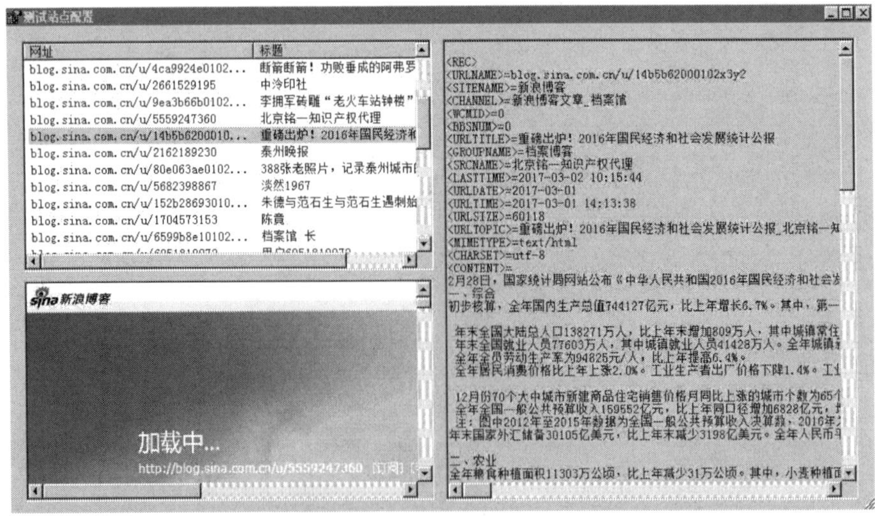

图 6-11　采集结果预览界面

3. 档案信息数据的采集日志和执行过程

采集日志记录已经采集的网页信息，主要是网页的 URL 地址信息，避免会出现采集重复。每次采集工具启动，自动把日志加载到内存。在网页采集过程中，不断采集新网页和发生更新的网页。已采集和已处理的网页标志为已被采集，避免重复采集。这种机制可保证系统只采集新网页和更新的网页。根据采集日志，统计采集到的数据信息，比如 2018 年 5 月 24 日采集到的信息如图 6-12 所示。

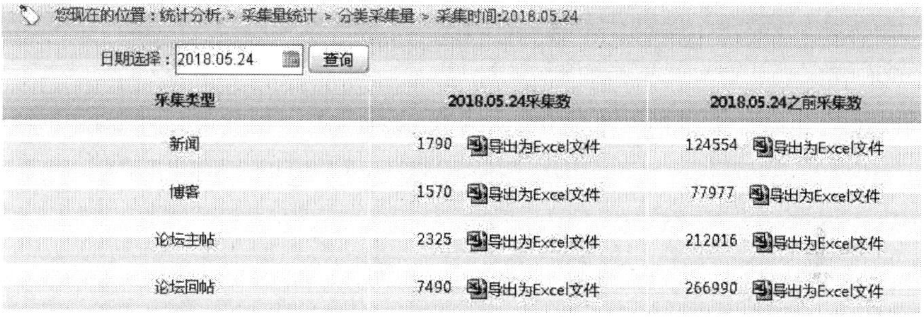

您现在的位置：统计分析 » 采集量统计 » 分类采集量 » 采集时间:2018.05.24

日期选择：2018.05.24　查询

采集类型	2018.05.24采集数		2018.05.24之前采集数	
新闻	1790	导出为Excel文件	124554	导出为Excel文件
博客	1570	导出为Excel文件	77977	导出为Excel文件
论坛主帖	2325	导出为Excel文件	212016	导出为Excel文件
论坛回帖	7490	导出为Excel文件	266990	导出为Excel文件

图 6-12　某采集日志信息示意

采集工具按照配置信息开始执行采集网页的任务。采集完毕后，添加数据至数据库存储，并加入采集日志。如果未能正常采集，则在下一个轮询周期继续启动采集。采集执行过程的界面如图 6-13 所示，该图中实心标志表示采集成功，空心标志表示为重复页面。

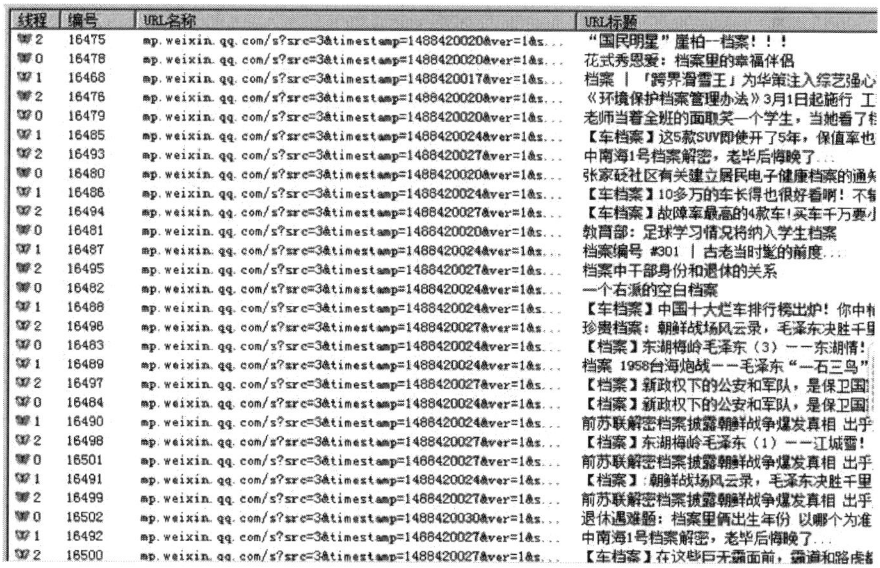

线程	编号	URL名称	URL标题
2	16475	mp.weixin.qq.com/s?src=3×tamp=1488420020&ver=1&s...	“国民明星”崖柏—档案！！！
0	16478	mp.weixin.qq.com/s?src=3×tamp=1488420020&ver=1&s...	花式秀恩爱：档案里的幸福伴侣
1	16468	mp.weixin.qq.com/s?src=3×tamp=1488420017&ver=1&s...	档案 ｜ 「跨界滑雪王」为华策注入综艺强心
2	16476	mp.weixin.qq.com/s?src=3×tamp=1488420020&ver=1&s...	《环境保护档案管理办法》3月1日起施行 工
0	16479	mp.weixin.qq.com/s?src=3×tamp=1488420020&ver=1&s...	老师当着全班的面取笑一个学生，当她看了
1	16485	mp.weixin.qq.com/s?src=3×tamp=1488420024&ver=1&s...	【车档案】这5款SUV即使开了5年，保值率也
2	16493	mp.weixin.qq.com/s?src=3×tamp=1488420027&ver=1&s...	中南海1号档案解密，老毕后悔晚了...
0	16480	mp.weixin.qq.com/s?src=3×tamp=1488420020&ver=1&s...	张家砭社区有关建立居民电子健康档案的通
1	16486	mp.weixin.qq.com/s?src=3×tamp=1488420024&ver=1&s...	【车档案】10多万的车长得也很好看啊！不
2	16494	mp.weixin.qq.com/s?src=3×tamp=1488420027&ver=1&s...	【车档案】故障率最高的4款车！买车千万要
0	16481	mp.weixin.qq.com/s?src=3×tamp=1488420020&ver=1&s...	教育部：足球学习情况将纳入学生档案
1	16487	mp.weixin.qq.com/s?src=3×tamp=1488420024&ver=1&s...	档案编号 #301 ｜ 古老当时髦的前度...
2	16495	mp.weixin.qq.com/s?src=3×tamp=1488420027&ver=1&s...	档案中干部身份和退休的关系
0	16482	mp.weixin.qq.com/s?src=3×tamp=1488420024&ver=1&s...	一个右派的空白档案
1	16488	mp.weixin.qq.com/s?src=3×tamp=1488420024&ver=1&s...	【车档案】中国十大烂车排行榜出炉！你中
2	16496	mp.weixin.qq.com/s?src=3×tamp=1488420027&ver=1&s...	珍贵档案：朝鲜战场风云录，毛泽东决胜千
0	16483	mp.weixin.qq.com/s?src=3×tamp=1488420024&ver=1&s...	【档案】东湖梅岭毛泽东（3）——东湖情！
1	16489	mp.weixin.qq.com/s?src=3×tamp=1488420024&ver=1&s...	档案 1958台海炮战——毛泽东“一石三鸟”
2	16497	mp.weixin.qq.com/s?src=3×tamp=1488420027&ver=1&s...	【档案】新政权下的公安和军队，是保卫国
0	16484	mp.weixin.qq.com/s?src=3×tamp=1488420024&ver=1&s...	【档案】新政权下的公安和军队，是保卫国
1	16490	mp.weixin.qq.com/s?src=3×tamp=1488420024&ver=1&s...	前苏联解密档案披露朝鲜战争爆发真相 出乎
2	16498	mp.weixin.qq.com/s?src=3×tamp=1488420027&ver=1&s...	【档案】东湖梅岭毛泽东（1）——江城雪！
0	16501	mp.weixin.qq.com/s?src=3×tamp=1488420027&ver=1&s...	前苏联解密档案披露朝鲜战争爆发真相 出乎
1	16491	mp.weixin.qq.com/s?src=3×tamp=1488420024&ver=1&s...	【档案】朝鲜战场风云录，毛泽东决胜千里
2	16499	mp.weixin.qq.com/s?src=3×tamp=1488420027&ver=1&s...	前苏联解密档案披露朝鲜战争爆发真相 出乎
0	16502	mp.weixin.qq.com/s?src=3×tamp=1488420030&ver=1&s...	退休遇难题：档案里俩出生年份 以哪个为准
1	16492	mp.weixin.qq.com/s?src=3×tamp=1488420027&ver=1&s...	中南海1号档案解密，老毕后悔晚了...
2	16500	mp.weixin.qq.com/s?src=3×tamp=1488420027&ver=1&s...	【车档案】在这些巨无霸面前，霸道和路虎

图 6-13　采集执行过程的界面

下面简要描述数据采集工具的软件框架与基于 Java 的实现方法。采集工具包含的 package 有 db、model、util、parse、main 五个文件。

db：主要是数据库操作文件，包含 MyDataSource（数据库驱动注册、连接数据库的用户名、密码）、MySQLControl（连接数据库，插入操作、更新操作、建表操作等）。

model：用来封装对象，比如网页数据的 ID、标题、日期、关键词、内容、数据类型、URL 地址等，需要在 model 写入对应的属性。封装的对象就是要操作数据对应的属性名。如果是评论数据，以主帖 ID、页面 ID、发布时间，区分跟帖、评论的所属与顺序。

util：主要放的是 HttpClient 的内容，主要作用是将 main 方法，传过来的 URL，通过 HttpClient 相关方法，获取需要解析的 html 文件或者 json 文件等。

parse：这里面存放的是针对 util 获取的文件，进行解析，一般采用 Jsoup 解析；若是针对 json 数据，可采用正则表达式或者 FastJson 工具进行解析。工具中多使用 FastJson，因为其操作简单、快捷。

main：程序起点，访问数据，获取数据，执行数据库语句，存放数据。

执行一次采集的逻辑顺序为：首先，通过 main 方法，将 URL 传给 util 获取响应的 URL 地址；然后，util 将其获得的 html 文件，传给 parse 进行解析，获取最终数据，封装在集合中；解析完毕后，数据返回到 main，接着 main 操作 db 将数据导入到 MySQL 中。

main 方法主要代码描述如下。

```
// dataModel 用来封装对象
static final Log logger = LogFactory.getLog(archiveMain.class);
        public static void main(String[] args) throws Exception {
            //初始化一个 httpclient
            HttpClient client = new DefaultHttpClient();
            String  url=get_downloadqueue(); 从采集起始点中，获取一个要采
集的页面地址，从中抽取出 URL 队列
            //抓取的数据
            List<dataModel> archivedata=URLFecter.URLParser(client, url);//
            //循环输出采集的数据
            for (dataModel item:archivesdata) {
                logger.info(item);
            }
            //将抓取的数据插入数据库
            MYSQLControl.executeInsert(archivedata);
    }
 public class URLFecter {
```

```
        public static List<dataModel> URLParser (HttpClient client, String url)
throws Exception {
                //用来接收解析的数据
                List<dataModel> danganData = new ArrayList<dataModel>();
                //获取网站响应的 html，这里调用了 HTTPUtils 类
                HttpResponse response = HTTPUtils.getRawHtml(client, url);
                //获取响应状态码
                int StatusCode = response.getStatusLine().getStatusCode();
                //如果状态响应码为 200，则获取 html 实体内容或者 json 文件
                if(StatusCode == 200){
                    String  entity  =  EntityUtils.toString  (response.getEntity(), "
utf-8 " );
                    danganData = archiveParse.getData(entity);
                    EntityUtils.consume(response.getEntity());
                }else {
                    //否则，消耗掉实体
                    EntityUtils.consume(response.getEntity());
                }
                return danganData;
        }
    }
    package util;
    public abstract class HTTPUtils {
        public static HttpResponse getRawHtml(HttpClient client, String pUrl) {
                //获取响应文件，即 html，采用 get 方法获取响应数据
                HttpGet getMethod = new HttpGet(pUrl);
                HttpResponse response = new BasicHttpResponse(HttpVersion.
HTTP_1_1,
                        HttpStatus.SC_OK, " OK " );
                try {
                    //执行 get 方法
                    response = client.execute(getMethod);
                } catch (IOException e) {
                    e.printStackTrace();
                } finally {
```

```
                // getMethod.abort();
            }
            return response;
        }
    }
```

parse 主要是通过 Jsoup 来解析 html 文件。并将解析后的数据，封装在 List 集合中，将数据通过层层返回到 main 方法中。

```
package parse;
/*
 * 用于将上面传下来的 html 解析，获取我们需要的内容
 * 解析方式，采用 Jsoup 解析
 */
public class archiveParse {
    public static List<dataModel> getData (String html) throws Exception{
        //获取的数据，存放在集合中
        List<dataModel> data = new ArrayList<dataModel>();
        //采用 Jsoup 解析
        Document doc = Jsoup.parse(html);
        //获取 html 标签中的内容
        Elements elements= getPreAttrs(url);//获取当前页面在采集对象内容设置时的标记属性信息
        for (Element ele:elements) {
            //创建一个对象，这里可以看出，使用 Model 的优势，直接进行封装
    String urltitle=ele.attr( " urltitle " );
            String urldate= ele.attr( " urldate " );
            String urlcontent= ele.attr( " content " );


    dataModel idata=new dataModel();
            //对象的值
            idata.seturltitle (urltitle);

            //将每一个对象的值，保存到 List 集合中
            data.add(dataModel);
```

```
        }
        //返回数据
        return data;
    }
}
```

MySQL 数据库中的存储格式定义如图 6-14 所示。

编号	字段名	类型	长度	说明
1	IR_SID	INT	8	记录的唯一标识
2	IR_HKEY	VARCHAR	100	URL编号，值唯一
3	IR_STARTID	INT	8	起始频道编号
4	IR_PKEY	VARCHAR	100	父URL编号
5	IR_URLNAME	VARCHAR	1024	URL名称，非空
6	IR_EXTNAME	VARCHAR	50	后缀名
7	IR_SITENAME	VARCHAR	200	网站名称
8	IR_CHANNEL	VARCHAR	200	频道名称
9	IR_GROUPNAME	VARCHAR	100	分组名称
10	IR_URLTITLE	VARCHAR	500	网页引用标题（缺省值为$Title）
11	IR_URLTOPIC	VARCHAR	500	从网页<title>置标解析出的标题（缺省值为$Topic）
12	IR_LASTTIME	DATETIME	0	采集日期，包括年月日时分秒
13	IR_URLDATE	DATE	0	发布日期，包括年月日
14	IR_URLTIME	DATETIME	0	发布日期，包括年月日时分秒
15	IR_LOADTIME	DATETIME	0	入库时间
16	IR_SRCNAME	VARCHAR	100	数据的来源
17	IR_AUTHORS	VARCHAR	100	发布信息
18	IR_DISTRICT	VARCHAR	200	文章的地区
19	IR_CATALOG	VARCHAR	500	完整分类
20	IR_CATALOG1	VARCHAR	100	一级分类
21	IR_CATALOG2	VARCHAR	200	二级分类
22	IR_KEYWORDS	VARCHAR	1024	关键词
23	IR_ABSTRACT	VARCHAR	2048	摘要
24	IR_SIMFLAG	VARCHAR	100	重复标记，存入与之重复网页的HKEY
23	IR_ABSTRACT	VARCHAR	2048	摘要
24	IR_SIMFLAG	VARCHAR	100	重复标记，存入与之重复网页的HKEY
25	IR_SIMRANK	INT	8	相似度标记，记录SIMFLAG值相同网页的相似度百分比
26	IR_IMAGEFLAG	INT	8	该字段记录网页包含图片的数目
27	IR_TABLEFLAG	INT	8	该字段记录网页包含表格的数目
28	IR_DOCLENGTH	INT	8	IR_CONTENT字段里存放的正文长度
29	IR_CONTENT	LONGBLOB	0	过滤html置标后的网页正文内容
30	IR_URLCONTENT	LONGBLOB	0	不带标记用来检索的正文内容
31	IR_BBSNUM	INT	8	帖子序号
32	IR_PAGELEVEL	INT	8	从起始页面开始的层数
33	IR_PAGERANK	INT	8	网页的加权值
34	IR_URLLEVEL	INT	8	链接的目录深度
35	IR_MIMETYPE	VARCHAR	50	网页的MIME类型
36	IR_FORMAT	VARCHAR	50	网页所属的媒体类型
37	IR_CHARSET	VARCHAR	50	从网页Meta置标的charset中解析出的网页字符集
38	IR_URLSIZE	INT	8	HTML源文件中除head之外的长度
39	IR_URLBODY	LONGBLOB	0	网页源代码，对应网页快照
40	IR_STATUS	TINYINT	8	更新标记
41	IR_SEMANTIC	VARCHAR	500	语义扩展词
42	IR_FACTWORD	VARCHAR	500	事实数据
43	IR_NRESERVED1	INT	0	数字型保留字段3
44	IR_VRESERVED2	VARCHAR	1024	字符型保留字段1
45	IR_VRESERVED3	VARCHAR	1024	字符型保留字段2
46	IR_VRESERVED4	VARCHAR	1024	字符型保留字段3
47	IR_VRESERVED5	VARCHAR	1024	字符型保留字段4
48	IR_SRESERVED6	VARCHAR	2048	短语型保留字段1
49	IR_SRESERVED7	VARCHAR	2048	短语型保留字段2
50	IR_SRESERVED8	VARCHAR	2048	短语型保留字段3

图 6-14　档案数据库中的存储格式定义

图片信息在 MySQL 数据库中的存储格式定义如图 6-15 所示。

编号	字段名	类型	长度	说明
1	IR_HKEY	VARCHAR	100	URL编号
2	IR_IDXID	INT	8	网页中图片的顺序编号
3	IR_URLSIZE	INT	8	图片大小
4	IR_URLNAME	VARCHAR	1024	图片链接名称
5	IR_EXTNAME	VARCHAR	50	图片后缀名
6	IR_CONTENT	LONGBLOB	2048	图片描述信息
7	IR_URLBODY	LONGBLOB	0	图片源文件

图 6-15　档案数据库图片信息的存储格式

表格信息在 MySQL 数据库中的存储格式定义如图 6-16 所示。

编号	字段名	类型	长度	说明
1	IR_HKEY	VARCHAR	100	URL编号
2	IR_IDXID	INT	8	网页中表格的顺序编号
3	IR_URLTABLE	LONGBLOB	0	网页中表格的HTML格式内容

图 6-16　档案数据库表格信息的存储格式

整理后的档案数据库中存储的各类档案数据，如图 6-17 所示。

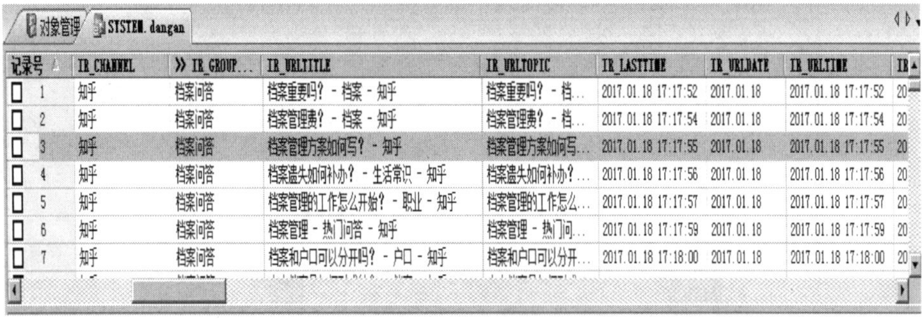

对象管理　SYSTEM. dangan

记录号	IR_CHANNEL	» IR_GROUP…	IR_URLTITLE	IR_URLTOPIC	IR_LASTTIME	IR_URLDATE	IR_URLTIME	IR
1	知乎	档案问答	档案重要吗？ - 档案 - 知乎	档案重要吗？ - 档…	2017.01.18 17:17:52	2017.01.18	2017.01.18 17:17:52	20
2	知乎	档案问答	档案管理费？ - 档案 - 知乎	档案管理费？ - 档…	2017.01.18 17:17:54	2017.01.18	2017.01.18 17:17:54	20
3	知乎	档案问答	档案管理方案如何写？ - 知乎	档案管理方案如何写…	2017.01.18 17:17:55	2017.01.18	2017.01.18 17:17:55	20
4	知乎	档案问答	档案遗失如何补办？ - 生活常识 - 知乎	档案遗失如何补办？…	2017.01.18 17:17:56	2017.01.18	2017.01.18 17:17:56	20
5	知乎	档案问答	档案管理的工作怎么开始？ - 职业 - 知乎	档案管理的工作怎么…	2017.01.18 17:17:57	2017.01.18	2017.01.18 17:17:57	20
6	知乎	档案问答	档案管理 - 热门问答 - 知乎	档案管理 - 热门问…	2017.01.18 17:17:59	2017.01.18	2017.01.18 17:17:59	20
7	知乎	档案问答	档案和户口可以分开吗？ - 户口 - 知乎	档案和户口可以分开…	2017.01.18 17:18:00	2017.01.18	2017.01.18 17:18:00	20

(a)

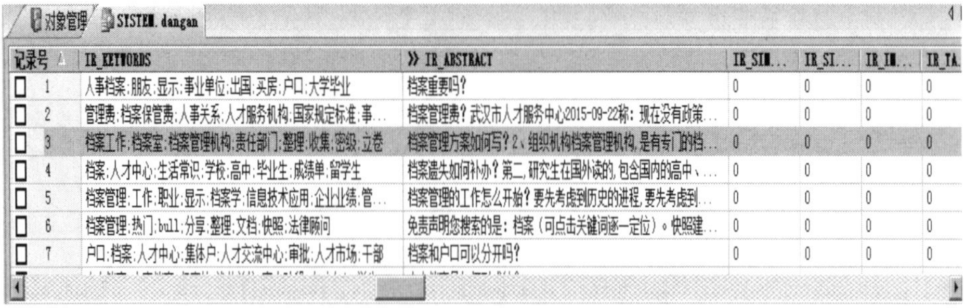

对象管理　SYSTEM. dangan

记录号	IR_KEYWORDS	» IR_ABSTRACT	IR_SIM…	IR_SI…	IR_IM…	IR_TA
1	人事档案;朋友;显示;事业单位;出国;买房;户口;大学毕业	档案重要吗?	0	0	0	0
2	管理费;档案保管费;人事关系;人才服务机构;国家规定标准;事…	档案管理费?武汉市人才服务中心2015-09-22称：现在没有政策…	0	0	0	0
3	档案工作;档案室;档案管理机构;责任部门;整理;收集;密级;立卷	档案管理方案如何写?2、组织机构档案管理机构,是有专门的档…	0	0	0	0
4	档案;人才中心;生活常识;学校;高中;毕业生;成绩单;留学生	档案遗失如何补办?第二,研究生在国外读的,包含国内的高中、…	0	0	0	0
5	档案管理;工作;职业;显示;档案学;信息技术应用;企业业绩;管…	档案管理的工作怎么开始?要先考虑到历史的进程,要先考虑到…	0	0	0	0
6	档案管理;热门;bull;分享;整理;文档;快照;法律顾问	免责声明您搜索的是：档案（可点击关键词逐一定位）。快照建…	0	0	0	0
7	户口;档案;人才中心;集体户;人才交流中心;审批;人才市场;干部	档案和户口可以分开吗?	0	0	0	0

(b)

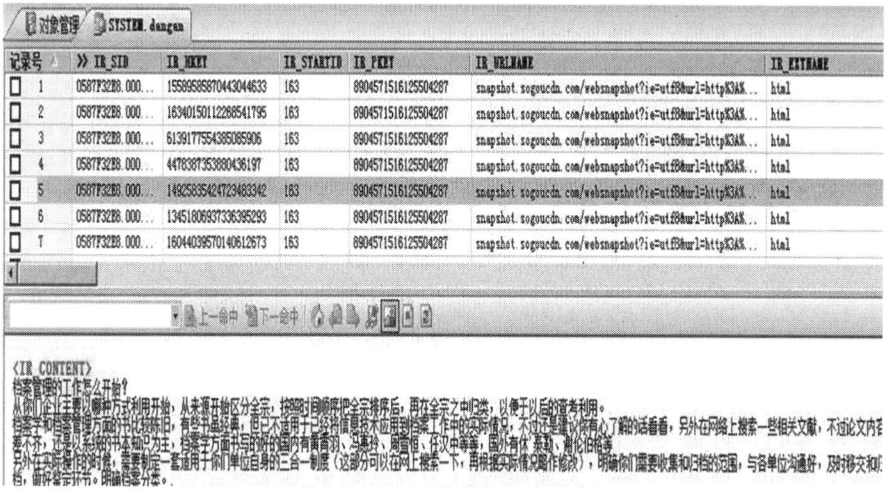

对象管理　SYSTEM. dangan

记录号	IR_SID	IR_HKEY	IR_STARTID	IR_PKEY	IR_URLNAME	IR_EXTNAME
1	0587F32B8.000...	15589585870443044633	163	8904571516125504287	snapshot. sogoucdn. com/websnapshot?ie=utf8&url=http%3A%...	html
2	0587F32B8.000...	16340150112268541795	163	8904571516125504287	snapshot. sogoucdn. com/websnapshot?ie=utf8&url=http%3A%...	html
3	0587F32B8.000...	6139177554385085906	163	8904571516125504287	snapshot. sogoucdn. com/websnapshot?ie=utf8&url=http%3A%...	html
4	0587F32B8.000...	4478387353880436197	163	8904571516125504287	snapshot. sogoucdn. com/websnapshot?ie=utf8&url=http%3A%...	html
5	0587F32B8.000...	14925835424723483342	163	8904571516125504287	snapshot. sogoucdn. com/websnapshot?ie=utf8&url=http%3A%...	html
6	0587F32B8.000...	13451806937336395293	163	8904571516125504287	snapshot. sogoucdn. com/websnapshot?ie=utf8&url=http%3A%...	html
7	0587F32B8.000...	16044039570140612673	163	8904571516125504287	snapshot. sogoucdn. com/websnapshot?ie=utf8&url=http%3A%...	html

上一命中　下一命中

<IR CONTENT>
档案管理的工作怎么开始？
从你们企业主要以哪种方式利用开始，从来源开始区分全宗，按照时间顺序把全宗排序后，再在全宗之中归类，以便于以后的查考利用。
档案学和档案管理方面的书比较陈旧，有些书虽经典，但已不适用于已经将信息技术应用到档案工作中的实际情况，不过还是建议你有心了解的话看看，另外在网络上搜索一些相关文献，不过论文内容
差不齐，还是以系统的书本知识为主；档案学方面书写的好的国内有黄霄羽、冯惠玲、周雪恒、任汉中等等，国外有休·泰勒、谢伦伯格等
另外在实际操作的时候，需要制定一套适用于你们单位自身的三合一制度（这部分可以在网上搜索一下，再根据实际情况略作修改），明确你们需要收集和归档的范围，与各单位沟通好，及时移交和
档，做好鉴定环节。明确档案分类。

(c)

图 6-17　整合档案数据库中的各类档案信息汇总

6.6　本 章 小 结

在 Web 2.0 不断向 Web 3.0 演进的过程中，档案社会化媒体的信息组织呈现出自动化和个性化的演进趋势。一方面随着信息资源总量的增加，基于海量数据的无监督学习成为可能，用户可以更便捷地享受研究成果，网络资源组织者可以致力于改善用户体验、强化以用户为中心的原则；另一方面随着个性化发展趋势，用户可以通过为新型媒体资源添加标签来组织内容，这种更自由和灵活的功能极大地增强了档案网站的可用性功能。本章对档案社会化媒体信息组织的元数据构建开展研究，建立档案社会化媒体信息的元数据及分类设计方法，构建档案社会化媒体信息整合的元元数据设计。对档案社会化媒体数据集成的整合系统架构开展研究，通过数据信息整合利用系统开发档案新媒体研究平台，实现实时监测分析档案社会化媒体信息内容。

第 7 章　面向档案社会化媒体信息资源整合的信息开发

联合国教科文组织（UNESCO）发布的时代报告《迈向知识社会》中指出“人类社会正在由信息社会迈向知识社会”，大数据、人工智能等新理念和技术的兴起，加速了知识驱动下信息管理升级为知识管理、信息服务升级为知识服务。社会化媒体数据需要依靠一定的技术进行分析、处理与重组，才能挖掘其蕴含的档案价值，并从中获取数据再利用与创新的价值。社会化媒体数据来源广泛，应用需求和数据类型不尽相同，但是基本的数据处理流程大体一致，研究档案社会化媒体信息资源整合的信息开发成为大势所趋。

7.1　档案社会化媒体信息的数据集成

7.1.1　档案采集信息的数据预处理

1. 网络爬虫

网络爬虫（Crawler）主要利用网页中的超文本链接进行访问，以搜集互联网上的各种信息，图 7-1 是网络爬虫的基本结构。

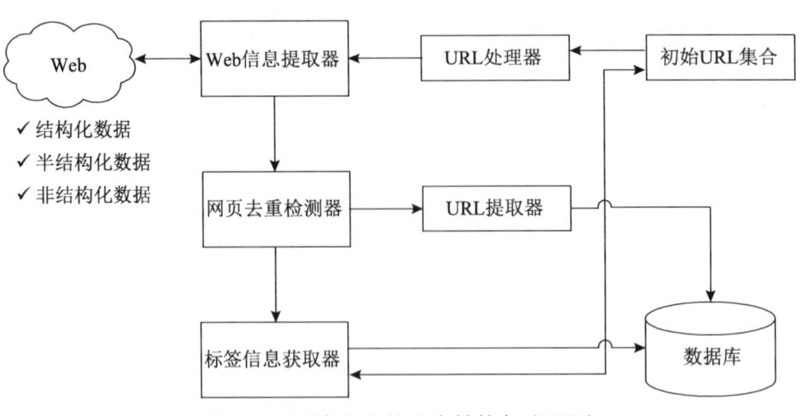

图 7-1　网络爬虫的基本结构与流程图

网络爬虫可以分为以下三类。

（1）通用爬虫。通用爬虫的基本原理是从给定的初始种子链接出发，向 Web 服务器发送 HTTP 请求，获取网页并分析出其中所有链接，依据特定算法从中选取某些链接添加到下载队列中，重复该过程直到满足条件才停止。该类爬虫主要用于搜索引擎网页爬取及索引维护[①]。

（2）限定爬虫。其目标并不是 Web 上的所有网页，而只是爬取某些特定类型的网页。一类是分类器限定爬虫，如基于域名的分类器：法国国家图书馆的 WA 项目为爬取每个“.fr”和“.re”顶级域名的网站配置特定的分类过滤器[②]。另一类是上下文限定爬虫，它们也使用朴素贝叶斯分类器作指导，不过在这种情况下，分类器是用来估计已爬取的网页和一系列目标网页之间的链接距离的[③]。

（3）主题爬虫。一种是基于主题（topical）的爬虫，如美国哥伦比亚大学的网络信息存档项目和德国海德堡大学的 DACHS 项目[④]配置的爬虫；另一种是基于事件（event）而配置的爬虫，如前文提及的“9 · 11”网络档案馆，还有法国针对总统选举的 BNF（Bibliothèque Nationale de France）项目[⑤]配置的爬虫。

值得指出的是，爬虫工具并不是万能的，它存在以下几个缺陷：①格式局限，一些爬虫软件无法捕获 GIS 文件、动态网页、流媒体等，NARA 编制了一个指南，用于指导特殊网络内容文件格式的捕获方法[⑥]，一些 Web 2.0 工具也开始应用于动态网页中历史档案的收集[⑦]；②时间错位，爬取一个大型网站需要几天甚至更长时间，但由于网站内容的变化带来的时间错位，爬取的数据有可能已不存在，目前已有部分学者研究这种不一致性[⑧]；③版权问题，即是否需征得著作权人的许可，目前各国的相关法律制度不一样，像呈缴法（Legal Deposit）包含网络资源的国家，如新西兰、美国和英国的国家档案馆，它们代表政府保存公共文件时拥有合

① Brin S, Page L. The Anatomy of a Large-scale Hypertextual Web Search Engine[J]. Computer networks and ISDN systems, 1998, 30(1): 107-117.

② Lasfargues F, Oury C, Wendland B. Legal Deposit of the French Web: Harvesting Strategies for a National Domain[C]// 8th International Web Archiving Workshop (IWAW08), 2008: 1-13.

③ Diligenti M, Coetzee F, Lawrence S, et al. Focused Crawling Using Context Graphs[C]//VLDB. 2000: 527-534.

④ 王芳，史海燕. 国外 Web Archive 研究与实践进展[J]. 中国图书馆学报，2013, 39(2): 36-45.

⑤ Masanès J. Web Archiving Methods and Approaches: A Comparative Study[J]. Library trends, 2005, 54(1): 72-90.

⑥ NARA. Expanding Acceptable Transfer Requirements: Transfer Instructions for Permanent Electronic Records: Web Content Records[R/OL]. (2004-09-17) [2019-08-22]. http://www.archives.gov/records-mgmt/initiatives/web-content-records. html.

⑦ MacRitchie J. Web 2. 0 Tools and Strategies for Archives and Local History Collections[J]. Electronic Library, 2010, 28(5): 761-762.

⑧ Spaniol M, Denev D, Mazeika A, et al. Catch Me if You Can. Temporal Coherence of Web Archives[C]// 8th International Web Archiving Workshop (IWAW08), 2008: 1-16.

法权，无须征得许可；但小规模数据采集和网络信息归档则不一样，如美国国会图书馆归档博客和组织网站时要寻求允许①。

网络爬虫是本书中数据获取的主要工具,微博数据的获取还利用了 API 调用。当然国际上 WA 项目的一些成果，如采集系统 PANDAS、Tumba、WAS，爬虫工具 Blogfoever、Heritrix 等都可作为备选方案。

2. 数据抽取

数据抽取又称为网页解析，为避免网页解析时间过长而对数据采集效率的影响，页面解析一般不与数据采集并行处理。网络爬虫获取的数据通常是结构化或半结构化的文本，其中包含大量广告、导航条等“杂质”，因此准确快速定位数据抽取位置非常必要，常用方法包括：基于统计的抽取方法、基于 DOM 树结构的抽取方法和基于人工模板的抽取方法。

基于 DC 的数据抽取模式方法，本质上与基于 DOM 树结构抽取方法的思想是一致的。本书中利用 DC 解析网页结构，并定位网页的数据标签位置，进而利用网络爬虫直接抓取数据。

3. 数据预处理

（1）数据清洗（data cleaning）。正如 OpenHeatMap 创始人 Pete Warden 所说的，他花费 80%的时间用于清洗数据的“杂质”，并指出这是大数据处理极为重要的基础②。数据清洗常用于处理不准确、不一致、不完整、冗余、陈旧、错误的脏数据③，进而解决单数据源的模式层和实例层问题、多数据源的模式层和实例层问题④，中英文的处理模式差异较大⑤。常用的数据清洗工具有三类：①数据仓库和数据挖掘领域的 ETL 工具，如 SQL Server 自带的 DTS 可完成数据清洗和转换、IBM 开发的 VisualWarehousing 可完成异构数据源的抽取工作等；②特定清洗工具，如 Idcentric、quickaddress 等支持城市街道名称的数据清洗；③其他类型，如数据挖掘工具（Wizrule）、中文数据清洗（InfoSphere QualityStage）等。本书中涉及异构数据源信息的清洗与转换、不同格式数据之间的映射、广告等杂质过滤、剔除冗余重复数据等，工具的选择依据数据的实际情况而定。

---

① Grotke A, Jones G. Digiboard: A Tool to Streamline Complex Web Archiving Activities at the Library of Congress[C]// 10th International Web Archiving Workshop (IWAW10), 2010: 17-23.

② Warden P. Big Data Glossary[M]. California: O'Reilly Media, Inc. , 2011.

③ Fan W. Extending Dependencies with Conditions for Data Cleaning[C] // 8th IEEE International Conference on Computer and Information Technology, 2008: 185-190.

④ Rahm E, Do H H. Data cleaning: Problems and Current Approaches[J]. IEEE Data Eng. Bull. , 2000, 23(4): 3-13.

⑤ Ye O, Zhang J, Li J. Survey of Chinese Data Cleaning[J]. Computer Engineering and Applications, 2012, 48(14): 121-129.

（2）数据存储。

数据存储需主要解决以下问题：①存储技术方案，网络中存在大量的关系型数据[①]，如文本、图片、标签、元数据等复合形式，传统的 DBMS 已难以适应复杂的存储需求，一些分布式、并行式数据存储方案如 OceanBase、HDFS、GFS、云存储、NoSQL、列式数据库（如 BigTable[②]）等可作为选择方案，此外内存数据库（In-memory DB）如 VoltDB、HANA 等已经在网络图片存储和处理、商业领域数据挖掘等方面成效显著[③]，亦可作为备选方案；②存储格式，XML、TIFF、MPEG、PDF/A 等格式[④]都适合长期保存，如荷兰的 DANS 项目就将不同数据格式统一转换为 XML 进行保存[⑤]；③元数据存储应尽量按照 EAD 对档案的各种特征进行记录，将题名、形成时间、文种、载体、密级、主题词、正文等描述特征以元数据格式存储。

7.1.2　档案社会化媒体信息加工

1. 档案信息分词处理

汉语自动分词方法可分为有词典分词和无词典分词两类，也可根据分词过程中使用的资源的情况，分为基于规则法和基于统计法。可构建一个档案领域的本体词库，并采用机械匹配法对信息进行分词处理，分词结果一方面更新至本体词库，另一方面抽取关键词，进行统计分析和关联分析，挖掘社会化媒体中档案领域交流的热点。

2. 档案信息分类聚类

按照已有分类标准，如《中国档案分类法》《中国图书馆分类法》等，利用分类算法使采集到的互联网档案信息自动划分入不同类别，自动建立档案资源分类体系；以用户指定关键词组合或者自动抽取的档案信息中的关键要素作为类别标签，标引采集的档案信息。同时，在档案聚类分类时，充分利用语义知识减少语义特征稀疏对聚分类所带来的影响。

---

① Chen J, Chen Y, Du X, et al. Big Data Challenge: A Data Management Perspective[J]. Frontiers of Computer Science, 2013, 7(2): 157-164.

② 王珊, 王会举, 覃雄派, 等. 架构大数据：挑战，现状与展望[J]. 计算机学报, 2011, 34(10): 1741-1752.

③ Sikka V, Färber F, Lehner W, et al. Efficient Transaction Processing in SAP HANA Database: The End of a Column Store Myth[C]//Proceedings of the 2012 ACM SIGMOD International Conference on Management of Data. ACM, 2012: 731-742.

④ 王芳, 慎金花. 国外数据管护(Data Curation)研究与实践进展[J]. 中国图书馆学报, 2014(4): 116-128.

⑤ Van Horik R, Roorda D. Migration to Intermediate XML for Electronic Data (MIXED): Repository of Durable File Format Conversions[J]. International Journal of Digital Curation, 2011, 2(2): 245-252.

3. 档案信息融汇整合

融汇（mashup）的理念和技术最早应用于解决数字图书馆文献资源的跨库问题，如今它已经在网络新闻、社会化媒体信息、网络地图等多方面得到应用。档案信息资源长期以来都游离于社会信息资源体系之外，而作为一种特殊信息资源被封闭和单独使用①，Mashup 技术一方面可以将档案信息资源与网络信息资源关联起来，实现信息资源的集成；另一方面也可以通过开放接口，允许第三方获取集成的数据，从而破除信息孤岛。本书研究后期研发的服务平台将利用 Mashup 技术整合档案领域的社会化媒体信息，时机成熟之时还可与数字档案馆、电子文件中心、文献数据库等对接，进而实现图书、情报、档案、网络信息资源一体化信息整合平台的设想。

4. 档案信息并行处理

大规模并行处理（MPP）是应对大数据处理的一种卓有成效的方法。社会化媒体中的信息是海量、非结构化和混杂噪音的，这是一个大数据问题，可尝试将 MPP 的相关技术引入，同时要在以下方面创新与实践：①探索与统计分析软件（如 R 语言、SAS、Matlab 等）及可视化工具（如标签云、Clustergra 等）的融合；②算法优化和创新，如将经典算法 K-means、遗传算法、神经网络算法等移植于 MapReduce 模型；③与传统数据库的集成，传统数据库的数据精细化管理更胜一筹，如 Facebook 尝试将核心数据存储在 MySQL 中，而以 Hadoop 进行流数据（streaming data）的实时计算和分析②。

7.2 档案社会化媒体信息的数据挖掘

7.2.1 档案信息的语义处理

1. 构建分布式索引

超大规模文档集的索引，需要考虑分布式处理框架，如 MPI、OpenMP、MapReduce 等③，而且分布式的存储与索引也符合档案灾备体系的构建要求④。分布式索引包含文档式分布与词项式分布，前者每台索引服务器只索引部分文档集，

① 屠跃明. 数字档案信息融汇服务系统的研究与实践 [J]. 档案学研究, 2014 (4): 65-70.

② Dumbill E. What is Big Data? An Introduction to the Big Data Landscape. [J/OL]. (2012-01-11) [2019-08-24]. http: //radar. oreilly. com/2012/01/what-is-big-data. html.

③ Silva Y N, Reed J M. Exploiting MapReduce-based Similarity Joins[C]//Proceedings of the 2012 ACM SIGMOD International Conference on Management of Data. ACM, 2012: 693-696.

④ 唐跃进, 万丽娟. 数字档案信息存储与灾难恢复研究[J]. 档案学通讯, 2011 (2): 16-19.

但共享一些词项的全局信息；后者则在整个集群建立单一索引，每台服务器包含整个文档的部分词项索引信息，该模式较为复杂并且对提高检索效率贡献不大[①]。在改善查询效率方面还需考虑两方面工作：①并行化改造一些单机应用的串行算法，使其能并行地运行于计算机集群中，加快查询结果相关性的排序速度；②合理优化文件索引与内存索引的分布；③查询转换，如拼写检查、查询推荐、查询扩展、同义词、近义词等问题。

2. 交互数据可视化

毫无疑问，数据科学家（data scientist）已成为近年最热门的新兴职业，世界创业投资公司领头羊 Greylock Partners 的首席数据顾问 D.J. Patil 博士总结数据科学家应具有的品质包括：精通的技术（technical expertise）、深究未知的好奇心（curiosity）、会讲故事的表达能力（storytelling）、独具匠心的思维（cleverness）[②]，美国著名 O'Reilly 媒体的首席信息科技评论专家 Edd Dumbill 进一步认为“storytelling”和“cleverness”才是门槛，并指出可视化（visualization）是跨越人机鸿沟、洞察分析过程、提升服务质量的有效途径[③]。第 8 章将介绍社会网络分析方法和可视化技术在分析档案学人微博关系网络的应用。

3. 本体检索

本体（Ontology）的概念最早起源于哲学领域，之后作为一种能在语义和知识层次上描述信息的概念模型被信息组织领域引入。本体的目标是获取、描述和表示相关领域的知识，并从不同层次给出知识间的相互关系，因而本体技术在信息的关联和检索领域极具服务优势。如以机构名检索“黄浦区人武部”，一般检索系统只能返回包含“黄浦区”人武部的相关档案，而利用本体方法，可将“2010 年黄浦区与南市区、卢湾区合并为新的黄浦区”这一知识进行语义关联和描述，使得检索结果中不仅能返回“南市区”“卢湾区”的相关档案，而且能自动区分“2010 年”时间限定中档案的归属。

7.2.2　档案信息聚类分析

对于社交网络的海量数据，文本聚类便于在较少时间内更好地定位查找自己所需要的信息。目前常用的文本聚类算法有划分法（Partitioning Method）、层次法（Hierarchical Method）、基于密度法（Density-Based Method）、基于网格的方

---

① He Y, Lee R, Huai Y, et al. RCFile: A fast and space-efficient data placement structure in MapReduce-based warehouse systems[C]//Data Engineering (ICDE), 2011 IEEE 27th International Conference on. IEEE, 2011: 1199-1208.

② Patil D J. Building Data Science Teams[M]. California: O'Reilly Media, Inc., 2011.

③ Dumbill E. What is big data? An introduction to the big data landscape. [J/OL]. (2012-01-11) [2019-08-24]. http: //radar. oreilly. com/2012/01/what-is-big-data. html.

法（Grid-Based Method）、基于模型法（Model-Based Method）等，而应用最广泛的两种文本聚类方法是划分方法和层次方法。通过聚类算法，以档案不同的属性作为聚类特征，比如根据时间、人物、地点、事件、活动、学科等档案特征及其组合聚集为不同的文件集合，使档案知识实现关联重组，进而发掘隐藏在档案文件间的逻辑联系与隐性价值。

档案信息之间存在紧密的逻辑关系，利用关联分析和社会网络分析（social network analysis，SNA）的方法挖掘档案信息中的大量相关联系，以可视化技术进行有效地理解、推理和分析，从而发现信息中记录事物间的联系。如将某项地方政策法规的形成依据、历次变化的相关文件、社会化媒体中用户的讨论和学者的评论等关联起来，为用户提供档案内容上的系统化知识。此外还可以实现：①为档案信息内容中的事件、引用的法规条例进行注解，并与相应概念描述文件进行关联；②文件内容关联，按照内容相关程度显示关联文件；③要素关联，处理与显示档案文件记录的地点、人物、机构等要素间的关联关系。

7.2.3　档案信息挖掘分析

档案信息挖掘分析，实现新媒体档案信息研究交流平台，对采集数据进行挖掘、分析、分类、聚类和整合，形成专报，并在可控范围内予以发布。

1. 档案信息聚类

文本聚类是在未知分类的情况下，使文本自动组成有意义的分组的数据挖掘技术。通过聚类算法，以档案不同的属性作为聚类特征，使档案文本形成多个不同类别的档案，统计档案信息的共性特征、分布模式和频度，帮助用户快速发现档案信息中有价值的信息，提高对档案记载内容的客观认识程度。

2. 档案信息分类

按照已有分类标准，比如《中国档案分类法》《中国图书馆分类法》等，利用分类算法使采集到的互联网档案信息自动划分入不同类别，自动建立档案资源分类体系；或以用户指定关键词组合或者自动抽取的档案信息中的关键要素作为类别标签，标识采集的档案信息。

3. 关联分析

利用关联分析挖掘档案信息中大量数据间的相关联系，发现档案中记录事物间的相互关联性或相互依赖性。自动把档案的相关信息关联到一起，帮助用户多方位、多角度了解与该档案相关的整体情况，全面掌握各种相关信息。这些关联信息主要包括：文件注解，比如档案信息网的档案内容中的事件、引用的法规条例的解释说明；文件间关联，按照内容相关程度显示的关联文件；要素关联，即档案内容中共同出现的地点、人物、机构等要素间的关联关系。

4. 档案数据统计分析与可视化

对分析结果生成各种量化的统计数据与图表，给档案各级用户的学习研究提供强有力的数据支持，比如分析历史和当前的档案信息内容中呈现的统计变化规律；对历史事件、法规条例进行时间顺序与数量上的统计与图形化显示。

5. 专报发布

自动功能与人工功能相结合，形成经过分析、筛选过的各种档案专题或主题信息并在可控范围内发布，为档案工作研究提供强有力的数据支持。

7.3　档案知识服务的构建

对国内外档案知识服务的研究进行梳理和总结，发现国内档案知识服务的研究集中在基础理论、数据资源整合、资源知识组织、知识服务建设等方面，国外档案知识服务的研究主要包括信息资源整合、知识服务实践、馆际资源整理利用等，而有关档案知识服务的研究多是探讨相关的技术、模式和应用，知识服务体系的研究甚少。分析现有成果可知，档案知识服务体系研究成果较少的原因，主要包括档案知识服务需求不显著、知识服务发展程度还处于初级阶段等。另外，发现有关知识服务体系的研究多从企业科技档案、少数民族档案等某一专业领域入手，这种“以小见大”的研究思路极具代表性和推广价值，可有效避免宏观空谈而难以落地的窘境。本小节拟从“军队档案”这个入口开展知识服务的相关探索。

7.3.1　基于专门分析模型的构建思路

PEST 分析模型是一种常用的宏观环境分析方法，其构建了政治（Political）、经济（Economic）、社会（Social）和技术（Technological）四个分析要素。通过前期文献调研及对档案馆服务工作的实地考察，结合档案工作流程构建知识服务体系，这里试图借鉴 PEST 分析模型，原因有以下几个方面：一是档案知识服务体系构建属于顶层工作，PEST 模型常用于宏观视角的分析，理论应用逻辑吻合；二是唯物辩证法指出“外因是变化的条件，内因是变化的根据，外因通过内因而起作用”，PEST 模型看似在强调外部环境，但本质上是揭示组织内部对外因的适应性，因此探索档案知识服务本身与外部环境影响因素的映射关系能帮助我们厘清核心问题，进而抓住体系建设的根本；三是档案知识服务与 PEST 模型阐述的分析视角有较强的关联性，PEST 模型中“政治（Political）”要素映射为档案服务与管理的体制机制，“经济（Economic）”要素映射为档案的资源及相关社会化媒体等网络再生资源，“社会（Social）”要素映射为档案服务对象及用户交互过程，“技术（Technological）”要素映射为档案信息资源开发及相关技术。

1. 维度提炼

档案知识服务同传统服务、信息服务一样，本质上属于档案服务的一种模式。档案工作主要包括接收、征集、鉴定、整理、保管、统计和利用七个环节，利用结构功能分析方法对实现知识服务目标和功能的档案服务流程进行合并提炼，发现其主要环节包括档案收集、资源加工、提供利用、管理保障四个方面。结合 PEST 模型分析，将档案收集环节提炼为“资源（Resource）”维度，其与 PEST 模型中“经济（E）”要素相对应；将资源加工环节归纳为“技术（Technology）”维度，它与 PEST 模型中“技术（T）”要素相对应；将提供利用环节界定为“用户（User）”维度，其与 PEST 模型中“社会（S）”要素相对应；将管理保障环节定位为“管理（Management）”维度，它与 PEST 模型中“政治（P）”要素相对应，如图 7-2 所示。

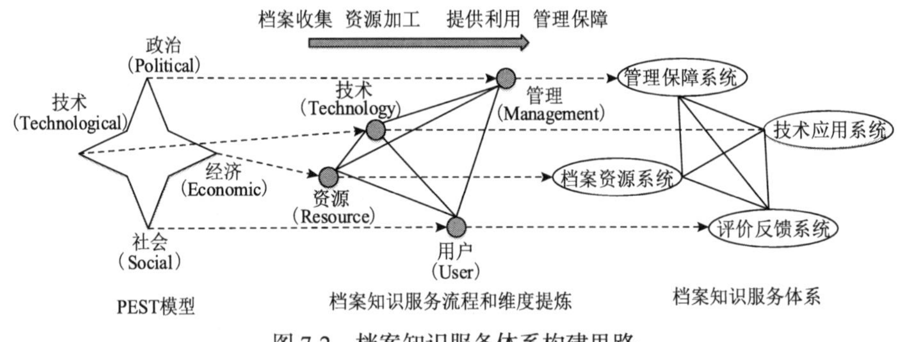

图 7-2 档案知识服务体系构建思路

2. 体系构成

依据前述的资源（R）、技术（T）、用户（U）、管理（M）四个维度进一步构建档案知识服务体系。其中档案资源系统是从“资源维度”进行设计，主要探索档案资源的来源、收集、组织等；技术应用系统从“技术维度”探索建立在档案资源基础上实现知识服务的相关技术、方法、模式和应用流程等；评价反馈系统立足“用户维度”对档案知识服务的易用性和服务效能等进行测评，打破传统档案服务的被动、单一、满意度不高的困局；管理保障系统揽“管理维度”的责任，探索档案知识服务的法规、标准、体制、机制、组织、安全、人力资源等。

3. 相互关系

档案资源系统是整个体系中的“核心物质基础”，主要解决是什么、有什么（What）的问题；技术应用系统是实现档案资源价值的“转换器和倍增器”，主要围绕知识服务的目标解决怎么办（How）的问题；评价反馈系统是知识服务的“窗口和名片”，在前端与用户进行交互，解决受众（Who/Whom）的需求问题；管理保障系统是整个体系的“大后方”，为其他三个子系统的正常高效运转提供支撑，主要解决何以为之（Why）的问题。四个子系统相辅相成、互相协作，有机构成整个体系的框架。

7.3.2　档案知识服务体系构成

1. 档案资源系统

档案资源是各部门在实践活动中产生原生信息的积累、综合和物化形态，是各级各部门的重要信息资源和谋略资源①。调研发现当下档案资源还存在各馆资源各自为政、资源重复建设、共享利用壁垒，如一些部门档案还存在改革后档案收集范围不清晰等诸多问题，这些问题严重违背了各级机关对档案智力支撑作用的期盼，而当下还对社会化媒体、学科、网络等资源的整合需求迫切。“问渠那得清如许，为有源头活水来”，只有高度重视档案资源这一“源头活水”，才有可能产生“清如许”的知识服务。

（1）档案资源系统建设的目标。从档案知识服务体系构建的整体思路出发，本书将档案资源系统的主要目标和功能归纳为三个方面：①数字档案资源的收集。主要包括：一是界定收集归档范围，如在军改重构重塑的浪潮下，军队档案馆的职能划分也发生了变化，一方面各馆（室）需要重新界定收集归档范围，另一方面为了保证知识服务的质量，依据后保管范式理念，应重视档案数据和背景信息的收集；二是现阶段仍在继续开展的档案数字化工作，后续数字化的力度和深度应该强化，如重视对档案文字的 OCR 识别、对手写文字的辨识、对相关背景信息的著录等；三是逐步对电子文件进行规范，建立相应的电子文件归档制度、标准、机制等，确保数字档案的“四性”；四是依据“大档案观”“大资源观”的建设思路，努力整合各系统的数字档案资源，建立统一标准，消除“信息孤岛”和数字壁垒。②档案资源的处理存储。立足现有的档案整理与著录工作基础，将列入整合范围的档案资源进行规范化预处理，形成格式统一且利于开发共享的档案数据资源，同时利用现有信息网和馆舍跨地域的特点，为档案资源提供安全可靠的联合存储和异地备份。③档案资源的知识组织与提取。尝试将各种类型的数字档案资源进行统一规范描述，进而利用关联技术和语义网技术实现知识组织，建立档案领域本体，同时将知识以形式化、结构化、可视化的方式管理和表示出来，将档案资源内在的档案知识组织成一个有效的

---

① 张战争，李滨．军队档案资源内涵及其构成[J]．档案学研究，2011(6)：46-48.

知识网络。

（2）档案资源系统建设的特点。相较于传统的档案资源建设，档案知识服务体系下的档案资源系统建设主要包括以下特点：①关联性，必须破除原有资源各自为政的局面，实现跨地域、跨部门、跨门类的互联互通，进而为知识服务提供全面的资源保障。②动态性，随着数字档案的发展，协同电子文件中心和 OA 系统，动态更新档案资源系统应成为常态工作。③增值性，必须改变“重藏轻用”的现状，紧贴实际和需求，充分整合资源，挖掘档案的价值。

（3）档案资源系统建设的原则。一是需求原则，要充分了解实际需求，将需求最强烈、紧迫的档案资源放在重点建设位置；二是全程性原则，重视前端控制和全程管理，确保资源的质量；三是标准化原则，要在顶层制定统一的标准规范，确保资源后续的关联和开发利用。

2. 技术应用系统

“千淘万漉虽辛苦，淘尽黄沙始见金”，技术应用系统就是“淘金”的核心手段，在理论层面其表现为实现档案知识服务目标的系列理论、方法和技术，而在实践层面其表现为具体系统平台、技术工具等的集合。

（1）技术应用系统建设的目标。技术应用系统的总体目标是围绕现实需求，从大量、动态、多源、分散的档案资源中，利用系列方法和手段挖掘出针对性、辅助决策性的知识。主要的目标包括：①档案数据服务，一方面规范在多个系统环境中的档案数据和服务间的接口，保证在整个系统运行中数据的完整性和一致性；另一方面针对实际需求，可尝试为用户开放提供档案原始数据的服务。②知识挖掘服务，主要指根据使用者的需求，将采集和处理后的档案数据资源进行数据挖掘与知识发现，将新得到的知识单元通过数据服务存储在知识库中，同时利用知识服务平台向用户提供参考咨询与决策支持服务。③平台与工具的集成服务，尝试建设统一集成的档案知识服务系统平台，同时将相关知识服务的软件工具、专家资源等进行整合。针对具体的档案知识服务系统，本书曾提出无缝衔接 OA 系统和电子文件中心、规范信息资源元数据、设计档案资源密级管理机制、为部分可开放资源建立“双网通”机制等建设目标。

（2）技术应用系统建设的原则。主要包括以下几个方面：①标准化原则，遵循国际、国家和行业有关资源描述、组织、系统管理、检索与服务等方面的标准和规范，以及遵循内容编码、数据通信、计算机系统、安全等方面的标准，确保资源的可集成性、互操作性和持续性。②集成原则，一方面是系统平台的集成，如知识服务系统与文电系统、信息网等的融合；另一方面是工具方法的集成，为用户的个性化探索提供便利。③安全性原则，充分考虑一些领域的特殊性及安全保密性，通过相应的管理机制和技术手段，降低系统安全隐患和风险。④更新原则，重视系统平台的升级、软件工具的更新、专家资源库的补充完善等。

3. 评价反馈系统

与传统的档案服务模式相比较，知识服务强调“以用户为用心”的服务理念，重视与用户的交互。因此，建立评价反馈系统具有十分重要的意义，“落红不是无情物，化作春泥更护花”，评价反馈系统就是“落红”，可以进一步了解用户的档案知识需求，改进优化档案知识服务的政策、机制、模式和流程等，进而提升服务质量，检验档案知识服务的效果。简而言之，档案知识服务评价反馈系统就是检验“做了什么事”“能力如何”“用户满意度如何”等的系列过程。

（1）评价反馈系统建设的内容。主要包括以下几个方面：①构建指标模型，这是本系统的核心内容，应探索合适的评价反馈指标模型，本书试图结合本体理论，依据层次分析法和德尔菲法构建评价指标体系，后文将详述。②建立相关机制，以党政军机关、科研部门与广大用户的知识需求为核心，建立需求表达机制；以服务对象满意度为基础，建立双向多维互动机制；以专业、客观的评价组织为后盾，建立科学、合理的分析评价机制；以及时回复和积极纠正为保障，建立回复与反馈实施机制。③确立工作流程，评价反馈的内容包括需求反馈和评价反馈，反馈的具体内容不仅包括知识服务需求的范围、重点，还包括知识服务的具体流程、模式及项目，档案知识服务部门应积极设置议题，通过线上投票调查、线下交流沟通等方式拓宽反馈渠道。④鼓励用户参与，首先需要加强宣传和引导，注重培育和激发各个层级的用户表达需求，及时反馈；其次要保障好专家系统中各位专家的参与，利用各种交流手段及时解决用户的需求；最后要及时做好回访、修正和系统维护建设工作，确保评价反馈工作逐步完善。

（2）评价反馈系统建设的特点。应注重把握以下几个特点：一是及时性，相较于过去档案服务中调查反馈的滞后性，知识服务可以尝试在互联互通和统一系统平台的基础上实现服务与反馈的即时；同时提升档案工作者的服务意识，及时解决用户需求；此外，还要重视对反馈的“回应”，及时纠正错误、答疑解惑。二是互动性，双向沟通也是知识服务的一个重要特点，要重视人机的交互，更要注重用户与专家系统的沟通，减少信息的不确定性。三是易用性，在系统平台构建反馈评价模块时应把握简明、易用等原则，让广大用户“看得到、会使用、乐反馈”。

（3）评价反馈的主要工作流程。主要包括三个步骤：一是准备阶段，主要事项包括明确评价反馈目标、确定评价反馈原则（如能力评价要讲究全面性原则，易用性评价要遵循用户为中心原则）、选择合适评价方法等；二是实施阶段，主要包括确定评价模型、构建指标体系、咨询相关专家、处理评价数据等；三是反馈管理，主要包括相关机制、流程、标准、用户等。

4. 管理保障系统

“不知细叶谁裁出，二月春风似剪刀”，管理保障系统就是知识服务精细管理的“二月春风”，着眼于档案知识服务的现状和未来，在理论和实践层面系统探索相关的法规政策、运行机制、技术标准、信息安全、人才建设等，确保知识服务的效能。有研究指出当前档案领域对知识服务的关注集中在资源整合和技术研究上，而对档案知识服务管理保障制度的研究却遗荒待垦①。

（1）管理保障系统建设的内容。①法规制度和组织层面，主要包括建立健全档案知识服务管理体制、完善档案知识服务法规制度建设、推进档案知识服务人才队伍建设等。②运行维护和管理层面，主要包括加强档案知识服务基础设施建设、理顺档案知识服务运行管理机制、优化档案知识服务业务工作流程。③技术标准和安全层面，主要包括构建档案知识服务标准体系（主要涉及总则、基础设施标准、档案资源建设标准、知识服务平台技术标准、安全保障标准等）、完善档案知识服务安全保密措施。

（2）管理保障系统建设的特点。需要注意把握以下特点：一是系统化，管理保障系统需要档案部门、各业务部门和用户协同配合，使知识服务涉及的业务流程、人力资源、技术资源、信息资源等要素有机衔接；二是全程化，与档案信息服务的一次性特点不同，知识服务强调为用户提供贯穿解决问题全部过程的服务，管理保障系统也具备全程的管理保障职能；三是法制化，通过相关的法规、标准和制度为知识服务提供法制化保障，确保服务工作有法可依、有章可循。

（3）管理保障系统建设的原则。一是顶层设计、分层实现原则，必须融入档案知识服务体系的顶层设计中，同时对系统设计的目标、路径、阶段、条件、困难等结合实情分层落实；二是分工负责、全程保障原则，档案职能部门与各级档案馆应根据自身的责任定位进行合理分工，注重对整个管理保障过程的有效衔接和贯通，实现全方位、全过程的管理保障；三是立足现实、面向未来原则，一方面要以需求为先，赋予各级机关辅助决策需求优先权，另一方面注重在理论、技术等方面与国际最新成果接轨，全面推进档案知识服务的现代化。

7.3.3 档案知识服务系统设计

1. 需求分析

（1）宏观层面：体系建设发展。伴随政府机关、军队改革重新调整，各部门的档案信息数据在移交、接收、集成、共享等方面的问题集中暴露，档案服务期

① 安小米，白文琳，钟文睿，等. 数字转型背景下的我国数字档案资源整合与服务研究框架[J]. 图书情报工作，2013，57(24)：44-50.

待更加体系化和知识化的情报服务和智力支撑。

（2）中观层面：业务集成深化。现行的文件与档案管理流程是彼此分离的，文档分离带来大量弊端，因此管理系统在具备采集（征集）、整理、标引、归档、查询、数据统计等传统业务功能外，还应实现档案业务与相关业务的集成，如与公文系统（OA 系统）、信息服务网等的集成。业务集成必须打破“烟囱效应”带来的“信息孤岛”，实现以网络为基础的档案信息资源共享，进而为知识服务提供基础。

（3）微观层面：用户需求拓展。在现有服务项目的基础上，用户对档案服务提出了更高要求，包括：①用户的一般服务需求，这类需求通过档案查询、专题知识库服务便可满足，但由于用户的成长性，该群体对知识产品的更新将有更高的期许；②学习研究型用户的知识服务需求，科技人员已成为档案利用的核心人群，该群体渴望个性化、定制化的专门性知识服务；③高层次情报需求，档案资源在时间维度和空间维度的全面性和针对性都有其难以取代的优势，如军队决策机关渴求能对其深度挖掘，进而为部队的各项基础业务、训练和作战、思想政治教育、军事文化建设等提供智力支撑。

2. 可行性分析

（1）发展环境向上向好。首先，在国家和人民的鼎力支持下，整体软硬件建设已具备相当的规模和水平，档案信息化和网络化亦成效显著；其次，档案系统拥有一批专业的信息化骨干，档案事业的发展人力保障充分。

（2）档案资源丰富。档案系统一直拥有各种形态的丰富的信息资源，如军队档案领域就包括军事历史档案（军队建立和发展历经工农红军、八路军、新四军、东北抗联、解放军、志愿军等时期的历史档案等）、现行文书档案（涉及陆、海、空、天、火箭军等各军兵种和各战区的业务档案）、重大事件档案（抢险救灾、国际维和等）及一些实物档案等，同时强军网有丰富的学科资源、社会化媒体资源等，这些丰富的资源值得进一步整合和挖掘，进而为知识服务打下基础。

（3）相关理论技术成熟。主要表现在：①理论日趋完善，近年档案领域关于元数据、可信电子文件管理、OAIS 等标准陆续完善，在此基础上进一步形成了本体、语义网、关联数据等的研究和应用，这些都是本书研究的重要基础；②技术工具成熟，当前用于知识挖掘和知识服务的技术工具非常多和细，如美国国防部和国家科学基金组织研发的专家知识地图软件[①]就有诸多可借鉴之处；③开放源代码丰富，构建知识库的开放源代码软件如 DSpace、Eprints、Fedora 等，均遵守 OSI 的统一标准，可实现知识组织、Web 文档及数据仓库管理、对外开放的 OAI-PMH 接口等。

---

① 刘彤，时艳琴. 基于社会网络分析的专家知识地图应用研究[J]. 情报理论与实践，2010，33（3）：68-71.

3. 系统设计思路

（1）构建目标。档案知识服务系统在实现传统档案业务外，还包含以下目标：①无缝衔接 OA 系统和电子文件中心，实现文档一体化管理；②在现有标准化基础上进一步规范元数据，实现各系统、部门档案资源的集成和共享；③设计档案资源密级管理机制，对不同用户建立分级授权机制，进而针对性地为用户提供智能化、个性化的知识服务；④为部分可公开资源和编研成果建立办公网和互联网双通机制，进而为档案宣传和利用等提供便利；⑤建立友好的用户界面，并实时跟踪和分析用户需求。

（2）构建原则。主要包括以下几个方面：①标准化原则。遵循国际、国家和行业有关资源描述、组织、系统管理、检索与服务、内容编码、数据通信、计算机系统、安全等方面的标准规范，确保资源的可集成性、互操作性和持续性。②集成原则。主要包括两个层面：一是档案系统内部的集成，实现同类型或同主题等视角档案的整合；二是与其他业务系统的集成，如与文电系统、信息网等的融合。③全时空服务原则。如军队档案知识服务要为各项军事行动提供全程便捷服务，快速及时全面地收集军事活动中的档案，积极主动提供情报服务。④个性化原则。能方便各个层级和工作背景的用户使用，为其提供个性化的服务。⑤可伸缩原则。充分考虑未来应用需求的变化，既能适应系统硬件架构的调整，也能适应功能模块的改变或增加。⑥安全性原则。充分考虑档案特殊性及安全保密性，通过相应的管理机制和技术手段降低系统安全隐患和风险。

4. 功能模块设计

围绕上述建设目标，档案知识服务系统的核心功能模块设计如图 7-3 所示。

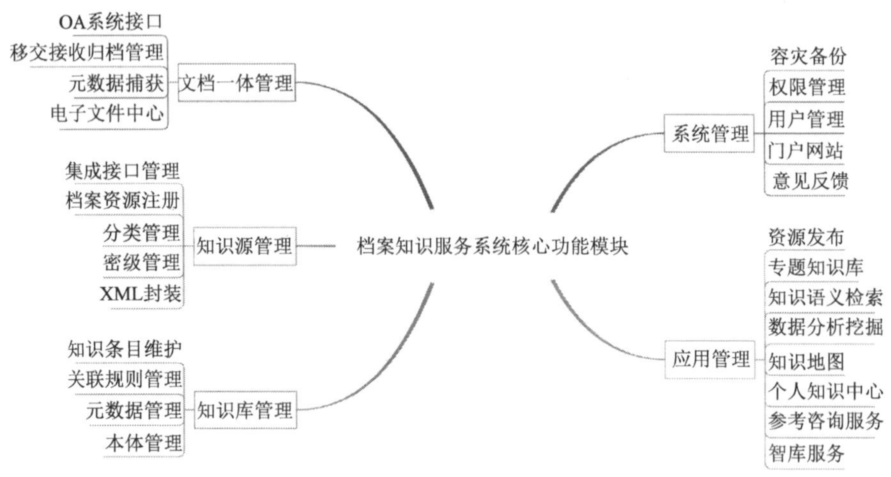

图 7-3　档案知识服务系统核心功能模块图

（1）文档一体管理。该模块设计依据“前端控制”思想，针对档案部门尚未归档的现行文件、电子公文等资源实现在线归档。其功能包括构建电子文件中心、设计与 OA 系统无缝衔接的接口、自动捕获电子文件及元数据、自动匹配纸质文件与电子文件、自动分配（合成）档案号、在线移交指导接收和归档等。

（2）知识源管理。该模块核心功能为整合各档案部门现有资源，具体包括设计各系统档案资源集成接口、各战区和军兵种档案资源的收集和注册、分类管理、密级管理、XML 封装功能等。

（3）知识库管理。该模块主要功能包括知识条目的维护和管理、一致性检验、知识元关联和推理规则的设计和管理、知识分类编码等元数据的管理、本体的构建和管理等，该模块建设的水准决定着系统提供知识服务的能力。

（4）应用管理。该模块围绕服务目标与用户直接接触，具体包括以下八大功能：①资源发布。除常规信息的发布外，还包括可公开档案资源互联网的发布、支持展览厅、荣誉室等文化建设、实时资讯编研成果、重要大事记、英模人物生平事迹、英模部队英勇作战事迹等。②专题知识库。当下虽然各档案部门基于自身馆藏资源自建了不少专题数据库，为数字档案馆做出了卓越贡献，但这些数据库还存在数据来源不够全面、使用功能单一、深度知识服务欠缺等不足。因此围绕某一专题将各档案资源重新整合而建设或完善的新专题数据库将让用户有更好的体验。③知识语义检索。指基于本体的语义检索，以概念匹配和知识推理的语义检索能规避传统检索手段的缺陷，有效提高信息检索的查全率和查准率。④数据分析挖掘。根据用户需求提供数据基本统计、关联分析、报（图）表输出、相关分析挖掘工具开放共享等。⑤知识地图。主要指以可视化的方式实现知识跨域导航、知识图谱、人物关系网、部队作战进攻态势图等。⑥个人知识中心。借鉴 Web 2.0 模式下“群体智慧”（wisdom of crowds）等理念，发动用户参与系统开发、参考咨询等环节；引入 Folksonomy 等技术激励用户参与档案元数据的标注和更新，进而完善知识本体和系统检索的便捷性；倡导个人知识管理（personal knowledge management，PKM），构建用户社区和个人知识主页，系统可根据用户主动订阅收藏、历史浏览记录、社交好友浏览记录等来源形成个性化的用户需求本体，进而推送针对性强的内容。⑦参考咨询服务。推送服务无法满足用户需求时，可申请参考咨询服务，由相关专业人员借助平台完成咨询服务。⑧智库情报服务。针对党政机关和首长、参战或应急部队等建立决策支持服务子系统，该子系统可通过挖掘档案资源中的隐性知识，进而提供战例资料、历史地形水文资料、敌方部队历史资料等情报和辅助决策建议。

（5）系统管理。主要完成用户账户、权限和密码的管理、文件密级及公开权限管理、门户网站后台管理、用户意见反馈、数据容灾备份等工作，确保系统正常运行。

5. 系统架构设计

围绕要实现的功能，将系统架构设计为图 7-4 所示。各层次在业务上联系紧密，在开发逻辑上相对独立。

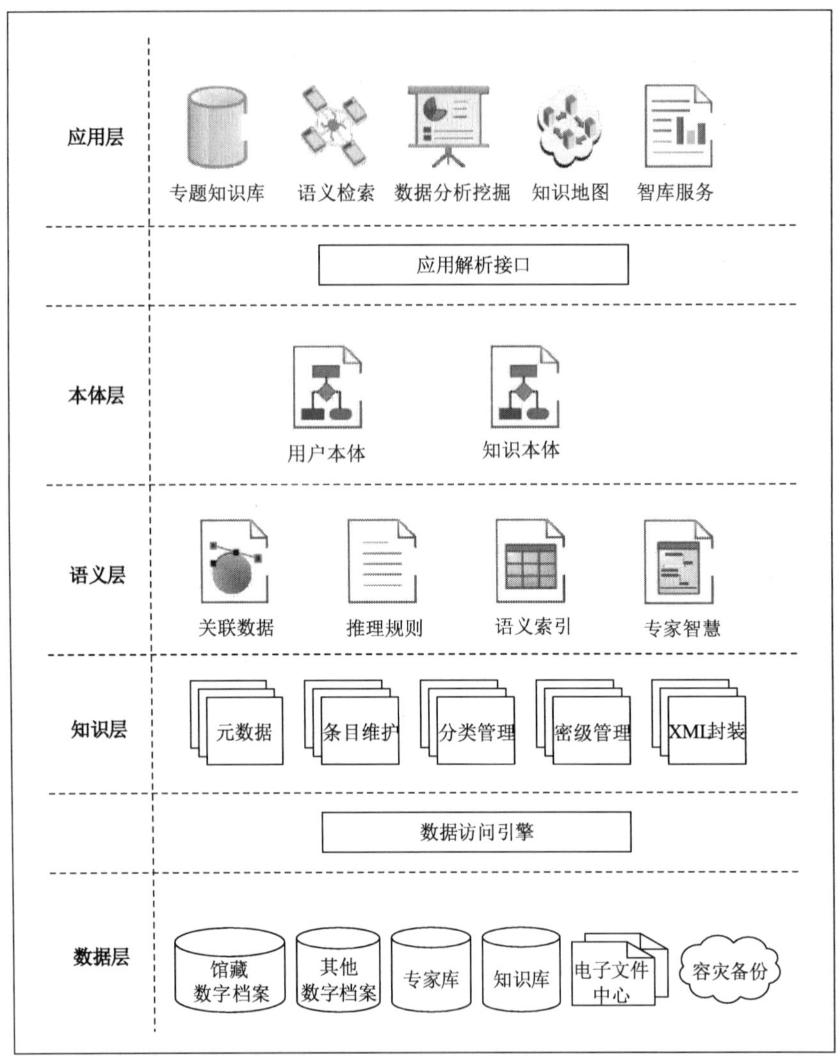

图 7-4　档案知识服务系统架构图

（1）数据层。即资源层，包含各类与相关的档案资源，如军队档案体系中战区和各军兵种的数字档案、各档案部门自建的专题数据、其他业务单位数字档案、专家库、知识库、电子文件中心、容灾备份中心、用户数据资料等来源。由于数据层包含大量异源异构数据，为此在数据层与知识层之间设计一个统一的数据访问引擎，该引擎用于屏蔽数据层中数据的结构差异，进而实现数据的统一访问。该层涉及的核心技术包括数据清洗、数据转换、分布式存储、云计算等。

（2）知识层。负责将数据层提交的各类数据进行元数据捕获、条目构建和维护、编码和分类的二次标准化、密级管理、权限设定、XML 封装等处理，形成知识元以便进行后续的语义开发。该层主要以国内外和行业相关标准为指导开展的基础性工作，涉及的核心技术包括信息抽取、元数据收割、自然语言处理、大规模并行处理、信息聚类、图像识别等。

（3）语义层。主要工作是人机结合地抽取和挖掘知识层中的知识元，并按照一定的关联和推理规则将无序的知识元进行标注、分类、组织和关联，形成相关主题的关联数据、语义索引、专家智慧等。该层涉及的核心技术包括元数据收割、信息抽取、Mashup 技术等。

（4）本体层。主要负责对关联数据进行推理和演化形成知识本体，并根据用户的操作行为构建用户本体，而本体的智能化拓展和管理是当下一个有待攻克的课题。该层涉及的核心知识包括数据仓储、人工智能、RDF、建模技术、本体语言（如 OWL）等。

（5）应用层。通过用户需求分析和本体推理，实现应用管理模块中一系列系统功能。该层是系统架构的顶层。应用解析接口实现将用户请求进行预分类、细化和分析，同时以友好易用的人机交互界面将结果反馈给用户，涉及的核心技术包括大数据处理分析、人工智能、可视化技术、知识图谱等。

6. 服务模式设计

下面以军队档案知识服务的应用实例，来简述主要流程。

（1）用户提问。用户 A 向系统提问：“新兵训练成绩的影响因素”。

（2）需求分析。①问题接收模块对问题类型进行初步分类并转发；②需求模块对问题肢解分析：调用用户本体和用户基本信息库获知用户 A 的基本情况，如教育经历（军事通信专业硕士）、任职培训经历（某陆军指挥学院合同指挥专业）、履历信息（现任陆军某部正营职参谋）、参战经历（**演习和国际维和）、历史需求（历史检索、浏览和订阅记录）等；调用知识本体进一步获取与问题相关的结果，如相关的训练大纲等政策文件、公文、首长批示、其他用户相关的提问及解答、图书资源、百科知识、社会媒体中相关问题的讨论等。综合分析知该用户学历层次高、信息素养好、具有丰富的参训实践经验，其所提诉求非一般信息检索服务，而是决策初期具有针对性和研究性的咨询服务。

（3）制定策略。综上分析，为用户 A 提供以下四方面服务。①调用专家库为其联系该领域相关专家和用户开展深层次的参考咨询服务；②提供具有一定广度和针对性的档案信息和编研成果；③以可视化图表等形式展示相关结果；④提供相关分析工具和原始训练数据，便于其挖掘分析。

（4）处理分析。①需求模块自动确定检索词为“新兵训练”，并以此开始检索；②通过调用知识本体、关联数据等获得相关检索词 20 个，经剔除冗余、上下位概念重复等词汇，最终确定检索词为：“新兵连/新兵档案/入伍训练/征兵区域/新兵装配/训练成绩/人武部/新兵心理/独生子女新兵/新兵训练伤”；③经部分人工干预、专家咨询等进一步确定“新兵兵员档案/新兵训练档案/新兵心理/新兵训练伤”为领域本体，并以此进行检索获得相关档案记录 219 条；④对结果以文书档案、训练数据、电子病历等类目进行初步分类；⑤捕获相关知识元并以它们的关联、词频等指标为依据生成知识地图。

（5）结果输出。用户可获得的结果包括以下几个。①系统推荐的咨询专家列表、相关用户及其联系方式；②按档案类型、来源、时间等多种分类方式展现的检索结果；③知识地图及相关知识的语义链接；④训练数据及推荐的相关分析工具。

（6）用户反馈。用户的反馈主要包括如下几种。①与相关咨询专家和用户的互动和反馈；②对检索结果的进一步需求反馈；③对相关数据分析结果的研究和反馈；④对系统使用情况的意见反馈。

7.4 档案资源整合的信息抽取与内容分析

7.4.1 档案信息抽取方法

面对海量档案信息，很自然地需要一种自动化工具来帮助用户从中快速发现真正需要的信息，并将这些信息自动地进行分类、提取和重构，因而采用了信息抽取技术。这里的文本信息抽取，具体是指从档案社会化媒体的内容文本数据中自动抽取指定类型的实体（entity）、关系（relation）、机构（institute）等事实信息，并形成结构化数据输出。例如，从关于档案会议新闻报道中抽取事件的信息，一般包括会议类型、地点、主题、机构等主要方面。

档案信息抽取，概括起来可以涵盖以下方面：①处理非结构化的档案自然语言文本，这在预处理、分词过滤阶段完成；②选择性抽取档案文本中指定的信息，采用分词标注的词性、采摘的 70 余万条实体词库和正则表达式配合完成；③抽取的档案信息形成一定的表示关系。

方法是：首先匹配已有实体、事件词库，从分词标注结果中筛选地点、人名等实体词；接着从文本中抽取的关键词、关联词周围选取事实信息。如果选取词语包含其他事实信息等词语，根据语句顺序和距离确定是否建立关系，系统中一篇文档的实体关系图表即采用了这种方法。

7.4.2　档案信息内容语义分析

关联度分析主要计算档案文本间的内容相关性，在浏览阅览单篇文本时显示与之相关的文档列表。传统相关性计算主要以向量空间模型分析两篇文本间的相似度，但如果存在语义稀疏，很难较正确估计两篇文档的相关性。简单地说，如果两篇文档中没有共用词，即使它们关系紧密主题相关，也无法认为两篇文档相关性较高。如“计算机”和“电脑”是同义或近义词，但相关度为零。所以，很多研究引入了语义知识库、本体方法，从内容上分析词语间的关联性并延伸至文档级的相关度计算。但是本体方法、知识库构建成本较高，需要大量人力操作，所以很多方法通过语料库或百科知识来自动构建词语间的语义关系，如本书以一种深度学习方法的 word2vector 模型构建语义支持资源，能够计算近义词、相关词，以及广泛的语义关联。方法如下。

处理语料库文本，规格化为以空格分隔单词的文本；分词处理选择中文维基百科（2016 年 7 月镜像 90 万篇）、微信公众号（2016 年 1—9 月 71 万篇）、百度贴吧及档案论坛部分数据（2016 年 4 月至 2017 年 3 月帖文及评论 8 万篇），其中，百科知识包括相对较固定的语义知识与语义关系，当然也包括新闻事件信息；微信公众号信息具有较高时效性，包含新的知识与语义关系；论坛数据包含一些非正式的词语搭配，可以强化语义关系的广度。

以 word2vector 构筑“输入层—隐层—输出层”三个神经网络，通过训练获得词语在向量空间上的表示。

word2vector 构建程序与相关度计算如下。

```
import gensim.models.word2vec as w2v
def construct_word2vec(segment): # 预处理过的语料文本
sentences = w2v.LineSentence(segment)
model = w2v.Word2Vec(sentences， size=100， window=5， min_count=5，
workers=5)
model.save('model'+segment)
model_file=construct_word2vec(wiki_weixin_post.txt)
model=w2v.Word2Vec.load(model_file)
model.most_similar(word1， topn=10) # 计算最相关的词语
model.similarity(word1,word2) # 计算相关度
```

最后生成 word2vector 模型文件。在计算文本相关度时，利用了 word2vector 生成语义知识，扩展文本 VSM 表示模型，提高相关文本计算的准确性，减少语义稀疏带来的影响。

7.4.3　档案信息内容重复性分析

一些文档被多次转载，为了避免展现时多篇文档同时出现，需要确认两篇文档在内容上是否相同。

这里的研究，引入了以下测度来分析两篇文档在内容上的重复性：①文本内容相似度；②标题；③字数；④文字顺序等。其中，文字顺序以计算交集方式完成，即去除特殊字符标记，直接计算重叠度。

重复性分析的另一个重要作用，是获取采集范围内文档的最早出处，以便进行档案新媒体信息的转载分析。

7.5　基于档案信息整合系统的数据加工实现

7.5.1　档案信息数据分析工具的处理流程

数据分析工具的主要功能是在后台进行档案数据信息的分析工作，如图 7-5 所示。包括：基本分析模块、评论（包括论坛）回帖分析、内容聚类（档案新闻、博客、论坛、问答、百科等聚类）、信息岛图、热词分析等主要任务模块。

```
开始转载新闻分析...
statsim 127.0.0.1 8888 system manager manom_baseww manom_dupww URLDate>='2017.02.24 00:00:00' and
URLDate<='2017.03.02' and GroupName=('档案新闻%'+'档案博客%'+'档案问答%'+'档案论坛%') 7
statsim分析完成。
重复新闻分析成功，耗时100.20秒。
URLDate>='2017.02.21 00:00:00' and URLDate<='2017.03.02' and GroupName=('档案新闻%'+'档案博客%'+'
档案问答%'+'档案论坛%')
开始转载新闻分析...
statsim 127.0.0.1 8888 system manager manom_baseww manom_dupww URLDate>='2017.02.21 00:00:00' and
URLDate<='2017.03.02' and GroupName=('档案新闻%'+'档案博客%'+'档案问答%'+'档案论坛%') 10
statsim分析完成。
重复新闻分析成功，耗时98.20秒。
URLDate>='2017.02.16 00:00:00' and URLDate<='2017.03.02' and GroupName=('档案新闻%'+'档案博客%'+'
档案问答%'+'档案论坛%')
开始转载新闻分析...
statsim 127.0.0.1 8888 system manager manom_baseww manom_dupww URLDate>='2017.02.16 00:00:00' and
URLDate<='2017.03.02' and GroupName=('档案新闻%'+'档案博客%'+'档案问答%'+'档案论坛%') 15
```

图 7-5　档案信息数据分析工具的数据分析界面

该工具在后台随采集工具一直运行，处理流程包括：①从档案数据库获取数据，分析处理后，装到档案基本信息库中。②从档案基本信息库中取数据进行各种分析工作，并保存到对应的档案数据表中。

7.5.2　档案信息数据分析工具的任务和策略

1. 档案信息数据分析工具的任务

档案信息数据分析工具可执行以下分析任务。

（1）档案新闻（百科）聚类；博客（微博）聚类；问答聚类；论坛聚类；词群图。

（2）档案数据分类。

（3）档案数据重复性分析（比如一些页面信息被转发多次）。

（4）热词分析。

（5）关键词抽取。

2. 档案信息数据分析工具的策略

档案信息数据分析工具运行策略如下。

（1）分析工具运行间隔时间。档案数据量一般很大，需要以增量方式完成数据分析任务，所以采用固定间隔时间方式进行档案数据分析，其分析间隔的时间与采集间隔的时间相对应。

（2）历史数据范围。档案信息数据分析工具第一次运行时，可以取最近 n 天的采集结果分析，之后档案信息数据分析工具采用增量式分析策略。

7.5.3　档案信息数据分析的基本技术

下面介绍笔者系统实践中的一些分析技术和方法。

1. 分词处理

由于词是最小的能够独立运用的语言单位，而中文文本不同于西文，词与词之间没有任何空格之类的显式标志，指示词的边界。因此，自动分词问题就成了面临的首要基础性工作，它是诸多应用系统不可或缺的一个重要环节。

简单地讲，自动分词就是让计算机系统在汉语文本中，词与词之间自动加上空格或其他边界标记。自动分词已有很多分词理论与方法技术，但仍然存在歧义切分、未登录词的识别等问题。比较流行的分词工具主要有中国科学院的 ICTCLAS、哈尔滨工业大学分词器、IKAnalyzer、jieba 等。本书采用了增加档案特征词库的策略，减少以上描述问题的影响。实现中，采用 Python 作为语言工具，选用 jieba 作为分词工具，其分词实现的主要代码如下。

```
import jieba
import jieba.analyse
import jieba.posseg as pseg
jieba.load_userdict(r " archive_userdict.txt " )
terms = pseg.cut(sentence);
for w in terms:
print(w.word， " / " ，w.flag， " ， " ，end=' ')# w.word 分词结果与 w.flag 词性
```

档案用户词典主要由一些专业词汇构成，如图 7-6 所示。其目的是避免语句被错误切分，扩大分词系统识词范围。

南攻北守
南海对峙
南海夺礁
南海机场
南海舰队
南海领土
南海水域
南海问题
南海诸岛
南海主权
南极带
南疆

图 7-6　档案用户自定义分词词典

用户词典来源是百度与维基百科档案类目与主题词表，它们较全面地覆盖了档案领域专业词汇。还有搜狗常用词库（scel），如图 7-7 所示，该网络常用词语库覆盖网络变体词等。经过处理，存储为词语/词性格式的文本文件，其中的词性格式主要是自定义名词。分词结果为若干词语与其词性标注，比如：档案/n，职业技能/n，鉴定考试 /n，于/p，2017/m，年/m，1/m，月/m，在/p，北部战区/n，档案馆/n，举行/v。由于扩大了分词词库，“北部战区”不会被拆分为“北部”“战区”；再比如，我/r，很/d，香菇 /n，蓝瘦/usn，其中“蓝瘦”就是一个自定义的词汇。

导弹核武器航天器.scel
第五代战斗机.scel
电子对抗.scel
防化学兵.scel
防御.scel
各国攻击型核潜艇.scel
工程兵.scel
公安词汇.scel
海军.scel
海军 驱逐舰 巡洋舰 潜水艇 防护舰
海军武器-舰船.scel
警戒行军宿营.scel
军队政治工作.scel
军队组织指挥.scel
军事测绘.scel
军事词汇大全【官方推荐】.scel
军事词语大全.scel
军事谋略名.scel
军事气象水文.scel
军事训练.scel
军事综合词库.scel
军事综合用语.scel

图 7-7　自定义分词词典来源

再进一步，经过分词处理，过滤掉停用词与非实体词，就可得到下一步要分析处理的词语列表。

2. 文本分类

文本自动分类简称文本分类（Text Categorization）。传统的文本分类是基于文本内容的，研究如何将文本自动划分成政治的、经济的、军事的、体育的、娱乐的等各种类型。在预定义的分类体系下，根据文本的特性（内容或属性），将给定文本与一个或多个类别相关联的过程。一个文本分类系统可以简略地用图 7-8 表示。文本分类中有两个关键问题：一个是文本的表示，另一个就是分类器的设计。

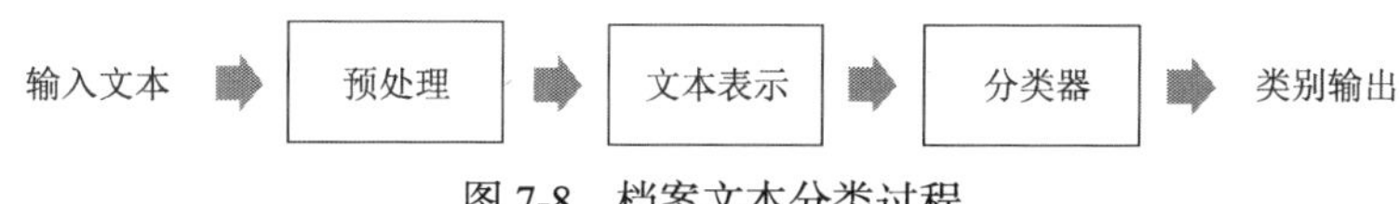

图 7-8　档案文本分类过程

（1）文本表示。文本表示采用向量空间模型 VSM（Vector Space Model）；绝对词频（TF）方法无法体现低频特征项的区分能力，因为有些特征项频率虽然很高，但分类能力很弱（比如很多常用词），而有些特征项虽然频率较低，但分类能力却很强。文本特征往往采用术语逆文档频率 TFIDF 进行计算。

（2）分类器。本书采用支持向量机（SVM）作为分类器。支持向量机是一系列可用于分类、回归的机器学习算法。该方法在高维空间中行之有效，且当维数大于样本数时仍然可用。实现中，采用 Scikit-learn 库的 SVM.svc 类来实现文本分类。采用非线性核函数，基于 SVM 的文本分类核心代码设计如下。

```
from sklearn import svm
x=features
y=category #特征与类别
clf=svm.SVC(decision_function_shape='ovo')
clf.fit(X,Y)
SVC(C=1.0,cache_size=300,class_weight=None,coef0=0.0,
        decision_function_shape='ovo',degree=3,gamma='auto',
        kernel='rbf',max_iter=-1,probability=False,random_state=None,
        shrinking=True， tol=0.001,verbose=false)
dec=clf.decision_function(Test)#测试数据
dec.shape[1]#测试结果
```

其中，文本分类的标签分为两级，一级类目下分为若干子类别。

首先，手工标识文本所属各子类标签，各子类包含 50 篇文本作为训练数据；训练完毕后，加载至内存即可进行分类。文本分类应用在档案分析工具中，其应用在采集数据后，用于预定义分类导航和档案分类标注等。

3. 文本聚类

聚类是一种典型的无监督学习任务，即将若干文本划分为若干个子集合，子集合内的文本在内容上主题相近。文本聚类是发现大量档案数据中新的热点、焦点的一个重要方法。相对于 K-means 等传统聚类方法，谱聚类是基于图论的相对较新的聚类方法，可以在任意形状的样本空间上聚类且收敛于全局最优解的优点。将带权无向图划分为两个或者以上最优子图，使子图内部尽量相似，而子图间距尽量距离较远，达到聚类目的。

本书采用增量聚类的方式，以 Spectral Co-Clustering algorithm 双向协同谱聚类算法实现了文本聚类，Python 实现的主要代码如下。

```
from sklearn.cluster.bicluster import SpectralCoclustering
from sklearn.feature_extraction.text import TfidfVectorizer
from sklearn.metrics.cluster import v_measure_score
vectorizer = TfidfVectorizer(stop_words='english'， min_df=5,
                                     tokenizer=number_aware_tokenizer) #tfidf
文本特征化处理
cocluster = SpectralCoclustering(n_clusters=len(categories),
                                         svd_method='arpack'， random_state=0)
X = vectorizer.fit_transform(newsgroups.data)
```

```
cocluster.fit(X)
```

大数据环境下，档案信息数据量众多，为获取某一时段的热点、焦点或者敏感档案数据，可以采用增量聚类对这些数据进行聚类分析，即以一天或者某一时段采集到的档案数据信息作为样本进行聚类分析。相对于 K-means 等经典算法，可以获得较好的聚类效果。聚类主要应用于热点的档案信息、词群图计算分析中。

7.5.4 档案信息数据分析的优化技术

1. 关键词抽取

关键词抽取是指从档案文本数据中，抽取可以代表该文本内容中心思想的关键词汇信息，它在层次上分为单文本关键词与多文本关键词。

本书采纳单文本关键词抽取，实验了基于 PageRank 的文本图抽取算法，该方法已经被广泛应用，准确度较高且表现稳定(见 TextRank:Bring Order into Text[C], Empirical methods in natural language processing 2004) 。具体是：经过分词过滤处理后，以词语作为节点，以相邻 10 个词作为连边规则，标题词语的边权重为 3，构建文本图，计算各节点的 PagerRank 值，选取其中的 topN 作为该文本关键词。

设计的抽取算法如下。

```
def centrality_scores(X, alpha=0.85, max_iter=100, tol=1e-10):
    n = X.shape[0]
    X = X.copy()
    incoming_counts = np.asarray(X.sum(axis=1)).ravel()
    print( " 正规化文本图 " )
    for i in incoming_counts.nonzero()[0]:
        X.data[X.indptr[i]:X.indptr[i + 1]] *= 1.0 / incoming_counts[i]
    dangle = np.asarray(np.where(X.sum(axis=1) == 0, 1.0 / n, 0)).ravel()
    scores = np.ones(n, dtype=np.float32) / n    # initial guess
    for i in range(max_iter):
        prev_scores = scores
        scores = (alpha * (scores * X + np.dot(dangle, prev_scores))
                  + (1 - alpha) * prev_scores.sum() / n)
        scores_max = np.abs(scores).max()
        if scores_max == 0.0:
            scores_max = 1.0
        err = np.abs(scores - prev_scores).max() / scores_max
```

```
        if err < n * tol:
            return scores
    return scores
```

多文本关键词抽取，主要是以各文本中的 PageRank 值作为测度，聚类文本的综合 PageRank 值最高的 *n* 个词语，作为代表该聚类的关键词。

2. 信息抽取

面对海量档案信息，很自然地需要一种自动化工具来帮助用户从中快速发现真正需要的信息，并将这些信息自动地进行分类、提取和重构。因此，本书采纳了相应的信息抽取技术。这里的文本信息抽取具体是指从档案文本数据中自动抽取指定类型的实体（entity）、关系（relation）、机构（institute）等事实信息，并形成结构化数据输出。

例如，从关于档案会议新闻报道中抽取事件的信息，一般包括如下几个主要方面：会议类型、地点、主题、机构等。概括起来说，信息抽取包括以下三方面的内涵：①自动处理非结构化的自然语言文本；②选择性抽取文本中指定的信息；③就抽取的信息形成一定表示关系。

问题①在预处理、分词过滤阶段中完成；问题②采用分词标注的词性解决，本书中采用的 70 余万条实体词库、正则表达式配合完成。首先，匹配已有实体、事件词库，从分词标注结果中筛选地点、人名等实体词；接着，从文本中抽取的关键词、关联词周围选取事实信息。如果选取词语包含其他事实信息等词语，根据语句顺序和距离确定是否建立关系，系统中的文档的实体关系图表则采用了这种方法。

3. 关联度分析及语义支持

关联度分析主要是指计算档案文本间的内容相关性，在浏览阅览单篇文本时显示与之相关的文档列表。传统相关性计算主要以向量空间模型分析两篇文本间的相似度，但如果存在语义稀疏则很难正确估计两篇文档的相关性。简单地说，如果两篇文档中没有共用词，即使它们关系紧密、主题相关，也无法认为这两篇文档相关性较高。比如，计算机、电脑是同义或近义词，但相关度为零。所以，一些研究中引入了语义知识库、本体方法，从内容上分析词语间的关联性，并延伸至文档级的相关度计算。但是，本体方法、知识库构建的成本较高，需要大量的人力操作。所以，有很多方法是通过语料库或百科知识来自动构建词语间的语义关系，比如，本书以 word2vector 模型（一种深度学习方法）来构建语义支持资源，能够计算近义词、相关词及广泛的语义关联。

（1）首先分词处理语料库文本，规格化为以空格分隔单词的文本。分词后的文本片段与文本基本情况，如图 7-9 所示。分词处理中，本书选择了中文维基百科（2016 年 7 月镜像，90 万篇）、微信公众号（2016 年 1 月至 9 月，71 万篇）、百度贴吧及档案论坛部分数据（2016 年 4 月至 2017 年 3 月帖文及评论，8 万篇）。这是因为：①百科知识包括相对较固定的语义知识与语义关系，当然也包括新闻事件信息；②微信公众号信息具有较高时效性，包含新的知识与语义关系；③论坛数据包含一些非正式的词语搭配，可以强化语义关系的广度。

教学评估 基本知识 懂得 多少 教学评估 民研 学子 多少 审核 评估 定义新 时期 高等学校 开展 评估 包括 合格 评估 评估 审核 评估 迎接 审

天亮 晚安 东野 圭吾 解忧 杂货店 时光 闭合 成为 温柔 轮回 交错 关系网 过去 未来 生命 里面 扮演 样子 角色 流逝 日子 里面 许多 奇迹 难

中国 民族 民间舞蹈 少儿 考级 通知 沈阳市 艺术 培训 学校 中国 民族 民间舞蹈 考级 通知 尊敬 学员 家长 文化部 中国 民族 民间舞蹈 考级

名称	修改日期	类型	大小
w-post1.txt	2016-12-28 11:51	文本文档	13,100 KB
w-post2.txt	2016-12-28 11:51	文本文档	16,026 KB
w-post3.txt	2016-12-28 11:51	文本文档	12,346 KB
w-weixin1.txt	2016-12-28 11:45	文本文档	2,144,721 KB
w-wiki1.txt	2017-01-04 1:33	文本文档	755,505 KB
w-wiki2.txt	2017-01-04 1:33	文本文档	885,661 KB

图 7-9　档案语义模型构建中的分词片段与语料库文本

（2）接着以 word2vector 构筑“输入层—隐层—输出层”三个神经网络，通过训练获得词语在向量空间上的表示。

word2vector 构建程序与相关度计算如下。

```
import gensim.models.word2vec as w2v
def construct_word2vec(segment): # 预处理过的语料文本
sentences = w2v.LineSentence(segment)
model = w2v.Word2Vec(sentences, size=100, window=5, min_count=5,
workers=5)
model.save('model'+segment)
model_file=construct_word2vec(wiki_weixin_post.txt)
model=w2v.Word2Vec.load(model_file)
model.most_similar(word1, topn=10) # 计算最相关的词语
model.similarity(word1,word2) # 计算相关度
```

生成的 word2vector 模型文件，如图 7-10 所示。各词语相关度计算结果，如表 7-1 所示。

名称	修改日期	类型	大小
model2-weixin_wiki_post1.txt	2017-01-16 21:51	文本文档	70,163 KB
model2-weixin_wiki_post1.txt.syn0.npy	2017-01-16 21:53	NPY 文件	1,284,538 KB
model2-weixin_wiki_post1.txt.syn1neg.npy	2017-01-16 21:55	NPY 文件	1,284,538 KB

图 7-10　生成的 word2vector 模型文件

表 7-1　词语相关度计算结果

快乐	难受	提档	草根	电脑
幸福 0.720024585	难过 0.703535075	投档 0.517711	小人物 0.462019	计算机 0.6674993
幸福快乐 0.67323219	憋屈 0.6547819375	调档线 0.4272318	公知 0.45768970	笔记本电脑 0.66593
开心 0.6619029045	恼火 0.64657920	投挡 0.42715966	网络红人 0.45060	电脑系统 0.6533061
欢乐 0.6490864157	痛苦不堪 0.645780	投档线 0.421533	社会底层 0.4485578	个人电脑 0.636967
喜悦 0.6219711303	疼 0.623632609	调档 0.421287357	逆袭之路 0.43573	台式机 0.6184150
愉悦 0.588661551	郁闷 0.619885683	录取 0.412828028	屌丝 0.4349730	电脑主机 0.60518

本系统中，基于 word2vector 的词语相关度计算样例如下。

档案 卷宗 0.567173571334　　档案　纸张 0.271034331536　　档 案 排球 -0.096366588005

军人 军官 0.672443050614　　军人　车辆 0.061248168558　　杂 志 期刊 0.649451534437

案牍 案卷 0.308888500786　　档案馆　案卷 0.353586119809　　档 案 局 宝马 -0.145920283182

在计算文本相关度时，利用了 word2vector 生成语义知识，扩展文本 VSM 表示模型，以提高相关文本计算的准确性，减少语义稀疏所带来的影响。

4. 传播转载分析

一些文档被多次转载，为了避免展现时多篇文档同时出现，需要确认两篇文档在内容上是否相同，以及获取信息传播的路径，包括最早出处。本书中引入了文本内容相似度、标题、字数、文字顺序等测度分析技术，用来判断内容的重复性。其中，文字顺序以计算交集方式完成，即去除特殊字符标记，直接计算重叠度。

7.6 本章小结

数字档案环境下开发新媒体资源，既是档案信息化建设的战略性步骤，也是全面、合理开发并且充分、有效利用网络档案信息资源的必然选择。大数据、人工智能等新理念和技术的兴起加速了知识驱动下信息管理升级为知识管理、信息服务升级为知识服务已成大势所趋。国家档案局《全国档案事业发展第“十三五”规划纲要》提出要充分发挥档案馆的建设和服务作用为人民服务，知识服务就是一个重要的方向。《“十四五”全国档案事业发展规划》进一步指出：提升档案利用服务能力方面，要积极探索知识管理、人工智能、数字人文等技术在档案信息深层加工和利用中的应用。实现互联网档案资源的有效开发利用及现有档案信息网资源的增值服务，将解决广大档案用户与工作者构建与获取网络新媒体档案信息资源困难的问题，提供一条操作性强、技术先进的途径，并推动档案信息化的研究和应用创新。

第 8 章　面向档案社会化媒体信息资源整合的信息利用

大数据环境下信息来源便利，人们获取信息目的、利用信息范围，以及对信息加工处理需求越来越高，档案的开发利用就不能仅仅局限于以往的开发利用范围和较为简单的档案提供利用方式，而是要提供更好的档案信息服务以满足档案利用者的需求。本章以不同的研究视角和技术路径探讨档案社会化媒体信息资源整合的信息利用问题，引入社会网络分析方法挖掘档案学人微博关系网络，开发实现一个档案社会化媒体信息服务系统。

8.1　档案微博资源的信息整合利用实证分析

本节以对接实践应用为目标，选择档案学人微博数据开展实验，阐述数据获取、存储、预处理、集成分析和服务的具体实现过程。如图 8-1 所示，应用研究的流程包含数据获取、数据存储、数据清洗、数据分析、结果可视化和工具集六

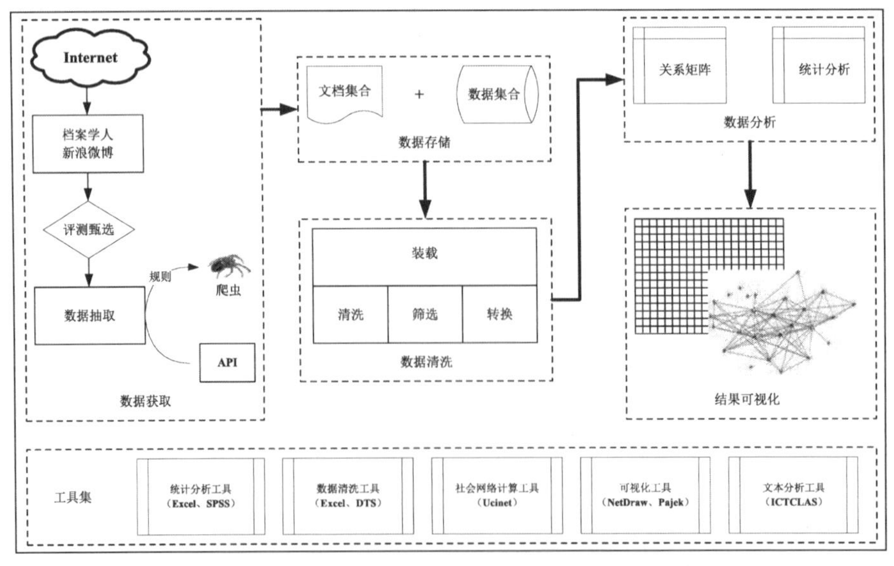

图 8-1　档案学人微博数据分析流程

个环节。各环节的具体功能和技术方法不再赘述，研究的基本流程和结论为：①利用本书 5.3 的结论，调研、评测和甄选微博数据源，并初步识别意见领袖；②利用第 6 章和第 7 章的方法，完成数据抽取和预处理；③细致分析档案学人微博数据的各项指标，该主题目前尚未有研究，结论可供档案领域同行参考；④引入社会化网络分析方法和可视化技术，分析档案学人关系网络，挖掘意见领袖，从而对①中初步识别的意见领袖结论进行实证。该主题的研究及方法目前未发现在档案学界有其他论述，其研究结论可供同行参考，方法可供学术研究和档案编研借鉴，以更好地实现档案信息服务。

8.1.1　档案学人微博数据获取

1. 数据源调研

首先利用新浪微博的搜索引擎，检索“标签”或“微博名称”中包含“档案”“档案学”“档案馆”“档案管理”“档案工作”“兰台”“电子文件”等主题词的微博用户作为初始数据；接下来，通过初始数据中用户的“关注”和“他的粉丝还关注了”两项数据以“滚雪球”的策略进行逐层搜索；最后，人工咨询了部分档案学领域的学生和老师，并利用文献检索方法，对数据进行了清洗、确认和完善。经剔除与本书研究无关的用户（如档案馆、相关企事业机构微博等），最后共获取档案学人新浪微博 203 个，其中档案学者 82 个、档案馆员及部分相关机构的微博账号 121 个。表 8-1 列出了微博影响力综合得分排名前 30%核心贡献用户的基本信息，其中“档案学者”24 位，“档案馆员”11 位。

表 8-1　我国档案学人新浪微博用户统计（部分）

分类	微博名称	认证	第一条微博的发布时间	等级	实体身份
档案学者	胡鸿杰	是	2009/11/19	11	胡鸿杰，中国人民大学档案学专业教授，《档案学通讯》主编
	教书匠张三	是	2009/12/15	12	张会超，上海师范大学档案学专业教授（另有微博 jiageku）
	兰台之窗	否	2011/10/9	4	
	党跃武	是	2011/7/30	10	党跃武，四川大学档案馆馆长兼校史办主任，教授
	喀巴-档知不	否	2010/4/1	11	
	同济-章华明	否	2010/11/22	9	章华明，同济大学校史馆馆长，研究馆员
	李刚-NJU	否	2009/12/21	9	李刚，南京大学信息管理学院图书档案系副主任，教授

续表

分类	微博名称	认证	第一条微博的发布时间	等级	实体身份
档案学者	coolfish92	否	2009/11/1	11	毕牧，山东大学历史文化学院文秘档案学系，讲师
	唐霜 NCU	否	2011/8/19	9	唐霜，南昌大学档案学硕士研究生
	档案 QIN	否	2011/3/1	6	覃兆刿，湖北大学历史文化学院，档案学教授
	太行山下 2011	是	2011/2/2	8	李兴利，电子期刊《档案工作》总编，副研究馆员
	红旗下的档棍	是	2009/11/1	10	高大伟，郑州航空工业管理学院，讲师
	崔洪铭_顶码	否	2011/3/19	10	崔洪铭，中国人民大学信息资源管理学院档案学博士研究生
	一笔谈	否	2010/8/15	8	谭必勇，山东大学历史文化学院文秘档案学系，讲师
	寒似冰淡如水	否	2012/7/21	8	徐拥军，中国人民大学信息资源管理学院，教授
	王玉珏在巴黎	否	2012/1/27	8	王玉珏，法国档案学院 Ecole nationale des Chartes 博士研究生
	档案研究僧	否	2011/3/10	7	
	徜灌林	否	2010/6/18	6	常冠林，《档案工作》电子期刊责任编辑，档案界论坛版主
	兰台小排骨	否	2011/10/4	8	周枫，上海大学图书情报档案系档案学硕士研究生
	胡康林 SCU	否	2012/6/8	6	胡康林，四川大学公共管理学院档案学硕士研究生
	我住长江头 CJ	否	2010/6/26	8	陈建，中国人民大学信息资源管理学院档案学博士研究生
	档案数字化研究	否	2012/4/26	2	
	刘田螺	否	2011/12/14	6	刘越男，中国人民大学信息资源管理学院副院长，教授
	龙之云云	否	2012/12/29	7	王云庆，山东大学历史文化学院文秘档案学系，教授
	时事秘档	是	2011/3/22	7	广州市黄埔区档案局办公室主任
	卢伟军 sir	是	2011/11/19	10	卢伟军，连云港市档案局局长
	杞人 Wu 忧	是	2010/9/22	11	束亚民，安徽省淮南市档案局监督指导科长

续表

分类	微博名称	认证	第一条微博的发布时间	等级	实体身份
档案馆员	我要绝食	是	2010/4/15	10	林琳，北京民教联盟信息科学研究院诚信档案部咨询顾问
	档案哥	否	2012/3/28	6	代国辉，新奥集团档案处
	庐山档案 clb	是	2012/9/11	8	陈乐斌，江西省庐山风景名胜区管理局档案局局长
	飞跃超级磊	否	2010/11/28	10	杨磊，中国档案报社记者
	孙_淳	否	2011/1/13	9	孙淳
	李旭 de 影子	是	2011/8/12	6	北京市东城区档案局办公室科员
	兰台蕙质	否	2010/9/8	5	聂惠哲，青岛市档案馆工作人员
	李丽 V	是	2011/1/3	6	李丽，中国第一历史档案馆馆员

注：①本部分数据为 2014 年发表在《档案学通讯》的论文《档案学人微博的调研与分析》，由于微博的动态性，数据不可追溯；②由于微博的匿名性，身份信息存在不愿公开或有误之处；③本表以粉丝数量降序排列；④档案学者和档案馆员的分类存在一定主观性

2. 数据采集

本书微博数据的获取方法主要有以下两种。

（1）API 数据获取。新浪微博提供了开放的 API（Application Interface）接口，用户可以通过 API 编程接口直接获取数据，这种方式获取的数据高效、丰富而干净。但需注意的问题有四个方面：①API 调用的频率限制，普通用户每小时调用限制在 1 000 次以内；②API 权限限制，普通用户获取数据存在许多权限，如获取评论数据上限为 2 000 条，若需获取更多数据可购买高权限接口；③数据官方性，调用 API 获取的数据是官方指定数据，用户需要根据自身需求重新抽取适用数据；④JSON 文件格式，API 返回的结果包含 XML 和 JSON 两种文件格式，JSON 文件结构性不强，没有内容标签。

（2）网络爬虫数据获取。正如前文所介绍的数据抽取方法，针对微博数据可采用以下两种方式：①以用户采集，以用户微博 URL 为初始链接，获取网页；②按关键词采集，该方法基于微博搜索引擎，通过抓取检索结果中网页 URL 作为初始链接进行采集。网络爬虫获取数据的方式需要注意微博登录的问题，一般可采用模拟登录方式实现。基于 DC 解析网页结构生成抽取规则，如抽取用户信息的规则如下。

```
......
<item>
    <user>                        <!---抽取用户名数据--->
        <xsl:value-of select="*//*[@class='archive']/a[position()=1]/text()[position()=1]"/>
        <xsl:value-of select="*[@class='archive ']/a[position()=1]/text()[position()=1]"/>
        <xsl:if test="@class='archive'">
        <xsl:value-of select="a[position()=1]/text()[position()=1]"/>
        </xsl:if>
    </user>
......
</item>
```

本书采用两种方法相结合的方法，网络爬虫获取数据环节以“用户”作为初始数据获取，而利用 API 获取更为细致的数据信息。

3. 数据预处理

上述两种方式采集到了大量数据，但并非所有数据都是本书研究需要的。因此，按照 5.3 中的各项指标，笔者利用 Excel 等工具对所有数据进行清洗，筛选出研究所需的数据项。同时利用微博风云获取互动率、PR 值等指标，并将数据存入 SQL 数据库中。如某一用户的部分数据基本语料如下。

```
{
    "id": 2403363027,                                   <!---用户UID（int）--->
    "screen_name": "兰台之窗",                           <!---用户昵称（string）--->
    "province": "11",                                   <!---用户所在省级ID（int）--->
    "gender": "m",                                      <!---性别（string）--->
    "followers_count": 3659,                            <!---粉丝数（int）--->
    "friends_count": 41,                                <!---关注数（int）--->
    "statuses_count": 68,                               <!---微博数（int）--->
    "created_at": "Sun Oct 9 00:00:00 +0800 2011",      <!---注册时间（string）--->
    "tags":                                             <!---用户标签（string）--->
        {
            "224922100006485315": "档案",
            "weight": 50
        },
    "verified": false,                                  <!---是否认证（boolean）--->
    "status":                                           <!---微博--->
        {
            "created_at": "Wed May 5 14:06:23 +0800 2012",  <!---发布时间（string）--->
            "id": 11142488790,                          <!---微博id（int）--->
            "text": "走进档案馆，走进兰台",               <!---微博内容（string）--->
            "reposts_count": 4,                         <!---转发数（int）--->
            "comments_count": 0                         <!---评论数（int）--->
        },
    ......
"verified_reason": "",                                  <!---认证原因（string）--->
"bi_followers_count": 38                                <!---用户互粉数（int）--->
......
}
```

8.1.2　档案学人微博数据分析

1. 微博影响力评估

按照上文所述的数据采集方法获取相关数据，并依据档案学人微博影响力综合得分的计算公式进行计算，档案学人微博用户的影响力排名如表 8-2 所示。

$$Y=\sum\left(Q_k\times G_k\right)\left(G_k\text{表示对应每项指标}Q_k\text{实际得分}\right)$$
$$=0.029G_1+0.129G_2+0.059G_3+\cdots+0.224G_{14}$$
$$=0.029\text{S11}+0.129\text{S12}+0.059\text{S21}+\cdots+0.055\text{B31}+0.224\text{B32}$$

其中 G_k 表示实际分值；Q_k 表示表 5-11 中对应的组合权重。

表 8-2　我国档案学人微博影响力综合排名（部分）

分类	微博名称	S21	S22	S23	B11	B12 (%)	B21~B22	B23 (%)	B31	B32 (%)	排名
档案学者	教书匠张三	690	3873	11316	7.4	80	3~0.9	1.4	1.7	2.38	1
	胡鸿杰	2000	4087	3713	2.4	20	1.7~1.9	0.22	1.4	10.19	2
	coolfish92	1459	775	6779	4.3	39	0.22~0.28	0.28	0.58	2.09	3
	喀巴-档知不	102	1749	6240	4.3	55	0.6~0.7	0.2	1	0.82	4
	兰台之窗	41	3656	68	0.1	50	1~0.9	0.01	0.74	38.25	5
	唐霜 NCU	770	714	4408	4.7	25	0.57~0.41	0.64	0.41	1.81	6
	同济-章华明	820	1125	2521	2.1	62	0.24~0.67	0.17	0.28	10.31	7
	党跃武	241	1782	1076	1.1	66	3.46~8.79	0.77	0.54	12.08	8
	李刚-NJU	198	849	2241	1.5	38	0.18~0.3	0.08	0.2	1.78	9
	龙之云云	357	129	2380	5.2	7	0.03~0.18	0.83	14	0.42	10
	红旗下的档棍	510	564	1030	0.6	66	3.19~0.55	0.42	0.24	6.83	11
	太行山下 2011	276	572	1243	1.1	5	0.11~0.3	0.09	0.26	29.79	12
	我住长江头 CJ	78	165	2405	1.8	28	0.18~0.13	0.33	0.19	3.33	13
	徜灌林	36	296	1650	1.2	99	0.14~0.2	0.14	0.19	9.58	14
	一笔谈	348	473	880	0.7	18	0.24~0.59	0.12	0.13	11.93	15
	寒似冰淡如水	367	379	973	1.4	12	0.13~0.34	0.17	0.15	20.66	16
	档案 QIN	95	581	458	0.4	99	0.47~0.38	0.06	0.09	12.23	17
	崔洪铭_顶码	257	511	620	0.5	52	1.78~0.5	0.24	0.25	2.15	18
	档案研究僧	504	341	696	0.6	17	0.41~0.29	0.13	0.15	3.02	19
	王玉珏在巴黎	223	360	577	0.7	77	3.51~1.21	0.97	0.15	2.95	20
	兰台小排骨	209	206	292	0.3	79	2.06~0.34	0.38	0.1	9.25	21
	胡康林 SCU	143	191	199	0.3	80	0.06~0.3	0.05	0.12	40.23	22
	刘田螺	100	138	319	0.4	61	1.34~0.54	0.54	0.19	9.41	23

续表

分类	微博名称	S21	S22	S23	B11	B12 (%)	B21~B22	B23 (%)	B31	B32 (%)	排名
档案馆员	档案数字化研究	47	158	116	0.1	100	0.09~0.05	0.01	0.07	25.87	24
	时事秘档	319	12425	1677	1.5	58	0.11~0.27	0	0.16	0.61	1
	卢伟军 sir	183	10066	1720	2.1	33	1.2~5.4	0.14	3.1	3.66	2
	杞人 Wu 忧	591	6669	2390	1.9	10	1.4~3.3	0.13	2.7	1.59	3
	我要绝食	70	1381	2810	1.8	58	4.2~0.67	0.63	0.05	0.32	4
	庐山档案 clb	159	504	1854	3	94	0.13~0.18	0.18	0.18	0.81	5
	飞跃超级磊	145	496	1887	1.6	36	0.98~1.05	0.64	0.5	1.91	6
	李旭 de 影子	770	314	1283	1.4	14	0.03~0.01	0.02	0.48	0.86	7
	档案哥	389	492	927	0.9	83	1.14~0.25	0.26	0.09	53.29	8
	孙_淳	351	393	1280	1.1	26	0.12~0.93	0.29	0.25	12.5	9
	兰台蕙质	169	302	236	0.2	76	0.83~0.33	0.06	0.45	14.83	10
	李丽 V	45	300	142	0.1	34	1.52~0.68	0.09	0.21	2.11	11

注：①本部分数据为 2014 年发表在《档案学通讯》的论文《档案学人微博的调研与分析》，由于微博的动态性，数据不可追溯；②表中各属性参见 5.3 小节中的表

2. 数据分析及意见领袖识别

分析 126 条数据中的各项指标，可得出以下结论。

（1）档案学人跟进新兴社会化媒体的使用呈滞后性。新浪微博作为国内首家微博平台，于 2009 年 8 月推出，但只有 9%的档案学人在 2009 年注册并发布第一条微博，最早的是“coolfish92”（毕牧老师）和“红旗下的档棍”（高大伟老师）两位用户在 2009 年 11 月 1 日发布了第一条微博；而从微博使用频率看，只有约 13.6%的用户等级超过 10 级，级别最高的是“教书匠张三”（张会超教授），已经 12 级；进一步分析，约有 59.6%的档案馆员注册使用微博时的职业仍然是高校学生，可见学界比业界对新兴媒体的敏感性更高。总体而言，档案学人在利用新兴社会化媒体方面，跟进并不迅速。

（2）实名认证比例低，传播影响力整体不高。126 条数据中，只有 15 位档案学人用户进行了实名认证，占数量的 11.9%。从表 6-1 和表 6-2 可知，档案馆员的实名认证比例高于档案学者，而且实名认证过的用户，粉丝数和影响力排名都相对靠前，可见实名认证具有重要的意义，它能提升粉丝对用户真实性、信息权威性和兴趣持续性的认可，进而提升档案学科知识的传播力和影响力。

（3）职业、职称、地域分布等指标比例分布基本均匀。从就业情况看，数据

中档案学者共 74 条（占 58.7%），档案馆员共 52 条（占 41.3%），分布基本均匀。从地域分布看，北京、上海、山东和湖北居多，约占 56%，另外四川、江西等地也占一部分比例，这是开设档案学专业院校的地域分布所致。性别上男女比例相当，男性约占 48.4%，女性约 51.6%。表 6-1 所示核心用户群中，除三位档案学者身份未明确，有 11 位学者拥有高级职称（含副高），占 45.8%；3 位老师为讲师，占 12.5%；7 位档案学专业研究生，其中博士 3 位，4 位硕士研究生；而档案馆员中，3 位用户从事企业档案管理工作，7 位在政府档案部门工作。整体而言，上述几项指标数据分布较均匀。

（4）微博内容中档案专业知识比例不高，学术性待加强。利用微博发布的信息中，档案专业知识比例最高的是“档案哥”（代国辉）达 53.29%，其次是“胡康林 SCU”（胡康林）为 40.23%、“兰台之窗”为 38.25%、“太行山下 2011”（李兴利主编）为 29.79%、“档案数字化研究”为 25.87%。其余用户发布档案专业信息的比例都在 25%以下，特别是档案馆员用户，所发布微博中关联档案学科内容的比例十分低，平均比例不到 8.5%，而大部分内容以兴趣爱好、社会热点为主。可见多数档案学人还缺乏以微博作为学术交流平台的意识。

（5）博主与粉丝互动率不高，交流层次较浅。首先，互动率排名最高的是“教书匠张三”（张会超教授），为 1.4%，表示每天给该账号评论和转发的总数占所有粉丝数量的比例为 1.4%，可见这一比例并不算高，大部分用户和博主几乎都没有互动。随后是“龙之云云”（王云庆教授）为 0.83%，所有用户平均互动率只有 0.31%左右。其次，挖掘粉丝评论和转发的内容，可发现多数只停留在简单回应，缺乏深层次争鸣。同时，存在粉丝单向回复，博主并不答复的现象，即粉丝和博主间并未有交流。这些现象不利于学术的互动和交流，有待进一步关注和研究。

（6）关注数量整体不高，粉丝数差异较大。分析表 6-2 中的数据，档案学者中关注数量超过 1 000 的只有“胡鸿杰”（胡鸿杰教授）和“coolfish92”（毕牧老师）两位用户，只有 25.7%的用户关注数量超过 500；粉丝数量超过 1 000 的共 6 人，其中排前三名的“胡鸿杰”（胡鸿杰教授）粉丝数为 4 087、“教书匠张三”（张会超教授）为 3 873、“兰台之窗”为 3 656，三者粉丝数量均超过 3 000 人次，而有 45.8%的用户粉丝数量在 500 之下，这与档案学科圈子不大的原因直接相关。档案馆员中，粉丝数排前三的“时事秘档”有 12 425、“卢伟军 sir”（卢伟军局长）为 10 066、“杞人 Wu 忧”（束亚民科长）是 6 669，其中前两位用户粉丝数均过万，远大于档案学者的粉丝数，这是档案馆员的身份和公共影响力所致。

（7）微博发布数量分布不均，原创率偏低。微博发文数最高的是“教书匠张三”（张会超教授）发文 11 316 条，遥遥领先其他用户，“coolfish92”（毕牧老师）和“喀巴-档知不”的微博数也超过 5 000 条，但也有 22.9%的用户博文总数未到 500；而平均微博数，“教书匠张三”（张会超教授）以日均 7.4 条高居榜首，

“唐霜 NCU”（唐霜）4.7 条、“coolfish92”（毕牧老师）4.3 条、“喀巴-档知不”4.3 条紧随其后，这与博文总数排序基本一致。微博原创率排名前三的分别是“档案数字化研究”为 100%、“徜灌林”（常冠林老师）为 99%、“庐山档案 clb”（陈乐斌局长）为 94%，值得说明的是原创率只是反映发文方式是独立的，即没有直接“转发”，但并不能反映原创内容的质量；还有关注博文总数量，如“档案数字化研究”原创率虽为 100%，但博文总数只有 116 条，当然“徜灌林”（常冠林老师）的微博无论是原创率还是内容质量都是很高的，在 Delphi 法专家调查中，就有多位专家推荐了常老师的微博和博客（新浪博客：档案界的沙漠绿洲）。

（8）评论数与转发数呈正相关，PR 值普遍较低。早有学者验证平均评论数与平均转发数是呈正相关的[①]，档案学人微博的数据与这一结论基本一致，数据中平均评论数和转发数最高的是“党跃武”（党跃武教授），其平均评论数为 3.46 条，平均转发数为 8.79 条，表明他的言论较容易引起其他用户的共鸣；PR（People-Rank）是微博风云提出的指标，综合用户在社交网络中的等级、活跃度等指标评价用户的重要程度，其中 PR 值的平均水平为 1，值越高表示在网络中越重要，表 6-2 显示的数据中，PR 值最高的是“龙之云云”（王云庆教授），PR 值为 14，PR 值超过 1 的还有“卢伟军 sir”（卢伟军局长）PR 值为 3.1、“杞人 Wu 忧”（束亚民科长）为 2.7、“教书匠张三”（张会超教授）为 1.7、“胡鸿杰”（胡鸿杰教授）为 1.4、“喀巴-档知不”为 1。

（9）意见领袖的识别。通过计算，表 6-2 中展示了各用户的微博影响力排名，排名越靠前的用户，微博的影响力和号召力越大。必须说明的是，档案学者和档案馆员虽然分开罗列，但影响力综合得分中档案馆员并未占优势。因此依据影响力综合排名，初步判断档案学人微博圈的意见领袖为：“教书匠张三”（张会超教授）、“胡鸿杰”（胡鸿杰教授）、“coolfish92”（毕牧老师）等用户。他们活跃在微博平台中，发布与档案专业相关的信息，引导粉丝们参与讨论，主导档案学微博人际圈的发展和变化。

8.1.3 档案学人微博数据利用

1. 关系网络可视化分析

将档案学人之间是否相互关注量化为数据矩阵，并利用社会网络分析工具 Ucinet[②]和 Pajek[③]软件进行计算和分析，生成如图 8-2 关系网络。

---

① 李燕萍. 微博比较研究[J]. 情报杂志, 2012, 31(3): 77-83, 69.

② Borgatti S P, Everett M G, Freeman L C. Ucinet for Windows: Software for Social Network Analysis[CP]. 2002.

③ De Nooy W, Mrvar A, Batagelj V. Exploratory Social Network Analysis with Pajek[M]. Cambridge: Cambridge University Press, 2011.

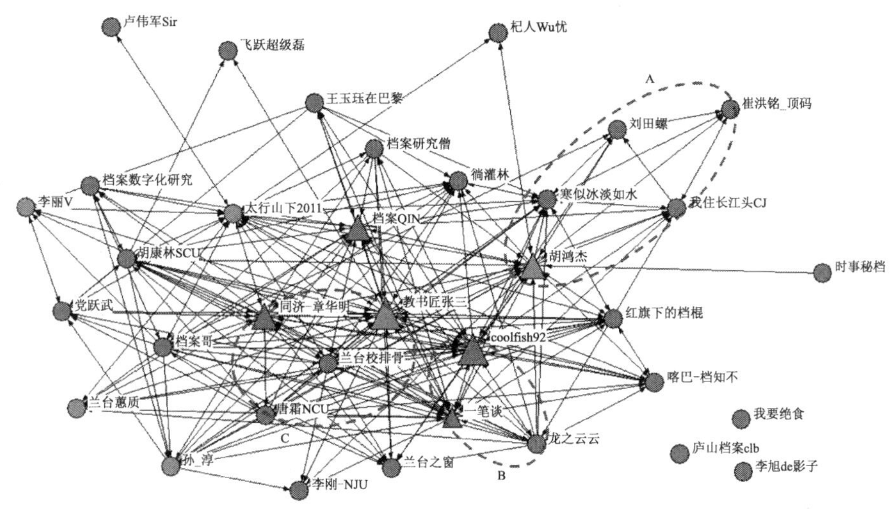

图 8-2　档案学人微博关系网络可视化图谱

分析该图中网络，可得出以下结论。

（1）关系网络整体较为紧密，意见领袖汇聚网络中心。

①单个意见领袖参与的派系数量值高。考虑到网络派系规模的合适性，经多次实验，将派系计算的最小规模设定为 6 个成员。利用 Ucinet 对网络进行计算，共形成 50 个派系。其中，用户同时参与的派系数量从高到低依次是："教书匠张三"（张会超教授）同时参与 46 个派系、"coolfish92"（毕牧老师）同时参与 40 个派系、"同济-章华明"（章华明馆长）同时参与 38 个派系、"一笔谈"（谭必勇老师）同时参与 32 个派系、"胡鸿杰"（胡鸿杰教授）同时参与 27 个派系。这意味着张会超教授、毕牧老师等用户同时在多个派系具有影响力，而且是各派系之间信息流动的桥梁人物，是档案学人的意见领袖。

②多个意见领袖同时参与的派系数量值高。经聚类计算生成图 8-3 所示派系成员聚类图，分析图中聚类关系可知，"教书匠张三"（张会超教授）和"coolfish92"（毕牧老师）共同参与 40 个派系，"教书匠张三"（张会超教授）、"coolfish92"（毕牧老师）和"同济–章华明"（章华明馆长）三者共同参与 30.667 个派系，而"教书匠张三"（张会超教授）、"coolfish92"（毕牧老师）、"同济–章华明"（章华明馆长）与"一笔谈"（谭必勇老师）四者共同参与 25.33 个派系。这揭示了意见领袖间关联的密切程度，这种意见领袖合作密切的特征有利于增强意见领袖的影响力和号召力，进而带动粉丝参与和引导话题走向。

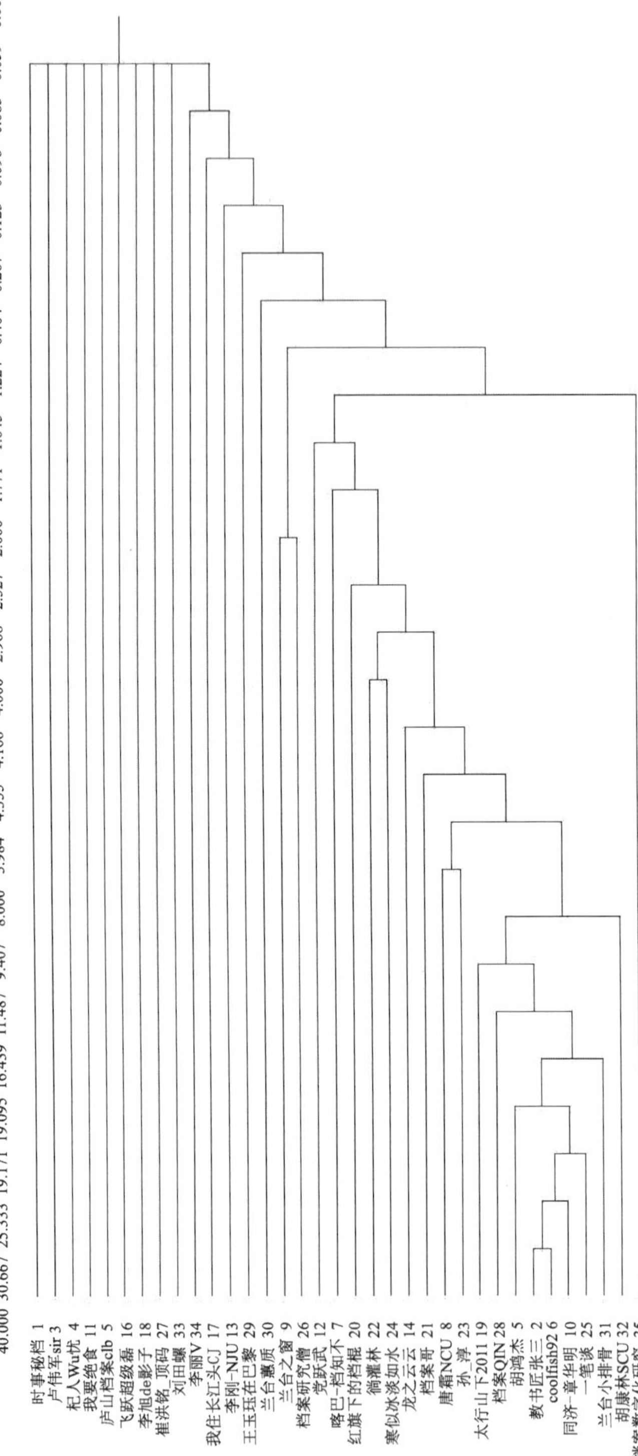

图8-3 档案学人微博派系成员聚类图

综上，虽然网络共形成了 50 个派系，但各派系间都由一些影响力强的意见领袖紧密关联起来，形成了信息交流较为活跃的生态圈。正如图 8-2 中三角形节点所示，网络的中心位置意见领袖汇集，如张会超教授、毕牧老师、章华明馆长、胡鸿杰教授等，这与前文微博影响力综合评测的结果是基本一致的。

（2）网络格局突破 20/80 法则，意见领袖影响力突出。

正如上文所描述的用户所参与派系的数据，对数据降序排列后，利用 SPSS 软件对散点进行回归曲线拟合，如图 8-4 所示，其中横坐标代表用户数量，纵坐标代表参与派系的数量。

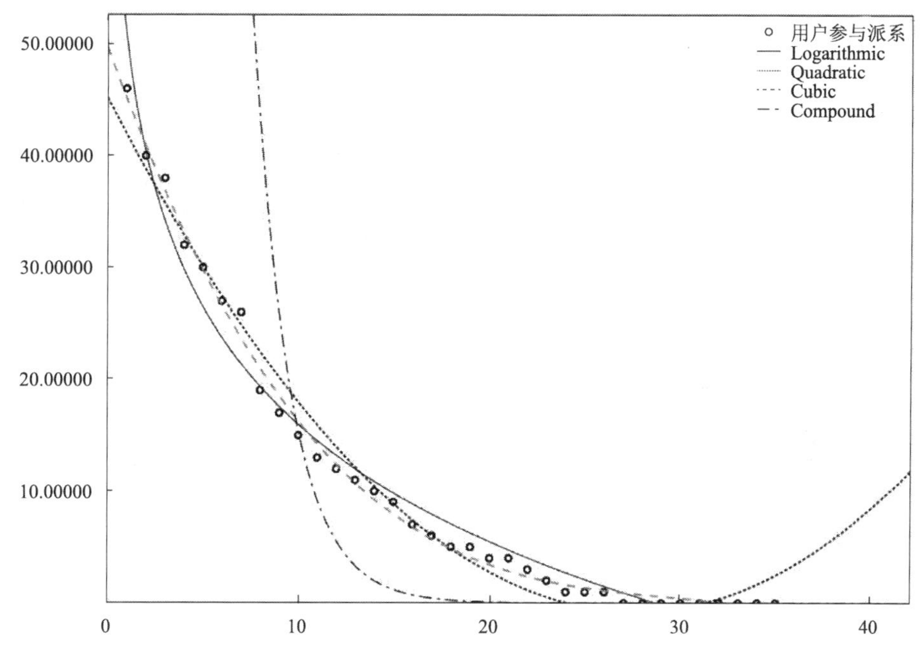

图 8-4　用户参与派系数量曲线拟合图

散点曲线拟合运用了四种模型：Logarithmic（对数模型）、Quadratic（二次项模型）、Cubic（立方模型、三次项模型）和 Compound（复合模型），其中前三种模型的方差分析的 F 值概率 Sig.均小于 0.001，表示回归方程具有统计意义，Compound（复合模型）不具有统计意义。

分析拟合结果可知：① Logarithmic（对数模型）：$y = -15.139\ln(x) + 50.825$，其中 R^2=0.9759，F=1334.628，Sig.=0.000；② Quadratic（二次项模型）：$y = 0.0601x^2 - 3.3217x + 45.178$，其中 R^2=0.9832，F=937.028，Sig.=0.000；③ Cubic（立方模型、三次项模型）：$y = -0.0018x^3 + 0.1565x^2 - 4.7303x + 49.698$，其中 R^2=0.9954，

F=2233.920，Sig.=0.000

比较三种模型的拟合结果，R^2值表示拟合曲线与样本曲线的相似程度，R^2值最大的是 Cubic 模型的拟合结果，为 0.9954，表示拟合相似度为 99.54%；F值表示 R^2的明显程度，F值越大表示 R^2越显著，F值最大的也是 Cubic 模型。由此可知，最佳拟合模型为 Cubic 模型：$y = -0.0018x^3 + 0.1565x^2 - 4.7303x + 49.698$。

有学者验证了社会化媒体中的 20/80 法则（帕累托），即大量内容由少量用户创作[①]。还有学者发现了社会化媒体内容贡献中的 90-9-1 现象，即 1%用户创作 90%的内容，90%用户创作 1%的内容，其余 9%用户创作 9%的内容[②]。用户参与派系的数量，即用户影响力的辐射面积，分析相应的 Cubic 模型拟合曲线可知，该网络已经突破传统的 20/80 分布规则，但又未达到 90-9-1 的“极端”格局。整体而言网络中用户影响力极不均衡，意见领袖既有较强的个人派系影响力，同时又形成了意见领袖的群体影响力。网络中意见领袖起主导作用。值得指出的是，这种网络格局并不利于“长尾”中草根用户的展露，有可能埋没许多一般参与者发表的有价值的信息。

（3）档案馆员与网络中其他用户关系松散，缺乏交流。

网络中“庐山档案 clb”（陈乐斌局长）、“李旭 de 影子”和“我要绝食”（林琳）三个孤立点十分醒目，这三名档案馆员与网络中其他节点没有任何联系。进一步分析可知，进一步分析可知，除“档案哥”（代国辉）、“孙_淳”（孙淳）、“兰台蕙质”（聂惠哲）和“李丽 V”（李丽）与其他用户关联比较紧密外，其余档案馆员与网络中的其他用户关系十分松散，如综合影响力排名第一的“时事秘档”只单向关注了“胡鸿杰”（胡鸿杰教授），而且网络中并无用户关注他；“卢伟军 sir”（卢伟军局长）只与“太行山下 2011”（李兴利主编）互相关注；“杞人 Wu 忧”（東亚民科长）被“太行山下 2011”（李兴利主编）和“胡鸿杰”（胡鸿杰教授）单向关注，他并没有关注网络中任何用户；“飞跃超级磊”（杨磊）被“胡康林 SCU”（胡康林）和“教书匠张三”（张会超教授）单向关注，他并没有关注网络中任何用户；“杞人 Wu 忧”，被“太行山下 2011”和“胡鸿杰”单向关注，并没有关注网络中任何用户。这个现象一方面反映了档案业界与学界存在交流欠缺的问题，同时也反映了不同档案部门的工作人员缺乏交流的现状。值得指

① Cha M, Kwak H, Rodriguez P, et al. I tube, You tube, Everybody tubes: Analyzing the World's Largest User Generated Content Video System[C]//Proceedings of the 7th ACM SIGCOMM conference on Internet measurement. ACM, 2007: 1-14.

② Nielsen J. Participation Inequality: Lurkers vs. Contributors in Internet Communities[J]. Jakob Nielsen's Alertbox, 2006: 1-10.

出的是，从社会网络传播理论视角分析，胡鸿杰、李兴利、张会超、代国辉、孙淳、聂惠哲和李丽等人的微博处在档案馆员与档案学者两大子群间信息流动的枢纽位置，因此要改善网络中业界和学界交流欠缺的现状，应提高这些“桥梁用户”的信息传播影响力。

（4）以用户机构为向导的部分子群初步成型。

网络中子群一般以用户间某一共同特征而聚合，正如小世界现象，学者的网络子群有利于促进学术共同体的形成，进而推动知识传播和学术交流。如图 8-2 所示，网络中形成了三个子群的雏形，它们基本以用户所在机构为共同特征。子群 A 核心成员为“胡鸿杰”（胡鸿杰教授）、“刘田螺”（刘越男教授）、“寒似冰淡如水”（徐拥军教授）、“崔洪铭_顶码”（崔洪铭博士）和“我住长江头 CJ”（陈建博士）为主，他们都来自中国人民大学信息资源管理学院，其中胡鸿杰教授是该子群的领袖人物；子群 B 主要由“coolfish92”（毕牧老师）、“一笔谈”（谭必勇老师）和“龙之云云”（王云庆教授）三位老师组成，他们都来自山东大学历史文化学院文秘档案学系，其中毕牧老师是该子群的领袖人物；子群 C 主要由“教书匠张三”（张会超教授）、“同济-章华明”（章华明馆长）、“兰台小排骨”（周枫）、“唐霜 NCU”（唐霜）等组成，他们都来自上海及周边省市，其中张会超教授是该子群的领袖人物。

2. 档案信息服务的实验

前文介绍的方法能在档案资源管理、档案信息分析、档案编研等领域广泛借鉴和应用，最终实现档案利用的知识服务。档案领域社会化媒体服务平台将上述技术和方法进行集成，为用户实现便捷的分析服务，如图 8-5 所示。正如前面介绍，用户检索“军事档案”，在“信息集成”导航栏目中会显示来自不同站点的检索结果。而在“知识地图”导航栏目中，如图 8-5 所示，“主题知识图”可展示“档案知网”论坛中“军事档案”相关主题共词网络的知识地图，图谱中每个节点代表一个关键词，连线代表词汇间的关系；“用户知识图”则可展示“档案知网”论坛中，参与“军事档案”话题讨论的用户（图谱中的节点）、对话关系（图谱中节点间的连线）和对话内容（图谱中附注对话框里的内容）。可视化的效果“一图胜千言”，便于用户梳理知识的横向分布、演变、关联及交互内容，为用户实现便捷的知识服务。

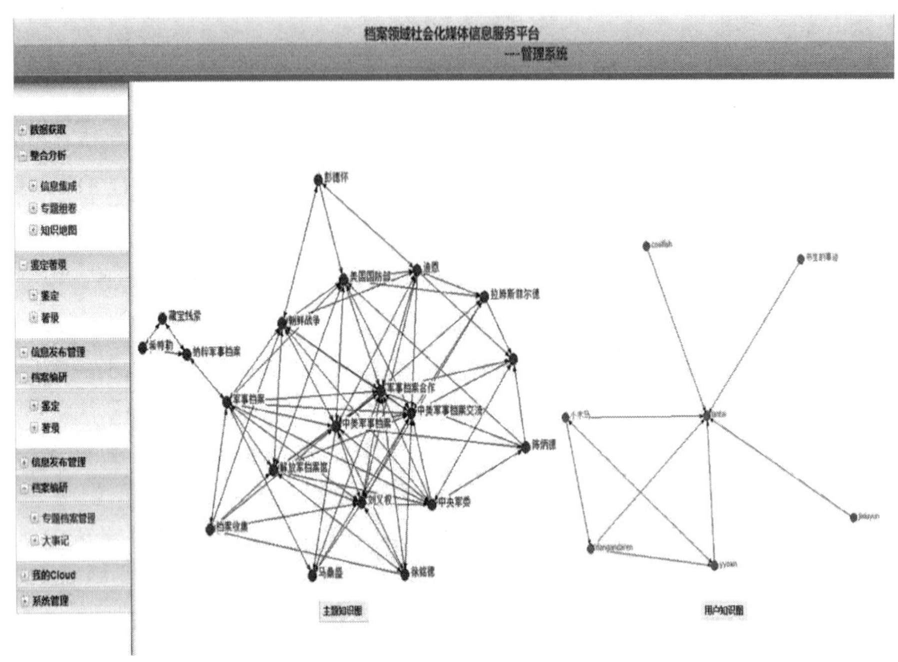

图 8-5　档案领域社会化媒体服务平台信息服务应用效果

本节以档案学人微博作为研究对象，开展社会化媒体信息集成与分析的应用研究，从以下两方面验证了前文提出的研究方法、研究结论的科学性和适用性：①方法的合理性和可操作性。应用研究整个过程包含数据源的调研、数据评测、数据采集、数据清洗、信息整合、信息分析、信息服务等过程，研究过程以前文提出的思路为指导，利用了第 4 章和第 5 章的技术方案，并从信息服务的视角对研究成果的应用做了探索，表明了方法的实用性和可推广价值。②结论的科学性和可实证性。本节利用社会网络分析方法挖掘出档案学人微博关系网络中的意见领袖，与第 4 章利用 Delphi 和 AHP 的指标评测结果基本一致，二者从不同维度互相证实了评测方法、评价模型、指标体系、研究结论的科学性和可复证性。

而档案学人微博关系网络的分析结论对档案领域学术交流有重要的参考价值，给我们以下两点启示：①档案学人关系网络中，一方面意见领袖处于强影响力地位，这种格局不利于“长尾”中普通用户价值的展露；另一方面，档案学人意见领袖与粉丝的互动率较低，这两大原因会阻碍社交网络中学术信息的流动。意见领袖主动设置专业领域的讨论议题，积极参与互动，是打破鸿沟的最佳途径。②意见领袖应积极发布更具专业性和知识性的微博，促进专业优势的扩散，形成知识交流和共享的生态圈。目前意见领袖在微博平台发布专业知识和讨论专业热点的积极性还不高，仅有“档案哥”（代国辉）、“jiageku”（张会超教授）等少数用户能持续发布大量专业知识，但他们的互动性还不够。意见领袖利用微博发布专业知识的观念和意识，有待向档案知识博客学习和转变。

8.2　档案社会化媒体学术资源的可视化搜索

社会网络分析方法和可视化技术的引入，为档案学术资源信息利用及编研服务提供便捷。借鉴社会网络分析理论探索用户的关系网络、知识地图等，同时利用可视化工具对分析结果进行展示。

8.2.1　档案社会化媒体学术资源搜索

利用信息网络技术对大量无序复杂的数据进行归类，提炼出核心价值内容并整理成有意义的信息或知识，这是大数据时代档案工作者和档案学人开展学术资源搜索的过程。目前，大多学术资源搜索引擎仅对搜索结果做简单的逻辑排列，综合性搜索引擎还不能够很好地满足专业检索的要求。为了更直观地展示搜索结果中隐藏的变化趋势及数据之间的相互关系，使档案人员能够更好地掌握和利用搜索出来的信息价值，需要对搜索的结果进行智能抓取和分类，以可视化的形式展示那些有价值的数据关系及变化趋势。

谷歌学术搜索（Google Scholar Search）是国内外有代表性的学术搜索引擎之一[①]，其服务对象主要是科学家和各类从事学术研究的人，用来帮助用户广泛地搜索众多学科学术著作出版商、专业性社团、大学及其他学术组织等经同行评论的文章、论文、图书、摘要等，还可帮助用户在整个学术领域中确定相关性最强的研究。为了保证查询结果的有效性，谷歌学术搜索通过以下方式展示查询结果：一是提供书目信息，二是提供文献被引用情况，三是提供关联信息。如果一种文献被引用，但是这种引用文献没有联机上网，则可通过离线信息机构链接找到保存这项学术成果的信息机构；如果用户未能看到这篇文献却又对此类文献感兴趣，可进行同组文章检索以查找到同属这组的学术研究成果。微软学术搜索（Microsoft Academic Search）[②]是近年发展起来的一个强大的学术搜索引擎，使用最新的可视化技术是其一项特色功能，为用户查找学术论文、国际会议、权威期刊、作者和研究领域提供了更加智能、新颖的搜索手段，因而提供了更多有价值的学术资源。微软学术搜索的可视化应用研究，对大数据环境下完善学术搜索服务的发展方向具有指导意义。

借鉴国际上优秀学术信息搜索门户的可视化理念与解决方案，有必要研究档案社会化媒体学术资源搜索的可视化应用。目前的学术资源搜索表现出许多不同

---

① 杨小琼. 专业搜索引擎 Google Scholar 与 Scirus 的对比研究[J]. 农业图书情报学刊, 2010, 22(8): 91-93.

② 刘如, 吴琼, 蔚晓川, 等. 微软学术搜索的可视化应用探析[J]. 天津科技, 2014, 41(9): 48-50.

的特征，学者刘如将其归纳为三个方面：一是主界面展示的内容不同。如使用15个大类学科目录并对每一个学科都提供该学科领域的各种信息，使用户轻松获得有影响力的论文、作者、期刊、机构和关键词等信息。二是使用的搜索引擎技术不同。列出的结果是最终对象的集合，而不是杂乱的网页列表，页面结果一目了然，大大简化了后续信息处理的评价过程。三是有多维分析的可视化展示，目标论文均以横向和纵向的可视化形式展示有价值的信息。这些学术搜索引擎尽管有优势，但对档案学术信息资源，特别是对档案社会化媒体学术资源的搜索结果的展示，并没有提供强适应性的功能。

8.2.2 档案学术资源关联的图谱分析

目前，许多信息管理学科的工作者继承传统的文献计量学方法，进行学科领域研究热点和发展方向的分析研究，并通过数据和简单图形来显示研究结果，档案界亦不例外。随着社会信息化和网络应用的日益广泛，档案学术资源急剧增加，数据分析的复杂度呈现出指数发展态势，运用传统计量方法研究态势已经显得力不从心，各种媒体学术资源质量的不平衡性和重复性，使得传统的简单图形不能充分体现档案学术资源的分布规律和发展方向。档案学术资源中的大量关键词构成了一个复杂的网络，可视化分析就是借助复杂的网络理论和数据分析工具，解释其网络的内部结构并将这种内部关系以图谱的形式展现出来。采用可视化方法展现，不仅可以对单个关键词的档案个体属性进行研究，还可以对整个档案关键词网络进行分析。深入挖掘词与词之间的隐性关系，对词团的网络关系具体化，使呈现的知识形象生动，这不仅方便档案人员进行研究，同时也有助于档案用户把握和认识档案学的学科结构。

可视化理念启示我们，档案学术资源搜索的可视化意义在于：一是增强展现，很多讨论所涉及的主题一般有多个要素，其中一个要素会影响到其他的要素，如果不采用可视化则无法看到全貌，也无法进行真正的讨论；二是增强理解，便于对话、探索和交流，简化了复杂性；三是增强审视，争论双方所持的不同观点得以记录并展现于众时，情绪会逐渐趋于缓和。知识图谱分析即利用信息计量方法和可视化技术开展档案学术资源的综述，通过绘制档案领域的知识图谱来梳理现有研究的问题和不足，探索相关的研究热点和前沿。

前小节介绍了将档案学人之间的相互关注问题量化为数据矩阵，并利用社会网络分析工具Ucinet和Pajek软件进行计算和分析。我们可以分析出该关系网络的结果：一是整体上呈现汇聚意见领袖中心点的强连通性，二是意见领袖影响力突出并呈现突破帕累托法则的网络格局，三是档案馆人员缺乏交流呈现出网络用户关系松散的形态，四是以用户机构为向导的部分子群初步成形。以上介绍了面向档案学人微博数据的调研、采集、预处理、分析和服务的图谱分析过程。一方面，有关数据统计分析、意见领袖挖掘和关系网络社会科学计算所取得的可视化展示成果，反映档案学术资源搜索的高效和准确；另一方面，社会网络分析方法和可视化技术的引入，能揭示信息热点、知识地图和主题演变，以为档案信息服务及编研工作提供方法借鉴。但研究重在为档案利用提供知识服务，而揭示社会化媒体信息的内容层面还存在欠缺。

8.2.3　档案学术资源搜索可视化

延续上述档案学人微博的应用研究，有必要进一步揭示以档案学为代表的信息管理学科中信息服务关注的知识关联，探索大数据下档案社会化媒体学术资源搜索的可视化应用，最终将档案馆微博、档案信息网、政务网等统一纳入数据采集范围，以实现真正意义上的互联网档案学科相关信息的整合，提供档案知识服务。

1. 档案学术资源搜索中的可视化技术应用

档案学术资源搜索中，搜索结果的排序有两个因素：一是通过属性的计算得出搜索词相关度的影响力，二是通过与其他对象之间关系计算得出搜索对象的影响力。在查询过程中使用档案学术资源搜索平台，以可视化的形式展示搜索结果背后的具有价值的档案信息。如微软学术搜索，其最终的结果显示页面跟 Science Direct、IEEE 的显示形式差不多，可获得相关论文的排名列表，每篇论文下方列出了被引用次数、作者、期刊名等信息，当鼠标移动到“作者”上面时会显示该作者的照片和基本情况。在档案社会化媒体学术资源搜索中，可视化技术根据用户访问网站的习惯与档案资源的内在组织特性，可以帮助我们提供文件关系与知识导引[①]：一是通过文件内容相关性的比较，展示相关文件在不同全宗、案卷、发文机构、所属分类之间的联系；二是通过主题词之间的相关性，展现文件间的关系；三是通过引用与被引用文件间的关系，帮助、引导用户快速获取知识；四是通过直接显示在用户界面与用户输入时智能提示的方法，将与用户输入的查询关键词相关、相似的词汇提供给用户。[②]

2. 档案学术资料引用情况的二维图展示

在进入一篇网络资料的详细页面后，显示有关的介绍、供浏览或下载的原始链接及参考资料。在页面合适位置以多种二维线图方式，展示该文被引用的情况和在一定时间范围内的引用趋势。如微软学术搜索平台搜索“钱伟长”的结果如

---

① 北京科学技术情报学会. 大数据时代的科技情报服务[R/OL]. [2019-11-26]. http://www.bjast.ac.cn/Html/Article/20131206/22386. html.

② 刘如, 吴琼, 蔚晓川, 等. 微软学术搜索的可视化应用探析[J]. 天津科技, 2014, 41(9): 48-50.

图 8-6 显示，当鼠标移到作者上面时，会显示钱伟长的照片和基本情况。档案信息网上的学术资源搜索结果采用可视化分析，可以展示出档案学术资料引用方面的更多信息。

3. 档案学术组织人员分布与作者关系网的可视化展示

学术组织人员分布图的展示主要分为学术的组织分布和研究人员的分布两个方面，前者显示档案领域方向内的研究机构分布及所在地区等信息，后者显示某学术研究领域被不断点击放大的地图，直至呈现图中的人物分布，继续点击某头像则显示作者的一个基本信息，点击后就会链接到详细的介绍页上。作者关系网可视化功能可以分为作者群关系图（Co-author Graph）、作者群路径图（Co-author Path）和引用关系图（Citation Graph）三个部分。档案学术作者群关系图可以更具体地了解共同作者的关系，其中每一个作者的节点越大，表示该作者的成果越多，而节点之间的线越短，表示两个作者之间的合作数量越多，移动到某条连线上还可看到他们合作的文章数量；档案学术作者群路径图可以展示作者之间的合作路径，路径中每一个节点代表了作者间的合作关系，通常以树状的可视化形式呈现主要作者和其他作者的关系，当其他作者较多时，则按照不同部门或机构进行归类；档案学术引用关系图均在每一个引用关系之间显示引用次数，引用某作者的文章越多，则离该作者的距离越近。

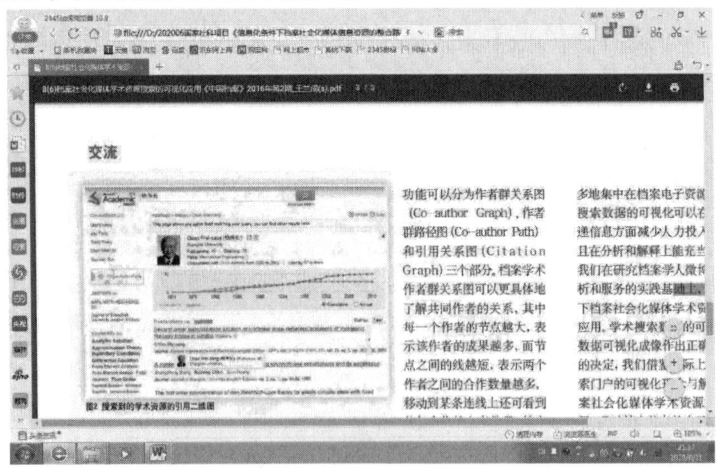

图 8-6　搜索“钱伟长”的学术档案资料引用情况二维图

4. 档案学术研究领域态势图

学术研究领域态势图（Domain Trend）直观地显示了某学术领域的发文动态。可视化的展示功能可以提供每个领域随时间的变化，用户从中获取选定时间段内前几名的作者列表。如微软学术研究领域动态图采用叠加分布图进行直观显示，其领域动态主要是分析计算机科学的研究动态，分为发表数量的趋势图、发表比例的趋势图和组织机构研究的趋势图三种。档案学术研究领域动态图可以反映发文数量、发文比例及组织机构研究的趋势等。

基于可视化工具选取档案学类核心学术资源，以其中的关键词为研究对象构建关键词共现矩阵。可以利用词频指数确定高频关键词的限值，利用共词聚类方法获取档案学科的研究知识群；可以基于关键词共现矩阵，通过社会网络分析的节点中心性分析，获取档案学科网络中处在核心位置并具控制力的关键词；可以运用先进的可视化软件直观、形象地呈现网络内隐含的知识关系，以推进档案学术资源的信息分析和知识服务。当前，档案学的研究对象已经不再是单一的文献信息，而是更多地集中在档案电子资源的发掘上。学术搜索数据的可视化可以在产生、收集和传递信息方面减少人力投入并缩短时间，而且在分析和解释上能充当更重要的角色。我们在研究档案学人微博数据的获取、分析和服务的实践基础上，继续探索大数据下档案社会化媒体学术资源搜索的可视化应用。学术搜索数据的可视化还可以根据数据可视化成像做出正确、有效和有依据的决定，我们借鉴国际上优秀学术信息搜索门户的可视化理念与解决方案，分析档案社会化媒体学术资源搜索的可视化应用，通过档案信息的多元化组织与可视化展示，将无序复杂的数据转化为学界更易利用的形式，从而实现档案学术资源搜索的决策高效和信息准确。显然，档案社会化媒体数据搜索的可视化应用是我国档案学术资源搜索领域发展的必然趋势。

8.3　档案社会化媒体信息整合的知识图谱

档案蕴涵着丰富的知识和信息而具有重要的利用价值，档案产生于不同载体的分散性特点又影响着人们的高效利用。不同学者关于社会化媒体理解的角度各有不同，档案社会化媒体可认为是互联网以用户为中心，基于用户社会关系和用户生产内容的一系列交互技术、平台工具和应用系统的总称。通过网络归档、关联数据和语义网等信息聚合理念与方法，对档案社会化媒体的信息内容进行关联融合，用以提高档案社会化服务质量，提升档案信息社会化服务效益。

8.3.1　档案社会化媒体研究的现状及方法

1. 研究档案社会化媒体的现状进展

关于档案社会化媒体的研究，一些学者在阐释休闲利用观的基础上介绍了国外档案利用服务社会化的理论研究和实践情况，在设计档案社会化媒体信息资源整合的基本框架时对档案社会化媒体研究进行了初步探讨，在业务层面讨论了网络环境下影响我国档案利用的行为因素，从“用”和“管”的角度对国内外几个主流社交媒体相关研究文献的研究情况进行了综述分析。近年来，档案社会化媒体成为一个新兴的、快速发展的研究应用领域。作为交叉研究领域，档案社会化媒体研究一方面受到学界的争议，另一方面也受到研究成果少、理论基础薄弱、研究人员缺乏、相关技术手段不足等多方面的限制。社会化媒体与档案学的结合，一方面为社会化媒体的发展拓宽了渠道，另一方面为档案事业的发展注入了新的活力。为掌握国内档案社会化媒体研究现状及发展趋势，需要利用软件工具对学术期刊数据库和新媒体资源中的相关资料进行数据采集分析①，以期为深入研究档案社会化媒体构建“大数据”，也为该研究领域的进一步发展提供参考借鉴。

2. 研究档案社会化媒体的方法步骤

针对国内相关档案社会化媒体的期刊文献进行分析，以期有一个较为全面的把握，本书主要利用了 Citespace、Ucinet、Bicomb2、SPSS22 和 Excel 等软件工具，对 2007 年以后的国内档案社会化媒体领域 464 篇期刊论文进行分析。方法步骤概述如下。

（1）通过专业检索式检索相关期刊文献，并通过 CNKI 自带导出功能，选择 Refworks 及 Endnote 两种方式，将经过人工筛选的样本论文题名、作者、关键词等数据导出为文本文件格式保存。

（2）通过书目共现分析系统 Bicomb2 软件对所需数据进行提取统计，并以 Excel 格式进行保存，运用 Citespace 等工具对数据进行多方面分析探讨。

（3）通过 Bicomb2 构建共词矩阵，借助 Ucinet 绘制关键词知识图谱，并将共现矩阵转换成二值矩阵，进行 k-核分析。

（4）基于 Ochiia 系数将共词矩阵转换为相异矩阵，将相异矩阵导入 SPSS22 进行聚类分析，并对核心—边缘关键词进行标注。

（5）根据分析结果，聚焦出国内档案社会化媒体领域的研究热点。

（6）基于战略坐标理论对热点主题进行分析。

3. 研究档案社会化媒体的数据来源

鉴于中国知网具有较高的权威性和数据可靠性，而且期刊文献更新速度较快，能够较好地反映一个领域的最新研究成果及发展趋势，本书选择中国学术期刊网络出版总库为样本数据来源，检索时间为 2018 年 1 月 12 日，基本检索式构成为：SU=(社会化媒体+社交媒体+微博+博客+微信+社交网站+新媒体+自

① 黄霄羽. 国外档案利用服务社会化的理论认识和实践特点[J]. 档案学通讯, 2010(6): 41-44.

媒体+ web2.0 +web3.0 +web archive +网页归档) * (档案+档案信息+档案工作)。为保证有较高的检准率和检全率，又在该基本检索式上构建了多条辅助检索式，经过多次试验，得到 667 条记录，经过人工筛选，对结果进行去重、删除无效条目，最终得到 464 篇相关文献作为样本。对发文量进行处理生成发文量趋势图，表明近年来有关档案社会化媒体的文献总体呈现缓慢增长的趋势，是社会化媒体引入档案领域的初始阶段。其中，一些论文介绍了 Web 2.0 的概念、特点及主要应用，介绍了借鉴先进思想理念拓展档案信息服务的方法，介绍了美国网络归档项目及进展情况，这是国内较早把社会化媒体引入档案研究的文献。分析还发现，发文量 10 年里从 12 篇上升到 133 篇，呈“J”形增长趋势，表明这一研究领域已经进入到一个发展上升期，可以推测今后几年里，档案社会化媒体领域的研究仍然是一个研究热点。

8.3.2　档案社会化媒体文献要素的知识图谱分析

1. 作者群及活跃作者信息的知识图谱

笔者曾对文献机构—作者的聚类进行图谱分析，图谱中用节点大小反映研究机构研究成果的数量，用颜色反映研究的活跃程度。结果是：目前档案社会化媒体领域的活跃研究团队主要有以中国人民大学、上海大学为中心的研究团队，以南京大学和西北大学、安徽大学为主的研究团队，其他的活跃研究机构包括原南京政治学院、山东大学、河北大学、辽宁大学、四川大学、南阳医高专科、郑州大学和郑州航空工业大学等。从以上活跃的研究团队和研究机构可以看出，各研究机构之间合作比较频繁，突破了地缘限制。随着互联网信息技术和社会化媒体的发展，跨地域合作得到了增强，而这种跨地域合作也是科研领域中非常重要的推动力量。

活跃的研究团体和机构关键在于拥有一批活跃的研究人员，对研究者进行分析，有助于了解该领域的主要研究人员及其分布情况。笔者根据普莱斯定律，将发文 3 篇及以上的作者定为核心作者，统计得到核心作者共 20 位，发文量达 9 篇排名第一的作者为“黄霄羽”。从研究人员发文情况看，虽然年发文量呈现发展上升趋势，但是核心研究人员及研究成果并不多，尤其是独立研究成果比较少，只有 39 篇，占比为 8.4%，应与档案社会化媒体这一研究领域尚处于新兴阶段有关。另外，464 篇文献共分布在 109 种期刊上，发文量最高的期刊主要属于档案类。109 种期刊中核心学术期刊占比为 19.23%，所刊载的文献量占比为 61.40%。表明档案社会化媒体研究领域受到学界的较大关注，尤其是档案学界对该领域给予了较高的重视。因此，可以推断该研究领域总体发展趋势向好。

2. 关键词及其聚类信息的知识图谱

关键词能较为准确地反映文献的研究主题，通过对关键词进行分析，能够挖掘出该研究领域的热点问题，并有助于预测未来的研究方向。课题组对 464 篇文献进行关键词统计，共得到 1 251 个关键词。合并和去除相近或无实际意义的词汇，根据关键词出现的频次，选取词频≥5 的关键词集作为分析对象。对这些高频关键词进行两两统计，生成一个关键词共现矩阵，将矩阵导入到 Ucinet 6.2 中，计算节点的点度中心性，并基于点度中心性的大小对关键词进行显示，得到关键词知识图谱图：图谱中节点大小与关键词度数成正比，节点越大表明关键词中心性越大（即关键词词频越高），反之表明关键词中心性越小（即关键词词频越低）；图谱中连线的粗细反映的是关键词相互之间关联度的大小，连线越粗表明关键词之间关联度越大（即关键词之间共现频率越高），反之表明关键词之间关联度越小（即关键词之间共现频率越低）。

在原始共现矩阵中非零元素的平均值经过计算约为 2.97，共现频次设定为 2，利用 Ucinet6.2 将关键词共词矩阵转换成二值矩阵，以便确定核心关键词和边缘关键词①。为消除词频差距造成的影响及相关矩阵中 0 值对分析结果的干扰，用 ochiia 系数将共词矩阵转换成相似矩阵，再用 1 减去相异矩阵中的数据后得到关键词相异矩阵。相异矩阵中的数值反映了关键词两两之间的距离，数值越大表明关键词之间的相似度越小，反之则关键词之间的相似度越大。

8.3.3 档案新型资源整合的知识图谱

1. 档案社会化媒体信息资源的元数据映射

标准化建设是档案新型资源有效整合的前提。只有加快档案信息化标准体系建设，才能避免各单位各自为政、盲目建设和“信息孤岛”等现象，保障档案信息资源的有序建设和有效整合。档案信息化建设中的标准制订应该有组织有计划地进行，加强档案界与信息产业界及特定行业的合作，兼顾与国际标准和通用规范的衔接，注重前瞻性、操作性和导向性，从管理、业务和技术等层面上形成一个科学、配套、适用的标准体系。档案社会化媒体研究尚处于发展上升阶段，基于本书的研究任务，有必要进一步揭示以档案学为代表的信息管理学科中信息服务关注的知识关联，探索大数据下档案社会化媒体学术资源搜索的可视化应用，最终将档案馆微博、档案信息网、政务网及微信公众号等统

① 马仁杰，蔡璇，孟璐. 论网络环境下影响档案利用行为的因素[J]. 档案与建设，2016(6)：10-13.

一纳入数据采集范围，以实现真正意义上的互联网档案学科相关信息的整合，提供档案知识服务。

不同社会化媒体平台的不同网页在结构布局方面存在差异，大体上具备与 DC 核心元素中的大部分元素相对应的标签项，根据这些标签项能够实现对不同网页元数据信息的结构化抽取。以论坛、博客和微博的网页信息为例，这些标签项与 DC 元素之间一般遵循如下映射关系。

DC 元素名称：=<论坛元数据> + <博客元数据>+<微博元数据>+<微信元数据>+……。

例如，Subject：=[帖子关键词]+[博文标签]+[#话题#]；Relation：=[相关分类帖子]+[相关链接]+[@(被提及用户)]。

通过上述的知识组织，可以对论坛、博客、微博、微信的元数据元素与 DC 元素进行映射设计，从而间接实现各社会化媒体信息资源的元数据之间的映射。

2. 档案新型资源整合中信息搜索的知识图谱应用

拓展档案信息整合辐射面，能够丰富档案资源的内涵。档案新型资源整合的重要目的，是要通过对多载体、多门类档案信息的聚集，形成内涵丰富的档案大资源库，实现档案社会化媒体信息的统筹管理和共享服务。档案新型资源的整合同样是以对档案社会化媒体信息的搜索为基础的。

档案新型资源搜索的结果排序有以下两个因素：通过属性计算得出搜索词相关度的影响力，通过与其他对象之间关系计算得出搜索对象的影响力。在档案社会化媒体资源搜索中，知识图谱技术可以提供文件关系与知识导引：一是通过文件内容相关性的比较，展示相关文件在不同全宗、案卷、发文机构、所属分类之间的联系；二是通过主题词之间的相关性，展现文件间的关系；三是通过引用与被引用文件间的关系，帮助、引导用户快速获取知识；四是通过直接显示在用户界面与用户输入时智能提示的方法，将用户输入的查询关键词相关、相似的词汇提供给用户①。

运用知识图谱技术对档案社会化媒体文献进行搜索分析，结果表明如下。

（1）档案社会化媒体领域正处于发展上升阶段，相关理论还需成熟。

（2）档案社会化媒体已具备较好的科研资源并受到学界较高的关注，目前已形成多项热点，其中社会化媒体环境下的档案价值研究、社会化媒体环境下的档案信息服务有较强的发展潜力。

（3）如何对新型档案信息进行有效整合、集成，形成便于开发、易于共享的服务资源，是档案学界关注和努力解决的重大课题。

① 万凯莉. 档案学视角下社交媒体研究述评[J]. 东北农业大学学报（社会科学版），2016(1): 49-57.

3. 档案新型资源整合中信息服务的知识图谱应用

档案新型资源整合的目的之一，就是能够开展高质量的档案社会化媒体信息服务。基于知识图谱工具选取档案新型资源，以其中的关键词为研究对象构建关键词共现矩阵。可以运用知识图谱直观地反映发文数量、发文比例及组织机构研究的趋势；可以利用词频指数确定高频关键词的限值，利用共词聚类方法获取档案研究知识群；可以基于关键词共现矩阵通过社会网络分析的节点中心性分析，获取档案信息网络中处在核心位置并具控制力的关键词①；可以运用知识图谱软件直观、形象地呈现网络内隐含的知识关系，以推进档案新型资源的信息分析和知识服务。

当前，档案界的研究对象已经不再是单一的文献信息，而是更多地集中在档案网络资源的发掘上。搜索数据的知识图谱已在产生、收集和传递信息方面大大减少了人力投入并缩短时间，而且在分析和解释上发挥重要作用。在档案信息整合中，注重扩展文件收集的范围，凡是反映地方特色、具有典型意义和具有代表性的网上档案信息内容，都应力争纳入档案馆收集范围，作为档案信息资源整合的重要内容。然后，通过开发统一的数字档案管理系统，集中采集新型档案资源信息，以拓展档案信息资源整合的范围和辐射面②。下一步，我们将继续探索大数据下档案社会化媒体资源的知识图谱的具体应用。如根据研究方向数据成像做出正确、有效和有依据的决定，通过档案信息的多元化组织展示，将无序复杂的数据转化为更易用的形式，从而实现档案资源搜索的决策高效和信息准确。总之，促进档案网上社会化媒体信息的交流共享和研究利用，已成为当前深度开发档案新型资源和创新档案信息服务的发展趋势，档案社会化媒体数据的知识图谱应用是我国档案新型资源整合服务发展的必然趋势。

8.4 基于档案信息整合系统的数据服务实现

8.4.1 档案信息整合服务中的数据查询

1. 简单检索

本书中采用 Lucene 作为检索引擎，提供组合查询、相关度查询、排序展现、

① 郭春侠，叶继元. 基于共词分析的国外图书情报学研究热点[J]. 图书情报工作, 2011(20): 19-22.

② 张勤，马费成. 国外知识管理研究范式：以共词分析为方法[J]. 管理科学学报, 2007(6): 65-75.

搜索摘要等功能。查询命中结果后，从档案信息数据库查找到原文数据，返回文档 ID、标题、全文等数据。

使用 lucene 的主要代码如下。

```
//建立索引
indexWriter = new IndexWriter(indexDir， iwcConfig);
Document document = new Document();
document.add(StringField( " did " ， did,Field.Store.YES));
document.add(TextField( " title " ,title， Field.Store.NO));
document.add(TextField( " content " ,content， Field.Store.NO));
document.add(StringField( " time " ,time， Field.Store.NO));
    ........................
indexWriter.addDocument(document);
indexWriter.commit();
     //查询
 QueryParser parser = new QueryParser(Version.LUCENE_44， field,
luceneAnalyzer);
 Query query = parser.parse(keyWord);
    TopDocs hits = indexSearcher.search(query， limit );
        //查询组合构建
String[] keyWordS = new String[fieldLen];
    String[] fields = new String[fieldLen];
BooleanClause.Occur[] clauses = new
 BooleanClause.Occur[fieldLen];
booleanQuery.add(authQuery， BooleanClause.Occur.MUST);
  TopDocs hits = indexSearcher.search(booleanQuery， 300);
```

输入档案用户的检索条件后即可执行检索。

（1）选择所要检索的信息种类，包括新闻、博客、论坛、图片和元搜索，这里的元搜索是指针对存储的全字段进行检索。

（2）左侧列表列出的是条件检索列表，可以根据需要按照相关度、热度和时间等对检索结果排序。

（3）可对其中的相关机构和相关人物等进行分类检索。如图 8-7 所示。

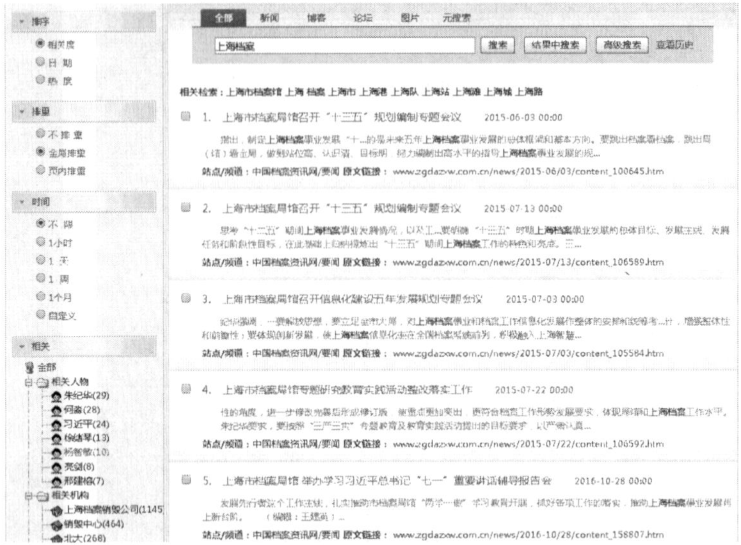

图 8-7　档案信息整合服务中的简单检索结果

2. 高级检索

档案信息整合服务中的高级检索，就是输入复合检索条件的档案检索，从而能更加精确地定位检索结果（图 8-8）。

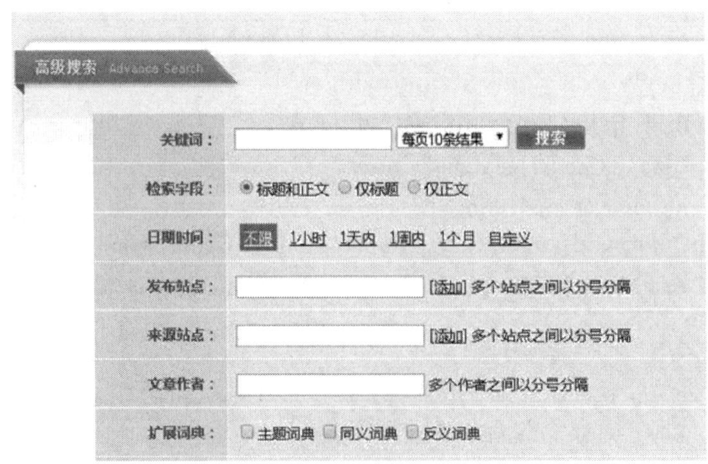

图 8-8　档案信息整合服务中的高级检索界面

精确定位的检索条件包括以下四个方面。

（1）标题和正文。

（2）检索的开始时间和结束时间。

（3）检索来源，可以指定任意一个网站。

（4）检索作者，可以指定发布者，比如论坛帖文作者。

图 8-9 展现的是标题“医疗”+发布站点“中国档案信息网”，以及标题和内容“档案”在不限制站点条件时的结果。

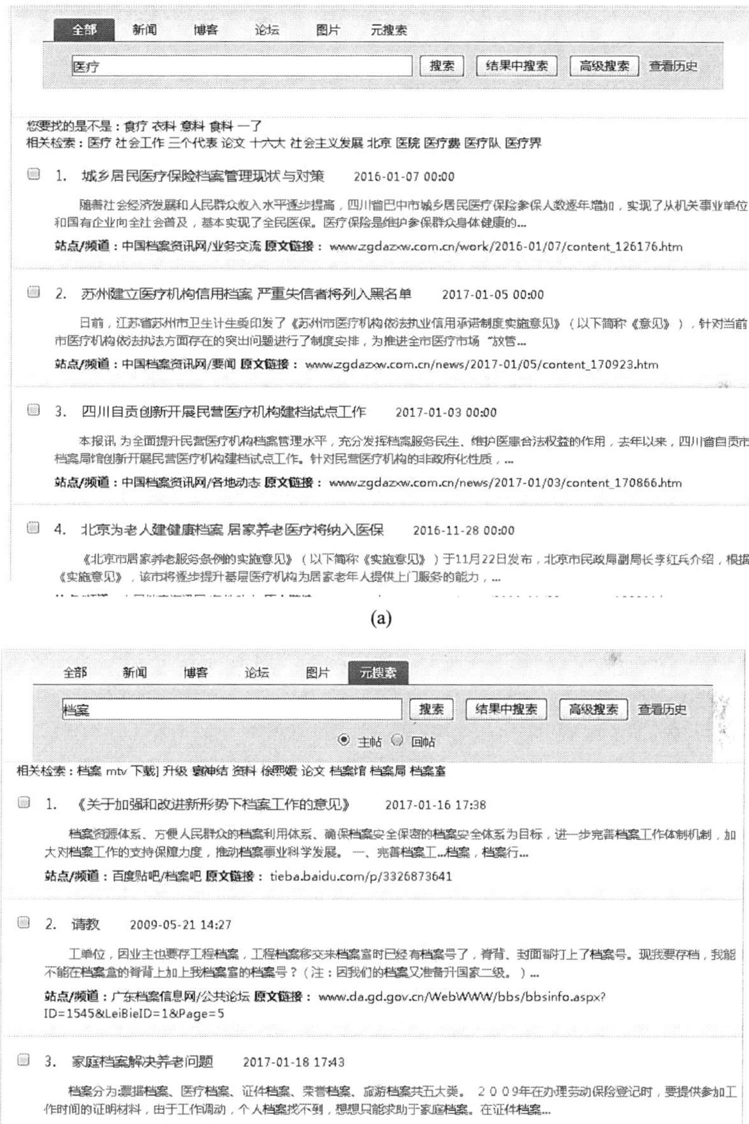

(a)

(b)

图 8-9　档案信息整合服务中的高级检索

按照日期、排重、时间等维度和特性检索查询档案信息，如图 8-10 所示。

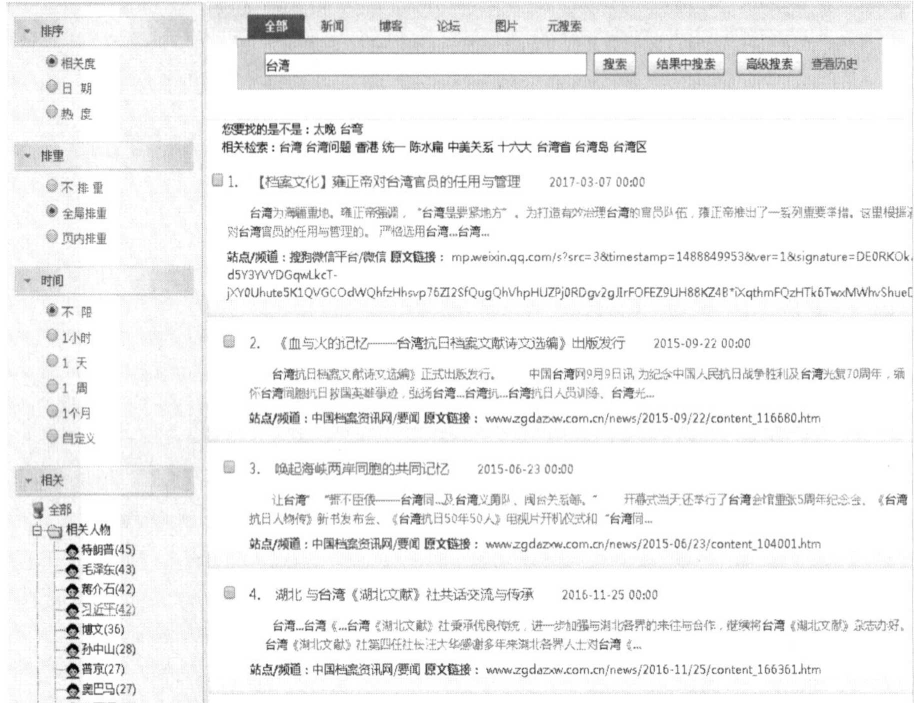

图 8-10　按日期、排重、时间等特性的档案高级检索结果

3. 档案检索词实时提示

输入某个检索词的一部分，本系统会自动提示其他相关检索词。比如，输入“档案局”“医疗事故”则会提示其他相关检索词，输入检索词的拼音，如“Beijing”“dangan”等，则会提示全部相关的检索词。如图 8-11 所示。

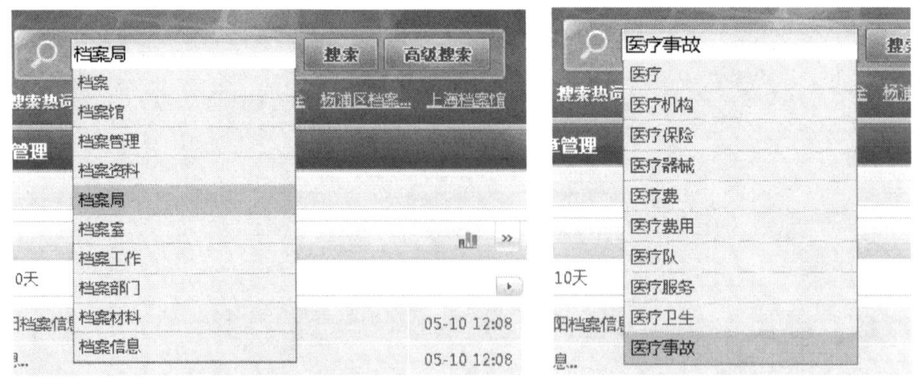

(a)

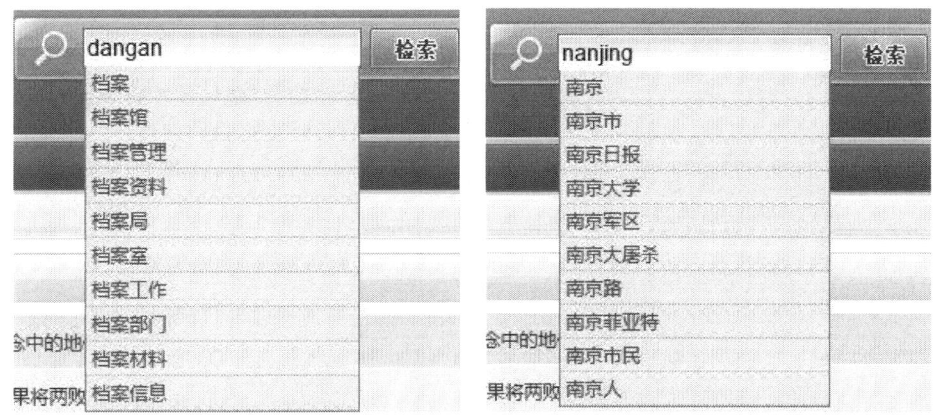

(b)

图 8-11　档案检索词实时提示结果界面

4. 档案检索词纠错

档案系统会自动纠正用户检索词中的错别字，给出推荐的纠错词。如果某一检索词检索后的记录数少于某一特定数值，则会对这个档案检索词进行纠错。如图 8-12 所示。

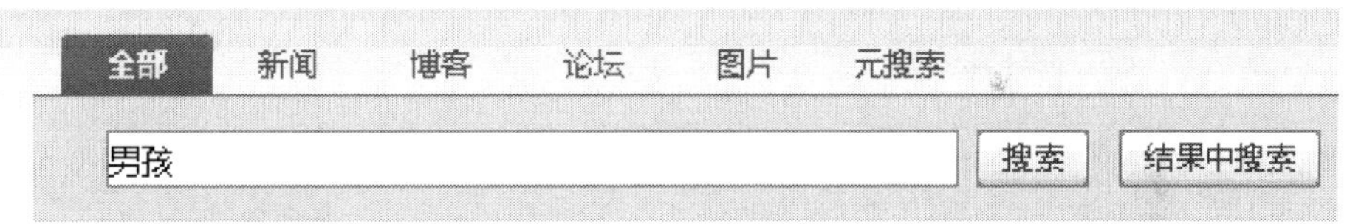

您要找的是不是：南海
相关检索：男孩 男孩儿

1. 你猜猜我是男孩儿还是女孩儿　2017-01-18 17:17

你猜猜我是男孩儿还是女孩儿 <IMAGE IDX=1>...

站点/频道：沈阳档案信息网/档案论坛 原文链接：bbs.jtdaw.com/web/bbscontent.php?tid:

图 8-12　档案检索词纠错

5. 档案信息相关词检索

档案信息检索完成后，系统会列出与检索词相关的一系列短语，用于提供档案检索线索。点击任意一个相关档案检索词，就可以对相关词进行检索。如图 8-13 所示。

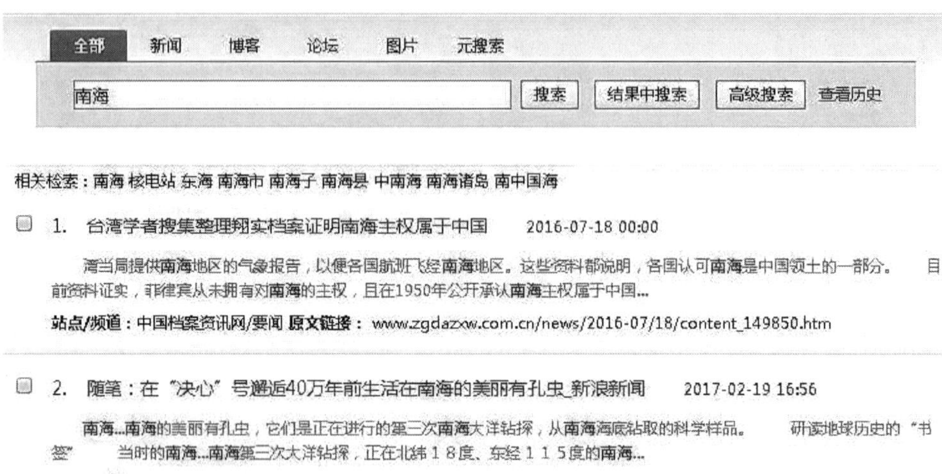

图 8-13　档案信息相关词检索

6. 档案图片检索

将描述档案图片的相关文本进行信息抽取，标注图片信息后就可以检索并展示网页中的档案图片信息。本书中实现了该方法，见图 8-14 所示。需要说明的是，考虑到深度神经网络方法等已是当前图片检索的主流研究方向，故没有进一步对上述方法开展重点研究。

图 8-14　档案图片检索结果

8.4.2　档案信息整合服务中的数据展现和导航

1. 档案信息的分类展现

分类展现界面，主要是根据档案数据的类型、采集时间、热点信息、词群关联进行了统一展现。如图 8-15 所示。

图 8-15　档案新型资源的数据分类展现界面

2. 档案信息的全文展现

进一步展现一篇档案信息，主要是对原始信息经过采集处理加工，规格化显示题名、来源站点、原文链接、发布时间，以及全文内容等基本信息的全文展现，如图 8-16 所示。

苏州建立医疗机构信用档案 严重失信者将列入黑名单

发布站点： 中国档案资讯网　　　　发布时间： 2017.01.05 00:00:00

原文链接： http://www.zgdazxw.com.cn/news/2017-01/05/content_170923.htm

日前，江苏省苏州市卫生计生委印发了《苏州市医疗机构依法执业信用承诺制度实施意见》（以下简称《意见》），针对当前市医疗机构依法执法方面存在的突出问题进行了制度安排，为推进全市医疗市场“放管结合”和信用体系建设提供了政策保障。

推行信用承诺制，是指在办理各类医疗机构主体设置审批、执业登记、变更登记、校验及有效期延续时，申请人根据法律、法规和审批、登记、校验的规范性要求，向社会作出履行应尽责任和义务的公开承诺，其信用承诺纳入医疗机构设置主体信用记录，卫生计生行政机关将申请人的信用承诺信息随同医疗机构登记信息一并向社会予以公示的一种执业登记模式，适用于在苏州市开展执业的各级各类医疗机构。

《意见》规定，医疗机构在申请设置审批、执业登记、变更登记、校验时，应对提交申请材料的真实性作出承诺，执业事项登记后向社会公开作出遵守国家法律、法规和规章规定，依法执业、诚信服务，全面履行应尽的责任和义务的书面承诺。也就是说，今后，苏州各级各类医疗机构，在办理设置审批、执业登记、变更登记、校验申请等事项的时候，将签订一份承诺书，而今后一旦发现医疗机构违背书面承诺，都将被记录不良信用行为，与医疗机构校验、评审、不良执业行为记分管理等挂钩，作为对医疗机构事中事后监管、公立医疗机构绩效考核的重要参考依据。

苏州市卫生计生委相关处室负责人介绍，承诺书中明确列出的承诺条款有8条，包括不对外出租承包科室、不超范围执业、不雇佣“医托”、严格规范处方、严格医疗废物管理、合理检查、合理治疗、合理用药、合理收费等。对发生重大违法违规案件和不良信用行为的医疗机构，也将依法纳入社会信用体系，建立“黑名单”制度，给予一定程度的行业禁入，加大对违法违规行为的惩罚力度。对于制作相关虚假申请材料，企图蒙骗过关的医疗机构申请人、委托代理人及相关人员，按照《苏州市社会法人失信惩戒管理办法》《苏州市自然人失信惩戒管理办法》将其列入黑名单管理，并向社会公开失信信息。

图 8-16　档案信息的全文展现

从上面信息内容中，通过信息抽取，计算关键词形成的关键词词云和实体关系，如图 8-17 所示。

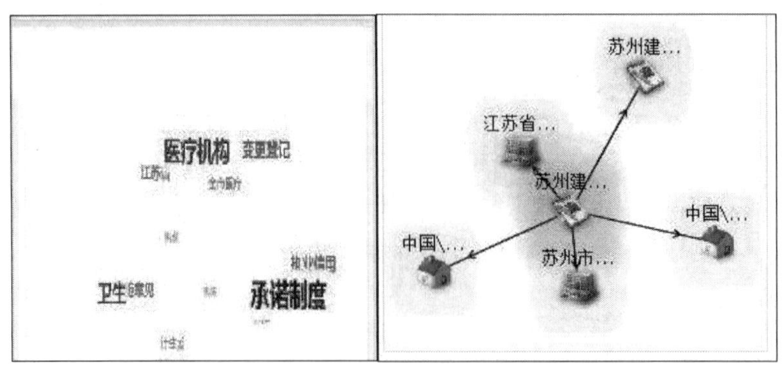

(a)　　　　(b)

图 8-17　档案信息的全文关键词词云和实体关系

根据内容分析，展现该篇文档的相关信息，并浏览其相关文档展现本周、本月的发展趋势，如图 8-18 所示。

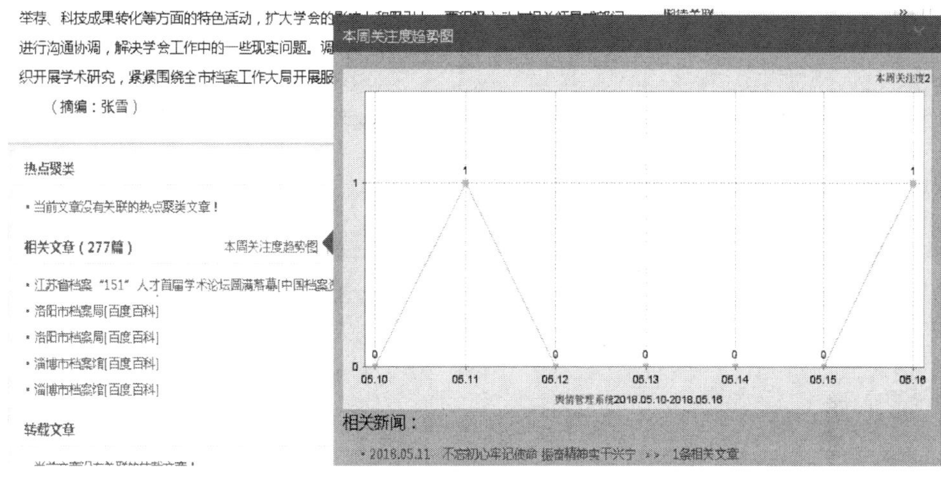

(a)

(b)

图 8-18　档案相关文档及趋势展现

3. 档案信息整合服务中的数据分类导航

检索显示的信息集，可以按照地区来分导航阅览，如图 8-19 所示。

图 8-19　地区分类导航界面

同时，还可以按照预定义的机构分类、国家机构和政府，获取便于分类导航的档案信息，如图 8-20 所示。

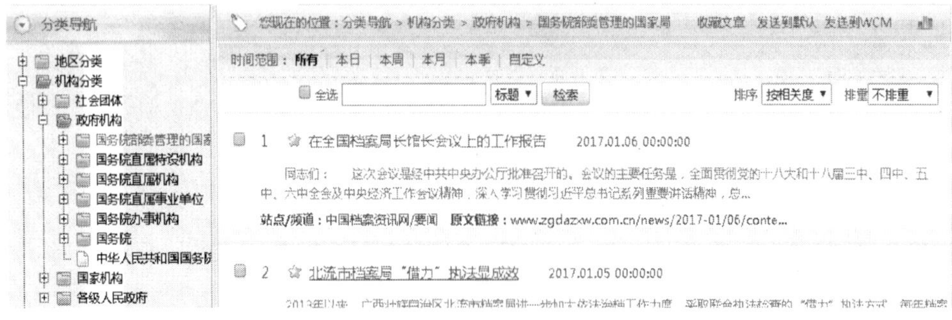

图 8-20　档案分类导航界面

导航中还提供了上下位语义关系，比如，点击“广西壮族自治区”就可以显示包括“南宁”的信息，如图 8-21 所示。

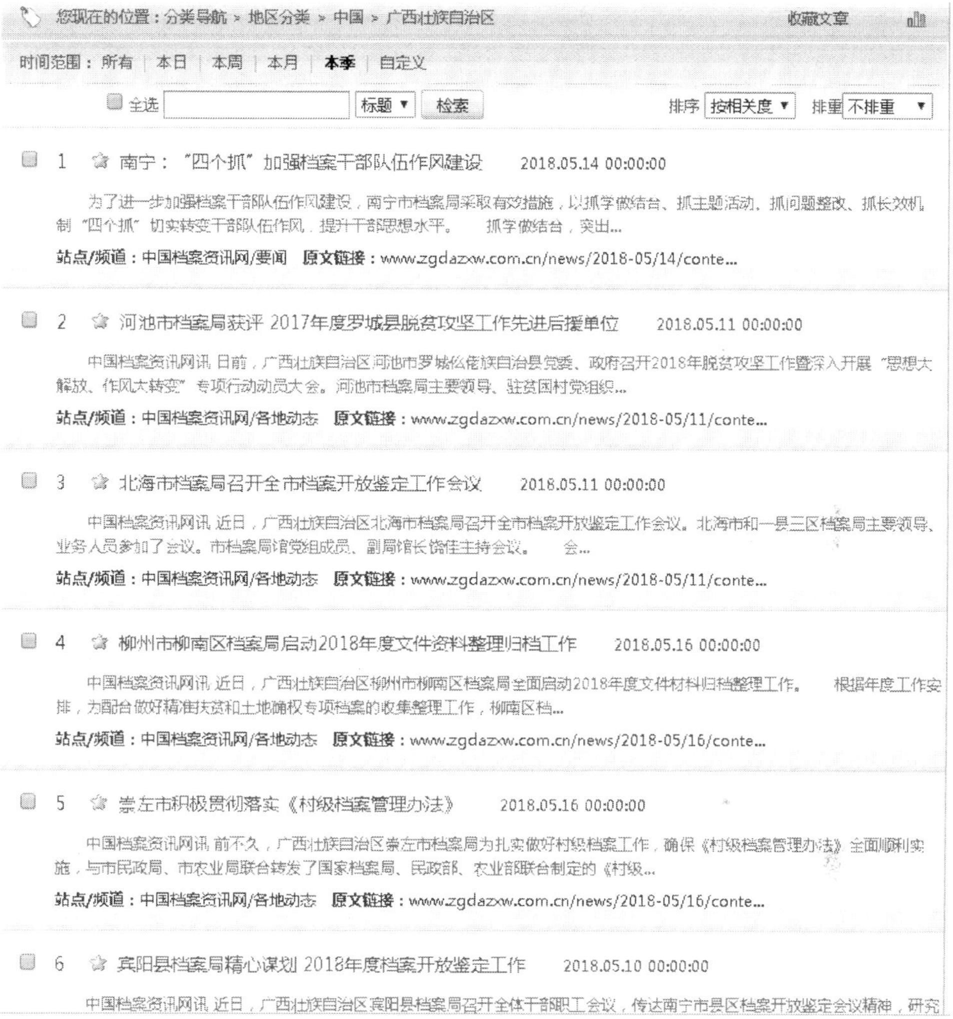

您现在的位置：分类导航 » 地区分类 » 中国 » 广西壮族自治区　　收藏文章

时间范围：所有 | 本日 | 本周 | 本月 | **本季** | 自定义

全选　标题　检索　　排序 按相关度　排重 不排重

1　南宁："四个抓"加强档案干部队伍作风建设　2018.05.14 00:00:00

为了进一步加强档案干部队伍作风建设，南宁市档案局采取有效措施，以抓学做结合、抓主题活动、抓问题整改、抓长效机制"四个抓"切实转变干部队伍作风，提升干部思想水平。　抓学做结合，突出...

站点/频道：中国档案资讯网/要闻　**原文链接：**www.zgdazxw.com.cn/news/2018-05/14/conte...

2　河池市档案局获评 2017年度罗城县脱贫攻坚工作先进后援单位　2018.05.11 00:00:00

中国档案资讯网讯 日前，广西壮族自治区河池市罗城仫佬族自治县党委、政府召开2018年脱贫攻坚工作暨深入开展"思想大解放、作风大转变"专项行动动员大会。河池市档案局主要领导、驻贫困村党组织...

站点/频道：中国档案资讯网/各地动态　**原文链接：**www.zgdazxw.com.cn/news/2018-05/11/conte...

3　北海市档案局召开全市档案开放鉴定工作会议　2018.05.11 00:00:00

中国档案资讯网讯 近日，广西壮族自治区北海市档案局召开全市档案开放鉴定工作会议。北海市和一县三区档案局主要领导、业务人员参加了会议。市档案局馆党组成员、副局馆长饶佳主持会议。　会...

站点/频道：中国档案资讯网/各地动态　**原文链接：**www.zgdazxw.com.cn/news/2018-05/11/conte...

4　柳州市柳南区档案局启动2018年度文件资料整理归档工作　2018.05.16 00:00:00

中国档案资讯网讯 近日，广西壮族自治区柳州市柳南区档案局全面启动2018年度文件材料归档整理工作。　根据年度工作安排，为配合做好精准扶贫和土地确权专项档案的收集整理工作，柳南区档...

站点/频道：中国档案资讯网/各地动态　**原文链接：**www.zgdazxw.com.cn/news/2018-05/16/conte...

5　崇左市积极贯彻落实《村级档案管理办法》　2018.05.16 00:00:00

中国档案资讯网讯 前不久，广西壮族自治区崇左市档案局为扎实做好村级档案工作，确保《村级档案管理办法》全面顺利实施，与市民政局、市农业局联合转发了国家档案局、民政部、农业部联合制定的《村级...

站点/频道：中国档案资讯网/各地动态　**原文链接：**www.zgdazxw.com.cn/news/2018-05/16/conte...

6　宾阳县档案局精心谋划 2018年度档案开放鉴定工作　2018.05.10 00:00:00

中国档案资讯网讯 近日，广西壮族自治区宾阳县档案局召开全体干部职工会议，传达南宁市县区档案开放鉴定会议精神，研究

图 8-21　地区分类导航结果

在检索到的档案信息集合中，能够按信息来源站点、内容中出现的相关人物和机构等进行分类导航，如图 8-22 所示。

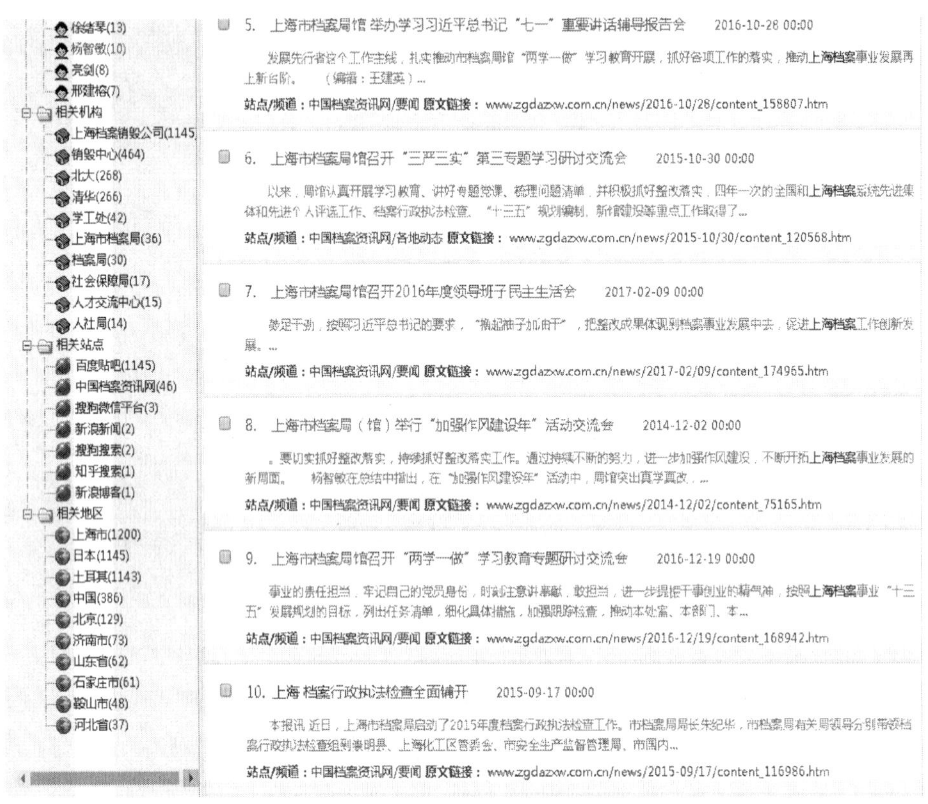

图 8-22　档案检索结果中的分类导航

8.4.3　档案信息整合服务中的词群分析

1. 档案信息整合服务中的热词结果

通过命名实体识别，聚类计算得到近期的热点词语分析，如图 8-23 所示。

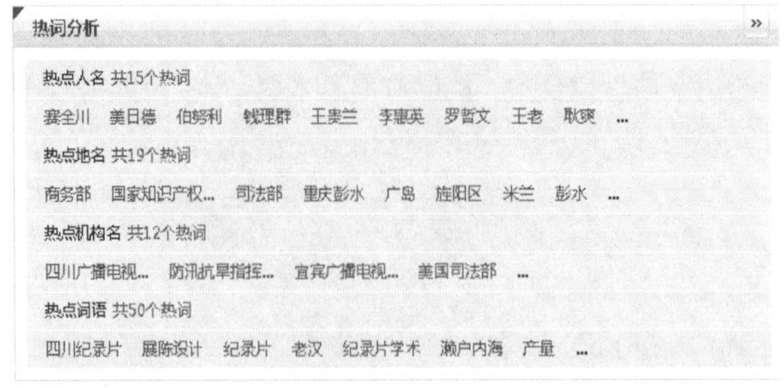

图 8-23　档案信息整合服务中的热词结果界面

根据历史记录，记录统计的历史热点词语，如图 8-24 所示。

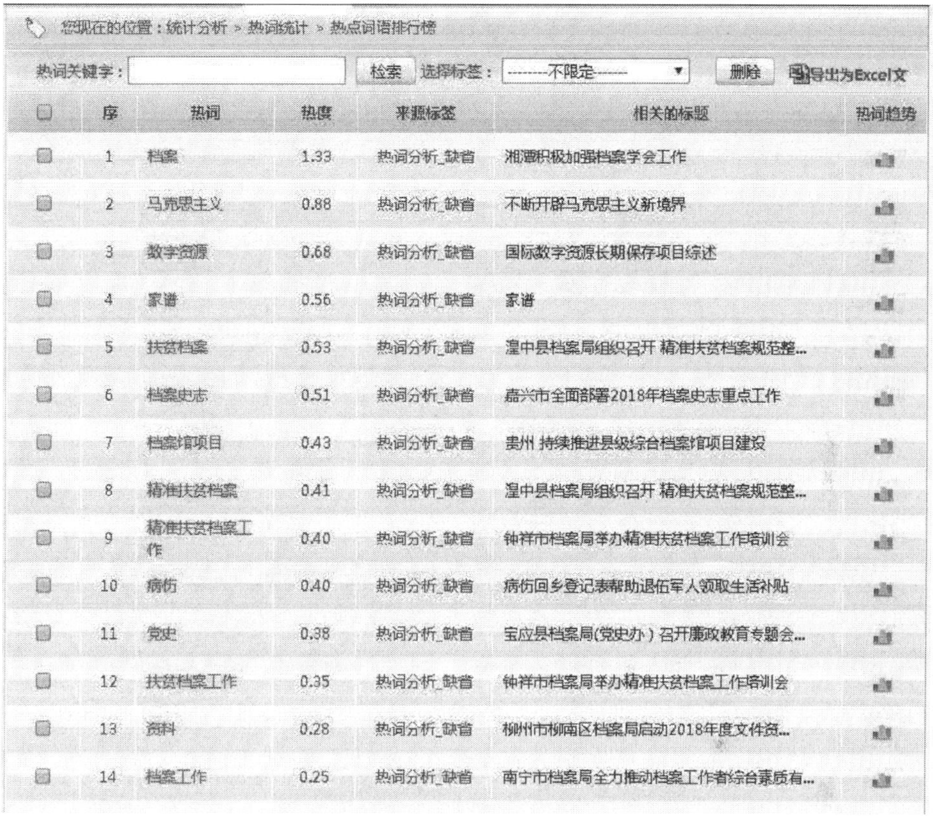

您现在的位置：统计分析 > 热词统计 > 热点词语排行榜

热词关键字：　检索　选择标签：--------不限定------　删除　导出为Excel文

	序	热词	热度	来源标签	相关的标题	热词趋势
	1	档案	1.33	热词分析_缺省	湘潭积极加强档案学会工作	
	2	马克思主义	0.88	热词分析_缺省	不断开辟马克思主义新境界	
	3	数字资源	0.68	热词分析_缺省	国际数字资源长期保存项目综述	
	4	家谱	0.56	热词分析_缺省	家谱	
	5	扶贫档案	0.53	热词分析_缺省	湟中县档案局组织召开 精准扶贫档案规范整...	
	6	档案史志	0.51	热词分析_缺省	嘉兴市全面部署2018年档案史志重点工作	
	7	档案馆项目	0.43	热词分析_缺省	贵州 持续推进县级综合档案馆项目建设	
	8	精准扶贫档案	0.41	热词分析_缺省	湟中县档案局组织召开 精准扶贫档案规范整...	
	9	精准扶贫档案工作	0.40	热词分析_缺省	钟祥市档案局举办精准扶贫档案工作培训会	
	10	病伤	0.40	热词分析_缺省	病伤回乡登记表帮助退伍军人领取生活补贴	
	11	党史	0.38	热词分析_缺省	宝应县档案局(党史办)召开廉政教育专题会...	
	12	扶贫档案工作	0.35	热词分析_缺省	钟祥市档案局举办精准扶贫档案工作培训会	
	13	资料	0.28	热词分析_缺省	柳州市柳南区档案局启动2018年度文件资...	
	14	档案工作	0.25	热词分析_缺省	南宁市档案局全力推动档案工作者综合素质有...	

图 8-24　档案信息整合服务中的热词历史记录

根据热词，分析统计出的热点机构，如图 8-25 所示。从该图中可以看到，由于分词质量的影响，个别词语存在被错误切分的情况。

2. 档案信息整合服务中的聚类词群图分析

词群关系能够快速展现大量文档集的主题信息与词语关系。比如，以时间天数为区域提供的聚类下的热点词群关系图，如图 8-26 所示。可见，从诸多文档中发现了词语间相互关系，并以知识可视化的方式展现出来。

您现在的位置：统计分析 > 热词统计 > 热点机构名排行榜

热词关键字：　检索　选择标签：--------不限定------　删除　导出为Excel文

序	热词	热度	来源标签	相关的标题	热词趋势
1	档案局	-0.19	热词分析_缺省	阜阳市档案局传达学习 市扶贫开发领导小组...	
2	广西壮族自治区南宁市档案局	-0.30	热词分析_缺省	南宁市档案局全力推动档案工作者综合素质有...	
3	安徽省黄山市徽州区档案馆	-0.30	热词分析_缺省	档案为花甲老人买房提供婚姻凭证	
4	阜阳市扶贫开发领导小组	-0.30	热词分析_缺省	阜阳市档案局传达学习 市扶贫开发领导小组...	
5	美国研究图书馆联盟	-0.30	热词分析_缺省	国际数字资源长期保存项目综述	
6	贵州省黔西县档案局	-0.30	热词分析_缺省	黔西县档案局多举措"减证便民" 助力档案...	
7	湖南省湘潭市科协	-0.30	热词分析_缺省	湘潭积极加强档案学会工作	
8	咸宁市档案学会	-0.30	热词分析_缺省	咸宁市档案学会举办市直单位档案工作人员培...	
9	江苏省扬州市委	-0.30	热词分析_缺省	扬州印发通知 推进江苏乡镇企业和民族工商...	
10	浙江省台州市委	-0.30	热词分析_缺省	不断开辟马克思主义新境界	
11	市政府办公室	-0.30	热词分析_缺省	扬州印发通知 推进江苏乡镇企业和民族工商...	
12	柳南区档案馆	-0.30	热词分析_缺省	柳州市柳南区档案局启动2018年度文件资...	
13	柳南区档案局	-0.30	热词分析_缺省	柳州市柳南区档案局启动2018年度文件资...	
14	镇村扶贫专	-0.30	热词分析_缺省	钟祥市档案局举办精准扶贫档案工作培训会	

图 8-25　档案信息整合服务中的热点机构界面

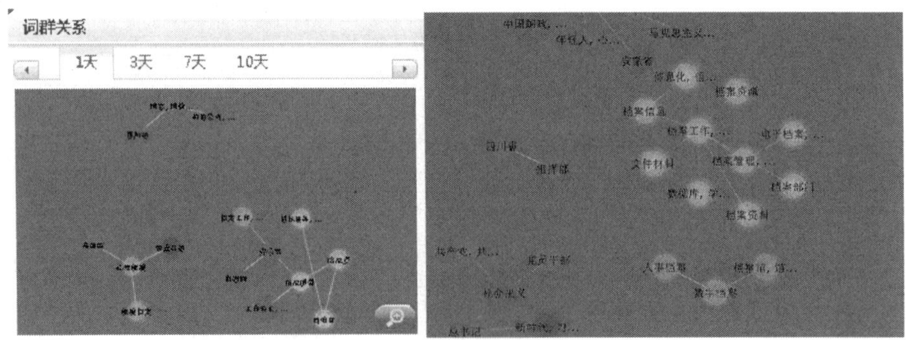

图 8-26　档案信息整合服务中的聚类词群图分析界面

8.4.4　档案信息整合服务中的统计与转载分析

1. 档案信息统计图表分析

可以采用多种图形图表方式来分析展示档案利用信息。比如，热点信息中的机构柱状图，如图 8-27 所示。

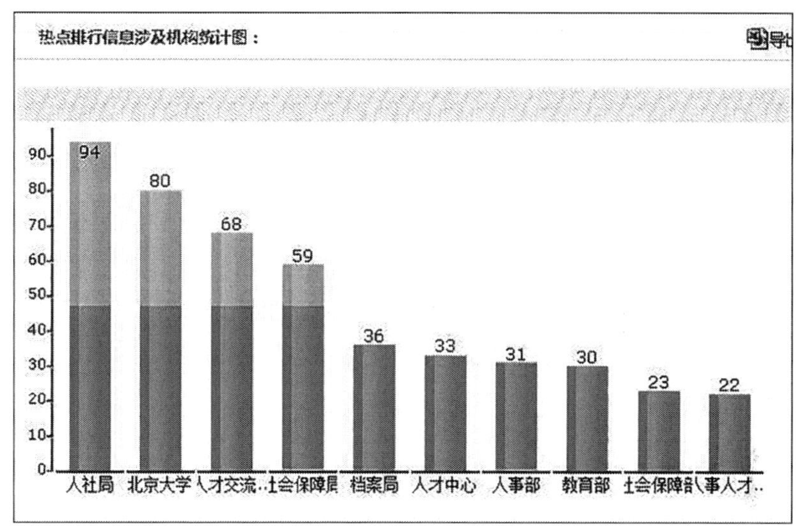

图 8-27　档案信息热点机构统计图界面

同样，热点人物的柱状图，如图 8-28 所示。该图显示了时间段内档案界热点人物，如“杨冬权”。但由于姓名识别的准确性，个别会存在一定问题。比如，“管权”“南蛮”，这些词语并未包括在姓名词库中，而是由启发算法自动判别的，所以存在错误。目前，可以通过人工方式进行修改。

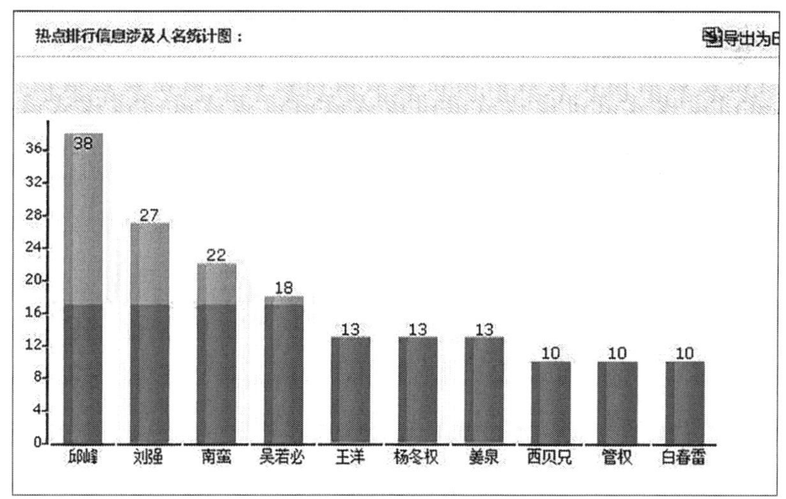

图 8-28　档案信息热点人物统计图界面

结合时间趋势，可以统计热点信息的发展趋势，如图 8-29 所示。该图显示了系统计算出的热点信息，它们在时间区域内的分布情况。

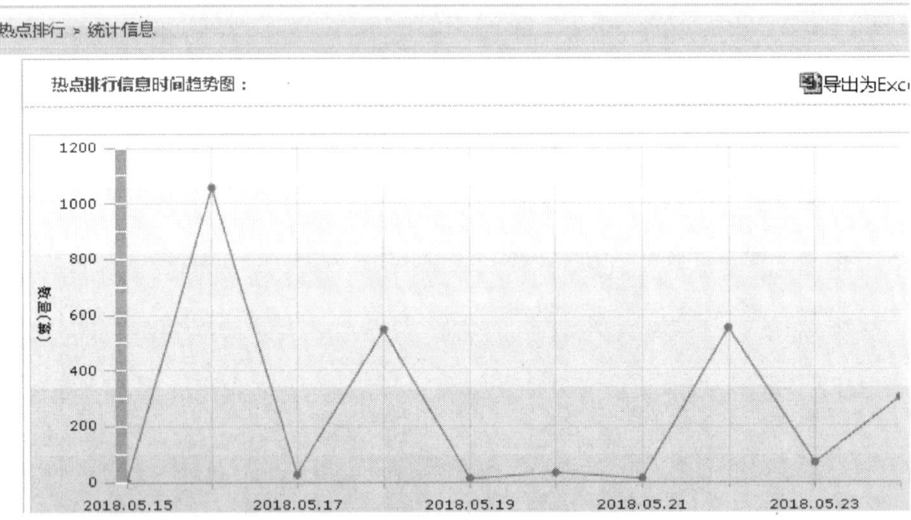

图 8-29　档案信息热点信息趋势图界面

同样，可以根据具体机构、人物统计出发展趋势。比如，有关“太原市档案局”相关信息的发展趋势，如图 8-30 所示。

图 8-30　档案信息热点机构信息趋势图界面

2. 档案信息转载分析

档案资料信息在网上可能被转载多次，获取有关分析文章的最早源头及转载情况，有利于掌握主题事件信息发展的整体脉络。利用内容重复性分析方法，可以对档案信息进行转载分析，如图 8-31 所示。

15 充电 | 干部人事档案收集归档的要求你都知道吗？ 2017.03.14 00:00:00

中央组织部印发的《干部人事档案材料收集归档规定》（中组发〔2009〕12号）对干部人事档案材料收集归档工作提出如下要求：1.干部人事档案材料形成部门，必须按照有关规定规范制作干部人事档案材料...

站点/频道：微信

原文链接：mp.weixin.qq.com/s?src=3×tamp=14895...

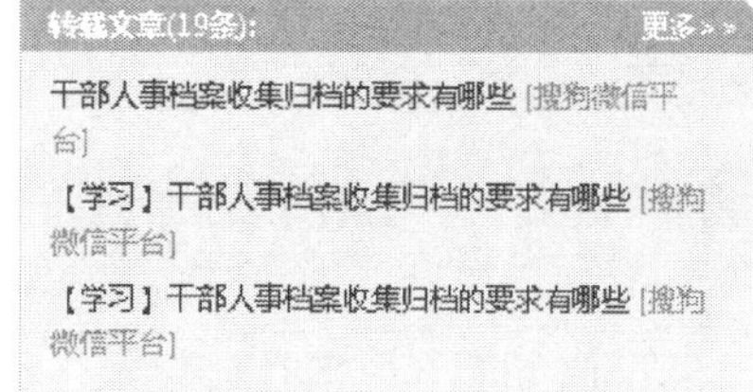

16 【太极档案推送】学太极之前您要先了解这些... 2017.03.14 00:00:00

太极拳的一招一式都是外在的，而要练好太极拳，仅凭外在是不够的，内在的揣摩和体悟相当重要。①静心用意，呼吸自然，即练拳都要求思想安静集中，专心引导动作，呼吸平稳，深匀自然，不可勉...

站点/频道：微信　原文链接：mp.weixin.qq.com/s?src=3×tamp=14895...

总记录数61398条 显示记录数9986条 当前在第 1 页 跳转　首页　上一页　下一页　尾页

图 8-31　档案信息转载分析界面

本书研究的内容将随着档案数据分析平台的进展与深入运用不断深入。在大数据环境下，档案资源整合系统能够根据用户访问网站的习惯与档案资源的内在组织特性提供文件关系与知识导引，通过文件内容上相关性的比较展示相关文件在不同全宗、案卷、发文机构、所属分类之间的联系，通过主题词之间的相关性展现文件间的关系，通过引用与被引用文件间的关系帮助、引导用户快速获取知识，通过用户输入时智能提示的方法将用户输入的查询关键词相关、相似的词汇提供给用户，从而为深层次地分析利用档案数据、进一步完善档案信息挖掘的方法模式，为满足时代需求的档案资源整合和服务提供有益的参考与启示。

8.5　本 章 小 结

档案学人借助微博建立了新的学术交流和知识传播网络。本章以新浪微博为例，系统调研了档案学人的微博使用情况，利用德尔菲法和层次分析法构建了档案学人微博影响力评价模型和指标体系，进而识别档案学人微博意见领袖，最后引入社会网络分析方法挖掘了档案学人的微博关系网络。促进档案网上社会化媒体信息的交流共享和研究利用，已成为当前深度开发档案新型资源和创新档案信息服务的发展趋势，档案社会化媒体数据的知识图谱应用是我国档案新型资源整合服务发展的必然趋势。大数据环境下开发档案资源整合系统的服务功能，能够根据用户访问网站的习惯与档案资源的内在组织特性提供文件关系与知识导引，为深层次地分析利用档案数据、满足新时代档案资源利用提供服务。

第 9 章　档案社会化媒体信息资源整合研究的发展

信息化条件下档案社会化媒体信息资源的整合研究，是对新型档案信息资源及其整合的新理论、新方法、新技术和新应用展开研究，又是以档案社会化媒体信息集成为目标对档案信息组织、信息开发和信息利用展开研究。前者是关于档案社会化媒体信息资源整合研究的理论与方法的创新，后者是关于档案社会化媒体信息资源整合研究的技术与应用的创新。

9.1　档案信息整合研究的理论与方法创新

大数据背景下开发利用档案社会化媒体信息资源，既是档案信息化建设中的战略性步骤，也是其有效建设与利用的必然选择。随着互联网的迅速发展和变革，档案社会化媒体成为记录人类社会生活变迁的重要载体，并成为大数据时代的焦点。面向档案学科的各种社会化媒体也迅速渗透到学界和业界，成为信息交流和知识传播的重要平台。基于国内外档案社会化媒体信息现状分析，研讨大数据背景下进行发掘既是档案信息化建设中的战略性步骤，也是其有效建设与利用的必然选择。本书取得的成果：一是借鉴文件管理体系国际标准和开放档案信息系统参考模型，顶层设计档案社会化媒体整合系统的框架，规范整合过程中的档案信息组织、开发和利用路径；二是以多种档案社会化媒体信息的异源数据作为分析源，对各内容进行深度挖掘，并利用改进的网络分析法和可视化工具加以揭示，从整合对象、方法和利用形式等构建档案新型资源的整合机制。

随着信息交流方式的不断演进，以互联网为代表的新兴媒体涌现出海量的网站、论坛、微博等数据资源。数据是档案服务的核心资源，数字档案馆必然是以数据为基础的数据服务系统。档案馆的核心竞争力不仅仅是对档案文件信息的竞争，多种类型数据的拥有、融合、挖掘与利用水平也是档案行业内部及与其他行业之间竞争的关键因素。社会化媒体的信息数量是海量的，信息类型、来源渠道和获取方式是多元的。新媒体创造了前所未有的数据资源，加强新媒体数据资源的采集与拥有必然是档案信息资源建设的重要工作内容。成果具体分布如下。

（1）档案社会化媒体信息资源。该部分论述了国内外档案社会化媒体研究现状，研究档案社会化媒体信息资源的研究框架，提出了信息化条件下档案网络信

息资源的整合问题。（第 2 章）

（2）档案社会化媒体信息资源的整合框架。该部分探讨了新媒体环境档案信息资源的建设，阐述档案社会化媒体的概念，提出档案社会化媒体的信息要素，系统研究了档案社会化媒体的信息整合框架，包括顶层模块设计、需求模块设计、控制模块设计和服务模块设计。（第 3 章）

（3）新技术支撑的档案社会化媒体信息资源整合。该部分基于现代信息技术的发展前沿，探讨和研究了基于大数据的档案信息资源整合、基于云计算的档案信息资源整合、基于人工智能的档案信息资源整合和基于区块链的档案信息资源整合问题。（第 4 章）

（4）大数据条件下的档案社会化媒体信息资源整合。该部分深入研究档案大数据资源开发的信息技术，研究了档案社会化媒体数据源的分析和评测，包括论坛、博客和微媒数据源的计算甄选和分析评测，研究了大数据分析下档案新媒体数据研究平台建设，包括系统的整体架构和功能设计。（第 5 章）

理论与方法上的创新之处在于，借鉴国际标准中的文件管理体系和开放档案信息系统参考模型，紧密接轨国际“网络信息归档”前沿研究，提出档案社会化媒体信息资源的整合框架及其顶层设计，通过系统调研档案新型资源的分布得出数据源的评价模型、评价指标和计算公式，以科学组合的研究方法构建拟整合之数据源选择和评估的方法，通过研究 DC、EAD 和 XML 的映射关系及其本体构建，从理论层面形成档案社会化媒体信息资源的语义集成模式，从而规范档案信息组织、档案信息开发和档案信息利用的整合路径。

9.2　档案信息整合研究的技术与应用创新

大数据背景下发掘档案社会化媒体信息资源，既是档案信息化建设中的战略性步骤，也是有效开发与利用的必然选择。对档案社会化媒体信息组织的元数据构建开展研究，建立档案社会化媒体信息的元数据及分类设计方法，构建档案社会化媒体信息整合的元元数据设计；对档案社会化媒体数据集成的整合系统架构开展研究，组成采集工具、分析工具、检索引擎和数据信息展示平台的档案社会化媒体信息整合系统架构，优化整合中的信息抽取、重复性分析和关联度分析技术。以新浪微博为例，系统调研档案学人的微博使用情况，利用德尔菲法和层次分析法构建了档案学人微博影响力评价模型和指标体系，进而识别档案学人微博意见领袖，最后引入社会网络分析方法挖掘了档案学人的微博关系网络。

本书笔者开发实现了一个档案社会化媒体信息服务系统，它为档案社会化媒体信息资源整合路径与机制的深入研究奠定了良好的技术环境。①突出档案信息资源开发利用的个性化服务方式，大数据环境下档案信息资源的知识价值需求增多，个性化的提供利用要求则更为突出，实现个性化服务是档案信息资源开发利用服务最为理想的状态，个性化服务既可以充分发挥档案信息资源不同层面的价值又可以满足不同利用者多样性的需要；②拓展档案信息资源开发利用的智能化服务手段，档案信息资源开发利用的智能化服务源于档案数据的智能化处理，在档案开发过程中围绕某一主题，融合更多的相关信息和数据对该主题或事件的发展进行描述和预测，这样档案开发成果的知识性、相关性更加显著，预测的精确性更加突出，能够为利用者提供更为客观的有利于支持决策和判断的档案信息服务；③延伸档案信息资源开发利用的公共性服务范围，大数据环境下的档案信息资源提供利用不应再局限于只是对原始信息的查找，被动地提供档案信息线索，更多地利用服务则应是从大量的档案数据中找到相关问题的解决办法，为利用者提供建设性的意见。成果具体分布如下。

一是面向档案社会化媒体信息资源整合的信息组织。该部分重点研究档案信息资源的元数据标准和档案社会化媒体信息的元数据构建，探讨基于元数据的档案信息抽取和档案数据映射技术，研究档案信息整合系统的数据采集实现。（第6章）

二是面向档案社会化媒体信息资源整合的信息开发。该部分研究档案社会化媒体信息的数据集成处理技术，探讨档案社会化媒体信息的数据仓储，研究档案社会化媒体信息的数据挖掘技术，探讨档案信息整合系统的数据加工实现。（第7章）

三是面向档案社会化媒体信息资源整合的信息利用。该部分开展档案微博资源的信息整合与分析实证研究，包括档案学人微博数据获取、档案学人微博数据分析，研究档案社会化媒体学术资源的可视化搜索，研究档案社会化媒体信息整合的知识图谱，探讨档案信息整合系统的数据服务实现。（第8章）

技术与应用上的创新之处在于，借鉴 WA 的信息流思想和信息系统开发的方法，创新性地提出将社会网络分析方法、网络信息挖掘技术、可视化分析技术和知识服务技术运用于档案社会化媒体信息资源开发，研发档案社会化媒体信息整合平台及其利用系统，得出社会化媒体用户关系网络的知识地图及核心用户群体，揭示档案社会化媒体内容的关联、知识的演变等，基于整合对象、方法和利用形式等构建档案新型资源的整合机制，从而增强网上档案信息交流与增值服务，提升社会化媒体信息服务的质量，有助于推进档案信息化理论与应用创新发展，为档案信息化建设中应用新媒体数据资源与相关服务提供借鉴与指导。

9.3　进一步工作与展望

本书介绍的项目软件系统“新媒体档案信息资源整合大数据分析平台”，于 2020 年 5 月 14 日完成了科技成果查新和水平检索（见附录二）。报告认为：档案社会化媒体成为记录人类社会生活变迁的重要载体，并成为大数据时代的热门话题。面向档案学科的各种社会化媒体也迅速渗透到学界和业界，成为信息交流和知识传播的重要平台。但目前这些网络信息资源还没有引起足够注意。“新媒体档案信息资源整合大数据分析平台”在国内未见相同的文献报道，具有创新性。从应用情况证明来看，该成果制定档案社会化媒体信息资源的整合模式，利用信息采集、数据挖掘、文本分析、分类聚类等技术设计档案新型资源整合平台。实现的新媒体档案信息资源整合大数据分析平台，在档案信息服务领域应用价值高，为档案信息的共享和充分利用提供了一种新的方法，推动了档案用户整合利用新媒体信息资源的应用创新。经文献对比分析，新媒体档案信息资源整合大数据分析平台达到国内先进水平。

档案社会化媒体研究领域尚处于发展上升阶段，相关理论研究还不成熟。从研究机构看，档案社会化媒体具有较好的科研资源，主要研究团体已逐渐形成，跨地域性交流比较频繁；从研究人员看，研究人员总体上比较分散，核心研究人员少，高质量研究成果比较缺乏；从期刊分布看，该领域在学界关注度较高，发展前景较好。通过内容分析发现，档案社会化媒体的信息组织和档案社会化媒体的信息服务具有较强发展潜力，可能会成为今后几年的重要发展方向。

在数字档案记忆的组织、再现与传承方面，研究包括对各种数字记忆资源进行组织与再现，使之可解读、可保存、可关联、可再组、可传播、可共享，进而满足社会多元主体需求的方法、技术及其应用；在数字人文领域的协同合作方面，研究实现档案学与人文社会科学、计算机科学、图书馆学等相关学科在数字人文研究与实践中的跨学科合作；在档案社会化的发展变化及实现机制方面，研究档案社会化在与档案结构、社会结构持续相互作用中呈现出的新特点、新方式、新模式及其实现机制[①]。“十四五”时期档案学科仍将关注人文、管理和技术三大研究取向，更注重三者的交叉与融合。

本书对档案社会化媒体信息组织的元数据构建开展研究，建立档案社会化媒体信息的元数据及分类设计方法，构建档案社会化媒体信息整合的元元数据设计；又对档案社会化媒体数据集成的整合系统架构开展研究，给出由采集工具、分析工具、检索引擎和数据信息展示平台四部分组成的档案信社会化媒体信息整合系统架构及其工作流程，优化了档案社会化媒体信息整合中的信息抽取、重复性分

① 冯惠玲，连志英，曲春梅，等. “十四五”档案学重点研究领域展望[J]. 中国档案，2021(4): 74.

析和关联度分析、语义支持等技术。我们下一步的研究重点是，在上述基础上继续完善数据源的评测甄选和整合方法，并最终在构建的档案社会化媒体信息获取和分析系统上有效整合和利用更广泛的档案新型资源。通过内容整合管理和相应的技术手段，为用户提供更加便捷的资源查找方式，在档案资源的整合和协同上发挥重要的作用。

本书通过对档案学人微博使用情况的系统调研、测评和分析，挖掘了档案界的微博意见领袖。在档案学人关系网络中，意见领袖处于强影响力地位，而档案学人意见领袖与粉丝的互动率较低，这两大原因会阻碍社交网络中学术信息的流动。意见领袖应积极发布更具专业性和知识性的微博，促进专业优势的扩散，形成知识交流和共享的生态圈。目前意见领袖在微博平台发布专业知识和讨论专业热点的积极性还不高，仅有少数博主能持续发布大量专业知识，但他们的互动性还不够。我们下一步的研究重点是，进一步优化系统功能，为意见领袖主动设置专业领域的讨论议题、积极参与互动创建最佳条件；意见领袖利用微博发布专业知识的观念和意识，有待向档案知识博客学习和转变；通过挖掘数据之间的关联形成同类档案资源间的高度融合，甚至可以产生新的档案信息。

本书实践表明，大数据时代档案信息的获取、传播和利用方式，以及档案利用者的信息需求倾向、信息利用行为习惯都发生了变化，为了达到为利用者提供更具时效性、准确性和便捷性的档案信息服务目的，更好地在信息环境变化的大潮中发挥档案信息服务的作用，档案信息资源开发需要突出自身的提供利用服务特色，利用新技术来拓展档案利用服务手段，延伸档案信息资源开发利用的服务范围。我们下一步的研究重点是，基于可视化工具选取档案学类核心学术资源及相关的档案社会化媒体资源，以其中的关键词为研究对象构建关键词共现矩阵，运用先进的可视化软件直观、形象地呈现网络内隐含的知识关系，以推进档案学术资源的信息分析和知识服务，促进资源整合的精细化，从而使得档案资源整合工作的效率更高。

参 考 文 献

安小米. 郑向阳. 集成管理与集成服务——21 世纪城市建设文件档案信息管理的优化与创新[M] //
安小米, 孙舒扬, 白文琳, 等. 21 世纪的数字档案资源整合与服务: 国外研究及借鉴[J].档案学通讯, 2014 (2): 47-51.
金更达. 基于元数据的电子文件集成管理与服务模式. 北京: 中国建筑工业出版社, 2006: 35-94.
蔡明娜. 美国国家档案馆社交媒体应用现状分析与启示[J]. 浙江档案, 2018(8): 26-27.
蔡娜, 吴开平. 一种特殊的网络档案信息资源——博客的收集保存初探[J]. 档案学通讯, 2008 (5): 58-60.
陈先红, 潘飞. 基于社会网理论的博客影响力测量[J]. 现代传播: 中国传媒大学学报, 2009 (1): 117-121.
杜雯, 颜祥林, 沈双洁, 等. 我国档案专业高等教育发展现状的初步调研[J]. 档案学通讯, 2012(2): 66-72.
冯惠玲. 档案记忆观、资源观与“中国记忆”数字资源建设[J]. 档案学通讯, 2012(3): 4-8.
冯惠玲, 连志英, 曲春梅, 等. “十四五”档案学重点研究领域展望[J].中国档案, 2021(4): 74.
付华, 范悦. 2012 年国际档案大会的过程、主题与特点[J].档案学研究, 2012(5): 63-67.
高晨翔, 黄新荣. 我国社交媒体文件的归档政策研究[J]. 图书馆学研究, 2017(7): 47-55.
高晨翔, 黄新荣. 概念、理论与体系: 社交媒体文件研究的基础问题[J]. 档案管理, 2018(4): 12-16.
高俊波, 安博文, 王晓峰. 在线论坛中潜在影响力主题的发现研究[J]. 计算机应用, 2008, 28(1): 140-142.
高思宇. 政府社交媒体文件归档保存研究[J]. 办公室业务, 2018(14): 43.
耿磊. 起步阶段的网页信息资源长期保存[J]. 上海档案, 2012(2): 13-15.
宫承波. 新媒体概论（第四版）[M]. 北京: 中国广播电视出版社, 2012.
郭红梅, 张智雄. 欧盟数字化长期保存研究态势分析[J]. 中国图书馆学报, 2014, 40(2):120-127.
锅艳玲, 曹健慧, 杜士欣. 微博在档案公关中的应用探析[J]. 浙江档案, 2014 (4): 58-59.
郝琦. 社交媒体环境下档案知识聚合服务研究[J]. 档案学通讯, 2018(6): 91-94.
何思源. 社交媒体信息的档案化管理: 概念模型与管理模式[J]. 浙江档案, 2019(4): 28-31.
何韬, 胡勇, 吴越. 基于影响力形成的论坛意见领袖识别[J]. 信息安全与通信保密, 2012(6): 81-83.
黄传武. 新媒体概论[M]. 北京: 中国传媒大学出版社, 2013.
黄士多, 焦钰巧. 国外政务社交媒体文件捕获归档工具的分析与比较[J]. 档案管理, 2019(5): 61-65, 67.
黄霄羽, 王墨竹. 我的记忆谁做主?——社交媒体信息“数字遗忘权”的权责主体探讨[J].北京档案, 2016(4): 32-35.
黄霄羽, 张斌. 以创新应对变化 以发展追求认同——第 17 届国际档案大会评析[J]. 档案学通讯, 2013(1): 4-7.
黄新荣, 吴建华. 政务微博档案化保存初探[J]. 档案与建设, 2012 (4): 4-6.
蒋冠, 冯湘君. 国家综合档案馆在社交媒体信息存档中的角色定位研究[J]. 档案学研究,

2018(1): 10-13.
蒋喜明. 社交媒体电子文件证据性研究的司法考量[J]. 档案管理, 2019(2): 4-5.
匡文波. 新媒体概论[M]. 北京: 中国人民大学出版社, 2012.
李燕萍. 微博比较研究[J]. 情报杂志, 2012, 31(3): 77-83, 69.
连志英. Web 2.0 技术在美国国家档案馆中的应用及启示[J]. 档案管理, 2014 (1): 76-78.
梁孟华. Web 2.0 形态下面向用户的交互式数字档案服务研究[J]. 档案学通讯, 2013 (6):65-69.
刘兰. Web Archive 的内涵、意义与责任、发展进程及未来趋势[J]. 图书馆建设, 2014 (3):28-34, 38.
刘炜. 数字图书馆的语义描述和服务升级[M]. 北京: 国家图书馆出版社, 2010.
刘越男, 吴云鹏. 基于区块链的数字档案长期保存: 既有探索及未来发展[J]. 档案学通讯, 2018(6): 44-53.
陆慧. 从新闻“加拿大档案馆 Twitter 收集历史”谈微博在档案征集中的应用[J]. 四川档案, 2013 (3): 45-46.
罗家德. 社会网分析讲义[M]. 北京: 社会科学文献出版社, 2005.
马俊, 周刚, 许斌, 等. 基于个人属性特征的微博用户影响力分析[J]. 计算机应用研究, 2013, 30(8): 2483-2487.
马林青. 新媒体时代的档案与集体记忆[J]. 信息资源管理学报, 2014, 4(2): 101-105.
牛力, 韩小汀. 云计算环境下的档案信息资源整合与服务模式研究[J]. 档案学研究, 2013(5): 26-29.
潘虹, 王子鹏. 区块链技术对社交媒体信息归档的应用探究[J]. 中国档案, 2018(6):74-77.
庞博, 彭丽娟. 网络博客的档案价值初探[J]. 档案学研究, 2009 (4): 53-57.
松姗. 综合档案馆政务微博现状研究[J]. 档案学研究, 2013 (6): 34-38.
宋魏巍. 我国政府社交媒体文件管理策略研究[J]. 档案学通讯, 2018(1): 107-112.
宋香蕾. 政务微博档案化模式研究[J]. 档案学研究, 2017(1): 51-56.
苏新宁. 知识组织的科学理论阐释[J]. 图书与情报, 2013 (6): 1-7.
孙瑾, 杨晓玲. 基于 OAIS 的电子档案长期保存系统构建及流程设计[J]. 中国档案, 2014(6): 58-61.
谭海波, 周桐, 赵赫, 等. 基于区块链的档案数据保护与共享方法[J]. 软件学报, 2019, 30(9): 2620-2635.
唐晓波, 宋承伟. 基于复杂网络的微博舆情分析[J]. 情报学报, 2012, 31(11): 1153-1162.
唐跃进, 万丽娟. 数字档案信息存储与灾难恢复研究[J]. 档案学通讯, 2011 (2): 16-19.
屠跃明. 数字档案信息融汇服务系统的研究与实践[J]. 档案学研究, 2014 (4): 65-70.
万凯莉. 论社交媒体信息的档案化鉴定[J]. 档案学研究, 2016(1): 62-66.
王大青. 国际档案著录标准体系研究[J]. 档案与建设, 2013(3): 23-27.
王芳, 慎金花. 国外数据管护(Data Curation)研究与实践进展[J]. 中国图书馆学报, 2014(4): 116-128.
王芳, 史海燕. 国外 Web Archive 研究与实践进展[J]. 中国图书馆学报, 2013, 39(2): 36-45.
王焕. 国外政务社交媒体文件归档研究[J]. 档案学研究, 2015(6): 99-105.
王萍. 电子档案著录标准及其应用[M]. 长春: 吉林大学出版社, 2010.
王芹. 网络问政语境下档案工作创新研究[J]. 档案学研究, 2012 (6): 33-35.
王亚肖. 浅谈社交媒体对档案工作的影响[J]. 档案学研究, 2014(2): 47-50.
王志宇, 袁馨怡. 国外社交媒体归档项目研究及启示[J]. 北京档案, 2019(7): 43-46.
魏扣, 李子林, 金畅. 社交媒体环境下档案知识聚合服务实现架构研究[J]. 档案学通讯, 2018(6): 61-66.

魏扣, 李子林, 张嘉禾. 国外档案馆应用社交媒体开展公共服务实践及其启示[J]. 档案学通讯, 2018(2): 81-86.
文振兴. 东亚重要 Web Archive 项目建设比较研究[J]. 浙江档案, 2013(12): 22-25.
吴振新, 向菁. Web Archive 检索系统架构分析[J]. 现代图书情报技术, 2009(1): 22-27.
向菁, 吴振新, 司铁英, 等. 国际主要 Web Archive 项目介绍与评析[J]. 国家图书馆学刊, 2010(1): 64-68.
薛可, 陈晞. BBS 中的“舆论领袖”影响力传播模型研究[J]. 新闻大学, 2010(4): 87-93.
闫静. 档案事业公众参与特点及新趋势探析——基于英国“档案志愿者”和美国“公民档案工作者”的思考[J]. 档案学研究, 2014(3): 81-84.
闫晓创. 国外 Web Archive 项目对我国的借鉴和启示: 以澳大利亚的 PANDORA 项目为例[J]. 档案学研究, 2012(5): 79-83.
袁倩, 王向女. 基于区块链技术的社交媒体信息归档的可行性分析[J]. 山西档案, 2020(1):21-28.
原良娇. 美国国家档案馆的社交媒体战略[J]. 北京档案, 2014(5): 39-41.
张江珊. 基于“开放政府”视角的美国档案信息公开探析[J]. 档案学研究, 2013(6): 79-83.
张江珊. 美国社交媒体记录捕获归档的思考[J]. 档案学研究, 2016(4): 119-123.
张江珊. 美国国家档案馆社交媒体策略发展的比较研究及启示[J]. 档案学研究, 2018(4):117-122.
张楠, 孙伟. 基于大数据背景下档案社会化媒体信息的挖掘与利用探析[J]. 信息系统工程, 2018(9): 27.
张全海, 郭鑫. 2012 年全国档案工作者年会学术述评[J]. 档案学通讯, 2013(1): 8-11.
张晓娟, 李沐妍. 政务社交媒体文件的管理模式研究[J]. 信息资源管理学报, 2018, 8(3):45-53.
张玥, 朱庆华, 黄奇. 层次分析法在博客评价中的应用[J]. 图书情报工作, 2007, 51(8):76-79.
张正强. 国家标准《文件管理元数据原则》中文件管理元数据的结构化信息与半结构化信息的理解[J]. 档案学研究, 2011 (6): 31-36.
赵淑梅, 邱扬凡. 美国档案工作应对社交媒体的策略[J]. 档案学通讯, 2013 (5): 89-92.
赵淑梅, 于振宽. 博客是档案学网络教学资源建设与共享的重要工具[J]. 档案学通讯, 2010 (6): 68-71.
赵屹, 陈雪强. 档案网站评价体系的研究与构建[J]. 档案学研究, 2010(6): 76-81.
赵屹, 陈晓晖, 方世敏. Web 2.0 应用: 网络档案信息服务的新模式——以美国国家档案与文件署(NARA)为例[J]. 档案学研究, 2013 (5): 74-81.
赵宇翔, 朱庆华. Web 2.0 环境下影响用户生成内容的主要动因研究[J]. 中国图书馆学报, 2009, 35(5): 107-116.
赵宇翔, 朱庆华. Web 2.0 环境下影响用户生成内容动因的实证研究——以土豆网为例[J]. 情报学报, 2010, 29 (3): 449-459.
赵宇翔, 范哲, 朱庆华. 用户生成内容(UGC)概念解析及研究进展[J]. 中国图书馆学报, 2012(5): 68-81.
赵跃. 挑战与应对: 我国政务新媒体文件归档若干问题思考[J]. 档案学通讯, 2016(3):80-86.
支凤稳, 李彤. 中美社交媒体档案的法律效力研究[J]. 秘书, 2018(4): 68-73.
中国情报学百科全书编委会. 中国情报学百科全书[M]. 北京: 中国大百科全书出版社, 2010.
中华人民共和国国家标准. 信息与文献-都柏林核心元数据元素集(GB/T 25100-2010) [S].北京: 中国标准出版社, 2010.
周春雷. 链接内容分析视角下的科学网博客评价探索[J]. 图书情报知识, 2012(4): 11-17.

周文泓. 试论政务微博信息的档案化——基于 InterPARES 的电子档案要素分析模板[J]. 档案学通讯, 2014 (2): 71-75.

周文泓. Web 2.0 式的档案信息资源整合原则与模式探析[J]. 档案学研究, 2015(1): 84-88.

周文泓. 美国政府社交媒体保管政策分析及其启示[J]. 情报理论与实践, 2015, 38(9):134-139.

周文泓. 全球社交媒体归档行动概览与展望[J]. 浙江档案, 2016(12): 16-19.

周文泓. 社交媒体信息保管模式与策略探析[J]. 档案与建设, 2018(9): 17-21.

周文泓. 我国网络空间中档案领域的缺位审视和参与展望——基于社交媒体信息保管行动的解析[J]. 档案与建设, 2019(9): 13-17.

周文泓, 陈怡, 张玉洁, 等. 英国国家档案馆网络归档的案例分析及其启示[J].档案管理, 2018(4): 4-7, 74.

周文泓, 李新功, 加小双. 政务微博归档保存与开发利用现状及展望[J]. 档案与建设, 2016(11): 4-7, 29.

周毅. 网络信息存档: 档案部门的责任及其策略[J]. 档案学研究, 2010(1): 70-73.

朱庆华, 陈铭. 信息分析基础、方法及应用[M]. 北京: 科学出版社, 2004.

朱晓东, 张宁. 基于证据视角的社交媒体档案管理——以微信为例[J]. 档案学研究, 2017(2): 63-67.

An X. Evaluation of Research Project on Integrated Management and Services of Urban Development Records, Archives, and Information[J]. Tsinghua Service and Technology, 2005, 10(S1): 852-858.

ANSI/ARMA. Implications of Web-based Collaborative Technologies in Records Management (ANSI/ARMA 18-2011)[S]. 2011.

Australia Government Information Office. Engage: Getting on with Government 2.0[R]. Report of the Government 2. 0 Taskforce, 2009.

Bailey S. Managing the Crowd: Rethinking Records Management for the Web 2.0 World[M]. London: Facet Pub, 2008.

Bak G. Impacts of Web 2.0 on Information Models: Life Cycle and Continuums[J/OL].[2014-09-17]. http://www.collectionscanada. gc. ca/obj/012018/f2/012018-3403-e. pdf.

Batjargal B, Kuyama T, Kimura F, et al. Linked Data Driven Multilingual Access to Diverse Japanese Ukiyo-e Databases by Generating Links Dynamically[J]. Literary & Linguistic Computing, 2013, 28(4): 522-530.

Beall J. Dublin Core: An Obituary [J]. Library Hi Tech News, 2004, 21(8): 40-41.

Berners-Lee T, Hall W, Hendler J, et al. A Framework for Web Science [J]. Foundations and Trends in Web Science, 2006, 1 (1): 1-130.

Borgatti S P, Everett M G, Freeman L C. Ucinet for Windows: Software for Social Network Analysis[CP]. 2002.

Bowman S, Willis C. We Media: How Audiences are Shaping the Future of News and Information [R/OL]. (2003-07-01)[2014-09-07]. http://www.hypergene. net/wemedia/download/we_media. pdf.

Brown A. Archiving Websites: A Practical Guide for Information Management Professionals[M]. London: Facet Publishing, 2006.

Bruns A, Bahnisch M. Social Media: Tools for User-Generated Content: Social Drivers Behind Growing Consumer Participation in User-led Content Generation (Volume 1: state of the art)[R/OL]. (2009-06-16)[2014-09-07] . http://eprints. qut. edu. au/21206/.

Cha M, Gummadi K P. Measuring User Influence in Twitter: The Million Follower Fallacy [J].Artificial Intelligence, 2010, 146(1): 10-17.

Cha M, Kwak H, Rodriguez P, et al. I Tube, You Tube, Everybody Tubes: Analyzing the world's Largest User Generated Content Video System[C]//Proceedings of the 7th ACM SIGCOMM conference on Internet measurement. ACM, 2007: 1-14.

Chandler D. An Introduction to Genre Theory [J]. The Media and Communications Studies Site, 1997: 1-15.

Chen C. CiteSpace II: Detecting and Visualizing Emerging Trends and Transient Patterns in Scientific Literature [J]. Journal of the American Society for Information Science and Technology, 2006, 57(3): 359-377.

Chen J, Chen Y, Du X, et al. Big Data Challenge: A Data Management Perspective[J]. Frontiers of Computer Science, 2013, 7(2): 157-164.

Chen K, Chen Y, Ting P. Developing National Taiwan University Web Archiving System[C]//8th International Web Archiving Workshop (IWAW08), 2008: 1-8.

Christakis N A, Fowler J H. Connected: The Surprising Power of our Social Networks and how they Shape our Lives [M]. Paris: Hachette Digital, Inc. , 2009.

Crook E. Web Archiving in a Web 2.0 World[J]. The Electronic Library, 2009, 27(5): 831-836.

Crosbie V. What is 'New Media'? [J/OL]. (2006-04-27)[2014-09-06]. http://hejiang1981. blog.sohu. com/170320566. html.

DAMA International. The DAMA Guide to the Data Management Body of Knowledge-DAMADMB-OK[M]. Bradley Beach, N.J. : Technics Publications, LLC, 2009.

DCMI. DCMI Annual International Conference[R/OL]. [2014-06-10]. http://dublincore. org/.

De Nooy W, Mrvar A, Batagelj V. Exploratory Social Network Analysis with Pajek[M]. Cambridge: Cambridge University Press, 2011.

Diligenti M, Coetzee F, Lawrence S, et al. Focused Crawling Using Context Graphs[C]//VLDB.2000: 527-534.

Duff W M, Johnson C A, Cherry J M. Reaching Out, Reaching In: A Preliminary Investigation into Archives' Use of Social Media in Canada[J]. Archivaria, 2013(75): 77-96.

Duford C. Web 2.0, Organisations et Archivistique[J]. Archives, 2009, 40(2): 3-26.

Dumbill E. What is Big Data? An Introduction to the Big Data Landscape[J/OL]. (2012-01-01)[2014-08-24]. http://radar. oreilly. com/2012/01/what-is-big-data. html.

Eiring H L. The Impact of Digital Natives and Social Media on the Management of information and the Future of Global Society[C]// International Council on Archives Congress, Brisbane, Australia. 2012.

Fan W. Extending Dependencies with Conditions for Data Cleaning[C]//8th IEEE International Conference on Computer and Information Technology, 2008: 185-190.

Franks P. How Federal Agencies can Effectively Manage Records Created Using New Social Media Tools[M]. IBM Centre for the Business of Government, 2010.

Garaba F. Availing the Liberation Struggle Heritage to the Public Some Reflections on the Use of Web 2.0 Technologies in Archives within the East and Southern Africa Regional Branch of the

International Council on Archives (ESARBICA)[J]. Information Development, 2012, 28(1):22-31.

Gartner R. An XML Schema for Enhancing the Semantic Interoperability of Archival Description[J]. Archival Science, 2014, 15(3): 1-19.

Gracy K F. Archival Description and Linked Data: A Preliminary Study of Opportunities and Implementation Challenges[J]. Archival Science, 2015, 15(3): 239-294.

Gray G, Martin S. The UCLA Online Campaign Literature Archive: A Case Study[C]//7th International Web Archiving Workshop (IWAW07), 2007: 1-5.

Grotke A, Jones G. Digiboard: A Tool to Streamline Complex Web Archiving Activities at the Library of Congress[C]//10th International Web Archiving Workshop (IWAW10), 2010: 17-23.

Günther S, Spiliotopoulos D, Risse T. The Recent Challenge in Web Archiving: Archiving the Social Web[C]//International Council on Archives Congress, Brisbane, Australia. 2012: 20-24.

Harper P . The Changing Role of Archives Through Social Media[C]// International Council on Archives Congress, Brisbane, Australia. 2012.

He Y, Lee R, Huai Y, et al. RCFile: A Fast and Space-efficient Data Placement Structure in MapReduce-based Warehouse Systems[C]//Data Engineering (ICDE), 2011 IEEE 27th International Conference on. IEEE, 2011: 1199-1208.

Heyliger S, McLoone J, Thomas N L. Making Connections: A Survey of Special Collections' Social Media Outreach[J]. American Archivist, 2013, 76(2): 374-414.

ICA. International Congress 2012 News [N/OL]. (2012-08-22)[2014-10-06]. http://www.ica. org/13592/international-congress-2012-news/anopening-ceremony-rich-in-colour. html.

ISO. Information and Documentation- Records Management (ISO 15489)[S]. 2001.

ISO. Information and Documentation-Records Management- Part1: General(ISO 15489-1)[S].2001.

ISO. Information and Documentation- Space Data and Information Transfer Systems-Open Archival Information System-Reference Model (OAIS) (ISO/TR 14721)[S]. 2003.

ISO. Information and Documentation- Records Management Processes –Metadata for Records(ISO 23081)[S]. 2006.

ISO. Information and Documentation - The Dublin Core Metadata Element Set(ISO 15836)[S]. 2009.

ISO. Information and Documentation-Managing Metadata for Records-Part 2: Conceptual and Implementation Issues(ISO 23081-2)[S]. 2009.

ISO. Information and Documentation-Management System for Records-Fundamentals and Vocabulary (ISO 30300)[S]. 2011.

ISO. Information and Documentation-Management Systems for Records-Requirements (ISO 30301)[S]. 2011.

ISO. Information and Documentation-Digital Records Conversion and Migration Process (ISO 13008)[S]. 2012.

ISO. Information and Documentation- Trusted third Party Repository for Digital Records (ISO/TR 17068)[S]. 2012.

Jatowt A, Kawai Y, Tanaka K. Using Page Histories for Improving Browsing the Web[C]//8th International Workshop for Web Archiving. 2008: 1-9.

Kaplan A M, Haenlein M. Users of the World, Unite! The Challenges and Opportunities of Social

Media[J]. Business horizons, 2010, 53(1): 59-68.

Kasioumis N, Banos V, Kalb H. Towards Building a Blog Preservation Platform[J]. World Wide Web, 2014, 17(4): 799-825.

Lampos C, Eirinaki M, Jevtuchova D, et al. Archiving the Greek Web[C]//4th International Web Archiving Workshop (IWAW04), 2004.

Lasfargues F, Oury C, Wendland B. Legal Deposit of the French Web: Harvesting Strategies for a National Domain[C]// 8th International Web Archiving Workshop (IWAW08), 2008: 1-13.

Lecher H E. Small Scale Academic Web Archiving: DACHS[M]//Web Archiving. Springer Berlin Heidelberg, 2006.

Library of Congress. Update on the Twitter Archive at the Library of Congress[R]. 2013.

Library of Congress. Library of Congress Web Archives Minerva [EB/OL]. [2014-09-15].http://lcweb2.loc. gov/diglib/lcwa/html/lcwa-home. html.

Littman J, Chudnov D, Kerchner D, et al. API-based Social Media Collecting as a Form of Web Archiving[J]. International Journal on Digital Libraries, 2018, 19(1): 1-18.

MacRitchie J. Web 2.0 Tools and Strategies for Archives and Local History Collections[J].Electronic Library, 2010, 28(5): 761-762.

Madden S. From Databases to Big Data[J]. IEEE Internet Computing, 2012, 16(3): 4-6.

Marcondes C H, Marcondes C H. Interoperability between Digital Collections in Archives, Libraries and Museums: Potentialities of Linked open Data Technologies[J]. Perspect. ciênc. inf, 2016: 21.

Masanès J. Web Archiving Methods and Approaches: A Comparative Study[J]. Library trends, 2005, 54(1): 72-90.

Masanès J. Web Archiving[M]. Berlin: Springer, 2006.

Mayer-Schönberger V, Cukier K. Big Data: A Revolution that Will Transform how We Live, Work, and Think[M]. Boston: Eamon Dolan/Houghton Mifflin Harcourt, 2013.

NASA. Directory of Interchange Format Manual. Version 1.0 July 13[R] . 1998: 88-89.

NARA. Expanding Acceptable Transfer Requirements: Transfer Instructions for Permanent Electronic Records: Web Content Records[R/OL]. (2004-09-17)[2014-08-22]. http://www.archives.gov/records-mgmt/initiatives/web-content-records. html.

NARA. A Report on Federal Web 2.0 Use and Record Value[R/OL]. [2014-09-18]. http://www.archives.gov/records-mgmt/resources/web2.0-use. pdf.

NARA. Best Practices for the Capture of Social Media Records[R/OL]. (2013-05-01)[2014-09-18]. http://www.archives. gov/records-mgmt/resources/socialmediacapture. pdf.

NARA. Guidance on Managing Records in Web 2.0/Social Media Platforms[S/OL].[2014-09-18]. http://www.archives. gov/records-mgmt/bulletins/2011/2011-02. html.

NARA. Social Media Statistics Dashboard: August FY 2014 Summary[R/OL]. (2014-09-01)[2014-09-18]. http://www.archives. gov/social-media/reports/social-media-stats-fy- 2014-08. pdf.

NARA. Social Media Strategy[R/OL]. (2012-12-08)[2014-09-18]. www.archives. gov/socialmedia/strategies/.

Nielsen J. Participation Inequality: Lurkers vs. Contributors in Internet Communities[J]. Jakob Nielsen's Alertbox, 2006: 1-10.

NIU J. An Overview of Web Archiving [J]. D-Lib Magazine, 2012, 18(3/4): 1-6.

O'Reilly T. What Is Web 2.0: Design Patterns and Business Models for the Next Generation of Software[J/OL]. [2014-08-21]. http://oreilly. com/web2/archive/what-is-web-20. html.

OECD. Participative Web and User-Created Content: Web 2.0, Wikis and Social Networking [R/OL].(2007-10-01)[2019-08-21]. http://www.oecd.org/document/40/0, 3746, en_2649_34223_39428648_1_1_1_1, 00. html.

Pal A, Counts S. Identifying Topical Authorities in Microblogs [C]//Proceedings of the fourth ACM international conference on Web search and data mining. ACM, 2011: 45-54.

Patil D J. Building Data Science Teams[M]. California: O'Reilly Media, Inc., 2011.

Pearce-Moses R, Kaczmarek J. An Arizona Model for Preservation and Access of Web Documents[J]. Retrieved January, 2005(31): 2006.

Pitti D V. Social Networks and Archival Context Project Archival Authority Control[C]//International Council on Archives Congress, Brisbane, Australia, 2012.

Rahm E, Do H H. Data Cleaning: Problems and Current Approaches[J]. IEEE Data Eng. Bull. , 2000, 23(4): 3-13.

Saaty T L. How to Make A Decision: The Analytic Hierarchy Process [J]. European journal of operational research, 1990, 48(1): 9-26.

Scott J. Social Network Analysis: A Handbook [M]. London: Sage Publications Ltd, 2000.

Senserini A, Allen R B, Hodge G, et al. Archiving and Accessing Web Pages[J]. D-Lib Magazine, 2004, 10(11): 1082-1087.

Shah C, Marchionini G. Preserving 2008 US Presidential Election Videos[C]//07th International Web Archiving Workshop (IWAW07). 2007: 1-6.

Sikka V, Färber F, Lehner W, et al. Efficient Transaction Processing in SAP HANA Database: The End of A Column Store Myth[C]//Proceedings of the 2012 ACM SIGMOD International Conference on Management of Data. ACM, 2012: 731-742.

Silva Y N, Reed J M. Exploiting MapReduce-based Similarity Joins[C]//Proceedings of the 2012 ACM SIGMOD International Conference on Management of Data. ACM, 2012: 693-696.

Spaniol M, Denev D, Mazeika A, et al. "Catch Me if You Can": Temporal Coherence of Web Archives[C]// 8th International Web Archiving Workshop (IWAW08), 2008: 1-16.

Taylor A G, Joudrey D N. The Organization of Information[M]. Westport: Libraries Unlimited, 2004.

UK National Archives. The National Archives Set to Receive London 2012 Digital Olympic Records[N/OL]. (2012-09-19)[2014-09-18]. http://www.nationalarchives. gov. uk/news/762. htm.

United Nations Educational, Scientific and Cultural Organization. Towards Knowledge Societies[R]. UNESCO Publishing, 2005: 5-36.

Van Horik R, Roorda D. Migration to Intermediate XML for Electronic Data (MIXED):Repository of Durable File Format Conversions[J]. International Journal of Digital Curation, 2011, 2(2): 245-252.

Warden P. Big Data Glossary[M]. California: O'Reilly Media, Inc. , 2011.

Wigand F. Twitter Takes Wing in Government: Diffusion, Roles, and Management[C]//Proceedings of the 11th Annual International Digital Government Research Conference on Public Administration Online: Challenges and Opportunities. Digital Government Society of North America, 2010: 66-71.

Winget M A, Murray C. Collecting and Preserving Videogames and Their Related Materials: A Review of Current Practice, Game-Related Archives and Research Projects[J]. Proceedings of the American Society for Information Science and Technology, 2008, 45(1): 1-9.

Yates J A, Orlikowski W J, Jackson A. The Six Key Dimensions of Understanding Media [J]. MIT Sloan Management Review, 2008, 49(2): 63-69.

Ye O, Zhang J, Li J. Survey of Chinese Data Cleaning[J]. Computer Engineering and Applications, 2012, 48(14): 121-129.

附录一：主要发表论文及摘要（2015年起）

1. 王兰成，刘晓亮，黄永勤：《档案社会化媒体信息整合中元数据构建与集成技术研究》，《档案学研究》2019年第5期，《人大复印报刊资料·档案学》2020年第1期全文转摘。

【摘要】大数据背景下发掘档案社会化媒体信息资源，既是档案信息化建设中的战略性步骤，也是有效开发与利用的必然选择。档案社会化媒体的信息组织和信息服务值得探讨：对档案社会化媒体信息组织的元数据构建开展研究，建立档案社会化媒体信息的元数据及分类设计方法，构建档案社会化媒体信息整合的元元数据设计；对档案社会化媒体数据集成的整合系统架构开展研究，组成采集工具、分析工具、检索引擎和数据信息展示平台的档案社会化媒体信息整合系统架构，优化整合中的信息抽取、重复性分析和关联度分析技术。

2. 王兰成，刘晓亮：《档案社会化媒体信息服务系统的开发与实现》，《中国档案》2019年第11期。

【摘要】开发实现了一个档案社会化媒体信息服务系统，它为档案社会化媒体信息资源整合路径与机制的深入研究奠定了良好的技术环境。一是突出档案信息资源开发利用的个性化服务方式。二是拓展档案信息资源开发利用的智能化服务手段。三是延伸档案信息资源开发利用的公共性服务范围。

3. 王兰成，黄永勤，余遵成：《知识图谱分析下档案社会化媒体现状及信息整合研究》，《中国档案》2018年第10期，《人大复印报刊资料·档案学》2019年第1期全文转摘。

【摘要】通过网络归档、关联数据和语义网等信息聚合理念与方法，对档案社会化媒体的信息内容进行关联融合，用以提高档案社会化服务质量，提升档案信息社会化服务效益。以新型档案资源整合课题为研究背景，总结采用知识图谱分析软件对主题文献进行关键词共现、社会网络和聚类分析取得的成果，分析当前国内档案社会化媒体研究热点及发展趋势，探究进一步将分散的档案社会化媒体信息资源进行有效整合、集成，形成便于开发、易于服务的新型资源。

4. 王兰成：《新媒体环境下数字档案管理新技术发展与应用》，《中国档案》2017 年第 1 期。

【摘要】一是通过网站、论坛、博客等促进互联网档案信息资源的进一步共享和利用；二是通过数据挖掘技术等提高用户对档案信息获取的专业性与便捷性；三是通过有效整合和服务有助于发挥信息组织与整理的最大性能；四是信息采集、信息分类聚类等多项技术用于档案信息发掘具有较好的应用潜力和普适性。

5. 王兰成：《档案社会化媒体学术资源搜索的可视化应用》，《中国档案》2016 年第 6 期。

【摘要】为了更直观地展示搜索结果中隐藏的变化趋势及数据之间的相互关系，使档案人员能够更好地掌握和利用搜索出来的信息价值，需要对搜索的结果进行智能抓取和分类，以可视化的形式展示那些有价值的数据关系及变化趋势。一是增强展现，二是增强理解，三是增强审视。在研究档案学人微博数据的获取、分析和服务的实践基础上，继续探索大数据下档案社会化媒体学术资源搜索的可视化应用。

6. 王兰成，刘晓亮：《数字档案环境下新媒体资源开发及交流平台构建研究》，《浙江档案》2015 年第 12 期。

【摘要】数字档案环境下开发新媒体资源既是档案信息化建设的战略性步骤，也是全面、合理开发并且充分、有效利用网络档案信息资源的必然选择。通过对网上档案信息资源的整合、挖掘、利用，能使当前档案信息网提供大量经过分析筛选、符合实际需求的信息，以满足档案查阅、研究等多样化的信息需求，实现互联网档案资源的有效开发利用及现有档案信息网资源的增值服务，提高用户获取信息的质量与效率，促进图情档信息交流共享，进一步实现信息资源的大集成和大服务。

7. 王兰成，黄永勤：《大数据背景下档案社会化媒体信息的挖掘与利用探析》，《档案学研究》2015 年第 6 期，《人大复印报刊资料·档案学》2016 年第 2 期全文转摘。

【摘要】基于国内外档案社会化媒体信息现状分析，研讨大数据背景下进行发掘既是档案信息化建设中的战略性步骤，也是其有效建设与利用的必然选择。当前有两项工作值得深究：一是借鉴文件管理体系国际标准和开放档案信息系统参考模型，顶层设计档案社会化媒体整合系统的框架，规范整合过程中的档案信息组织、开发和利用路径；二是以多种档案社会化媒体信息的异源数据作为分析源，对各内容进行深度挖掘，并利用改进的网络分析法和可视化工具加以揭示，从整合对象、方法和利用形式等构建档案新型资源的整合机制。

8. 王兰成，黄永勤：《大数据背景下 Web 新型学科资源共享与开发研究》，《情报资料工作》2015 年第 1 期。

【摘要】信息网站及其学术论坛、专家博客涌现的大数据正成为 Web 新型学科资源。针对其共建共享，整体梳理和科学调研当前网络信息资源并构建知识集成的理论体系；针对其整合开发，研究提取大数据及其属性特征并整合传统资源进行知识挖掘和可视化分析；针对其信息服务系统，通过构建共词网络和绘制知识图谱展示研究热点及共享规律。其目的是增强网上信息交流与增值服务，提升学科整体信息服务的竞争力，实现对经济社会发展的战略价值和推动作用。

9. 王兰成，黄永勤：《信息化条件下图片资料档案库规范化建设研究》，《浙江档案》2016 年第 5 期。

【摘要】图片资料档案数字化建设要遵循规范，档案库的信息组织与加工要以相关标准实施。图片资料档案库的信息组织应尽量多设置自动生成项和选择项，其数据管理系统按图片收集、审查、录入和查询的工作流程进行。图片资料档案库的信息加工按原件整理、检查修补、资料交接、数字化文件、录入信息、处理图片和检查校对的过程进行规范。采用通用的元数据格式标准以实现数据库之间的互联和互访，制定图片资料档案库的归档及备份转换格式，目的是使图片档案资源得到更充分的共享和利用，提高查询速度和利用效率，提升机构信息化管理水平。

10. 黄永勤：《档案社会化媒体信息资源整合框架设计研究》，《档案学通讯》2016 年第 4 期，《人大复印报刊资料・档案学》2016 年第 5 期全文转摘。

【摘要】规范信息资源整合过程是一项重要的基础性工作，在前期研究的基础上，借鉴文件管理体系国际标准、开放档案信息系统参考模型等成果的思想，从顶层视角设计档案社会化媒体信息集成、分析与服务框架（IIASF）。IIASF 以信息流为主线，从顶层、需求、控制和服务四个模块进行抽象整合和设计，文章详述了各模块的特征、功能和关联。

附录二：科技成果查新检索摘要

查新点为：基于元元数据的档案社会化媒体信息资源理论和整合框架。

经国内外文献检索与分析可知：大数据背景下开发利用档案社会化媒体信息资源，既是档案信息化建设中的战略性步骤，也是其有效建设与利用的必然选择。随着互联网的迅速发展和变革，档案社会化媒体成为记录人类社会生活变迁的重要载体，并成为大数据时代的热门话题。面向档案学科的各种社会化媒体也迅速渗透到学界和业界，成为信息交流和知识传播的重要平台。但目前这些网络信息资源还没有引起足够注意。

新颖性分析：

国内文献，该委托项目参与人王兰成等人对档案社会化媒体信息组织的元数据构建开展研究，建立档案社会化媒体信息的元数据及分类设计方法，构建档案社会化媒体信息整合的元元数据设计；又对档案社会化媒体数据集成的整合系统架构开展研究，给出由采集工具、分析工具、检索引擎和数据信息展示平台四部分组成的档案社会化媒体信息整合系统架构及其工作流程，优化了档案社会化媒体信息整合中的信息抽取、重复性分析和关联度分析、语义支持等技术。委托项目参与人王兰成等人还提出了信息化条件下档案社会化媒体信息资源的整合路径与机制研究，其前提就是要开展基于大数据分析平台的档案资源整合技术研究。芜湖威灵数码科技有限公司公开了一种从多媒体文件中提取信息的方法，包括步骤：建立模型，模型包括内容单元数据和存储单元数据，单元数据信息分类模块先将单元数据信息合理分类，然后内容单元提取模块将信息提取起来，文件系统监控模块捕获文件的事件信息，并调用与该事件相关的程序，利用有条件访问系统访问单元数据，文件系统监控模块能监控用户对文件的创建、修改、删除、开启和关闭等操作。

国外文献，Paraschakis 等人介绍了通过社交媒体游戏将文化遗产元数据众包，探索了社交网络与众包游戏的集成，以生成档案元数据。在社交网络平台上部署元数据游戏是数字档案馆利用大型共享空间中的人类情报的可行方法。Greg Bak 等人研究了在档案理论和实践中重新定义内容和元数据，探索如何通过避开内容和元数据的划分，将项目和汇总确认为可互换的概念，以及将有关使用的数据集成到档案数据管理中来重新构想档案工作，任务和记录。

经文献对比分析可见，上述文献涉及档案社会化媒体信息组织的元数据构建相关研究，基于元元数据的档案社会化媒体信息资源理论和整合框架，上述其他文献未见相同述及。除委托项目参与人发表的文献外，在国内外未见其他影响查新项目新颖性的文献报道。

（科技查新报告【编号 20200201】）

查新点为：不同于传统档案管理系统的“新媒体档案信息资源整合大数据分析平台”，档案社会化媒体信息资源整合功能及大数据分析服务智能引擎。

创新性分析：

国内文献，该委托项目参与人王兰成等人通过对网上档案信息资源的整合、挖掘、利用，能使当前档案信息网提供大量经过分析筛选、符合实际需求的信息，以满足档案查阅、研究等多样化的信息需求，实现互联网档案资源的有效开发利用及现有档案信息网资源的增值服务，提高用户获取信息的质量与效率，进一步实现信息资源的大集成和大服务。辽宁大学的段雪茹立足于 SWOT 分析的视角，以档案馆为主体，分析其在大数据时代开展档案信息资源整合自身存在的优势、劣势，面临的外部机遇和挑战。基于档案馆在大数据时代开展档案信息资源自身存在的劣势及面临的外部挑战，制定了构建档案信息资源整合共享平台、运用“云计算”等数据挖掘技术、语义分析、可视化分析等大数据分析方法开展档案信息资源等相应的整合策略，推进档案信息资源整合的进程。佳木斯市图书馆的孔克研究了如何在数据信息繁杂的大数据时代，深刻挖掘数据信息，提高图书馆的市场反应能力，制定最优化的营销策略。文献对比分析可见，上述文献均涉及档案信息资源整合的相关研究，其中大数据时代档案信息资源虽有涉及，但该委托项目档案社会化媒体信息资源整合功能及大数据分析服务智能引擎，上述文献未见述及。综上所述，该委托项目“新媒体档案信息资源整合大数据分析平台”，在国内未见相同的文献报道，具有创新性。

先进性分析：

目前，国内的档案信息资源整合共享平台主要有辽宁大学的档案信息资源整合共享平台、温州市鹿城区档案局档案信息资源共建共享平台等。该委托项目“新媒体档案信息资源整合大数据分析平台”与上述档案信息资源整合共享平台相比，均具有采集、整理等功能，但该委托项目还具备分析功能，包括聚类分析、热点挖掘、智能关联、关键词抽取、量化统计图表、展示发布等。从测试报告来看，该平台经试运转达到了预期的设计目标。系统运行稳定可靠，数据接受转换正确，档案信息采集、整理、分析、检索和系统维护等功能运行正常。集成在大型档案综合管理系统中应用顺畅，增加了许多特色功能。该软件用于新媒体档案信息资源的整合，拓展了智能化档案服务的手段，延伸了公共档案服务的范围。经文献对比分析，该委托项目“新媒体档案信息资源整合大数据分析平台”达到国内先进水平。

（水平检索报告【编号 20200202SH】）

附录三：部分创新语词索引

档案社会化媒体　47

围绕档案领域的学科建设、人才培养、学术研究和工作实践，学界和业界在互联网上开展内容创作和交流所利用的社会化媒体。档案社会化媒体具有内容的学科性、用户的专业性、关系网络的紧密性等特点。

档案社会化媒体信息资源　48

狭义的定义特指档案社会化媒体中创作、交流等各种形式产生的信息内容，也即用户生产的信息内容本身。而具体涉及归档层面时，可进一步理解为社会化媒体中具有归档价值或与具体档案工作的相关信息资源，这种理解和界定与目前学界提出的“社交媒体档案”“社会化媒体档案”等概念吻合度较高，本书将其纳入广义的电子文件概念中，也即在社会化媒体信息的归档实践和研究中，应严格确保信息的真实性、完整性、可靠性和可用性。

广义的界定还包括在社会化媒体平台的信息活动中的信息生产者、信息技术等。而涉及归档层面的档案社会化媒体信息资源，则可广义地理解为其还包括与具体档案工作相关的信息资源，如某些信息并不具备归档的条件，但它有利于后期的档案利用和服务工作，本书亦将其纳入收集范畴。

档案社会化媒体信息集成、分析与服务框架（IIASF）　57

即 Framework for Information Integration，Analysis and Service，简称 IIASF，其以信息流为主线，从顶层、需求、控制和服务四个模块进行抽象整合和框架设计，进而为更有效地整合社会化媒体信息资源，更出色地开展档案利用和服务提供理论支撑。

档案领域社会化媒体影响力评价模型　137

从内容、用户和关系网络三个分析单元入手，构建档案领域社会化媒体影响力评价模型，该模型主要从状态属性和行为属性两个视角进行构建。其中状态属性又进一步细化为角色状态（S1）、横向状态（S2）和纵向状态（S3）三个维度；

行为属性从活跃度（B1）、传播力（B2）和覆盖度（B3）三个维度进行描述。

社会化媒体元数据整合模式　169

通过对论坛、博客、微博元数据方案的研究，进一步采用自底向上提炼的方法，对各平台的元数据进行分析和提炼，在更高一层实现 HTML 和 DC 的映射，并形成整合的元数据（Metadata[2]）模式。

档案知识服务系统核心功能　212

文档一体管理，针对档案部门尚未归档的现行文件、电子公文等资源实现在线归档；知识源管理，整合各档案部门现有资源；知识库管理，包括知识条目维护、一致性检验、知识元关联和推理规则设计、知识分类编码等；应用管理，包括资源发布、专题知识库、知识语义检索、数据分析挖掘、知识地图、个人知识中心、参考咨询服务、智库情报服务；系统管理。

档案知识服务系统架构　214

分为数据层、知识层、语义层、本体层、应用层。数据层核心技术包括数据清洗、数据转换、分布式存储、云计算等，知识层核心技术包括信息抽取、自然语言处理、大规模并行处理、信息聚类、图像识别等，语义层核心技术包括元数据收割、信息抽取、融汇等，本体层核心技术包括数据仓储、人工智能、RDF、建模技术、本体语言等，应用层核心技术包括大数据处理分析、人工智能、可视化技术、知识图谱等。各层次在业务上联系紧密，在开发逻辑上相对独立。

档案社会化媒体信息整合知识图谱　247

利用可视化方法和知识图谱，基于用户社会关系网络，对档案社会化媒体的用户、信息内容等进行多维关联融合，用以提高档案社会化服务质量，提升档案信息社会化服务效益。

档案社会化媒体信息服务系统　271

突出档案信息资源开发利用的个性化服务方式，发挥档案信息资源不同层面的价值，满足不同利用者多样性的需要；拓展档案信息资源开发利用的智能化服务手段，能够为利用者提供更为客观的有利于支持决策和判断的档案信息服务；延伸档案信息资源开发利用的公共性服务范围，从大量的档案数据中找到相关问题的解决办法，为利用者提供建设性的意见。

信息化条件下档案社会化媒体信息资源整合，既是对新型档案信息资源及其整合的新理论、新方法、新技术和新应用展开研究，又是以档案社会化媒体信息集成为目标对档案信息组织、信息开发和信息利用展开研究。

前者是关于档案社会化媒体信息资源整合机制的创新研究。以多种档案社会化媒体信息的异源数据作为分析源，对各内容进行深度挖掘，并利用改进的网络分析法和可视化工具加以揭示，从整合对象、方法和利用形式等构建档案新型资源的整合机制。

后者是关于档案社会化媒体信息资源整合路径的创新研究。借鉴文件管理体系国际标准和开放档案信息系统参考模型，顶层设计档案社会化媒体整合系统的框架，规范整合过程中的档案信息组织、开发和利用路径。

后　记

国防大学王兰成教授主持的国家社会科学基金项目“信息化条件下档案社会化媒体信息资源的整合路径与机制研究”，最终成果为：①专著《档案社会化媒体信息资源整合研究》；②信息化条件下档案社会化媒体信息资源整合路径与机制研究的阶段成果（发表的论文集）。课题组主要成员有黄永勤、刘晓亮等。

该项目预期研究计划的执行情况如下：①预期成果：档案社会化媒体信息资源整合框架的顶层设计；代表作《档案社会化媒体信息资源整合框架设计研究》，载于《档案学通讯》2016 年第 4 期，《人大复印报刊资料》2016 年第 5 期全文转摘。②预期成果：档案新型资源调研及数据源分布评测甄选整合方法；代表作《知识图谱分析下档案社会化媒体现状及信息整合研究》，载于《中国档案》2018 年第 10 期，《人大复印报刊资料》2019 年第 1 期全文转摘。③预期成果：基于元数据映射的档案社会化媒体信息语义集成；代表作《大数据背景下档案社会化媒体信息的挖掘与利用探析》，载于《档案学研究》2015 年第 6 期，《人大复印报刊资料》2016 年第 2 期全文转摘。④预期成果：档案社会化媒体信息整合平台及其利用系统；代表作《档案社会化媒体信息整合中元数据构建与集成技术研究》，载于《档案学研究》2019 年第 5 期，《人大复印报刊资料》2020 年第 1 期全文转摘。

科技成果查新检索结果表明：①成果的学术价值。大数据背景下发掘档案社会化媒体信息资源，既是档案信息化建设中的战略性步骤，也是有效开发与利用的必然选择。构建档案社会化媒体信息整合的元数据设计，提出档案社会化媒体数据集成的整合系统架构，优化整合中信息抽取、重复性分析和关联度分析等技术，构建档案学人微博影响力评价模型和指标体系。加快提升了数字档案管理水平，探索出数字档案与大数据、智能技术的融合，制定出档案网络资源的采集、整理和管理方法。创建了基于元数据的档案社会化媒体信息资源理论和整合框架，在国内未见相同的文献报道，具有创新性。②成果的应用价值。提高档案馆业务信息化和档案信息资源深度开发与服务水平。设计档案社会化媒体信息资源的整合路径，利用信息采集、数据挖掘、文本分析、分类聚类等技术实现的新媒体档案信息资源整合大数据分析平台，在档案信息服务领域应用价值高，为档案信息的共享和充分利用提供了一种新的方法，推动了档案用户整合利用新媒体信息资源的应用创新。新媒体档案信息资源整合大数据分析平台达到国内先进水平。③社会影响和效益。通过档案社会化媒体信息整合拓展了档案信息资源共享服务的范围和内容，建立的开放共享服务平台助力数字经济和社会治理创新的档案信息服务。主要成员的学位论文获2016年江苏省优秀硕士学位论文，项目累计取得阶段成果 34 项，论文被《人大复印报刊资料》全文转摘 4 篇，CSSCI核心 10 篇。充分表明本成果得到了社会的认可，已产生明显的社会影响和效益。

在后续研究中，我们将重点关注如下几个方面的深入研究：①继续完善数据源的评测甄选和整合方法，并最终在构建的档案社会化媒体信息获取和分析系统上有效整合和利用更广泛的档案新型资源；②进一步优化系统功能，通过挖掘数据之间的关联形成同类档案资源间的高度融合，甚至可以产生新的档案信息；③运用先进的可视化软件呈现隐含的知识关系，推进档案学术资源的信息分析和知识服务，促进资源整合的精细化，从而使得档案资源整合工作的效率更高。

王兰成

2021.12